ISBN 978-0-483-77297-7
PIBN 10415088

This book is a reproduction of an important historical work. Forgotten Books uses
state-of-the-art technology to digitally reconstruct the work, preserving the original format
whilst repairing imperfections present in the aged copy. In rare cases, an imperfection in
the original, such as a blemish or missing page, may be replicated in our edition. We do,
however, repair the vast majority of imperfections successfully; any imperfections that
remain are intentionally left to preserve the state of such historical works.

BOSQUEJO HISTÓRICO

DE LA

REPÚBLICA ORIENTAL DEL URUGUAY

BOSQUEJO HISTÓRICO

DE LA

REPÚBLICA O. DEL URUGUAY

POR EL

Dr. F. A. BERRA

TERCERA EDICION

COMPLETAMENTE RENOVADA Y CORREJIDA

MONTEVIDEO

LIBRERIA ARGENTINA DE FRANCISCO IBARRA — EDITOR

84 — CALLE CÁMARAS — 84

1881

LA TERCERA EDICION

Agotada la segunda edicion del BOSQUEJO HISTÓRICO que escribí cuando aún no había yo cumplido dos decenios de edad, y habiéndose propuesto su dueño, el Sr. Ibarra, dar à luz una tercera tan mejorada como le fuera posible, fui invitado por él à hacer las correcciones ó ampliaciones que me parecieran convenientes.

La obrita era defectuosa: à las imperfecciones de la forma se agregaban deficiencias y errores de consideracion.

Por otra parte, los estudios históricos, que hasta ahora han tenido pocos aficionados en este pais, empiezan à despertar vivo interes, que se manifiesta en el afan, y hasta en la pasion, con que se discuten personas como Artigas y hechos como la revolucion de los Treintaitres. Y es notorio que la falta de datos completos, y sobre todo ciertos, ha tenido mucha parte en el extravío que han sufrido algunas veces las opiniones comprometidas en la controversia.

Si, pues, había de adaptarse el BOSQUEJO à las necesidades actuales, era menester, nó solo correjirlo en la parte narrativa y rectificarlo en la crítica, sino tambien aumentarlo mucho, à fin de que pudieran hallar en él, quienes lo consultasen, la nocion más completa posible de todos los períodos ó acontecimientos notables de la historia nacional.

Se comprenderá sin esfuerzo que no podria llevarse à cabo tal empresa con un trabajo de meras correcciones y ampliaciones, sino que era indispensable concebir y realizar una obra completamente nueva, recurriendo à las fuentes, estudiando sus datos y organizándolos de modo que resultara una obra verídica, proporcionada en sus partes y sin soluciones de continuidad.

No es esta tarea de las más fáciles: lo saben los aficionados à investigaciones históricas. Mucho auxilian los justamente reputados trabajos del general Mitre, del doctor Lopez, del señor Dominguez y algunos otros; pero los más de esos estudios apénas pasan del año XX; y, teniendo por principal objeto la República-argentina, no se han dedicado á los sucesos orientales sino en cuanto concurren al desarrollo de los acontecimientos que tuvieron su desenlace al otro lado del Plata. Habia que completar la historia *oriental* de las invasiones inglesas y de todo el tiempo en que figuró Artigas; y, principalmente, habia que componer la historia de la dominacion portuguesa-brasileña y de todo ese tiempo que corrió desde la invasion de los Treintaitres hasta la jura de la constitucion en 1830, consultando las noticias que parcial ó incidentalmente dan las obras que entre nosotros circulan, las monografías, y los documentos impresos y manuscritos que á fuerza de perseverante voluntad hé podido reunir, ya que tan poco ofrecen los archivos públicos.

No me hago la ilusion de que presento á los lectores una obra del todo correcta, porque estoy persuadido de que será necesario el concurso de otros esfuerzos, ajenos ó mios, para triunfar completamente de las sérias dificultades con que he luchado al buscar noticias que no se tenian y al querer desentrañar la verdad de documentos oscuros ó contradictorios; pero sí puedo asegurar que, dado el poco tiempo de que dispongo, no hé omitido trabajo, celo, ni sinceridad de propósitos por presentar un cuadro fiel y completo, aunque abreviado, de la historia de esta República hasta el dia en que quedó constituida.

Narro los hechos como los conozco; y formo los juicios con arreglo á los hechos. No me he preocupado de halagar, ni de mortificar sentimientos; sólo he tratado de ser fiel á la verdad y de someterme escrupulosamente á las reglas de la moral y de la justicia. Si he conseguido que la obra refleje estas disposiciones de mi ánimo, quedan satisfechas mis aspiraciones.

Montevideo, Agosto de 1881.

F. A. Berra.

BOSQUEJO HISTÓRICO

DE LA

REPÚBLICA O. DEL URUGUAY

LIBRO PRIMERO

LA DOMINACION ESPAÑOLA

CAPÍTULO I

LA CONQUISTA ESPAÑOLA

I — Descubrimiento del territorio oriental

Aunque parece cierto que algunos europeos·habían llegado ya al continente de América, la Europa ignoraba su existencia cuando lo descubrió á fines del siglo XV el genovés Cristóbal Colon, estando al servicio de los reyes de España.

Los descubridores dieron noticia, cuando regresaron á la península, de las poblaciones indígenas que hallaron, y de las cosas que vieron, haciendo concebir la esperanza de hallar fácilmente grandes riquezas. Se despertó así la ambicion de los monarcas y de los particulares, á cuyo impulso se emprendieron expediciones de descubrimiento y de conquista.

Una de ellas es la que partió en 1515 del puerto de Lepe, bajo el mando de Juan Diaz de Solis. Se dirijió este navegante hacia el Sud del Nuevo-mundo, siguiendo el curso de las costas orientales, y llegó á principios de 1516 á la desembocadura del rio de la Plata, al que llamó *Mar dulce.*

Queriendo tomar posesion de estas tierras á nombre de su rey, segun entónces se usaba, desembarcó con algunos indivíduos en la orilla izquierda del rio, ántes de la confluencia del Uruguay y del Paraná, segun se cree, si bien no hay noticia cierta de este lugar. Las cercanías, como toda la márgen que se extiende hasta el cabo de Santa María, estaban pobladas, en una zona de veinte ó más leguas de ancho, por tribus indígenas, salvajes, bravas, denominadas charrúas. Solis se encontró con ellas al desembarcar, y fué acometido y muerto con algunos de sus compañeros. Han dicho algunos que fué devorado en seguida; pero escritores de mucha autoridad sostienen que los pobladores de la parte oriental del gran río no eran antropófagos, por cuya razon niegan aquel hecho. Los que salvaron volvieron á España con la noticia de lo ocurrido.

Poco despues llegó á estos parajes el navegante portugues Magallánes, quien puso al Cerro de Montevideo este nombre, ó el de *Monte-vidi.*

II — Trabajos de Gaboto

Tras el descubrimiento vino la exploracion. Siguiendo los españoles su plan, realizado ya en otras partes, enviaron á Sebastian Gaboto con el encargo de que tomara posesion de estas regiones y las gobernase con el título de Capitan General.

Llegó hasta el Uruguay y ordenó á Juan Alvarez Ramon que lo explorase. Remontó éste el rio hasta mas allá de San Salvador, en donde Gaboto habia construido un fuerte, y volvía de su expedicion cuando lo sorprendieron los indígenas y le dieron muerte.

Gaboto se dirijió personalmente al Paraná; llegó hasta el rio Tercero, fundó en su desembocadura un fuerte, á que se denominó Sancti-spiritus, y continuó su viaje hasta el rio Vermejo, cuya exploracion hizo practicar. Se dice que aquí recibió de los indígenas varias piezas de plata, y que estas donaciones produjeron tal efecto en el ánimo del descubridor, y despues en el de los monarcas, que dieron motivo á que se llamara rio de la Plata al descubierto por Solis.

III — Trabajos de Mendoza

Sucedió á Gaboto don Pedro de Mendoza, quien llegó al rio de la Plata con 2650 hombres de tropa en 1535, é inició los trabajos de la conquista fundando en la márgen derecha la ciudad de Buenos-aires, dispuesto, segun parece, á establecer en ella el asiento del gobierno que había de ejercer con el título de adelantado. Pero no pudo lograr su fin. Aquellas tierras estaban habitadas por indios en estado salvaje, enemigos de dominaciones extrañas y bravos. Desde que los españoles se establecieron, fueron vivamente hostilizados por los naturales del país; de tal modo, que no pudieron permanecer á pesar de la fuerza relativamente grande que tenían á su disposicion, y abandonaron la colonia, trasladándose á Sancti spiritus.

Mendoza, desengañado, volvió á España dejando encargado del gobierno á don Juan de Ayolas, que fué muerto por los indígenas poco despues de haber fundado la Asuncion del Paraguay, destinada desde entonces á la residencia de las autoridades principales del rio de la Plata.

IV — Eleccion y trabajos de Irala

Los conquistadores de estas regiones tenían el derecho de elegir sus gobernantes, particularmente cuando el poder quedaba acéfalo por un acontecimiento imprevisto, y con calidad de interino. Los colonos de la Asuncion usaron ese derecho nombrando á don Domingo Martinez de Irala, despues de muerto Ayolas, para que ejerciera las funciones de éste mientras el Rey no proveía al adelantazgo. Irala, que ya se había hecho conocer ventajosamente, organizó por primera vez en estas regiones la administracion municipal, fundó una iglesia y varios otros edificios públicos, señaló los límites de la Asuncion, y se esmeró por establecer vínculos de amistad y cariño entre sus compatriotas y los naturales, influyendo porque se casaran aquellos con las hijas de éstos. Ademas enseñó agricultura y varios oficios á los indios, con lo que los hizo aptos para vivir con dignidad é independencia.

V — Administracion de Cabeza de Vaca

Estaba comprometido en estos trabajos, cuando vino á interrumpirle el segundo adelantado don Alvar Nuñez Cabeza de Vaca.

Cabeza de Vaca se ocupó en los primeros tiempos en someter las tribus indígenas, empleando tan pronto medidas enérgicas como actos de generosidad; de modo que llegó á ser respetado por los indios en consideracion á su poder y á sus sentimientos. Habíale preocupado, desde que solicitó el adelantazgo, el problema de abrir comunicaciones terrestres entre la Asuncion y el Perú. Establecida su autoridad en la colonia de la Asuncion, se propuso poner en práctica sus proyectos. Mandó á Irala para que explorase una parte del trayecto, como medida prévia; y siendo favorables los informes que éste le trajo despues de algunos meses de expedicion, se puso él mismo en camino, dejando á Irala encargado del gobierno interinamente. Todos los esfuerzos que se hicieron no bastaron para vencer las dificultades que opusieron la naturaleza del terreno y la estacion lluviosa en que se inició la empresa; por manera que tuvo que regresar el adelantado sin conseguir su objeto.

VI—Desórdenes—Nuevos trabajos de Irala

Este fracaso disgustó á los oficiales que estaban á su servicio, porque lo atribuyeron á inconveniencia de las medidas tomadas para realizar la comunicacion. Quejábanse además muchas personas de su administracion, juzgándola ménos acertada que la de Irala. Los descontentos se amotinaron aprovechando la ausencia de este capitan, depusieron y engrillaron á Cabeza de Vaca, y lo mandaron preso á España, de donde no volvió, aunque fué absuelto despues de mucho tiempo por las autoridades que tenían á su cargo los asuntos de la América, ó, como entónces se decía, de las Indias.

Los españoles de la Asuncion pensaron desde luego en suplir la autoridad del adelantado y nombraron, para que ejerciera el gobierno, á Irala. Se dice que este aceptó el nombramiento contra su voluntad, aunque no faltan quienes lo suponen el instigador oculto de los hechos ocurridos, con el ánimo de suplantar al adelantado.

Sea de esto lo que fuere, el hecho es que asumió el mando supremo. La anarquía influyó con su mal ejemplo en las tríbus indígenas; algunas se sublevaron, é Irala se vió en la necesidad de reprimir el desórden, para lo cual empleó medios tan severos como blandos eran los que usaba el segundo adelantado. Esta conducta le atrajo la adhesion entusiasta de sus compatriotas, más inclinados á la crueldad que á los miramientos humanitarios. Afianzada así su autoridad, pensó en llevar á cabo los proyectos de Cabeza de Vaca. Los españoles de la colonia se ofrecieron á acompañarle, persuadidos de que llegarían á su fin con tan distinguido jefe, y de que aumentarían su fortuna con los metales y cosas preciosas que hallaran en los dominios del Perú. Se emprendió la expedicion y llegó ésta á su destino; pero, mal recibida por las autoridades, tuvo que regresar sin otras ventajas que la de algunas ovejas y gran número de indios que tomaron en el tránsito.

La ausencia de Irala fué funesta para la colonia de la Asuncion: se suscitaron rivalidades entre algunos oficiales que quedaron, estalló la guerra civil, y la anarquía llegó á dominar por todas partes. Cuando volvió Irala, había desaparecido su sustituto, y otros habíanse apoderado de la direccion de los negocios públicos. El Gobernador castigó con el suplicio á los culpables, tranquilizó al pueblo y se dedicó en seguida á formar aldeas, en las cuales repartió los indígenas, poniéndolos al servicio de las familias españolas, bajo el gobierno inmediato de alcaldes y la inspeccion de oficiales españoles. A estas comunidades, cuidadosamente reglamentadas, que constituían un sistema de servidumbre en beneficio de los conquistadores, se les llamó *encomiendas*. Irala las extendió hasta la Guairá, ocupada por los tupis, al Nordeste del territorio del Paraguay.

Este hombre, cuyos méritos deben recordarse, falleció á los 70 años de edad, en 1557, y fué sentido por españoles y americanos.

VII — Mas desórdenes—Gobierno de Vergara

Dejó Irala ocupando su puesto á uno de sus yernos, que falleció al poco tiempo. Los conquistadores eligieron entónces (1558) para gobernador á otro yerno, que lo era D. Francisco Ortiz de Vergara. Gobernó éste en paz durante un año, más tuvo que sofocar en los dos siguientes la sublevacion de los indios del Paraguay y de la provincia de Guairá, que estaban descontentos del trato que recibían de las personas á quienes habían sido encomendados por la fuerza. Se restableció el sosiego en las encomiendas, pero no tardó en interrumpirse en la Asuncion, en donde las pasiones tenían constantemente desasosegados á los que veían en el poder la fuente de su bienestar. Vergara se resolvió á marchar á la capital del Perú, con el designio de que el Virey lo confirmase en la gobernacion, cuyo puesto temió perder por sucesos desagradables, aunque de carácter privado, que ocurrieron entre personas de su familia. Suponen unos que esta determinacion fue expontánea, y otros que fué sugerida por un tal Chaves, de acuerdo con Cáceres, con el propósito de prenderle en el camino y arrebatarle el poder. Parece más verosímil esta última version, porque es lo cierto que, habiéndole acompañado Chaves en el viaje, se sublevó en el camino con las fuerzas que mandaba y arrestó á Vergara, mientras Cáceres y otros le acusaron de mal gobierno, consiguiendo que se le despojase de la autoridad que había ejercido.

VIII — Gobierno de Cáceres y de Ortiz de Zárate

El virey del Perú nombró para reemplazar á Vergara, y en calidad de adelantado, á su oficial D. Juan Ortiz de Zárate, á condicion de que había de solicitar de la Corona la confirmacion del nombramiento. Así lo hizo y lo obtuvo, yendo personalmente á la Corte, en cuyo ínterin gobernó Cáceres por disposicion del virey del Perú. Sean cuales se quiera las condiciones de la administracion de Vergara, el hecho es que ejercía legalmente la autoridad y que fué depuesto por un motin militar encabezado por traidores, que merecían ser tratados con todo el rigor de la ley, y que sin embargo, fueron premiados con el alto puesto que su víctima ocupaba. El precedente que así quedaba establecido no podía ser peor: fomentaba la insubordinacion en las tropas y acostumbraba al pueblo á confundir una sublevacion de cuartel con una revolucion popular, una manifestacion arbitraria de la fuerza con el ejercicio prudente del derecho. Por actos como este, repetidos con demasiada frecuencia, empezaron las poblaciones del Plata á educarse en esa vida profundamente anarquizada de la cual no podemos aun emanciparnos. Una parte de los habitantes de la Asuncion se declaró adversa á Cáceres, y le hizo la oposicion con tenacidad tal, que todo el tiempo de esta administracion fué una série de desórdenes. Al fin, á los tres años, fué Cáceres acometido en la Iglesia, arrestado y remitido más tarde á España como reo de Estado.

Zárate obtuvo entre tanto la ratificacion del nombramiento de adelantado, se comprometió á importar en sus dominios cantidad de ganado vacuno, lanar, caballar y cabrío de los que poseía en su propiedad del Perú, á extender las conquistas, á fundar poblaciones y encomiendas de indios, en cambio del adelantazgo para sí y uno de sus sucesores, y otras prerogativas. Zárate fué muy desgraciado en su viaje de España á la Asuncion, pues combatido primero en el mar por las tempestades y despues en las márgenes del Plata y del Uruguay por los indígenas, perdió considerable parte de los hombres y cosas que traía y salvó él mismo con lo poco que le quedaba, debido á la proteccion que le prestó D. Juan de Garay, que descendió apresuradamente á lo largo del Paraná con tal objeto, al saber la crítica situacion en que tenían al tercer adelantado las dificultades de la naturaleza y la bravura de los charrúas.

Salvo de peligros, fundó más al Norte, sobre la márjen izquierda del Uruguay, algo distante del lugar que hoy ocupa, el pueblo de San Salvador, y se dirijió á la Asuncion, dejando en el nuevo pueblo una pequeña fuerza.

Pero, á los disgustos que llevaba de su viaje se agregaron otros en el Paraguay, originados principalmente por la mala acogida que le hizo el pueblo á quien iba á gobernar, y falleció poco despues (1575) de pesar, segun parece, aunque se dice tambien que fué envenenado por los parciales del que le precedió en el gobierno.

IX — Gobierno interino de Garay

Antes de morir dispuso, usando el derecho que el gobierno de la Península le había acordado, que le sucediera en el adelantazgo el que contrajera matrimonio con una hija que tenía en Chuquisaca. En virtud de esta disposicion vino á ser el cuarto adelantado don Juan de Torres de Vera y Aragon; pero como no pudiera tomar posesion del cargo por el momento, encomendó el gobierno á Garay. Este afirmó la autoridad española en el Paraguay, fundó poblaciones, y se dirijió despues hacia el Sud con el pensamiento de establecer una colonia en paraje que sirviera de escala á las embarcaciones que hacían la carrera entre España y la Asuncion, á la vez que sirviera de centro á las comunicaciones que podían efectuarse por los principales ríos que concurren á formar el Plata. El paraje elegido fué el del Riachuelo, en donde fundó la actual ciudad de Buenos-aires (1580) algo distante del punto en que la había fundado Mendoza algunos años ántes. Los querandis opusieron una terrible resistencia; pero fueron definitivamente vencidos en una gran batalla, á pesar de las muy escasas fuerzas de que disponía el conquistador. Esta hazaña, que no se sabe cómo ocurrió, es una de las más notables que se realizaron en el curso de una conquista llevada á cabo á fuerza de valor y de audacia.

Garay fué, además que valiente, honrado y noble. El triunfo alcanzado le aseguraba la permanencia de la nueva colonia, pero nó su tranquilidad, pues que los indígenas, raza belicosa, no cesarían de molestar á los colonos. Pudo pretender escarmentarlos por la fuerza; pero prefirió someterlos por la persuasion, mandando cerca de ellos misioneros cristianos que los convirtieran á la vez á la creencia de la Iglesia y á la autoridad de la Corona. Cerca de cuatro años empleó en fomentar la fundacion de Buenos-aires y en asegurar la paz, despues de los cuales fué sorprendido y muerto por los minuanes, á orillas del Paraná, en viaje para Santa-fé.

X.—Trabajos de Torres Navarrete y de Torres de Vera y Aragon

A Garay sucedió, en ausencia del adelantado, el primo de éste Juan de Torres Navarrete, durante cuya administracion se fundaron otras poblaciones y se repartieron los indios entre encomenderos, en los territorios cercanos al Paraná, que pertenecen hoy á la República-argentina. De este modo se iba extendiendo la jurisdiccion del adelantado del Paraguay á las regiones que dan sus

aguas al rio de la Plata, mientras extendía la suya
el virey del Perú en el interior del territorio situado entre el Paraná y los Andes, por la accion
de diversos expedicionarios que fundaron sucesivamente los pueblos que constituyen hoy las capitales de las más de las provincias argentinas.

El adelantado Torres de Vera y Aragon llegó al
Paraguay en 1587, trayendo los ganados que Zárate se había obligado á importar. Halló anarquizada
y desmoralizada la colonia; se esforzó por restablecer el órden, por extender las conquistas, y por llevar á las tribus indígenas la fé del cristianismo;
pero, cansado de tantas dificultades como eran las
que se le presentaban y empobrecido, renunció sus
derechos y se retiró á España (1591).

XI—Extension del Paraguay en 1591

Terminó con el suyo el régimen de los adelan-
tazgos. El Paraguay abrazaba en este tiempo todo
el territorio así llamado actualmente, el de la llamada provincia de Guairá, y los comprendidos entre el Paraná y el Uruguay y en una ancha zona
al occidente de aquel rio y del de la Plata, por
donde lindaba con Tucuman y Cuyo, y otra ancha
zona al oriente del Uruguay, por donde lindaba
con las posesiones portuguesas; por manera que
formaban parte del Paraguay una porcion de los
dominios actuales de la nacion argentina y todo
lo que abraza ahora el dominio de la República
Oriental del Uruguay.

XII—Gobierno de Hernando Arias de Saavedra

Fué nombrado, despues de Torres de Vera y Aragon, Don Hernando Arias de Saavedra (llamado
comunmente Hernandarias) por los colonos de la
Asuncion, como gobernador del Paraguay. Es de
notarse que Arias fué paraguayo, pues nació en la

Asuncion. Nunca se había visto á un criollo elevado á esta dignidad, y era cosa que los españoles evitaban, tanto por no dar á los hijos del país demasiada autoridad sobre sus conciudadanos, temerosos de que se formara y generalizara el sentimiento de autonomía local, cuanto por no excitar los celos de los prohombres españoles que se creían con el derecho de gobernar á título de conquistador, que valía tanto como de dueño. Es indudable que si se hizo una excepcion respecto de Hernandarias, fué por lo emparentado que este estaba con los primeros conquistadores del Rio de la Plata, y el alto concepto que por tal razon se le dispensaba.

Durante su administracion, varias veces interrumpida, que fué relativamenta duradera, se continuó la accion conquistadora sobre los indios; hubo manifestaciones en el sentido de dar ensanche al comercio, excesivamente restringido por leyes prohibitivas, en que Hernandarias mostró no conocer tanto como quería las conveniencias económicas de su país; se fundaron las Misiones del Paraguay, y se expresó el pensamiento de dividir en dos gobernaciones la administracion de lo que constituía hasta entónces el Paraguay. Hernandarias es considerado el último de los conquistadores del Rio de la Plata, y el primero de sus gobernantes naturales. Su gobierno fué laborioso y bien intencionado, aunque imbuido por sentimientos esencialmente españoles.

CAPITULO II

LAS CONQUISTAS BRASILEÑAS

XIII—Division del Gobierno del Paraguay

Buenos-aires, que empezó á existir con 60 habitantes, había tomado cierta importancia para principios del siglo XVII, á causa de su posicion y de su clima, favorable la primera á las relaciones comerciales de las poblaciones del interior con España, y el segundo á la comodidad de los pobladores. Además habíanse fundado otras colonias á lo largo del Paraná, que no menos requerían la atencion constante de las autoridades. Situado el gobierno en la Asuncion, y separados por largas distancias sus dominios, el poder se ejercía con tanta más irregularidad cuanto eran imperfectos y difíciles los medios por los cuales se comunicaban gobernantes y gobernados. Tal estado de cosas sugirió el pensamiento de dividir en dos el gobierno del Rio de la Plata, cuya division se decretó á fines de 1617.

Una de las Provincias, llamada legalmente de Guairá, pero vulgarmente del Paraguay, comprendió el territorio de Guairá y las dependencias de la Asuncion. Sus autoridades principales habían de residir en esta ciudad, como hasta entónces. La otra provincia, denominada de Buenos-aires, comprendió los territorios de Corrientes, Entrerios, Santa-fé, Buenos-aires y el oriental del Uruguay; y su autoridad principal debería residir en Buenos-aires.

Desde este momento empiezan á tomar otro carácter los acontecimientos más notables del Rio de la Plata; y el territorio oriental, que ningun papel había desempeñado ántes en la existencia de las colonias, comienza á ser el teatro de graves sucesos.

XIV — Colonias del Brasil

Así como los españoles conquistaron y colonizaron las márgenes del Plata, del Paraná y del Paraguay, los portugueses hicieron otro tanto en las costas del Atlántico, en las tierras en que está situado hoy el imperio del Brasil. Entre esas colonias, una de las que más llamaron desde luego la atencion de los españoles, fué la que se fundó en 1554 bajo la denominacion de San Paulo, la cual tomó rápido incremento desde sus primeros tiempos, debido á que eran recibidos en ella los malhechores de todas las nacionalidades, y á que, libres en cierto modo de la accion de las autoridades portuguesas y fuera de su sistema de colonizacion, ejercían el comercio con el extranjero sin las trabas que lo limitaban en las demas colonias.

Como el fin de estos colonos era enriquecerse y no oponían un freno á sus intereses ni la autoridad social, ni los preceptos morales, recurrieron al contrabando y al robo, que profesaron en grande escala en las colonias españolas. Segun documentos oficiales de la época, los paulistas, solos ó acompañados por gentes de las otras colonias, habían destruido veintidos pueblos, habían robado más de ochenta mil cabezas de ganado vacuno y usurpado más de setecientas leguas de territorio, sólo en el tiempo trascurrido desde 1620 á 1640, y dentro de los límites señalados á la gobernacion del Paraguay.

XV — El territorio oriental del Uruguay y los paulistas

El territorio oriental del Uruguay no contenía,

fuera de las tribus salvajes, poblacion digna de mencionarse, cuando se creó la gobernacion de Buenos-aires; pero había en él gran cantidad de animales vecunos y caballares que se criaban y reproducían libremente, sin que recibieran el menor cuidado de los hombres. Naturalmente, no tardaron los paulistas en apercibirse de la facilidad con que podrían efectuar por estos lados sus excursiones y despojos, empezó el territorio oriental á ser el teatro del y criminal oficio de la colonia portuguesa.

El gobernador de Buenos-aires, sabedor de tales hechos, y deseoso quizas de que se vijilara la propiedad que se consideraba comun del pueblo bonaerense, autorizó la fundacion de Santo-Domingo-Soriano que tuvo lugar en 1624 cerca de la afluencia del rio Negro en el Uruguay; pero, escasa en poblacion, pobre en fuerzas y cuidada por clérigos, lejos de impedir las depredaciones de los paulistas, fué saqueada varias veces.

Agrégase que no estaban señalados los límites de los dominios de España y Portugal; que, si bien ambas naciones fueron gobernadas por el soberano español desde 1580 á 1640, los súbditos de una y otra continuaron atribuyéndose la pertenencia de las tierras situadas entre el Uruguay, el Plata y el Atlántico; y que los paulistas eran tolerados por las autoridades portuguesas en el concepto de que se hacían dueños de lo que hallaban en sus propias tierras y con beneficio de las colonias brasileñas meridionales.

XVI — Primera invasion de las autoridades brasileñas

Las cosas marcharon en la Banda-oriental, aún despues de haberse emancipado el Portugal de la dominacion española, sin que se produjera acontecimiento digno de mencionarse, hasta el año de 1680, en que el gobernador de Rio-Janeiro vino con fuerzas de infantería y artillería y fundó la Colonia del Sacramento en nombre de su soberano y para defender lo que pretendía ser parte de sus dominios. Lobo empleó como seis meses en levantar los primeros edificios y las fortificaciones destinadas á defender la poblacion.

Al fin de este tiempo supo Garro, gobernador de Buenos-aires, lo sucedido. Intimó al invasor el desalojo de las tierras; Lobo resistió á la intimacion, alegando con un mapa hecho falsamente ex-profeso en Lisboa, que se hallaba dentro de la jurisdiccion de su soberano; y como no se modificara por estos medios la pretension del uno ni la del otro, D. José de Garro se decidió á efectuar el desalojo por la fuerza. Nombró jefe de la expedicion á D. Antonio de Vera Muxica, y este marchó sobre la plaza con un compañía de soldados que proporcionó Corrientes, con otra que vino de Santa-fé, con 4 que dió Buenos-aires, con 3000 indios procedentes de las Misiones, y cantidad crecida de caballos destinados á recibir el primer fuego del enemigo.

Muxica intimó á la plaza que se rindiera; pero, habiendo contestado negativamente los portugueses, se dió el asalto el 6 de Agosto por la noche y se tomaron las fortificaciones, y el pueblo el 7. Los guaranís se condujeron con gran valor; fueron los primeros en saltar las murallas. Los asaltados se consternaron tanto, que muchos de ellos se arrojaron al agua por salvarse en un buque surto á corta distancia de la orilla; pero se ahogaron ó cayeron prisioneros, como el resto de la guarnicion, inclusos los jefes.

Los portugueses tuvieron 200 muertos y perdieron toda su artillería y municiones. Los asaltantes arrasaron las murallas. El gobernador Lobo fué conducido preso á Buenos-aires y de allí á Lima, en donde murió de pesar, segun se dice.

XVII — Tratado de paz y límites

Mientras se desarrollaban estos sucesos en el Plata, los dos gobiernos trataban el negocio diplomáticamente, haciendo notar el de España nó sólo la usurpacion del territorio, sino tambien el contrabando á que habían empezado á entregarse los pobladores de la Colonia y los hechos vandálicos de los paulistas. El gobierno portugués consiguió en estas negociaciones ventajas que no se habían esperado en Buenos-aires despues del brillante suceso de armas que queda narrado. Se pactó (7 de Mayo de 1681) que el gobernador de Buenos-aires restituiría á la Colonia del Sacramento todas las armas, artillería, municiones, etc., tomados en Agosto, reprendiéndosele por la conducta observada; que volviesen á la Plaza todos los portugueses que de ella habían salido despues del triunfo de los españoles; que los portugueses de la Colonia no tratarían ni negociarían con los indígenas; que continuarían en todo su vigor para portugueses y españoles los reglamentos del comercio fluvial y terrestre; que cesarían todas las hostilidades miéntras no demarcasen los límites entre los dominios de las dos coronas los comisarios que para el efecto se nombrarían, ó, en caso de discordia de éstos, miéntras no resolviese el punto en último recurso el Papa, á quien las partes someterían la cuestion; y que S. A. el Príncipe de Portugal ordenaría, á fin de mantener buenas relaciones, que se averiguasen los excesos cometidos por los habitantes de San Paulo.

Nombráronse los comisionados españoles y portugueses que habían de resolver la cuestion de límites en el plazo de tres meses; pero no pudieron llegar á nada satisfactorio, ni se recurrió al Papa, por la mala fé con que los portugueses procedieron. Empero, la Colonia fué entregada á estos provisionalmente (1683) y con carácter definitivo algunos años despues (1700.)

XVIII --- Reivindicacion de la Colonia

Mas esta cesion fué anulada más tarde por el rey de España, con motivo de la guerra que sobrevino con Portugal, y el gobernador de Buenos-aires, que lo era D. Alfonso Juan de Valdez Inclan, recibió órden de recuperar la Colonia (1704). Pidió este y obtuvo 4000 individuos de las reducciones del Paraná y del Uruguay, los que llegaron frente á la Plaza, con 6000 caballos y 2000 mulas, el 4 de Noviembre. Por otro lado vinieron al sitio trece compañías de tropas regulares procedentes de Buenos-aires, Santa-fé y Corrientes, y todas juntas sitiaron estrechamente la Colonia, obligando á su jefe á abandonarla con artillería y municiones, y á retirarse por agua á Rio Janeiro, á pesar de los refuerzos que oportunamente había recibido. (1705)

XIX — Restitucion de la Colonia — Usurpaciones del Brasil

Cesó entónces el contrabando, y la Colonia, como Buenos-aires y demás poblaciones del Plata, continuaron llevando una vida pobre, inactiva y monótona, hasta 1715, en que se hizo la paz entre Juan V y el duque de Anjou por el tratado de Utrecht, restituyendo el segundo al primero la Colonia del Sacramento con renuncia, por sí y sus herederos, de todos los derechos que la España había pretendido, y reconocimiento de que se hallaba en territorio portugués. Se estipuló, sin embargo, que dentro de un año y medio podría el rey de España rescatar la Colonia por otro equivalente.

La entrega se hizo á fines del año 1716, pero sin conseguir por eso que terminasen las discusiones motivadas por los límites comunes de las tierras pertenecientes á los dos soberanos. Apenas vuelta la Colonia al dominio de Portugal, pretendió su gobernador Manuel Barboza cantidad de territorio adyacente á aquella posesion, y exijió al gobernador de Buenos-aires que retirase las fuerzas que éste mantenía cerca de la Horqueta y del arroyo de San Juan con el fin de vigilar los ganados esparcidos en las inmediaciones y de impedir el contrabando terrestre, á lo que se opuso firmemente D. Baltasar García Ros, que desempeñaba entónces la gobernacion.

Las pretensiones portuguesas se renovaron poco despues respecto de todas las tierras comprendidas entre el Uruguay y el Plata, á pesar de los actos de jurisdiccion que había ejercido la autoridad española apresando en Montevideo y Maldonado buques corsarios franceses que habían venido á cargar cueros contra las leyes y reglamentos prohibitivos que regían; y, poniendo por obra sus proyectos, intentaron establecerse en 1720 en el puerto de Montevideo, sin conseguirlo, porque fueron descubiertos oportunamente por fuerzas de Buenos-aires que lo impidieron. No obstante la conducta de las autoridades españolas, dirigida constantemente á mantener bajo su jurisdiccion todo el territorio oriental situado fuera del tiro de un cañon de 24 colocado en la Colonia del Sacramento, los portugueses continuaron usurpando terreno y haciendo excursiones en el interior, de donde venían con crecidas cantidades de ganados robados, ú obtenidos

en cambio de las mercancías que clandestina-
mente llevaban á las estancias y á los establecimientos de indios.

En 1723 insistieron en su proyecto de poblarse
en la península de Montevideo, para cuyo efecto
vinieron un navío y otras embarcaciones menores
con tropas y artillería. Desembarcaron 200 hombres, y empezaron á construir un reducto. Los españoles se opusieron constantemente á tales empresas, alegando su derecho de descubrimiento y
de conquista, y el hecho de la posesion probada
hasta por los nombres que varios rios y arroyos,
como los de Pando, Solis-Chico, Solis-Grande,
Maldonado, etc., habían recibido de españoles autorizados por el gobierno de Buenos-aires para establecer en aquellos parajes sus matanzas de ganado alzado, que se consideraba propiedad comun
de los habitantes, ó, mejor dicho, un dominio de
la autoridad. Así, pues, en cuanto el representante de esta, D. Bruno Mauricio de Zavala, tuvo noticia de la fortificacion que los portugueses inten-
taban en Montevideo, mandó intimarles que se re-
tiraran; pero negándose á ello los intrusos, envió
fuerzas de mar y tierra, la noticia de cuya aproximacion bastó para que fuera abandonada la posicion con el fuerte que se había construido.

XX—Fundacion y progresos de Montevideo

Estos hechos, que mostraban el empeño de la
corona de Portugal por apoderarse de las tierras
que quedaban al Este del Uruguay, y particularmente de las costas del Atlántico y del Plata, indujeron á Zavala á tomar medidas de seguridad. Puso
cañones al reducto abandonado por los portugueses, dejó en él una guarnicion de 100 soldados y
1000 guaranís, mandó una guardia á Maldonado,
y fundó en seguida la ciudad de San Felipe y San-

tiago de Montevideo, que fué delineada en 1726,
confiada al mando de comandantes militares y poblada primeramente por 33 personas procedentes
de Buenos-aires, á las que se unieron al año siguiente numerosas familias traidas de las islas
Canarias por don Francisco Alzáybar. Desde este
tiempo progresó la ciudad con una rapidez relativamente considerable; tuvo desde 1730 un cabildo, corporacion popular con facultades municipales, y sirvió para oponer una resistencia eficaz á
los avances de los portugueses y á las correrías
de las tribus indígenas.

XXI — Comercio y progresos de la Colonia

La Colonia progresó tambien desde que pasó á
poder del Portugal, debido al comercio que hacían
(aunque ilícitamente) sus pobladores con los establecimientos españoles de esta banda y con los ne-
gociantes de la provincia de Buenos-aires. La importancia de este comercio fué bastante para atraer
al puerto buques ingleses, franceses y holandeses,
cargados de mercancías, cuyas expediciones, pro-
hibidas en los dominios de España, contribuyeron
á satisfacer las necesidades generales del pueblo
mejor y más barato que si se hubiese observado rigurosamente la doctrina prohibitiva que im-
peraba en Buenos-aires y en todas sus dependencias.

Fué favorable tambien á los progresos de la Colonia la perseverancia con que sus autoridades y
habitantes seguían invadiendo terrenos y robando
ganados que no les pertenecian, pues que así se
hacían ricos á poca costa, y adquirían fácilmente
del extranjero lo que de otro modo hubieran tenido
que pagar más caro. Puede decirse que, si bien se
sacrificaba el derecho en servicio de las conveniencias èconómicas, fué la Colonia el primer pun-

to del Rio de la Plata en que tuvo algunas manifestaciones la libertad de comercio.

XXII — Invasiones brasileñas en tiempo de Salcedo

El gobernador de Buenos-aires, don Miguel de Salcedo, sabedor de los abusos que acabo de indicar, se quejó al gobernador del Sacramento, y dirijió contra esta plaza, por órden del soberano, una expedicion, que sostuvo un estrecho y largo sitio. Los resultados no fueron tantos como pudieron ser: Salcedo se limitó á recuperar las tierras que habían sido usurpadas y á establecer algunas seguridades contra las violencias que los sitiados cometían en los dominios españoles (1734 á 1737).

El gobernador de la Colonia no se había limitado á defenderse de los sitiadores; había mandado fuerzas y familias al Rio-grande, dominio español entónces en parte, para que formaran una colonia de acuerdo con los paulistas. Subieron estos hasta el rio Jacuy que lleva sus aguas á la laguna de los Patos, lo vadearon, y fundaron el pueblo de San Pedro. Situáronse aquí 500 portugueses armados, bajo las órdenes del maestre de campo Domingo Fernandez; pero pronto fueron atacados y vencidos por fuerzas españolas en el centro de sus trabajos, y la poblacion desapareció.

Sin embargo, las fuerzas de Portugal se sostuvieron dentro del territorio perteneciente á Buenos-aires; internáronse en una extension de 60 leguas, tomaron y artillaron el fuerte de San Miguel, situado al Sud de la laguna Merim, levantaron otras fortificaciones y se apoderaron de gran cantidad de ganados. El gobierno de Buenos-aires no pudo reprimir estos avances, porque recibió, en cumplimiento del tratado celebrado en París el 15 de Marzo de 1737 entre España y Portugal, con la mediacion de Francia, Inglaterra y Holanda, la órden de suspender las hostilidades, dejando las cosas en el estado que tuviesen á la llegada de esa órden, cuya suspension había de durar miéntras ambas coronas no arreglasen definitivamente sus cuestiones de límites en la América del Sud.

Las autoridades portuguesas recibieron al mismo tiempo iguales instrucciones, pero parece que no las cumplieron fielmente, porque el 20 de Diciembre de ese mismo año se dirijió el gobernador Salcedo al brigadier Joseph de Silva Paez, comandante portugués de Rio-grande, invitándolo á evacuar el territorio perteneciente á España y á suspender las fortificaciones que levantaba en varios puntos, y haciéndolo responsable de las consecuencias que esos actos produjeran.

XXIII — Primeras industrias. Los indígenas

Mientras ocurrían estos hechos de carácter internacional, los habitantes de Buenos-aires y de su extensa jurisdiccion se establecían en la Banda-oriental, próximamente á las márjenes del Plata y de Uruguay, en donde se entregaban á la matanza de ganados y al comercio de carnes, cueros, sebo, etc. Los indios no obedecían en general á otra autoridad que sus caciques, ni tenían paradero fijo: erraban de un lado para otro, segun las necesidades de su existencia, y atacaban frecuentemente á los habitantes civilizados de las estancias, por robar á veces, otras veces por enemistad; razon por la cual era poco seguro el vivir de las familias civilizadas, si no se mantenían á corta distancia de las guardias y destacamentos que el gobernador de Buenos-aires y el comandante militar de Montevideo destinaban á la vigilancia de las poblaciones.

No faltaron, con todo, grupos de salvajes que se sometieran á la autoridad de las colonias, ó que recibieran la pacífica influencia de las misiones católicas. Muchos de ellos figuraban en las tropas, y otros cooperaban en los trabajos públicos y privados á que se entregaban los colonos, si bien sujetos á un réjimen de servidumbre, más que como hombres iguales á los demás por su naturaleza. En tal concepto, el trato que recibían era duro; sólo puede excusarse atendiendo á que el estado de la civilizacion del Plata en aquellos tiempos, y aún de gran parte de la Europa, no permitía considerar al salvaje con la humanidad á que hoy obliga el conocimiento más perfecto que tenemos del hombre y de las leyes morales y de derecho que rijen las relaciones humanas.

XXIV—Tratado de 1750 sobre límites

Muerto Felipe V, bajo cuyo reinado se celebró el tratado de 1737, vino á ocupar el trono de España Fernandp VI, cuyo interes principal parece haber sido el de vivir en paz con los otros monarcas. Casóse con Doña María Bárbara, hija del rey de Portugal, y una hermana suya con otro hijo de este, José, que había de sucederle en el reinado. Ligadas por tales vinculos las dos monarquías, procedieron á arreglar las diferencias pendientes con motivo de sus dominios de América y celebraron el tratado de 13 de Enero de 1750. Se restablecen en su preámbulo las pretensiones sostenidas por ambas partes y la imposibilidad moral de demarcar los límites con arreglo á las bases antes estipuladas; y luego se pacta, entre otras cosas: que este tratado sería el único fundamento de la division y límites de los dominios de Portugal y España en América; y que los confines de las dos monarquías, por el lado meridional, serían, empezando en la barra que forma en la costa del mar un arroyo que sale al pié del monte de los

Castillos-grandes, las cumbres de los montes que dan aguas por un lado al mar y á la laguna Merin, y por el otro al rio de la Plata, hasta llegar al orígen principal y cabeceras del rio Negro, desde donde se seguirá hasta el orígen principal del Ibicuy, y luego el curso de este hasta el Uruguay. Pertenecerían, segun esto, á Portugal, todas las vertientes que bajan á la laguna Merin y al rio Grande de San Pedro; y á España las vertientes que bajan á los ríos que se unen con el de la Plata.. Ademas, cedía el Portugal á España la Colonia del Sacramento con todos los terrenos adyacentes y las plazas, fuertes y establecimientos comprendidos dentro de los límites antes indicados; así como España cedía á Portugal todos los territorios que ocupase fuera de estos límites, con sus pueblos y establecimientos. Las tropas de la Colonia saldrían con la artillería, armamentos y municiones, y los moradores podrían quedarse ó trasladarse á dominios portugueses vendiendo sus bienes si quisieran. A su vez los misioneros é indios de las Misiones del Uruguay saldrían de ellas llevándose los bienes muebles, pero dejando las iglesias, casas y edificios, así como la propiedad y posesion del terreno, para la Corona portuguesa. Se prohibía el comercio en la frontera de las dos naciones, y el poblarse en la misma cumbre de los montes que servía de línea divisoria, y se establecía que jamás se hostilizarían los vasallos de una y otra nacion en América, aunque estuvieran en guerra los dos monarcas.

XXV — Sub-gobierno político y militar de Montevideo. Guerra guaranítica

En consecuencia, se resolvió nombrar comisarios para demarcar los límites, se hicieron tratados especiales en 1751 sobre la manera de llevar á cabo la demarcacion, se adoptó el mapa que había de servir á los comisarios, y, por fin, dieron principio estos á sus trabajos.

La importancia política que ya había tomado la Banda oriental, y el género de trabajos y de relaciones á que iban á dar lugar los tratados de 1750 indujeron al rey de España á instituir en este mismo año un sub-gobierno político y militar en Montevideo, con jurisdiccion limitada al Sud por el Cufré y Pan-de-azucar y al Norte la cuchilla Grande, y dependiente del gobierno de Buenos-aires.

Ya su primer gobernador, D. Joaquin de Viana, se vió precisado á desempeñar un papel importante al poco tiempo de ocupar el poder en tal carácter. El tratado de 1750, como se ha visto, nó solo reducía la extencion territorial de la Banda oriental del Uruguay y de las demas dependencias de Buenos-aires por el lado de los dominios portugueses, sino que tambien despojaba injustamente á los misioneros é indios del Uruguay, de sus propiedades particulares, que eran valiosas y difícilmente ganadas. Los comisarios no hallaron obstáculo de importancia en la colocacion de los marcos divisorios entre el monte de Castillos-grandes y el fuerte de Santa-Tecla, situado cerca de los orígenes del Ibicuy, por manera que se trazó con facilidad la desmembracion de la Banda oriental por el lado del Este; pero al llegar á aquel punto los comisarios se encontraron con la oposicion armada de los indios de las Misiones del Uruguay, que ocupaban el territorio occidental del Ibicuy; oposicion dirijida por los jesuitas, que causó una guerra sangrienta con las fuerzas combinadas de España y el Portugal, llamada la *Guerra guaranítica*, en que los indígenas fueron vencidos. En esta guerra, terminada en 1756, tomaron parte el primer teniente gobernador y las fuerzas de Montevideo, despues de haber sostenido una breve y afortunada campaña contra algunas tribus de indios, de las que poblaban la jurisdiccion del nuevo gobierno.

XXVI—Anulacion del tratado de 1750. Mala fe de Portugal

Las operaciones de deslinde fueron recomenzadas despues de terminada la guerra guaranítica, pero no pudieron llevarse á cabo por las dudas que surgieron acerca de cuáles eran en el terreno las corrientes que correspondían á las descritas en el tratado de 1750. Estas dificultades y lo poco satisfechos que estaban las dos partes con las estipulaciones hechas, motivaron el tratado de 1761, por el cual quedó anulado el anterior y los que fueron consecuencia de él, quedando todas las cosas en el estado que tenían con arreglo á los tratados anteriores al de 1750, de modo que se derribarían las fortalezas, casas y demas edificios hechos posteriormente. Volvían á regir, por tanto, los tratados de Tordesillas y de Utrecht, el primero de los cuales limita el dominio de los Estados por una línea meridiana tirada á 270 leguas al Oeste de las islas de Cabo-verde, y el segundo cede á Portugal la Colonia del Sacramento. Sin embargo, el Portugal, que no había abandonado la Colonia despues de 1750, y que había tomado furtivamente posesion de algunos puntos que quedaban al Este de la línea últimamente demarcada, continuó reteniéndolos despues del tratado de anulacion.

XXVII— Campaña de Cebállos

En presencia de esta ocupacion ilegítima, el gobernador de Buenos-aires, D. Pedro de Cebállos, se dirigió al conde de Bobadela, que ejercía la autoridad suprema del Brasil, recordándole que ya

el año anterior había reclamado sin éxito del gobernador de la Colonia del Sacramento y de otras
autoridades del Brasil la restitucion de las tierras
indebidamente ocupadas por los súbditos portugueses, y reclamándole nuevamente la devolucion
de las tierras usurpadas, bajo apercibimiento de
ocurrir al uso de las armas (1762.)

Ya para este tiempo había fallecido Fernando
VI y sucedídole en el trono de España su hermano
Carlos III (1759) quien había hecho con el rey de
Francia el llamado *Pacto de familia* y convenido
en unir sus armas contra Inglaterra, que ya estaba en guerra con aquella potencia. En Enero de
1762 se declararon por consiguiente la guerra Inglaterra y España y en Mayo se adhirió el Portugal
á la primera de estas, declarando la guerra á su
vez á España y Francia. La noticia del rompimiento llegó al Río de la Plata inmediatamente y se
aprovechó de este hecho Cebállos para romper las
hostilidades contra las autoridades portuguesas
de la Colonia del Sacramento y de Rio-grande,
segun lo tenía ya prometido á Bobadela. Ataca la
Colonia con fuerzas de Buenos-aires y guaraníes,
y la rinde á los veinticinco dias, tomando en el
puerto 26 buques ingleses ricamente cargados, y
en la plaza, armas y mercancías que valían más
de 20 millones de duros. Es atacado á su vez en la
misma plaza por una escuadra anglo-lusitana
(1763);pero se incendia el *Lord Clive*, navío inglés
de 54 cañones, perdiendo 262 de los 340 hombres
que tenía á bordo, se retiran los demás buques y
Cebállos, libre de enemigos por este lado, se dirije
con mil hombres en direccion al Este, con el propósito de desalojar á los portugueses de las posiciones españolas que ocupaban en Rio-grande;
toma el fuerte de Santa-Teresa, defendido por 600
hombres; en seguida el de San-Miguel, débilmen-

te guarnecido; y luego el fuerte y la villa de San
Pedro de rio Grande, capital de la provincia, cuyos defensores y poblacion huyen precipitadamente á la aproximacion de los platenses, ahogándose
unos en el río, y cayendo otros prisioneros con todas las municiones, 30 cañones, 400 fusiles, 200
barricas de pólvora, 7000 balas, etc. (1) El ejército expedicionario empleó sólo siete dias en estos
diversos hechos de armas, desde que se aproximó
al rio Chuy.

XXVIII — Portugal inutiliza las victorias de Cebállos

Simultáneamente ocurrían otros sucesos en Europa. La guerra había sido alternativamente favorable y adversa á España y sus enemigos; los
resultados no correspondían á los sacrificios, y se
prestaron los beligerantes á entablar negociaciones de paz, que fueron concluidas prévia una suspension de armas, con el tratado de Febrero de
1763. Se estipuló en él que los españoles y los portugueses se restituirían todos los países, territorios y plazas que hubiesen conquistado, en el estado en que lo fueron, con las armas y municiones
que en ellos había.

Al llegar la suspension de armas á noticia de las
autoridades del Brasil y del Rio de la Plata, celebraron los gobernadores Cebállos y Madureira un
convenio por el cual se declararon suspensas las
hostilidades, se estipuló que los españoles domi-
narían hasta cuatro ó seis leguas al Norte del Rio-
Grande; que los portugueses no podrían pasar de
estos límites, y que como el puerto de Rio-Grande era privativo del dominio de España, no podrían comerciar, ni entrar, ni salir de él, sin permiso del gobernador español, embarcaciones de

(1) Estos datos son dados por el jesuita Muriel. Otros dan los siguientes:
12 cañones, 8 morteros, muchas armas, mas de 300 quintales de pólvora, etc.

ninguna nacion. (Agosto de 1763). Llegó poco despues la noticia de la paz. Ceballos restituyó la Colonia del Sacramento y la isla de San-Gabriel, con su artillería y municiones, el 27 de Diciembre del mismo año, en cumplimiento del tratado, y conservó las posiciones ganadas por las armas en Rio-Grande, fundando el pueblo de San-Cárlos, para asegurarlas mejor, á poca distancia de Maldonado.

Mas como los terrenos recuperados no eran todos los que la España tenía por suyos, el sucesor de Cebállos, D. Francisco de Paula Bucarely y Ursua, instó á las autoridades lusitanas para que los desocuparan. Estas, que se habían mostrado sordas á iguales intimaciones de Cebállos, léjos de acceder, adelantaron silenciosamente sus fuerzas, ocuparon á principios de 1767 la sierra de los Tapes y atacaron con 800 hombres desembarcados de improviso las posesiones septentrionales de Rio-Grande, ocupadas por tropas españoles (29 de Mayo). Estas tuvieron que retirarse por ser relativamente débiles para resistir. Los portugueses se fortificaron allí, navegaron en la laguna de los Patos como en aguas propias, y emprendieron una série de excursiones en los terrenos del Sud y del Oeste, con el objeto de llevarse indios y ganados en crecidas cantidades.

XXIX — Inútiles esfuerzos de Vertiz y Salcedo

Bucarely no pudo oponerse sériamente á esta nueva invasion, porque se ocupaba en organizar los medios con los cuales debía ejecutar la órden que había recibido de Càrlos III para expulsar del Rio de la Plata á todos los jesuitas, que ya habían sido expulsados de Portugal, Francia y España, como enemigos de los intereses sociales y políticos de estas naciones. Pero realizada la expul-

sion, y reemplazado Bucarely por D. Juan José de
Vertiz y Salcedo, se dirigió éste con fuerzas y desalojó á los portugueses de las posiciones que habían tomado al Sud y Este del Yacuy, llevando su
marcha victoriosa hasta el rio Pardo, que corre
por el Norte á desembocar en aquel (1774). Vertiz
dejó guarniciones en algunos puntos de importancia, mandó fortificar Maldonado y regresó á la
capi'al de su gobierno.

Empero, los portugueses no desistieron de su
empeño. Aglomeraron sobre la frontera de las tierras disputadas las más considerables fuerzas de
mar y tierra que hasta entónces habían visitado
aquellos parajes y obligaron á los españoles, despues de algunos combates parciales, á abandonar
Rio-grande de San Pedro y todo el territorio que
queda más allá de Santa-Teresa, por el Este, y de
Santa-Ana, por el Norte, en virtud de que las guarniciones eran muy débiles para oponerse con éxito á tan poderoso enemigo, (1776).

XXX — Vireinato de Buenos-aires. Su extension

La magnitud de estos hechos bastaba natural-
mante para alarmar á la corona española y para
decidirla á emplcar medios capaces de contener
á los portugueses dentro de justos límites. Como
el Brasil estaba ya gobernado por un Virey, y el
Plata, aunque dependiente del de Perú, estaba bajo la autoridad de un «gobernador y capitan general», quien mantenía las relaciones con las autoridades superiores brasileñas, se resolvió Cárlos
III á convertir la gobernacion en vireinato, lo
que tuvo lugar por cédula de Agosto de 1776.

Al cambio de gerarquía se agregó el aumento
de jurisdiccion. La presidencia de Charcas, las
gobernaciones del Paraguay y de Tucuman, de-
pendientes del virey del Perú, el territorio de

Quito, que era part˃ de la presidencia de Chile, y los territorios patagónicos, vinieron á formar con Buenos-aires el vasto dominio del nuevo vireinato; por manera que entraban en sus límites todo lo que hoy forma las repúblicas argentina, oriental, Paraguay, Bolivia, y parte considerable de las provincias brasileñas de Rio-grande do Sul, San-Paulo y Matto-Grosso.

XXXI — Aumentos de fuerza militar

La ereccion del vireinato tenía importancia política y administrativa; pero era necesario ademas que viniese rodeado de poder y genio militar, porque nó con sólo fuerzas morales se hubiera podido mantener la integridad de los dominios disputados por los portugueses. Comprendiéndolo así el gobierno español, nombró á Ceballos para virey del Plata, cuyos méritos habían sido ya probados, y le encomendó doce ó dieciseis entre navíos de línea y fragatas, otros buques menores de guerra, ciento y tantos trasportes y más de nueve mil hombres de desembarco, con abundancia de armamento y municiones, cuyo mando inmediato fué confiado al marqués de Casa Tilly.

XXXII — Segunda campaña de Ceballos

Uno de los primeros actos del virey había de ser el de desalojar á los portugueses de las tierras invadidas en 1776. Se trató del plan de hostilidades en el camino: Ceballos opinó que deberían empezar por el ataque de Santa-Catalina; Tilly juzgó que convenía más comenzar por la Colonia del Sacramento. Se adoptó definitivamente la opinion del Virey. Llegada la escuadra á la ensenada *das Canavieiras*, próxima á la capital de la isla, desembarcaron las fuerzas españolas; los jefes portugueses evacuaron las fortificaciones sin esperar el ataque, pasando al continente, y Ceballos tomó sin disparar un tiro aquella posesion, en que halló tropas, 196 cañones y otras armas (Febrero de 1777). El Gobernador de la isla firmó una capitulacion, por la cual la cedía, con sus dependencias, al rey de España.

Ceballos se propuso dirijir sus fuerzas á Riogrande, para cuyo efecto escribió á Vertiz ordenándole que se pusiese en camino con todas las fuerzas disponibles. Vertiz emprendió la marcha con dos mil hombres y llegó á Santa-Teresa; Ceballos emprendió tambien la ejecucion del plan, pero no pudo llevarlo á efecto, porque vientos contrarios le impidieron tomar el rumbo que le era necesario. Tomó entónces la direccion de la Colonia del Sacramento, á donde llegaron parte de sus fuerzas el mes de Mayo; intimó á la plaza que se rindiera ántes de las 24 horas, y así se rindió con 140 cañones. Las fortificaciones fueron arrasadas; los jefes y oficiales fueron remitidos á Rio-Janeiro, y los soldados á Córdoba y Mendoza, en donde fueron ocupados en trabajos agrícolas.

XXXIII — Tratado de límites de 1777

Ceballos volvió, despues de este suceso, á su empresa de reconquistar el Rio-grande; pero llegaba á Maldonado cuando recibió pliegos de la Corte que le mandaban suspender las hostilidades en virtud de tratados que se habían celebrado con el monarca de Portugal.

Este tratado, que lleva la fecha de 1.° de Octubre de 1777, dispone entre otras cosas: que en adelante pertenecerían á España privativamente las dos bandas del Plata y del Uruguay, limitándose los dominios de ambas coronas por una línea que partiría desde el Chuy, pasaría por el fuerte de San-Miguel y orillas del lago Merim, seguiría

por los orígenes del rio Negro y de todos los demas que van á desembocar en el Uruguay, y
terminaría en donde el Pepirí ó Pepirí-guazú desagua;—que pertenecerían á Portugal las tierras
que quedan al oriente de una línea que corre por
la orilla occidental de la laguna de los Patos ó rio
Grande y la de Merim, hacia el Sud, y hacia el
Norte por los orígenes de las corrientes que dan
aguas á dicho rio Grande y al Yacuy, prolongán-
dose hasta la afluencia del Pepirí-guazú en el Uruguay, etc.;—que las tierras que se hallasen entre
una y otra línea no se considerarían de uno ni
de otro monarca y sí solo como divisorias;—que
Santa-Catalina sería restituida à Portugal con la
condicion de que no entraran en su puerto en
tiempo alguno buques de guerra, ni mercantes,
sobre todo si los primeros fueran de nacion que
estuviese en guerra con España y los segundos
tuviesen por objeto realizar contrabandos.

Segun esto, el territorio oriental del Uruguay
quedaba cerrado entre este rio, el Plata, el Chuy,
la laguna Merim, la sierra de los Tapes ó Albar-
don de Santa-Ana, y una línea que partía de esta
altura al punto en que el Pepirí-guazú desemboca
en el Uruguay.

XXXIV — Cebállos favorece el comercio

Cebállos llegó á Buenos-aires despues de estos
sucesos, que aumentaron la gloria que ántes habia ganado, y se dedicó á los trabajos del gobierno
interior. Como por la desaparicion de la Colonia
se vieron las poblaciones privadas del comercio
que con ella se hacía, y expuestas á sérias necesidades, el Virey permitió que en adelante se co-
merciára con personas de las naciones extranjeras; cuya medida, si bien contraria á la intencion
manifestada por los reyes en cédulas y tratados

internacionales, fué causa de bienestar y de progreso relativamente considerables, pues además de abaratarse las mercancías de uso común por efecto de la competencia y de facilitarse la satisfaccion de necesidades que ántes no se satisfacían ó quedaban mal satisfechas, empezó á cobrar vida la industria interior, con cuyos productos se pagaron las importaciones.

XXXV — Estado de la industria oriental

La banda oriental debió participar naturalmente de estas ventajas; y, en efecto, á las comodidades que empezaron á gozar sus habitantes, se agregó el aumento de exportacion de cueros. Pero no supieron sacar de sus riquezas naturales todo el provecho que hubieran obtenido, si no fuera tanta su ignorancia de los procedimientos industriales que más tarde se generalizaron. Como ya se ha dicho ántes, los campos abundaban muchísimo en ganados mayores, que se habían criado y procreado por sí mismos, sin la guarda y los cuidados del hombre civilizado, y en campos que no tenían otro dueño que la Corona. Eran, pues, aquellos ganados completamente salvajes, y se daban á quienes los cazasen, en cambio de algunos derechos que la autoridad cobraba. Las facilidades no escaseaban, por tanto, para el hombre que hubiera querido y sabido explotar esa fuente de riqueza. ¡Cuánta carne se hubiera podido vender para el extrangero, ya que nó los huesos, astas y crínes que hoy tanto valen! Pero no se conocía aún el arte de salarlos, de modo que se vendieran por poco precio y se conservaran por mucho tiempo, razon por la cual sólo se aprovechaba el cuero. Se perdía una gran parte de lo utilizable.

XXXVI — Proyectos administrativos. Progresos de Montevideo

El Virey organizó tambien la administracion cuanto pudo en los primeros momentos; pero como estas mejoras no fueron capaces de satisfacer cumplidamente las necesidades del vireinato, concibió un proyecto de divisiones y subdivisiones del territorio, que sometió á la consideracion del gobierno, demostrando lo mucho bueno que esperaba de su adopcion, para los intereses públicos.

En 1778 se trazaron y denominaron las calles de Montevideo, dentro de la periferia que formaban las fortificaciones, cuyo espacio es el conocido hoy por *ciudad vieja*. Los nombres que recibieron no son los que ahora tienen. La del 25 de Mayo se llamó de *San Pedro;* la del Rincon era conocida por de *San Gabriel*; llamáronse : de *San Cárlos* la del Sarandí, de *San Francisco* la de Zavala, de *San Felipe* la de Misiones, de *San Joaquin* la de los Treinta y tres, de *San Juan* la de Ituzaíngo, de *San Fernando* la de Cámaras, etc. Todas las calles tenían nombres de santos, sin otra excepcion que la de Santa Teresa, que no tuvo nombre al principio y que se llamó más tarde la del *Porton nuevo*.

En 1783 se fundó un establecimiento de beneficencia para los enfermos pobres, cuyos gastos fueron pagados en los primeros tiempos por don Francisco Antonio Maciel, conocido por sus obras de caridad, que le valieron el honroso sobrenombre de «El padre de los pobres». Dos ó tres años despues se hizo en Maldonado un ensayo de salazon de carnes en grande escala, con procedimientos que hasta entónces no se habían empleado; su autor murió pronto; su establecimiento, falto de recursos bastantes, se arruinó, pero dando motivo para que otros hiciesen más tarde otros ensayos, cada vez más afortunados, hasta que resultaron los valiosos establecimientos á que llamamos comunmente *saladeros*.

La poblacion había atendido hasta estos tiempos las necesidades públicas de su culto en la pequeña *Iglesia de San Felipe y Santiago*, situada en la esquina N. E. de las calles Ituzaíngo y Rincon; pero el número de habitantes, que ya llegaba á tres ó cuatro mil, empezaba á crecer con rapidez, y el servicio de la capilla iba á ser insuficiente dentro de poco. Se pensó en edificar una iglesia de mayor capacidad, y se fundó en 1790 la actual *Iglesia Catedral*, cuya construccion duró muchos años. En 1794 se fundó el primer teatro, en donde está hoy situado el novísimo de San Felipe, y en el año siguiente se autorizó la apertura de la primera escuela gratúita, que fué sostenida con dineros particulares y dirijida por religiosas. Es muy de notarse que en esta fecha se formó la primera asociacion privada de enseñanza primaria. La capilla de la Caridad empezó á construirse un año despues. Por manera que se nos presentan en esta época las autoridades y pueblo de Montevideo poco preocupados de la instruccion y de la educacion general de la juventud, y empleando grandes concepciones y fuertes sumas en edificios religiosos.

XXXVII — Division administrativa del vireinato

Entre tanto, habían sucedido á Cebállos el general Vertiz de Salcedo (1778) primeramente, y despues (1784) Don Nicolás Francisco Cristóbal del Campo, marqués de Loreto. El primero de estos dos vireyes hizo bien especialmente á Buenosaires, y adelantó las fortificaciones de Montevideo, en prevision de ataques que pudieran venirle del exterior.

El segundo ejecutó el plan de divisiones administrativas que había proyectado Ceballos y que la corona hizo objeto de una ordenanza en 1782. Las divisiones más extensas del vireinat› fueron las *intendencias*, en número de ocho. Fué Buenos-aires una de ellas, con derechos de superintendencia, en virtud de los cuales le quedaron sometidas las demas en algunos asuntos administrativos. La Banda-oriental hizo parte de esta intendencia. Cada una de estas extensas divisiones se subdividió en *partidos;* Montevtdeo y Maldonado lo fueron de la de Buenos-aires. Se instituyeron algunos *gobiernos*, uno de los cuales fué Montevideo; y varias *comandancias*, de las que hubo tres en el territorio oriental del Uruguay : la de la Colonia del Sacramento, la de Maldonado y la de Santa Teresa.

XXXVIII — Represion de inmoralidades administrativas

La conducta de este virey influyó tambien de una manera notable en la moralidad administrativa. El jefe de la hacienda, residente en Buenos-aires, se había asociado con funcionarios y comerciantes de Montevideo para monopolizar algunos ramos de la industria, emplear los dineros públicos en provecho propio, y hacer negocios escandalosos. El saladero establecido en Maldonado, á que se ha hecho referencia un poco ántes, debió su existencia á estos abusos, pues fué sostenido con valores que se sustraían de las cajas públicas y para despachar sus productos á la real armada en cantidades que falsamente se abultaban mucho. El Virey descubrió tales delitos y procesó á los culpables. El pueblo se preocupó extraordinariamente con motivo de estos hechos y se reprimieron por algun tiempo algunos de los abusos que se solían cometer.

XXXIX — Invasiones brasileñas

Vinieron al vireinato, despues que el marqués de Loreto, en lo restante del siglo XVIII, Don Nicolas de Arredondo (1789), Don Pedro Melo de Portugal (1795), D. Antonio Olaguer Feliú (1797), que ejerció el gobierno interinamente durante dos años, por muerte de su antecesor, acaecida en Montevideo, y el marqués de Avilez. La administracion de estos vireyes se hizo pacíficamente, sin que ocurriera otro acontecimiento notable que los trabajos de demarcacion de límites entre los dominios de Buenos-aires y del Brasil, los cuales quedaron suspensos en varios puntos, porque, debido á que el tratado de 1777 no determinaba con claridad todos los lugares por donde había de pasar la línea divisoria, los comisarios españoles y portugueses no pudieron entenderse.

Las autoridades brasileñas tomaron por pretexto esta indeterminacion de las fronteras para ocupar las tierras neutrales y parte de las que claramente pertenecían á España por el tratado predicho, sin que sirvieran para contenerlos las protestas que dirijió el virey Avilez. Al contrario, como sobrevino muy luego la guerra del año 1800 entre las dos Coronas de la Península, los portugueses la aprovecharon para adelantar sus posiciones de la América meridional hasta más acá de las Misiones del Uruguay y hasta los fuertes de Cerro-largo, San-Gabriel y Santa-Teresa. El mariscal de campo D. Joaquin del Pino y Rozas, octavo virey del Rio de la plata, mandó que el marqués de Sobremonte, gobernador entónces de Montevideo, marchase contra los invasores. Así se hizo : los brasileños se retiraron del Cerro-largo y del Sud de la laguna Merim al saber que se les acercaban fuerzas enemigas, y continuaba el general español su marcha hácia los pueblos de las Misiones, cuando recibió noticia de la paz celebrada entre los beligerantes. Las hostilidades se suspendieron, pues, ántes que los invasores hubiesen sido expulsados de las posesioncs del Uruguay. Se entablaron reclamaciones para que las desalojaran, pero inútilmente: los portugueses se conservaron en ellas, hasta hoy, alegando el derecho de guerra, no neutralizado por los tratados de paz.

CAPITULO III

LAS CONQUISTAS INGLESAS

XL — Sobremonte en el gobierno de Montevideo

Murió del Pino y ocupó su lugar Sobremonte, (1804), que aún desempeñaba el gobierno de Montevideo. Era de familia distinguida; se había hecho notar por algunos trabajos miéntras estuvo al frente de la intendencia de Córdoba, había recuperado, durante su último empleo, algunas de las posesiones usurpadas por los portugueses, aunque sin que llegara la ocasion de poner á prueba sus aptitudes militares y políticas; Montevideo había hecho algunos progresos, como que había aumentado el movimiento de su puerto; había crecido la demanda de servicios personales, si bien se empleaban hombres esclavizados, con mengua de la moral, del derecho y de la dignidad liumana, á punto que los esclavos formaban la tercera parte de la poblacion; se habían destinado sumas considerables á la continuacion de las obras de tres ó cuatro iglesias, del hospital y del cabildo; pero en todo esto no se vió tanto la iniciativa, ni la cooperacion del gobernador, como el esfuerzo de las autoridades municipales.

XLI — Guerra entre Inglaterra y España

Ocurrió en este tiempo que como la Francia estaba en guerra con Inglaterra, solicitó el auxilio de España; ésta se propuso conservar su neutralidad, á pesar de los compromisos que tenía para con aquella potencia, mediante una indemnizacion que nó por llamarse así dejó de ser un auxilio efectivo. Inglaterra pretendió á su vez la alianza española, y, no habiéndola conseguido, se propuso vengarse atacando las posesiones y propiedades que España tenía en América. Mandó en el mismo año 1804 algunos buques de guerra á estas aguas, los cuales tuvieron la buena fortuna de apoderarse en Octubre de tres fragatas que iban á la Península con cuatro millones de pesos, y de echar á pique otra, durante el combate que con este propósito se sostuvo.

El hecho produjo mala impresion en el ánimo de los españoles; con tanta más razon, cuanto que no le había precedido la declaracion de guerra que es práctica entre las naciones civilizadas. España se pronunció entónces contra Inglaterra, en alianza con los franceses, por manera que se dió una causa regular á la guerra de estas potencias. La escuadra aliada fué completamente vencida en Trafalgar (Octubre de 1805). Como este hecho memorable permitió á Inglaterra obrar con más libertad en las aguas, despachó una expedicion de más de 6500 hombres con la órden de que se apoderára de la colonia que los holandeses tenian en el Cabo de Buena-esperanza.

XLII — Primera invasion de Buenos-aires por los ingleses

Cumplida la órden, el jefe de la escuadra pensó extender la empresa por las colonias del Rio de la Plata; convino en ello el gefe de la expedicion, y fueron encomendadas las fuerzas de desembarco á Guillermo Car Berresford, y á Home Popham la flota. Estas fuerzas llegaron al rio de la Plata en once buques, á principios de Junio de 1806; desembarcaron en Quilmes, aldea que quedaba al Sud de Buenos-aires y á pocas leguas de distancia, y emprendieron su marcha hácia la capital del vireinato, constando de poco mas de 1600 hombres y cuatro piezas de artillería.

Sobremonte había tenido noticias de que la expedicion que se dirijió al Cabo de Buena-esperanza había tocado en el Brasil; temió entónces que vinieran á atacar las posesiones del Plata, y, creyendo más expuesta á Montevideo que á Buenos-aires, había mandado á la primera las fuerzas regulares de la segunda. Pero los ingleses se dirijieron al Africa y Sobremonte perdió los temores y aún toda clase de recelo; tanto, que se sorprendió al saber que el enemigo estaba casi á las puertas de la ciudad. Su nulidad fué en esta ocasion tanta como su sorpresa; llamó á las milicias urbanas, pero no supo, ni se ocupó de organizarlas. Los invasores dispersaron fácilmente los destacamentos que les salieron al encuentro y entraron en número de 1500, sin disparar un tiro, á banderas desplegadas y tambor batiente el 27 de Junio en una ciudad de cuarentaicinco mil almas, de que poco ántes habia huido cobardemente el Virey. Los conquistadores recibieron como tr feo cerca de un millon y medio de pesos, y procedieron con el pueblo y las pocas tropas que capitularon, con moderacion y con nobleza.

XLIII — Preparativos para la reconquista

El pueblo sufría vergüenza por la presencia tranquila del conquistador, é indignacion por la conducta del Virey y de las tropas rendidas. Se resistió á entregar las armas que había recibido en los momentos de conflicto, ocultándolas en sus domicilios; varias personas se asociaron para reunir dinero, aumentar el número de armas é invitar á los vecinos de la ciudad y de la campaña á organizarse secretamente para llevar á cabo la reconquista; resolvieron abrir dos minas debajo de los edificios que ocupaban las tropas inglésas, é invitaron al gobernador de Montevideo á que favoreciera estos trabajos con los elementos de que disponía. En consecuencia, se hicieron las minas, se armaron secretamente los vecinos de la ciudad y se organizaron, se reunieron fuertes grupos en campaña y esperaron que llegara la oportunidad para poner en accion estos elementos.

XLIV—Reconquista de Buenos-aires. Auxilios de Montevideo

El gobernador de Montevideo, que lo era el general D. Pascual Ruiz Huidobro, convino con D. Santiago Liniers, jefe que, aun cuando nacido en Francia, llevaba muchos años de servicios militares á la Corona española y era apreciado por el pueblo de Buenos-aires, en confiarle el mando de las tropas que el Virey había mandado poco ántes de Buenos-aires, más algunas fuerzas locales que completarían el número de mil hombres.

Partió la expedicion desde la Colonia el 3 de Agosto, desembarcó el 4 en el puerto de las Conchas, siete leguas al Norte de Buenos-aires, recibió inmediatamente el refuerzo de quinientos hombres, y el de más de otros quinientos en los dias próximos, y entró el 11 en la capital del vireinato con mas de dos mil hombres no bien armados. El 12 se libró el combate decisivo en las calles por mas de cuatro mil hombres de las tres armas, que fueron auxiliados por vecinos que hacían fuego desde los balcones y azoteas. Los ingleses se rindieron, despues de una brava defensa, en número de mil doscientos con sus banderas y estandartes, 124 piezas de artillería y 1600 fusiles. Beresford y Pack quedaron prisioneros.

XLV — Primer acto revolucionario de Buenos-aires

Cuando tuvieron lugar estos sucesos, el Virey estaba á cuarenta leguas de Buenos-aires con algunas fuerzas que recibió de varias intendencias. El pueblo le negó obediencia, confiando, contra la voluntad de la Real Audiencia y de las clases privilegiadas, al vencedor de los conquistadores el mando supremo de las armas. Esta fué la primera vez que el pueblo del Rio de la Plata, representado por una mayoría de criollos, medía sus fuerzas propias é imponía de un modo tan solemne su voluntad á las autoridades españolas.

XLVI — Manifestaciones democráticas

El virey pasó á la Banda-oriental con unos 3000 hombres; la escuadra inglesa quedó bloqueando los puertos de ambas márgenes del Plata, mientras no llegaran los refuerzos que Beresford había pedido á Lóndres y Cabo de Buena-esperanza cuando entró en Buenos-aires; y Liniers, receloso de nuevos desembarcos, se dedicó con grande actividad y acierto á organizar la defensa, sobre un plan democrático que contrastaba con las costumbres que hasta entónces habían regido, pues que repartió armas entre los ciudadanos de todas las clases, é hizo que entre ellos nombrasen los oficiales y los oficiales á los jefes, de modo que el espíritu y la autoridad fueran populares.

XLVII — Los ingleses invaden la Banda-oriental por Maldonado

Las primeras fuerzas pedidas por Beresford que llegaron á las aguas del Plata, fueron las procedentes del Cabo de Buena-esperanza. Se acercaron á Maldonado á principios de Octubre, bajo el mando del teniente-coronel Backhouse, en número de tres mil quinientos hombres y treinta y cinco á cuarenta buques, y tomaron aquel punto y la isla de Gorriti sin hallar casi resistencia.

Al saberse este hecho en Montevideo, cundió la alarma, se dió aviso al virey Sobremónte, que permanecía acampado cerca de la ciudad; se empezaron los trabajos de reparar las fortificaciones; se pidió un empréstito de trescientos mil pesos para atender á los gastos de la guerra; acudieron á armarse los vecinos, entre ellos algunos extranjeros, y se hicieron otros preparativos para resistir al invasor, tales como acopios de víveres, padron de los esclavos que había para destinarlos al servicio de la artillería, corte de leña en los montes cercanos, concentracion en la ciudad de pipas, carnes, sebos, y todo lo que pudiera ser útil al enemigo, si llegara á acercarse, etc.

XLVIII — Marchan los ingleses hácia Montevideo. Combate sangriento

El 5 de Enero de 1807 vinieron á Maldonado otras fuerzas que bajo el mando de Samuel Auchmuty se habían embarcado, en Agosto, en el puerto de Portsmouth, ciudad de Inglaterra, las cuales constaban de más de 5300 hombres. Reunidas las dos expediciones, resolvieron sus jefes dirijirse á Montevideo. Se pusieron en camino el dia 13; llegaron el 14 á la isla de Flores, en cuyo dia se acercó el navío *Diadem* á Montevideo con el objeto de intimar á la plaza que se rindiera; el

15 contestó el Virey á la intimacion rechazándola en términos enfáticos; los ingleses reconocieron en seguida la costa y el 18 (1) por la mañana desembarcaron infantería y artillería hácia el Este de la ciudad, á nueve millas de distancia, en número de 6000 hombres, sin que se les opusiera una fuerza de caballería y artillería que Sobremonte había mandado al lugar del desembarco, si bien sostuvo á medio dia un cañoneo de poca importancia que excitó en vano el sentimiento de quienes lo oyeron desde la plaza.

Ante la proximidad del amago, los defensores de esta, y principalmente el Cabildo, aumentan su celo patriótico, piden artillería á Sobremonte, se dirijen á las autoridades de Buenos-aires solicitando auxilios, y atienden las necesidades de agua, comestibles y leña que sentían algunos grupos destacados por el Virey.

Los invasores no se mostraban ménos activos. El 19 continuaron su marcha por tierra sobre Montevideo, formados en dos columnas; la caballería y artillería de Sobremonte intentó estorbarlos, haciendo fuego á la columna derecha, pero fué rechazada con pérdida de un cañon. El Virey pidió entónces refuerzos á la plaza, recibió 1300 hombres, los dividió en dos columnas para oponerlas á las otras dos del enemigo; mas este consiguió vencerlos rodeando á una parte y desbandando á la otra, á punto que de los 1300 hombres que salieron de Montevideo, volvieron solo 600. La caballería del Virey huyó hasta las Piedras, y el vencedor tomó buenas posiciones á dos millas de distancia, estableciendo el sitio de la ciudad, ya bloqueada estrechamente por la escuadra.

---

(1) Algunos dicen el 16. He preferido la fecha del texto, porque es la consignada en el parte de Auchmuty.

XLIX — Desastre del 20 de Enero

El efecto que estos hechos produjeron en el ánimo de los sitiados, fué extraordinario. El Cabildo, que había recibido ya la noticia de que se aprestaban en Buenos-aires 500 hombres destinados á reforzar la guarnicion de Montevideo, se dirijió al de aquella ciudad el mismo día de la accion, dándole aviso de lo ocurrido y pidiéndole dos ó 3000 hombres. El pueblo se apasiona, culpa á la ineptitud y cobardía de Sobremonte por las pérdidas sufridas, y miéntras las personas caracterizadas, incluso los cabildantes, piensan en la conveniencia de mantenerse en una actitud rigurosamente defensiva, la oficialidad se pronuncia en el sentido de una salida con todas las tropas disponibles, pensando que con mejor direccion torcerían el curso que empezaban á tomar los acontecimientos. Los consejos y los cálculos de los prudentes nada pudieron contra este parecer, y fué forzoso arriesgar de nuevo la suerte de la defensa.

Dos mil hombres formaron el mismo dia 19 en la plaza de la Matriz, bajo las órdenes de D. Javier de Viana, mayor de la Plaza, y del brigadier don Bernardo Lecoq. Abultóse ese número durante el resto del día y en la noche con milicias y 1000 hombres de la caballería de Sobremonte, hasta completar el de más de cuatro mil (1); y diéronse á cada pequeño cuerpo en que fueron distribuidos, dos cañones volantes.

Dispuesto todo, el dia 20 por la mañana salió este pequeño ejército, formando en una columna la infantería y en otra la caballería, en la direccion de lo que es hoy la calle del 18 de Julio; llegó

---

(1) Este es el número que dá una comunicacion del Cabildo. Auchmuty dice que eran cerca de seis mil.

á la altura de *El Cristo*, dobló hácia la derecha siguiendo la falsa retirada que hacía el enemigo, y á las 7 empezó el fuego con energía de parte á parte. Los ingleses empezaron entónces á recibir refuerzos considerables que tenían ocultos de tras de unos médanos, á la orilla del rio; la infantería española se detiene; la caballería huye sin entrar en accion; aquella empieza á retroceder, pero es sorprendida en este momento por un vivo fuego que les viene de entre unos maizales, en donde los invasores tenían emboscada una parte de su fuerza. Entra la desmoralizacion en las filas de los defensores, se desordenan, se desbandan, y entran los que han podido usar libremente de sus piernas por los portones de la Plaza, completamente desmoralizados. La accion duró una hora y cuarto. Los montevideanos perdieron un cañon y más de 1000 hombres entre muertos, heridos y prisioneros.

Los sitiadores tomaron posiciones, despues de este suceso, en toda la línea que se extiende de Norte á Sud desde el Miguelete hasta el rio de la Plata, y empezaron á levantar baterías. La escuadra se aproximó tambien y el fuego de cañon comenzó con insistencia de parte á parte.

L — Espíritu de la plaza despues del desastre

Los sitiados celebraron una junta de guerra á los dos ó tres días. Reunidos los informes de las fuerzas que quedaban, resultó que no pasaban de 1400 los soldados dispuestos para la pelea, muchos de ellos sin las aptitudes necesarias y todos viciados por la indisciplina, debido en parte á que no habían cobrado sus sueldos desde tiempo atrás. Faltaban además víveres y combustible. Queriendo el Cabildo atender á las necesidades de la defensa, no obstante estar confiada á autoridades especiales, se dirijió á Sobremonte pidiéndole trigo por vía del Miguelete é indicándole que reuniera los grupos dispersos de caballería, que confiase su mando á Suarez y Rondeau, y que adoptase el plan de guerra que brevemente le trazaba; á cuya conducta, que revela lo desconceptuada que ya estaba la autoridad del Virey, contestó este excusándose con la insubordinacion de la caballería. Le pidió además que mandase á la Colonia caballos para los 500 hombres que venían de Buenosaires; solicitó al Cabildo de esta más hombres y 2000 fanegas de trigo, y mostró á Huidobro, gobernador de la Plaza, el temor de que el enemigo diese el asalto en las noches de luna nueva que se acercaban, manifestándole que debía artillar más la ciudadela y tener constantemente sobre las murallas una mitad de las tropas, mientras la otra mitad descansara alternando con aquella.

LI — Desórdenes en la plaza sitiada

No bastaron, empero, estos esfuerzos del Cabildo para salvarse de las sospechas de ciertas gentes. Se propagó de pronto la voz de que aquel cuerpo había aconsejado al Virey la capitulacion; los tercios de gentes auxiliares se alarman, desconfian, se enfurecen, recorre el pueblo las calles gritando que el Cabildo los traiciona, asesinan á algunos indivíduos de quienes concibieron sospechas y forman por fin el propósito de matar á los cabildantes. Salvó por casualidad de ser víctima de las iras populares el mismo Comandante general de la artillería. Sobrecogido el Cabildo en vista de tales hechos, pidió al Gobernador el día 27 una guardia para su defensa. El Comandante de los tercios consiguió por fin aquietar lo ánimos, á lo que contribuyó la publicacion de un oficio en que el Cabildo anunciaba al comandante de la

Colonia que Liniers estaba á punto de partir de Buenos-aires con una segunda expedicion de más de dos mil hombres.

LII — Trabajos preparatorios para el asalto. Defensa

Entretanto, los sitiadores activaban sus trabajos de ataque. El 23 levantaron una batería con el objeto de cerrar el puerto á las comunicaciones que hasta entónces se habían mantenido con el exterior, protejidas por la posicion de la isla de las Ratas y por la escuadrilla de cañoneras que tenían los españoles dentro del puerto. El 25 pusieron por la parte del Este varias baterías de morteros y cañones de á 24, se aproximaron cuanto pudieron los mayores buques, y cañonearon por todos lados la Plaza con ánimo de rendirla. Empero, como esta contestase con energía el fuego enemigo, abrieron el 28 otra batería de seis cañones á novecientos metros del bastion S. E., que consideraron el ménos capaz de resistir; y no siendo bastante aún, construyeron otra igual á quinientos cuarenta metros, destinada á abrir brecha en la muralla del Sud.

Miéntras las baterías de tierra y la escuadra hacían un fuego nutrido y constante, la Plaza contestaba no ménos enérgicamente con los numerosos cañones que tenía por los lados amenazados. Las tropas y el pueblo se portaban con valor y animados por la esperanza de recibir refuerzos de Buenos-aires, á tiempo para no sucumbir. Los momentos empezaban, con todo, á ser verdaderamente críticos.

LIII — Actitud de Buenos-aires

El 21 se supo en la capital del vireinato, por medios extraoficiales, la derrota del dia 19, y se dispuso en seguida mandar auxilios. El 23 llegó la noticia del desastre del dia 20, con cuyo motivo se resolvió aumentar las fuerzas de proteccion. Se dió órden para que se preparasen los restos veteranos y un tercio de paraguayos que había; se ofreció á los que voluntariamente quisieran unirse á la expedicion, sueldo doble y una pension vitalicia para la madre, mujer ó hijos de los que fallecieran en la defensa de Montevideo. Más de dos mil hombres se presentaron en los primeros momentos, pero bajo la condicion de que serían mandados por Liniers y nó por el virey Sobremonte, de cuya incapacidad y cobardía no esperaban otra cosa que sacrificarse sin ser útiles á la patria.

Se temía que Sobremonte no consentiría tal cosa; se intentó deponerle para salvar las dificultades; pero se opuso la Audiencia, cuerpo eminentemente realista, contra el voto del pueblo y del Cabildo, accediendo sólo á que se suplicara al Virey que no obstara á la marcha de los voluntarios de Buenos-aires.

LIV — Primera expedicion auxiliar. Actitud del Cabildo de Montevideo

En tanto se daban estos pasos, y sin esperar el resultado, partieron el dia 25 los veteranos y paraguayos, mandados por el brigadier Arce, en número de 500 y tantos. Al saber Sobremonte que venían, dióles órden para que se dirijieran á su campo, situado en las Piedras; pero Arce, desobedeciendo la órden, se acercó á Montevideo, rompió la línea de sitio y penetró en la Plaza, cuando los sitiados empezaban á desesperar de su suerte. Sábese entónces que otra expedicion se prepara y los inconvenientes que dificultaban su marcha. El Cabildo, participando de los recelos que se sentían en Buenos-aires, se dirijió el 2 de

Febrero al Virey manifestándole que el pueblo, aleccionado por los sucesos, había perdido toda la confianza que tuvo en él y le odiaba; que la defensa no debía tener otro jefe que Liniers, ni los sitiados deseaban sino al vencedor de los primeros invasores. El mismo día escribía á Buenos-aires que la noticia de la expedicion de Liniers había producido grande animacion en el pueblo y en las tropas, y que se tuviera fé en que la ciudad se re-sistiría hasta que los refuerzos llegasen.

LV — Segunda expedicion auxiliar. Conducta del Virey

El día 30 salió Liniers de Buenos-aires con 2600 hombres; desembarcó el mismo día en la Colonia, creyendo que estaría pronto cuanto fuera necesario para seguir hasta Montevideo por tierra; pero se encontró sin caballos, sin mulas, sin carros y sin víveres. El comandanté de la Colonia explicó esta falta de elementos, diciendo que el Virey había prohibido darles auxilios sin su permiso. Pudo más en este hombre el resentimiento para con Liniers, que el interes de vencer al enemigo comun. El verano estaba en su momento más riguroso, y difíciles y penosas tenían que·ser las marchas á pié en tan larga distancia; sin embargo, se resolvió Liniers á emprenderla y se puso en camino con sus tropas, esperando llegar á tiempo para salvar á Montevideo.

LVI — Asalto y toma de Montevideo

Pero los acontecimientos marchaban más de prisa en el lugar de la lucha. Las baterías inglesas abrieron al Sud una brecha que ya era practicable el 2 de Febrero por la tarde. El sitiador intimó rendicion ese mismo día, á la cual nada contestó el Gobernador. Se cubre la brecha con pilas de cueros y con cuanto pudo servir para levantar parapetos; la noche siguiente fué oscura en extremo; los soldados ocupan en actitud de alarma toda la línea accesible al asalto, pero el sueño, mal satisfecho desde varios días ántes, empieza á poder más que su voluntad; algunos guardias se duermen y los ingleses se dirijen á las murallas en masas compactas, con el más profundo sigilo, sin que oído ni vista alguna los sintiera hasta que estuvieron sobre las fortificaciones.

Eran las dos de la mañana. Al sentirlos sobre sí, los defensores de la plaza rompen el fuego; los asaltantes yerran la brecha, la buscan pasando por delante de los cañones españoles que lanzaban balas y metrallas de todas partes, la hallan, trepan sobre las trincheras improvisadas, se encuentran con bravos que les disputan el paso; pero se agolpan en gran número, invaden el interior, atropellan á la bayoneta los cañones que les hacen fuego terrible desde las boca-calles inmediatas, luego se corren en todas direcciones, la sangre se derrama á torrentes, llegan asaltantes y asaltados hasta la plaza de la Matriz entreverados, huyen las clases inferiores del pueblo armado..... y al amanecer el dia 3 de Febrero estaban la ciudad y las más de las fortificaciones en poder de los ingleses. Solo se sostenían el parque de artillería, en donde estaba el valiente gobernador Ruiz Huidobro, y la ciudadela, defendida por el brigadier Arce. Resistieron aún valerosamente, pero fueron al fin obligados á rendirse.

Murieron más de 800 hombres de los asaltados, incluso casi todos los veteranos y tropa de línea que había, y otros tantos ingleses. Los heridos fueron muchos. Los que quedaron con vida, como 2000, fueron prisioneros de guerra; los que huyeron durante el asalto para el Norte de la bahía, pasaban de mil.

El vencedor observó una conducta honorable despues de la accion: reprimió severamente los menores excesos de sus soldados; mandó una fuerza para que protejiera al Cabildo; dispuso que este se encargara de la policía de la ciudad; hizo respetar á todos los que tenían á su cargo alguna funcion judicial ó municipal; prohibió á sus marinos y tropas terrestres el andar por las calles, muestra delicada del respeto que le inspiraban los sentimientos del valiente pueblo vencido, é hizo cuanto pudo porque el vecindario no tuviera razon de queja.

LVII — Conducta posterior de los ingleses en Montevideo

Pasados los primeros momentos, fué nombrado comandante de la plaza Gore Browne; Auchmuty publicó proclamas asegurando que respetaría la religion y sus ministros, así como las propiedades, fueran particulares ó comunes; puso en libertad á los prisioneros que eran casados y á los que ejercian el comercio ó tenían su domicilio en la ciudad; dió al comercio de importacion franquicias que hasta entónces habían sido desconocidas, en cuyo mérito se introdujeron inmediatamente gran número de artículos ingleses de uso comun, y se dió vida á un comercio activo que restableció pronto el ánimo de la poblacion; y fundó un periódico redactado en castellano, el primero que haya aparecido en esta ciudad, bajo el título de « La Estrella del Sud », cuyo objeto principal fué el de propagar en el pueblo ideas y sentimientos liberales como medio de hacer simpática la dominacion inglesa.

No obstante estos hechos, que debían influir ventajosamente en las costumbres, y que dignifican la conducta general del vencedor, ocurrió Auchmuty algunas veces á medios arbitrarios para satisfacer necesidades de su ejército. Así, más de una vez mandó secuestrar en el mercado los cocineros esclavos que iban á hacer compras, dejando á los dueños sin cocinero ni alimentos; dió órden al Cabildo para que pusiese tasa á la leche, las aves, los huevos, las frutas, etc., so pretexto de que se vendían demasiado caros por aprovechar la estadía de los extranjeros; se apoderó de casas habitadas por familias y las dió á gentes de tropa, sin dar tiempo á sus habitantes para mudarse, ni permitirles disponer de lo más necesario. Sin embargo, estas medidas fueron revocadas ó moderadas, debido á la actitud del Cabildo, que no perdió ocasion sin demostrar al Gobernador lo inconvenientes que eran.

LVIII — Trabajos complementarios de la conquista

Auchmuty siguió su plan de conquista tan pronto como ordenó los negocios de la ciudad. Mandó á Beresford, que había huido de Buenos-aires, para que con 2000 hombres tomase posesion de Canelones y otros pueblecillos próximos. Mandó á Pack, que tambien se había librado de la prision, con otra columna á la Colonia del Sacramento, cuyo punto tomó, así como San-José y otros de menor importancia, completando la conquista de la Banda oriental.

LIX — Buenos-aires prepara su defensa

Volvamos á Buenos-aires, cuyos acontecimientos deben conocerse, siquiera sea sumariamente, para explicar muchos de los que ocurrirán más tarde en Montevideo. Como se ha dicho ántes, en cuanto Liniers reconquistó la capital y fué nombrado por el pueblo su caudillo, armó á todos los hombres en prevision de nuevos sucesos. Fueron clasificados los españoles por provincias, de mo-

do que se formaron cuerpos de catalanes, de vizcaínos, de andaluces, de gallegos, etc. Lo fueron
tambien los criollos, que formaron cuerpos de patricios, de arribeños, de naturales, etc. En la artillería entraron naturales y españoles, por cuyo motivo se le llamó de la Union. Se esperaba que este
modo de organizar las fuerzas populares avivaría
el patriotismo por el sentimiento de la emulacion.
La mayor parte de los comandantes eran bonaerenses. Se habían alistado todas las clases de la
sociedad: médicos, abogados, boticarios, comerciantes, artesanos, peones, cuantos hombres había, cualquiera que fuese su modo de vivir. El
sentimiento fué tan universal y vivo, que hasta los
niños formaron cuerpos bajo el mando de un hijo
de Liniers. Cada batallon ideó y costeó su uniforme, y todos se distinguieron por la belleza de las
formas y de los colores elejidos para el traje. Los
trabajos se interrumpían con frecuencia con el objeto de formarse las tropas, de hacer ejercicios
y de entregarse á fiestas militares, en las que tomaban parte las familias. A los cuatro meses de
la reconquista contaba Buenos-aires con más de
seis mil voluntarios dispuestos á ocurrir á su
puesto de combate al primer llamado.

LX—El pueblo impone la deposicion del Virey

Las noticias que llegaban de Montevideo hacían
ver cercano el peligro y activar los medios de defensa. Al poco de partir de la Colonia, había recibido Liniers aviso de la caída de Montevideo en
poder del enemigo, en cuya virtud retrocedió con
sus fuerzas precipitadamente á Buenos-aires. La
impresion que causó aquí la noticia del suceso,
fué extraordinaria; y no ménos fué la indignacion
que inspiró la conducta de Sobremonte. Se reunió
el pueblo en la plaza bajo el imperio de estas impre-

siones el 6 de Febrero, y exijió á gritos la deposicion absoluta del cobarde Virey. Cedió la Audiencia á la imposicion, confirió al caudillo popular el mando militar y político y decretó el arresto de Sobremonte (1).

LXI — Se intenta reconquistar la Colonia

Súpose despues la toma de la Colonia por Pack; se resolvió desalojarlo de este punto y se le confiaron con este objeto 1500 hombres al coronel don Francisco Javier de Elio, que acababa de llegar de España con el título de Comandante general de la campaña de la Banda-oriental. Mas, tan nulo como fanfarron, Elío malogró la empresa en dos acciones, en que fué ·derrotado por Pack y obligado á regresar á Buenos-aires. (Mayo de 1807).

LXII — Los ingleses reciben fuerzas. Segunda invasion de Buenos-aires

Al mismo tiempo casi que esto ocurría, llegó á Montevideo el teniente general Whitelocke con 1630 hombres, con los cuales se había embarcado en Inglaterra el mes de Marzo. A mediados de Junio llegó el general Crawfurd con otros 4200 hombres y varios buques de guerra. Reunidas todas las fuerzas, se formaron cinco columnas de infantería y caballería y tres brigadas de artillería, con un total de cerca de 10,000 hombres. Tomó Whitelocke el mando supremo de este ejército, lo embarcó en 116 transportes protejidos por 60 y tantos buques de guerra que obedecían al contraalmirante Murray, y se dirijió con toda esta formidable fuerza contra Buenos-aires, en cuyas in-

---

(1) Fué ejecutado este decreto por un oidor y el síndico de la ciudad, que salieron de ella con una escolta el 14 de Febrero. Sobremonte fué remitido poco despues á España.

mediaciones (la Ensenada) la desembarcó en los dias 28 y 29 de Junio.

LXIII — Nombramiento de Virey. Accion del Miserere

En este día llegó una barca procedente de Cádiz, que penetró en el puerto forzando la línea enemiga. Era portadora de pliegos en que se aprobaba todo lo hecho respecto de Sobremonte y se nombraba virey interino á Ruiz Huidobro ó, en su defecto, al oficial de más graduacion. Venían tambien despachos de brigadier para Liniers. Ruiz había sido conducido prisionero á Lóndres, con otros muchos compañeros de defensa; había otros jefes de alta graduacion, pero estaban prisioneros ó juramentados; por cuya causa, siendo Liniers el que reunía las condiciones exijidas, fué este el que recibió el nombramiento. Esto produjo gran satisfaccion en el pueblo, y especialmente en las tropas.

Al anunciarse la aproximacion del enemigo se dieron señales de alarma, y corrieron á sus cuarteles los ciudadanos. El dia 1.º de Julio salieron al encuentro del invasor en cuatro divisiones compuestas de mil y tantos hombres de caballería, setecientos de artillería y unos cuatro mil quinientos de infantería: total, 6200 combatientes, (en los que no habían más que 800 veteranos), y 50 cañones.

Se cometía en Buenos-aires la misma imprudencia que en Montevideo; se salía á batallar á un ejército mucho más numeroso y aguerrido, con soldados improvisados que no conocían ni el arma que tenían en las manos; y se salía por obedecer la voluntad de jefes de línea, contra la opinion de personas del Cabildo y de las clases distinguidas del pueblo.

Dos veces provocó Liniers una batalla, y otras

tantas la esquivaron los ingleses, á pesar de sus muchas probabilidades de triunfo, sin duda porque su interes consistía en llegar á la ciudad y asaltarla con el total de sus fuerzas. Creyendo, empero, que la vanguardia inglesa se disponía á cortarle el paso del Riachuelo, desprendió precipitadamente una parte de sus tropas con doce cañones, se lanzó el 2 de Julio por la mañana contra los 1700 hombres que le inspiraron temores, en el paraje denominado Miserere, distante tres cuartos de legua de la plaza Mayor de la ciudad, y fué derrotado con pérdida de tres cañones, despues de un combate reñido en que ambas partes sufrieron pérdidas relativamente sérias.

LXIV — Desaliento de los jefes de línea

Se apoderó tal desaliento de Liniers, y tanto se animó el enemigo por este triunfo parcial, que su autor, Lewison Gower, intimó la rendicion de la ciudad, y Liniers, de quien no se habían tenido noticias, ofició al Cabildo manifestándole que lo creía todo perdido y que se preparaba para una segunda reconquista. La misma impresion hizo el contraste de Miserere en los jefes de línea que tenían á su cargo los fuertes de la ciudad, quienes no pensando sino en la rendicion, llegaron á clavar algunos cañones para entregarlos inutilizados al invasor.

LXV — Energía del sentimiento popular

La ciudad había quedado con sólo un batallon y algunos marineros y artilleros, y se hallaba sin murallas, trincheras, ni fosos, por manera que estaba completamente abierta y casi sin defensores. Ante esta situacion y la proximidad del ejército inglés, el suceso de Miserere y la comunicacion de Liniers impresionaron desfavorable-

mente al pueblo por un momento; pero reaccionó
en seguida el Cabildo á impulsos del génio superior de don Martin de Alzaga, su alcalde de primer voto, mandó abrir fosos en las ocho calles
que concurrían á la plaza principal, colocó en los
cuatro ángulos de esta cañones de grueso calibre con sus bocas dirijidas á todas las calles,
hizo iluminar toda la ciudad como se haría en
un dia de fiesta, alienta y reorganiza las fuerzas
dispersas que llegaban, y al día siguiente (3 de
Julio) dispuesto ya todo para la resistencia, ofició
á Liniers para que viniera á la ciudad con el resto
de sus fuerzas y ordenó á Elío que contestase la intimacion de Lewison Gower rechazándola enérgicamente. Así se hizo. La llegada del general aumentó la animacion que ya se sentía en el pueblo;
desde ese momento nadie pensó sino en defenderse de todos modos.

LXVI — Ataque y defensa de Buenos-aires

Los dias 3 y 4 se pasaron en guerrillas, mientras Whitelock se aproximaba con el grueso de
su ejército. El 4 por la noche el pueblo armado
ocupó sus posiciones, particularmente en las
azoteas y en la plaza Mayor, que era el centro
de la defensa. Las mujeres y los muchachos se
prepararon tambien con tachos de agua hirviente,
con granadas de mano, con grandes piedras y
otros objetos, para arrojarlos al asaltante desde
los balcones y azoteas á su paso por las calles.
El entusiasmo animaba igualmente á todos.

El dia 5 á las 6½ de la mañana emprendió el
enemigo el ataque con una salva de veintiun cañonazos á bala; penetró en la ciudad á un tiempo
por varios puntos; Auchmuty y Crawfurd tomaron despues de sangrientos combates varias posiciones distantes de la plaza Mayor; pero, obligados

á sostener combates parciales durante su marcha de avance hácia el centro de la defensa con las fuerzas diseminadas por las calles inmediatas y con el pueblo, que lanzaban balas, metrallas, bombas de mano y agua hirviente en cantidades terribles, los asaltantes que no murieron ó cayeron heridos se vieron forzados á rendirse unos despues de otros á discrecion. Al ponerse el sol el pueblo había asegurado su triunfo. Los ingleses habían per o más de mil prisioneros y cerca de dos mil endre muertos y heridos. Se contaba en tre los primeros el general Grawfurd y entre los segundos á los coroneles Kingston, Cward, Pack, y otros jefes. Los oficiales prisioneros eran más de ochenta.

LXVII — Resultados de la victoria

A la magnitud de la gloria debía corresponder la magnitud del éxito. Se propuso á Whitelock, que se conservaba con la reserva á corta distancia de la ciudad, la evacuacion de Montevideo, en cambio de lo cual se le permitiría reembarcarse con todas sus tropas, y se le devolverían los prisioneros. Fueron aceptadas estas proposiciones el día siguiente á las dos y media de la tarde; se ajustó la capitulacion en seguida y se la ratificó al día inmediato por el General en jefe del ejército y por el Almirante de la armada.

Se celebró el triunfo con salvas y repiques; se hicieron honores fúnebres á los muertos, se decretaron pensiones vitalicias para las viudas y los huérfanos, se dieron premios á los inválidos, se dió libertad solemnemente á setenta esclavos, y se honró la memoria de los enemigos que valientemente murieron en el asalto, asistiendo á sus funerales Liniers con su estado mayor, las corporaciones civiles y cuatro de los batallones de la defensa.

Los ingleses cumplieron la capitulacion con toda puntualidad: salieron de Buenos-aires el 17 de Julio y de Montevideo el 9 de Septiembre, entregando esta plaza á Elío, que había recibido de Liniers para el efecto el nombramiento de gobernador interino y dos cuerpos formados en Buenos-aires bajo la denominacion de *Voluntarios del Rio de la Plata.*

LIBRO SEGUNDO

LA REVOLUCION

CAPÍTULO I

LUCHA CON EL MOVIMIENTO REVOLUCIONARIO DE BUENOS–AIRES

LXVIII — Tendencias de los criollos y los españoles en el Plata

El desenlace de los sucesos que se acaba de referir no dejó completamente tranquilos los espíritus en el vireinato, ni hizo desaparecer todos los peligros. Había en Montevideo homogeneidad de sentimiento, parecía que todos sus habitantes no obedecían sino á un principio: el respeto de la autoridad española, ni aspiraban á otro fin que la integridad de los dominios de la monarquía; pero no puede decirse otro tanto del pueblo de Buenosaires: aparte de que ya desde tiempos anteriores no era completa la concordia entre españoles y nativos, á tal punto que con frecuencia surgían desavenencias entre padres é hijos y entre maridos y esposas cuando el uno procedía de la Península y el otro era americano; y á consecuencia quizás en mucha parte de este mismo antagonismo latente, se había producido cierta excision, durante los años de la reconquista y de la defensa, entre las tropas españolas y las patricias: aquéllas se mofaban de la impericia de éstas y despreciaban sus oficiales improvisados; éstas reprochaban á aquéllas su mal proceder cuando la primera invasion y aún en las tremendas horas en que el segundo ejército inglés invadía las calles de la ciudad.

Por manera que la desarmonía que hasta entónces se había manifestado sólo en lo íntimo de la familia, adquirió en los años 6 y 7 formas nuevas y públicas, que se propagaron y arraigaron fácilmente, y generaron dos partidos que, sin tener fines distintos bien definidos, empezaban á mostrarse con caractéres diversos. Así, mientras los vemos unir sus fuerzas y su entusiasmo por defender los dominios y la autoridad de su Magestad católica, los vemos tambien : al uno, animado por el sentimiento de la patria española, bajo la direccion de su compatriota don Martin de Alzaga; y al otro, impulsado por el sentimiento de la patria americana, rodeando y prestigiando á su caudillo don Santiago Liniers. Además, Liniers se aproximaba á las clases llanas; elevado por el pueblo, tendía á vivir con él y para él. Alzaga, por el contrario, orgulloso y dominador, se sentía mejor al lado de las clases elevadas. Este aspiraba á ser el representanté de los españoles y de la aristocracia; aquél lo era de los americanos y de la democracia.

LXIX — Proposiciones y amenazas de Portugal

Esto, en el órden interior. En el exterior, no tardaron los platenses en verse nuevamente amenazados por potencias extrangeras. A consecuencia de haber invadido el Portugal las tropas aliadas de España y Francia, la familia real de aquella nacion se vió forzada á trasladarse al Brasil, temerosa de caer en poder de Napoleon I, cuya voluntad arbitraria era entónces tan grande como su fortuna. Apénas llegado á su destino, y establecida en él su corte, el Regente de Portugal concibió el proyecto de unir á sus dominios el Rio de la Plata, con cuyo fin se dirijió én 3 de Marzo de 1808 su ministro Rodriguez de Souza Coutinho al Cabildo de Buenos-aires, proponiéndole tomar todo el vireinato bajo la proteccion de su Alteza real sin menoscabo de sus derechos y fueros, so pena de hacer causa comun con su poderoso aliado la Gran Bretaña. El Cabildo respondió á fines de Abril rechazando enérgicamente las proposiciones y las amenazas, y protestando su fidelidad para con los reyes españoles.

LXX — Sucesos políticos de la Península

Al mismo tiempo que se hacían tales tentativas en estas regiones, graves acontecimientos se desenvolvían en España. Dominado el Portugal, pensó Napoleon I apoderarse de toda la Península. Hizo avivar la enemistad que había entre el rey Cárlos IV y su hijo Fernando; conspiraron los parciales de este, en cuyo favor hicieron abdicar la corona. Las tropas francesas ocuparon las principales plazas españolas so pretexto de reforzar el ejército que obraba en territorio portugues, y Napoleon se hizo dueño del trono español (despues de haber atraido mañosamente á Bayona al nuevo rey y su padre) para colocar en él á su hermano José. Ante estos hechos escandalosos, se levanta el pueblo de Madrid el 2 de Mayo, se preparan en seguida todas las provincias para la guerra de la independencia, nombra cada una su *Junta* de gobierno por ausencia del rey y de quien lo representase legalmente, y sus diputados constituyen la *Junta suprema de gobierno* que residió primero en Aranjuez y despues en Sevilla.

LXXI — Cuatro pretendien'es al gobierno monárquico del Plata

Es natural que tales hechos tuvieran trascendencia á la América. El 15 de Julio llegó de Cádiz á Buenos-aires una barca que trajo pliegos del Consejo supremo de Indias en que se ordenaba que se procediera á la proclamacion y jura de Fernando VII; el 10 del mes siguiente llega á Montevideo Mr. Sassenay, enviado por Napoleon y las autoridades españolas que le obedecían, con pliegos tambien para que el vireinato ofreciera fidelidad al usurpador; ya desde mediados de Junio estaba en el Plata el brigadier don Joaquin Curado, que había sido enviado por la corte del Brasil para que continuara pacíficamente las gestiones que comenzó la regencia con su impremeditada comunicacion del 3 de Marzo; y por fin doña Carlota Joaquina de Borbon, esposa del príncipe regente de Portugal, había iniciado comunicaciones con algunas personas caracterizadas de Buenosaires con el objeto de tomar so pretexto de ser hermana de Fernando VII, la regencia del Rio de la Plata, llamar á cortes á los americanos, y constituir en definitiva una monarquía independiente de la española. Este cúmulo de pretensiones contradictorias declaradas simultáneamente erizaban de dificultades la situacion y reclamaban tanta mas prudencia, cuanto venían apoyadas unas en el poder de respetable autoridad y otras en la autoridad de poderes temibles.

LXXII — Solucion de las rivalidades

Afortunadamente, la rivalidad, que á todos envolvía, era lo que más había de contribuir á debilitarlas. Napoleon estaba demasiado ocupado en España y tenía demasiado que temer á la alianza anglo-portuguesa, para empeñarse en sostener con la fuerza la mision de Sassenay, razon por la cual pudieron desoirlo impunemente el Virey, el Cabildo y la Audiencia y aún decretar la prision contra el enviado. El Regente de Portugal tenía en contra suya á la princesa Carlota y quizás al gobierno británico, que se interesaba más por la independencia de la América española que por su anexion á los dominios lusitanos, por lo que se vió en la necesidad de retirar del Plata al brigadier Curado á los pocos meses de haberle dado la comision. A su vez la Princesa era contrariada por su esposo el Regente, quien temía que si la Carlota llegaba á sentarse en el trono que le ofrecían algunos prohombres argentinos, fuera un sério peligro para el porvenir del Brasil; cuyas consideraciones le indujeron á prohibirle que viniera á Buenos-aires con el objeto de asumir la regencia. No por esto se suspendieron, empero, las relaciones políticas de la Princesa con los pátriotas que trabajaban por independizar los pueblos del vireinato: aunque sin probabilidades de éxito, continuaron por algun tiempo, ineficaces para ella, pero útiles para la América, porque contribuyeron á mantener vivo y á extender el sentimiento de la emancipacion.

Así, pues, lo único que mereció la aceptacion de la mayoría del pueblo platense fué la órden del Supremo consejo de Indias para que se jurara á Fernando VII. Se dispuso en Buenos-aires que tuviera lugar esta ceremonia el 12 de Agosto, aniversario de la reconquista. Así se hizo en Montevideo, pero hubo de postergarse en aquella ciudad hasta el 21, á pedido del encargado de dirijirla.

LXXIII — Intrigas que ahondan la division entre criollos y españoles

Los españoles de Montevideo y Buenos-aires que, como se ha dicho, veían en Liniers un poderoso enemigo del partido que formaban, creyeron notar que había sido sobradamente benévolo con el Sr. Sassenay, que se condujo con cierta frialdad en todo lo que se relacionaba con el acto de obediencia al nuevo rey, y que esta conducta era debida á que Liniers, por haber nacido en Francia, tenía más simpatías por la dominacion francesa que por la independencia española. Fundadas en parte estas suposiciones, y en parte falsas, eran ya explotadas por Alzaga en Buenos-aires y por Elío en Montevideo, cuando llegó á esta ciudad el brigadier don José Mª. Goyeneche, en calidad de enviado de la Junta suprema de Sevilla. Intrigante como pocos, animó á Elío para que promoviese la deposicion del Virey, fundándose en que por lo ménos había razon para sospechar de su fidelidad; pasa en seguida á Buenos-aires (23 de Agosto), le habla al Virey del peor modo de Elío, y á Alzaga del Virey en términos análogos á los que había empleado en Montevideo, consiguiendo así irritar más que lo estaban los ánimos de aquellos tres personajes, que desempeñaban en la actualidad papeles conspícuos.

LXXIV — Elio y el Cabildo de Montevideo se levantan contra el Jefe de los criollos

Se dedicaron entónces los españoles á promover la ereccion de juntas gubernativas, semejantes á las españolas, como medio de hacer caer á Liniers y de vencer al partido patriota. Alzaga instigó fuertemente á Elío para que se pronunciara el primero, ya que no había en Montevideo elementos naturales que se le opusieran, y se trasladó á esta ciudad, en donde estuvo un mes so pretexto de reparar su salud. Elío denuncia entónces á Liniers como sospechoso; éste, herido en su autoridad, lo llama á Buenos-aires y manda á Michelena para que cumpla la órden; pero aquel y el Cabildo de Montevideo resuelven que no se obedezca al Virey; proceden á nombrar una Junta para que gobierne como las de España, con independencia de la autoridad de Liniers (fines de Septiembre), intiman á éste que se separe del mando, instan al Ayuntamiento de Buenos-aires para que siga la misma regla de conducta (5 de Octubre), y envían á don José Raimundo Guerra para que dé explicaciones ante la Junta de Sevilla, obtenga la aprobacion de la Junta local y demuestre las inconveniencias de mantener á Liniers en el Vireinato (26 de Octubre). Salió de Buenos-aires otra comision con un objeto análogo.

LXXV---Los españoles siguen el movimiento en Buenos-aires

Realizado el movimiento en Montevideo, se prepararon los españoles en Buenos-aires para efectuarlo tambien allí, excluyendo de la proyectada Junta á toda persona que hubiese nacido en el país. Alzaga era el alma de estos trabajos. Fijó el día primero del año 1809 para que sus paisanos se pronunciaran contra el Virey y dispuso que los batallones de catalanes, de gallegos y de vizcaínos concurriesen á la plaza á los primeros toques de campana, para apoyar con las armas el pronunciamiento.

Como los patriotas supieron lo que se intentaba, y como comprendieron que la actitud de los españoles tenía por principal objeto privar á los nativos de la intervencion que habían empezado á tomar en los negocios públicos, corrieron á su vez los batallones de patricios á los cuarteles el 30 de Diciembre y en ellos esperaron los hechos, dispuestos á mantener el Virey.

Llega el 1º de Enero, acuden al sonido de la campana las tropas amotinadas, y en seguida el obispo, Alzaga, los capitulares que en ese día terminaban su cargo, los que habían sido nombrados para desempeñarlo en lo sucesivo, los miembros de la Audiencia y varias otras personas, todos partícipes de la sublevacion. Se dirijen el obispo, los capitulares y los oidores al Fuerte, en donde estaba solo Liniers, le manifiestan la voluntad de nombrar una Junta de gobierno, prévia la deposicion del Virey; y éste, protestando que no consentiría tal nombramiento miéntras tuviese poder, concluye por renunciarlo en favor del jefe más antiguo. Los españoles aceptaron esta solucion como transitoria, esperando que el sustituto no les opondría resistencia.

LXXVI — Los americanos triunfan

Pero saben con sorpresa los patricios lo ocurrido, y, aunque ya más de media tarde, se ponen bajo las órdenes de D. Cornelio Saavedra, salen de sus cuarteles, llegan á la plaza, dispersan las tropas allí reunidas, y se apersona Saavedra á Liniers, diciéndole que «ni el pueblo, ni los cuerpos de la guarnicion que lo habían comisionado, quieren ni pueden consentir la dimision á que ha sido obligado; que incontinenti debía recogerla dándola por irrita y nula, prontos como estaban todos los comandantes y tropas á defender su legítima autoridad.» Liniers vuelve sobre sus pasos y los patricios quedan triunfantes.

Alzaga y cuatro más de los que encabezaron el motin fueron desterrados en el acto á la Patagonia, se confiscaron sus bienes, se disolvieron los batallones europeos y se inició un proceso. Los peninsulares designaron á los deportados llamándolos «víctimas de la lealtad española». Elío los hizo venir á Montevideo, en donde estuvieron hasta el 8 de Octubre, fecha en que regresaron á Buenos-aires.

LXXVII — Conducta de la Junta suprema de Sevilla

Entretanto, oía á los comisionados de Montevideo y Buenos-aires la Junta suprema de Sevilla. Su resolucion fué ambigua, pues al mismo tiempo que hizo elogios de la Junta montevideana y del Gobernador, mandó disolver la una y sustituir el otro por el Mariscal D. Vicente Nieto. Condenó además la sublevacion de los españoles y dió á Liniers el título de Conde de Buenos-aires; pero hizo con él lo que con el gobernador Elío: lo depuso, nombrando para que le reemplazase á D. Baltasar Hidalgo de Cisneros, quien entró en la capital del vireinato con precauciones inusitadas que revelaron el temor de que se desconociera su autoridad. (Julio 30). Los españoles salieron á recibirle con demostraciones de placer; los nativos usaron una conducta reservada : se abstuvieron.

LXXVIII — El virey Cisneros cede á la influencia criolla. Libertad de comercio

Cisneros sobreseyó en la causa de los sublevados del 1º de Enero, cuyo acto, agradable á los españoles, produjo mala impresion en los americanos.

Pronto se vió sin los recursos mas indispensables para pagar los gastos de la administracion; y como no p día esperarlos tampoco de la Metrópoli, se dirijió al Cabildo y á la Audiencia manifestándoles que debiendo hallarlos en el país, no se le ocurría otra fuente que la libertad del comercio exterior, á la cual ocurriría si no le indicaban otra. Los españoles divergieron, tambien en este punto, de los americanos. El comercio representado por ellos se opuso á la libertad, interesado como estaba en conservar el monopolio que le enriquecía con sacrificio del bienestar comun. Los labradores y hacendados, contra quienes iba en gran parte la oposicion, solicitaron vista del expediente, encomendaron la réplica á D. Mariano Moreno, patriota que hizo gran figura desde' entónces, y este redactó (Septiembre 30) una memoria en pró de la libertad de comercio, que se ha hecho célebre y que decidió á Cisneros á decretarla.

Por causa de esta medida, que importaba la emancipacion del vireinato en el órden económico, se activó considerablemente el comercio con la Inglaterra; los consumidores estuvieron mejor servidos y por ménos precio, y el Erario aumentó de tal modo sus rentas, que bastaron para pagar el presupuesto y dieron mensualmente sobrantes de importancia. Esto demostró lo útil que es la libertad, y enseñó á amarla. Probó además que el pueblo del Rio de la Plata podía gobernarse sin recibir recursos extraños, lo que abonó la aspiracion á la independencia, presentándola perfectamente practicable.

Así terminó el año 1809.

LXXIX — El americanismo de Buenos-aires se difunde en el Vireinato

El ejemplo de Buenos-aires había cundido en el Vireinato. Tomando orígen en disidencias surgidas en el seno del clero, se declararon enemigos el Gobernador-presidente de la intendencia de Charcas y la Audiencia. Llamó aquél en su de-

fensa principalmente al elemento europeo, y ésta
á los hijos del país, por haberles anunciado que
se les quería entregar á la dominacion portuguesa. Transformada así la cuestion clerical en cuestion política, estalló una revolucion el 25 de Mayo
de 1809; fué vencido el presidente y depuesto, y
se nombró en su lugar un gobierno,. presidido
por la Audiencia, que se declaró sumiso al Virey de Buenos-aires y á la soberanía de Fernando VII.

Cerca de dos meses despues (16 de Julio) hubo
otro pronunciamiento en la intendencia de la Paz,
más abiertamente político. Triunfaron los americanos; y, aunque prometiendo lealtad á Fernando VII,
organizaron un gobierno, dictaron una constitucion, y emprendieron reformas administrativas,
como si pensaran en ser un Estado independiente.
Movimientos análogos tuvieron lugar, en esta época, en otras intendencias del Vireinato (Quito),
pero nó de tanta consideracion.

LXXX -- La reaccion triunfa en el alto Perú. Efecto que el hecho produce en Buenos-aires

Los sucesos de Chuquisaca y de La Paz se
supieron en Buenos-aires al poco tiempo de la
llegada de Cisneros. Se supieron tambien en el
Perú, de cuyo territorio distan poco, relativamente,
aquellas ciudades. Ambos vireyes se apresuraron
á mandar fuerzas para sofocar los movimietos
revolucionarios: el del Perú mandó á Goyeneche
contra la Paz y el de Buenos-aires á Nieto contra
Chuquisaca ó La Plata. Estos dos generales resta-
blecieron el anterior órden de cosas; pero Goyeneche, cometiendo las más bárbaras atrocidades
(ordenadas en parte por Cisneros) con los americanos vencidos.

La noticia de estos sangrientos sucesos llegó á

Buenos-aires en Marzo de 1810 y produjo tan mala-impresion en el pueblo, que el Virey fué objeto del ódio de los nativos. La juventud quiso lanzarse á la revolucion en el acto; French y Beruti, dos agentes de una Junta revolucionaria secreta que algunos argentinos habían constituído y que trabajaba activamente por llegar á la independencia del Vireinato, se mostraron resueltos; pero los contuvo el comadante de los batallones patricios, don Cornelio Saavedra, por haber considerado prematuro el movimiento-miéntras no llegaran de España noticias que lo favoreciesen.

LXXXI — Disolucion de la Junta suprema de Sevilla

No tardaron estas noticias. El ejército francés siguió triunfando; se apoderó de toda la parte septentrional de Sierra-Morena, forzó el célebre desfiladero de Despeñaperros que dá paso á la Andalucía, y se extendió por el Sud de la sierra obligando á la Junta suprema á retirarse de Sevilla á la isla de Leon, en donde se disolvió despues de pasar todos sus poderes á un *Consejo de regencia de España é Indias*, cuyas funciones deberían empezar el 2 de Febrero de 1810.

Se supo de estos hech s en Buenos-aires el 14 de Mayo, por haber llegado el día anterior á Montevideo una fragata con impresos y comunicaciones. El Virey los publicó sin reserva é hizo circular el 18 una proclama en que manifestó su fé en el triunfo definitivo de la Metrópoli, á pesar de hallarse casi completamente ocupada por el conquistador, y prometió no tomar determinacion alguna, si la Península llegara á perderse del todo, sino con el acuerdo de las representaciones de Buenos-aires y de las demas provincias del Vireinato, mientras no se establezca en América,

en union con los otros vireinatos, una representacion de la soberanía de Fernando VII.

LXXXII — Propósitos revolucionarios del pueblo el 20 de Mayo

Así pensaban los españoles, creyendo halagar el
sentimiento rovolucionario de los americanos con
la promesa de consultar á los diputados provinciales. Mas los argentinos aspiraban á otra cosa.
Desde que se propagaron las noticias de la disolucion de la Junta de Sevilla, pensaron que el poder
del Virey había caducado. Se reunen en grupos en
todas partes, recorren las calles, y se comunican
unos á otros la voz de que la representacion de
la monarquía española había dejado de ser. La
Junta secreta delibera por otro lado y se prepara
á convertir en hecho lo que la opinion consideraba
ya un derecho, comisionando á Belgrano y Saavedra para que pidan al Cabildo la celebracion de un
congreso popular que declare la cesacion del Virey
y le sustituya por otro gobierno que sea la expresion
de las aspiraciones comunes. El Cabildo resiste á
la intimacion; pero como se le hiciera comprender
que si no accedía se reuniría el pueblo por sí solo, su Alcalde de primer voto expone al Virey lo
que ocurre; este, sorprendido por tal actitud, consulta á los comandantes de la fuerza pública, quienes le responden por boca de Saavedra "que no
cuente ni con ellos, ni con los patricios, para
conservarse en el poder; que ya no existe el gobierno
de quien recibió el mando; que se trata de asegurar
la suerte de los argentinos y de la América, y que
por eso quiere el pueblo reasumir sus derechos y
gobernarse por si mismo." Con todo, el Virey no
se resolvía á consentir y se creyó necesario apurar
las medidas. La Junta secreta mandó que se
acuartelaran las tropas y que se hiciera nueva
intimacion al virey en nombre del pueblo y del ejér-

cito, dándole cinco minutos de tiempo para contestar. La comision le fué á las diez de la noche y
Cisneros prometió que no se opondría.

LXXXIII — Trabajos revolucionarios en los dias 21 y 22

En consecuencia, el Cabildo le pasó una comunicacion el día siguiente por la mañana (21)
solicitando permiso para que el pueblo se reuniera,
á fin de « evitar los desastres de una conmocion
popular»; el Virey contestó en el acto accediendo y
recomendando al Cabildo que esforzara su celo
por que «nada se ejecute ni acuerde que no sea en
obsequio al servicio del amado soberano el Señor
Don Fernando VII, integridad de sus dominios y
constante obediencia al supremo consejo nacional,» y se pasaron esquelas de invitacion á 450
personas de las más caracterizadas, convocándolas
para el siguiente día.

El 22 se reunen efectivamente los invitados,
faltando muchos de los españoles; son proclama-
dos por el Cabildo, exhortándoseles para que no
recurran á soluciones violentas, y entran en deliberacion. Aparecen en ella francamente los europeos pugnando por conservar el régimen colonial,
y los argentinos luchando como revolucionarios;
interesantes episodios se suceden; el debate toma
giros favorables y adversos alternativamente á cada una de las partes, pero se mantiene elevado y
sereno, por instantes sublime, y termina á las doce de la noche con la votacion de que la autoridad
del Virey había caducado y de que el pueblo dele-
gaba en el Cabildo la facultad de nombrar una
Junta de gobierno en el modo y forma que tuviese
por conveniente, cuya Junta debería convocar
representantes de las provincias para que, constituidos en Congreso, determinasen la forma de
gobierno que había de regir en adelante.

LXXXIV — Esfuerzos revolucionarios y contrarevolucionarios del 23 y 24

Alarmados los españoles por esta medida, inducen al Cabildo á que la resista, por cuyo motivo resolvió éste el dia 23 que el Virey continuase ejerciendo el poder, si bien acompañado por varias personas. La Junta secreta se alarma à su vez, dispone oponer á la influencia española el poder directo del pueblo, se presenta en público, acaudilla á la muchedumbre agitada y obliga al Cabildo á que publique por bando la resolucion de la noche anterior. Así se hizo ese mismo día al ponerse el sol.

Con todo, el Cabildo no desistió de sus pretensiones contra-revolucionarias. Impidió que los correos llevaran la noticia á las provincias y, aunque nombró el 24 una Junta de gobierno, puso á su cabeza al ex-Virey, confiriéndole el mando superior de las fuerzas, so pretexto de que convenía evitar que las provincias desconociesen la autoridad de una junta en que él no apareciera. Esta razon, prudente en apariencia, decidió á Saavedra y á otros comandantes á aceptar la constitucion de la Junta, con cuya adhesion se creyeron los reaccionarios salvados.

Pero el pueblo americano se indigna, invade los cuarteles, se apodera de las armas, comunica sus sentimientos sucesivamente á soldados, oficiales y jefes y se disponen todos á resolver la situacion por el uso de la fuerza. Afortunadamente, la Junta secreta, que celebraba sesion en esos momentos, comisionó á algunos de su seno para que tranquilizaran los ánimos mientras disponía que Saavedra intimara al Virey la renuncia de su nuevo cargo, y á la Junta de gobierno su disolucion, y que el pueblo elevara una representacion al Cabildo para que cumpliera fielmente el mandato del 22, indicándole las personas que habían de constituir forzosamente la Junta gubernativa (Dia 24).

LXXXV—Triunfa la revolucion americana el 25 de Mayo

Se redactó la representacion y se firmó durante la noche por gran número de argentinos. Fué entregada el 25 por la mañana al Cabildo; y este, nó sin intentar nuevas resistencias, que fueron vencidas por el pueblo reunido en la plaza Mayor, proclamó la Junta impuesta por el pueblo, que no tardaría en hacerse famosa, compuesta de los señores Cornelio Saavedra, Juan José Castelli, Manuel Belgrano, Miguel Azcuénaga, Manuel Alberti, Domingo Mateu y Juan Larrea; siendo sus secretarios los doctores Juan José Passo y Mariano Moreno.

Esta Junta asumió la autoridad suprema del ex-vireinato para mientras no se reuniesen los diputados de las provincias, excepto la judicial, que se confirió toda entera à la Audiencia, y con la restriccion de que había de consultar al Cabildo toda vez que decidiera gravar al pueblo con algun impuesto. Quedaba obligada á ordenar á las autoridades del interior que los cabildos convocasen la parte principial del pueblo y éste eligiese su representante para que, reunido con los demás en Buenos-aires, establecieran la forma de gobierno que mas conviniera, bajo la condicion de que habían de jurar no reconocer otro soberano que Fernando VII y sus sucesores legales. Pronto veremos cómo esta última cláusula, sujerida por las conveniencias del momento, no entraba en la intencion ni de los que impusieron la Junta, ni de los que entraron en ella. Así se operó la gran revolucion que todos los pueblos del Plata conmemoran el dia 25 de Mayo de cada año.

LXXXVI — Primeros trabajos de la Junta revolucionaria

Al día siguiente dió la nueva autoridad una proclama tendente á infundir confianza en los ánimos. El 27 lanzó una circular en que desconocía la autoridad del Consejo de regencia que había sustituido en España á la Junta suprema de Sevilla; narraba los hechos ocurridos en Buenos-aires; manifestaba confianza en que se conservaría la unidad de los pueblos por el reconocimiento que todos prestasen al nuevo gobierno; los invitaba á nombrar diputados y les anunciaba que salía inmediatamente una expedicion de 500 hombres destinados á conservar el órden.

El desconocimiento del Consejo de regencia que gobernaba en Cádiz á nombre del rey Fernando VII, importaba un acto de emancipacion, cuyo espíritu contradecía visiblemente la promesa de fidelidad al monarca que se leía en los documentos; y la expedicion armada significaba la voluntad de vencer por la fuerza cualquiera manifestacion favorable á las autoridades de la Metrópoli.

LXXXVII — Primeras resistencias

La audiencia de Buenos-aires fué la primera en pronunciarse contra estas disposiciones de la Junta, exijiéndole que reconociese el Consejo de regencia; pero ella, despues de cambiar varias notas que tenían por objeto eludir una declaracion definitiva, terminó manifestando que no lo reconocía. En seguida se pronunció Liniers con otros prohombres en Córdoba á favor del partido realista, cuya rebelion terminó por el triunfo de los revolucionarios y el fusilamiento de Liniers, Allende, Concha y otros en el lugar llamado *Cabeza del Tigre* (26 de Agosto). Desde este momento fué reconocida la nueva autoridad por todas las pro-

vincias del centro, Sud y Oeste del extinguido vireinato, pero nó por las del Norte y Este. Estalló
con fuerza la reaccion española en las intendencias
llamadas del Alto Perú (hoy Bolivia), contra la
cual mandó el poder revolucionario considerables
fuérzas que iniciaron la larga y gloriosa guerra de
la independencia. El Paraguay negó su obediencia, pero no tanto por ser fiel á la Corona como por
hacerse independiente de ella y de las provincias
argentinas, por cuyo motivo estableció pronto con
el gobierno de éstas relaciones amistosas. La Banda oriental se opuso tambien al giro que empezaron
à tomar los acontecimientos en la que fué capital
de los vireyes, como se verá á continuacion.

LXXXVIII—El pueblo y las autoridades de Montevideo se opo- nen á la actitud de Buenos-aires

El último día de Mayo llegó á Montevideo el capitan de patricios, Galar, con pliegos de la Junta
y de la Audiencia de Buenos-aires, en que se daba
noticia de los sucesos acaecidos y se invitaba á
las autoridades orientales, como á las demas del
Rio de la Plata, á que prestasen obediencia al
nuevo órden de cosas. Se celebra inmediatamente
cabildo abierto y se resuelve por los vecinos más
caracterizados, en vista de la mala situacion de
España, aceptar el nuevo estado político y continuar las deliberaciones el día siguiente, para con-
certar los términos en que había de hacerse el reconocimiento y mandar un diputado á la asamblea
general proyectada. Pero don Joaquin de Soria y
Santa Cruz, que tenía el mando militar desde que
se ausentó Elío á principios de Abril, esparció
ruidosamente noticias muy favorables á la Península, cambió el estado de los ánimos y persuadió
al Cabildo y al pueblo de que préviamente había
de jurar la Junta de Buenos-aires su fidelidad a l

Consejo de regencia, y procedió sin demora á juramentar á los empleados civiles y á los jefes y oficiales de mar y tierra.

La Junta mandó al Dr. Passo para que sin aceptar la condicion puesta, arreglase las diferencias suscitadas, y se celebró con este motivo cabildo abierto, á que asistió lo principal de Montevideo; mas, por haberse intimidado el Cabildo y el pueblo ante el aparato militar y las amenazas de las fuerzas españolas, tuvo que retirarse el emisario sin conseguir que la condicion fuese retirada. Soria asumió entónces por sí propio la suprema autoridad militar y política, se hizo reconocer tal por el Cabildo y las fuerzas que estaban bajo sus órdenes, destituyó, mediante un movimiento militar, por haber sabido que proyectaban pronunciarse en favor del movimiento revolucionario de la capital, á los jefes y algunos oficiales de los dos regimientos de *Voluntarios del Rio de la Plata* que Liniers había mandado de Buenos-aires para que tomaran posesion de la plaza al evacuarla los ingleses, redujo á prision varias personas que le parecieron sospechosas de infidelidad é hizo tomar por la fuerza las plazas de la Colonia y Maldonado, que ya habían jurado obediencia al nuevo gobierno. A·estos hechos, que se habrían evitado, ahorrando grandes males al Rio de la Plata, si el levantamiento se hubiera iniciado con energía, se siguieron la ruptura de relaciones con la Junta revolucionaria y el bloqueo de Buenos-aires (Agosto), el cual no tuvo efecto para los buques del comercio inglés, por la actitud que asumió el ministro de la Gran-Bretaña residente en Rio-Janeiro.

LXXXIX— Paso diplomático de Montevideo. Declaraciones de Buenos-aires

La Junta suprema de España había convocado á Córtes extraordinarias, ántes de retirarse á la isla de Leon, para el mes de Marzo de 1810. Los acontecimientos no permitieron que la reunion se verificara en esta fecha; pero, convocadas otra vez, se instalaron el 24 de Septiembre en las casas consistoriales de la mencionada isla, juraron por su legítimo rey á Fernando VII, declarando nula la cesion del trono hecha á Napoleon I, y empezaron los trabajos de la alta administracion y de proyecto de la constitucion política que se proclamó el año doce.

La reunion de las Córtes se supo en Montevideo el mes de Diciembre, cuando ya D. Gaspar Vigodet ejercía el cargo de gobernador. En los primeros días de Enero de 1811 llegó Elío, nombrado virey por el Consejo de regencia, y el 15 se dirigió por oficio á la Junta gubernativa de Buenos-aires, á la Audiencia y al Cabildo, manifestándoles que las Córtes extraordinarias eran el centro de union de todos los españoles; que las divisiones surjidas en el Rio de la Plata debían desaparecer, porque á nadie serían útiles sino al enemigo comun; que por su parte olvidaba todo lo pasado y ordenaba la suspension de las hostilidades; y que esperaba que las autoridades de Buenos-aires, inspiradas por iguales sentimientos, reconocerían y jurarían las Córtes generales, enviando á ellas sus diputados, así como el alto cargo de que Elío venía investido. — La Junta contestó el 21: que el solo título con que Elío se presentaba á un gobierno establecido para defender el derecho de los pueblos libres contra la opresion de los mandones constituidos por un poder arbitrario, ofendía la razon; que no estaba lejano el momento en que los diputados de todas las provincias habían de deliberar con todo el poder de su voluntad y de sus luces, cuáles eran los derechos y los deberes del pueblo á que obedecen y el poder lejítimo que haya de mandarle; y que lo mejor que pudiera hacer para mantener la armonía general, era desnudarse de su investidura de virey, abstenerse de atentar contra la dignidad de la respetable asociacion política del Rio de la Plata, y propender á que entre en buen camino el grupo de refractarios que residen en Montevideo. La Audiencia y el Cabildo respondieron el 22 desconociendo tambien, tanto la autoridad del virey como la de las Córtes generales.

XC — Montevideo declara la guerra á Buenos-aires

En consecuencia, Elío mandó cerrar el puerto á las comunicaciones con Buenos-aires, envió fuerzas á la Colonia bajo las órdenes de Muesas, y declaró luego la guerra (13 de Febrero) al gobierno, declarándolo rebelde y revolucionario, y traidores á cuantos lo componían y lo sustuviesen. En Marzo reforzó la escuadrilla que bloqueaba los puertos enemigos, mandó otra al Uruguay, autorizó el corso y confió la comandancia de la Colonia á Vigodet, quien partió con tropas de Montevideo.

CAPÍTULO II

TRIUNFO LOCAL DE LA REVOLUCION

XCI — La campaña oriental se adhiere á la causa argentina.
Artigas

Miéntras así se organizaba en Montevideo la resistencia al movimiento revolucionario de los argentinos, este cundía en la campaña de la misma Banda-oriental, debido en parte á los trabajos que hizo Belgrano desde Entre-rios ántes de marchar contra los opositores del Paraguay. El pueblecillo de Belen, situado en la desembocadura del Yacuy en el Uruguay, fué el primero en pronunciarse. Siguióle Soriano, en donde dieron el grito Pedro Viera y Venancio Benavides, y en seguida Mercedes (28 de Febrero), cuyos sublevados, que obedecían al comandante de milicias Ramon Fernandez, recibieron la proteccion del batallon 6° llamado de *Pardos y morenos*, mandado por Don Miguel E. Soler, que la Junta gubernativa había situado anteriormente, con otras fuerzas, en la márgen occidental del Uruguay.

Con las tropas que llevó Muesas á la Colonia había ido, en calidad de oficial, José Artigas, conocido ya en Montevideo por su insubordinacion á la familia, y en el interior por sus proezas de terrible contrabandista y de implacable guarda de campaña. No tardó en indisponerse con su jefe; y como éste le tratara con severidad, desertó de las filas realistas, cuando tenia ya 51 años de edad, y se presentó á la Junta con Rafael Hortiguera, ofreciéndole ambos sus servicios. Fueron aceptados. La Junta incorporó á Artigas en el ejército patriota con el grado de teniente coronel, le ordenó que marchase á sublevar á sus comprovincianos y le confió tropas, armas y dinero, instruyendo á la vez á Soler para que le auxiliara toda vez que fuera necesario. Artigas desembarcó poco despues cerca del arroyo de las Vacas, y se dirijió hacia el Norte, buscando la incorporacion de los que ya luchaban por la independencia en el territorio de Soriano y Mercedes.

XCII — Belgrano organiza los trabajos insurreccionales

Belgrano, que ya en Marzo había recibido órden de ocurrir al nuevo teatro de los sucesos con el resto del ejército que había salvado en la expedicion al Paraguay, y con cerca de novecientos hombres mas que se le enviaron de refuerzo, llegó á Concepcion del Uruguay á principios de Abril y pasó á Mercedes en momentos en que estaban divididos por desavenencias Artigas, Soler y Benavides, y en que varios caudillos se dirijían á la Junta de Buenos-aires quejándose unos de otros y aspirando todos á los primeros puestos de la milicia. Fué reconocido como representante de la Junta en un ejército que ya contaba con más de 3000 combatientes y dispuso que José Artigas insurreccionase el centro de la provincia, Manuel Artigas el Norte y Benavides el Sud. Pero no pudo seguir el desarrollo de sus planes, porque fué llamado por el Gobierno y tuvo que partir el 8 de Mayo, con sentimiento del ejército y del vecindario, dejando de general en jefe á Don José Rondeau, quien, si bien nacido en la capital del Vireinato, había pasado en Montevideo mucha parte de su vida y había sido, como Artigas, capitan de blandengues:

XCIII — Primeros triunfos de la revolucion en la campaña oriental

Los patriotas empezaron con fortuna sus operaciones de guerra. Ya ántes de la venida de Artigas había rechazado Soler un desembarco que intentaron los enemigos; despues, tomaron en el Colla, al Sud de la cuchilla de San Salvador, á 130 españoles; Manuel Artigas y Benavides, con el 6.º regimiento que mandaba Soler, vencen en San José á 600 realistas; marcha seguidamente el segundo á sitiar la Colonia, y el primero y el tercero, bajo las órdenes de José Artigas, toman la direccion de Canelones, con el objeto de impedir que entrasen ganados á la Plaza de Motevideo.

La popularidad siniestra de que gozaba Artigas entre los habitantes de la campaña y los halagos que para ellos tenía la revolucion, tanto porque se dirijía contra los españoles, malqueridos por la cruel persecucion que habían hecho á los que llevaban la vida desarreglada propia de la barbárie campesina de aquellos tiempos, cuanto por el género de vida que permitía, sobre todo bajo la direccion del renombrado comandante de milicias; habían atraido á las columnas revolucionarias gran número de secuaces, pertenecientes en su mayoría á las clases bárbara y semi-salvaje que constituían entónces lo mas de la poblacion rural del Sud del rio Negro. Al apercibirse de esto el virey Elío, mandó en todas direcciones circulares amenazadoras; comisionó á Don Diego Herrera para que matase á cuantos hallara en actitud hostil, á la hora de conocido el hecho; y escribió á los curas párrocos induciéndolos á que exhortasen á sus feligreses á defender al gobierno; pero todo fué inútil: las poblaciones se levantaron en masa y los curas fueron los que dieron el ejemplo en muchos parajes. Se cuentan entre estos : Don Valentin Gomez, cura de Canelones, que fué despues notable figura de la revolucion del Rio de la Plata; su hermano Don Gregorio Gomez, cura de San-José, y Don Santiago Figueredo, cura de la Florida.

Sintiendo entónces el Virey la necesidad de destruir el centro que tenía el levantamiento en Canelones, decidió atacarlo de un modo vigoroso y mandó contra él un cuerpo formado de las tres armas. Artigas no esquiva el combate : se adelanta, llega hasta San Isidro (Piedras) y allí se encuentra con una fuerza de más de 1200 hombres y cinco cañones. Se traba la batalla (18 de Mayo) y triunfan los revolucionarios, tomando más de 480 prisioneros, incluso su jefe Posada, 23 oficiales y la artillería.

Esta victoria, que valió á José Artigas el grado de coronel, fué de trascendencia: Vigodet abandonó la Colonia á Benavides (26 de Mayo); se retiraron á Montevideo las partidas destacadas y muchas personas más, conocidas por realistas; y Elío, temeroso por los enemigos que tiene dentro de ella y por los que tiene fuera, expulsa numerosas familias y pide socorros á la Regencia del Brasil.

XCIV — Primer sitio de Montevideo

No tardó Rondeau en incorporarse á las fuerzas victoriosas con el cuerpo de las que había conservado bajo sus inmediatas órdenes, con las cuales compuso el ejército de la revolucion un total de 5000 hombres, mandados: la vanguardia, por el teniente-coronel Benito Alvarez; el núcleo, por Melian, Sosa y Benavides; y la reserva, por Hortiguera. El jefe de la infantería era Galain; el de la caballería, José Artigas; y el Mayor general, Soler. — La plaza estaba defendida por dieciseis baterías con más de 150 cañones. Rondeau marchó con todo el ejército sobre Montevideo; llegó á su frente el 1º de Junio y lo proclamó el mismo día declarando que la Plaza quedaba sittada.

Aunque los sitiados tenían abiertas las comunicaciones por la parte del río, la escasez se hizo sentir por la imposibilidad de introducir por tierra los ganados que eran indispensables á su subsistencia. Las guerrillas se sostuvieron animadas, causando algunas pérdidas de vidas, pero influyendo en cambio en las costumbres y sentimientos militares de las milicias, muchas de las cuales recien se veían comprometidas por primera vez en hechos de guerra. Un feliz asalto dado por sorpresa, durante una noche, á la pequeña guarnicion de la isla de Ratas, es el episodio más importante ocurrido en aquel tiempo: proporcionó á los patriotas algunos soldados voluntarios y crecida cantidad de pólvora, que falta les hacía.

Por otra parte se frustraron los fines que Elio tuvo en vista al estrechar el bloqueo de Buenos-aires, por la oposicion que le hizo el vicealmirante de la escuadra inglesa que mandaba los buques surtos en el Plata, quien no permitió que se estorbase el libre comercio que con sus connacionales hacía el mercado bonaerense.

XCV — Montevideo y Buenos-aires pactan una tregua

No obstante, la causa de la revolucion se hallaba sériamente contrariada. Los ejércitos que obraban en las provincias del Norte sufrieron contrastes de consideracion en los meses anteriores y fuerzas portuguesas venían por la frontera del Brasil con el objeto ostensible de protejer al virey, respondiendo á las gestiones que este había hecho anteriormente. El ejército sitiador era impotente para luchar con éxito contra los dos enemigos, y Buenos-aires no podía distraer del Alto-Perú los elementos de que entónces podía disponer. La necesidad obligó, pues, á celebrar con Elío un tratado, empezado en los primeros días de Septiembre y concluido el 20 de Octubre, en que se estipuló: que la Junta explicaría su conducta á las Córtes generales y socorrería la guerra de independencia de la Península; que las tropas revolucionarias desocuparían enteramente la Banda-oriental; que el Virey haría retirar las tropas portuguesas á las fronteras de su territorio; que cesarían las hostilidades y el bloqueo de los puertos; que se mantendrían relaciones amistosas, y libres las comunicaciones por agua y tierra, etc.

XCVI—Se levanta el sitio. Conducta de Artigas

En consecuencia, el gobierno de Buenos-aires ordenó que Rondeau se retirara á aquella ciudad con las fuerzas venidas de occidente, y que Artigas se dirijiera al Norte y pasara á la márgen derecha del Uruguay, con las milicias orientales. Las fuerzas de Rondeau se embarcaron sin demora. Las de Artigas emprendieron su retirada, arrastrando por la fuerza y el terror cuantas familias hallaron á su paso: el número de las personas así violentadas alcanzó á catorce ó dieciseis mil (1), con cuyo séquito llegó hasta el Salto, no sin tener algun encuentro parcial con fuerzas portuguesas.

XCVII—Hechos á que dió motivo la conducta de Artigas

Estas habían invadido por el Norte bajo las órdenes de Maneco; y por el Este bajo las de Diego de Souza, cuyo cuerpo entró por el frente de Yaguaron y se corrió hácia el Sud hasta Maldonado. Al saber la direccion que tomaba Artigas, Souza resolvió seguirlo ordenando la concentra-

(1) Los testimonios de la época así lo aseveran. Don Nicolas de Vedia, oriental, á quien no puede acusarse de parcialidad, dice en una de sus memorias: «..... Porque es de saber que, al alzamiento del primer sitio, Artigas arrastró con todos los habitantes de la campaña..... sus comandantes amenazaban con la muerte á los que eran morosos y no fueron pocos los que sufrieron la crueldad de los satélites de Artigas. Este hombre inflexible parece que se complacía en la sangre que hacía derramar, y en verse seguido de tan numerosa poblacion. Aquí principia una época de desorganizacion, crueldades y anarquía que nos degradaría si se hiciese de ella mencion circunstanciada. »

(Coleccion Lamas).

cion de las tropas del Norte, cerca del Arapey, atravesó el territorio y fué á situarse á poca distancia del caudillo oriental en actitud hostil, obligándolo de este modo á pasar á la márgen derecha del Uruguay con el gran número de familias de que se hizo seguir, cuyo pasaje se efectuó por el Salto chico, al Norte de la actual ciudad de este nombre. El campamento se'estableció sobre el arroyuelo de Ayuy.

La conducta de los aliados de los españoles era notoriamente violatoria del tratado de Octubre, pues en vez de evacuar el territorio, avanzaban en su interior y se libraban á hechos de armas incompatibles con el estado de paz que se había pactado. El gobierno de Buenos-aires había reclamado á fines de Noviembre contra la permanencia de las divisiones portuguesas; y con motivo de comunicaciones en que Artigas le daba cuenta de la aproximacion del enemigo á su campo (24 de Diciembre), había resuelto enviarle refuerzos, toto lo cual puso en conocimiento del capitan general de Montevideo, D. Gaspar Vigodet (1), solicitando que hiciera retirar aquellas divisiones á fin de que Artigas pudiera pasar á Entre-rios. (Enero 1° de 1812). Contestó Vigodet que Artigas había exajerado la importancia de los hechos; y que como ese general hacía uso del terror y de la seduccion para usurpar propiedades y perseguir á los habitantes, con más empeño que nunca, sus aliados no volverían al Brasil mientras hubiera que temer la actitud del caudillo.

Justo es reconocer que la conducta del general Souza, aunque opuesta á las cláusulas del tratado de Octubre, podía invocar como causa la del general Artigas, que, sobre no conformarse tampoco

____

(1) El Virey Elío ya no estaba en la Banda-oriental : faltaba desde Noviembre.

con lo estipulado, constituía un hecho indisculpable ante las leyes más comunes de la civilizacion. Violado el pacto inhumanamente por una de las partes, se debilitaba el derecho para quejarse de las infracciones de la otra. Entrado en el terreno de las arbitrariedades y de las desconfianzas, era difícil salir de él. Así es que á los refuerzos con que el Gobierno de Buenos-aires auxilió á Artigas, opuso Vigodet la renovacion del bloqueo á mediados de Enero. Inmediatamente se quejó el Gobierno de las provincias de tal hecho, que importaba volver al estado de guerra; abundó en consideraciones por demostrar que tanto á los españoles como á los argentinos interesaba el alejamiento de los portugueses, cuyas miras no eran otras que las de conquistar este suelo, y terminó invitando al Capitan general á un retiro simultáneo de Artigas y de Souza á sus fronteras respectivas.

XCVIII — Continúa la guerra con españoles y portugueses

Ningun resultado dieron estas gestiones; la guerra continuó. El gobierno de Buenos-aires encargó á Belgrano la organizacion de un nuevo ejército y la fortificacion de algunos puntos del Paraná y del Uruguay; mandó á Artigas pertrechos, armas y dinero; hizo marchar en su auxilio algunas divisiones, incluso el 6.º regimiento que mandaba Soler, y se dispuso á hacer sitiar por segunda vez la plaza de Montevideo.

Los portugueses á su vez obtuvieron refuerzos hasta completar 5000 hombres y 36 cañones; invade un cuerpo de ejército el territorio de las Misiones orientales y otro cuerpo avanza hasta llegar al arroyo de Itapeby, que descarga sus aguas en el Uruguay, algunas leguas al Norte del Salto.

Artigas desprende á Fernando Otorgues, cau-

dillo de segundo órden que mereció la más te-
terrible reputacion por sus hechos feroces, contra
la division de las Misiones; pero inútilmente,
porque ni el número, ni la calidad de sus fuerzas
bastaban para competir con el enemigo. Soler con
su regimiento, dos cañones y algunos caballos
salió al encuentro de la columna que se vino sobre el Itapeby, y consiguió que retrocediera hasta
el Norte del Arapey grande.

XCIX—Buenos-aires hace la paz con los portugueses

No hay duda acerca de que Buenos-aires obedecía en estas circunstancias á la necesidad determinada por la fuerza de los hechos, más que
á la conciencia de su propio poder. Belgrano tenía
que restablecer el predominio de los patriotas en
el Norte de las provincias, contra un ejército poderoso y animado; no menos poderosos eran los
elementos combinados de españoles y portugueses en la Banda-oriental; era difícil vencer simultáneamente tantas resistencias. La paz de Octubre
desembarazaba la accion revolucionaria de uno de
sus enemigos temibles; rota la paz, era menester
buscar el mismo resultado por otros medios. El
Gobierno de Buenos-aires los halló en la mediacion del ministro inglés residente en Rio Janeiro,
quien por el interes de conservar abierto al comercio de la Gran Bretaña el mercado de las Provincias, indujo al Príncipe regente de Portugal
á entrar en negociaciones para el retiro de sus
tropas. Con tal propósito llegó á Buenos-aires,
el 26 de Mayo, el teniente-coronel Rademaker en
carácter de enviado extraordinario, y celebró el
mismo día un armisticio indefinido, contrayendo
la obligacion de hacer retirar al Brasil las divisiones portuguesas en el tiempo más breve posible.

C — Campo del Ayuy. Artigas y Sarratea

En su virtud recibió D. Manuel de Sarratea el cargo de General en jefe del ejército de operaciones en la Banda Oriental y la órden de marchar apresuradamente hacia el paso del Salto-chico, en el Uruguay, con una fuerte columna que se situó á una legua del campamento de Artigas, á mediados de Junio, y empezó Souza su retirada en direccion al pueblo brasileño de Bajé el 11 de Julio.

El nombre de Artigas se había extendido despues de la accion de las Piedras y había adquirido una fama imponente desde que se supo que había llevado con su ejército la poblacion de la campaña oriental al retirarse del frente de Montevideo. Semejante hecho pasó por extraordinario aún entre las poblaciones bárbaras de las provincias occidentales. Le halagaba á Artigas este renombre, aunque fuera de mal carácter, porque esperaba que fuera pronto el instrumento más poderoso de la dominacion que ya ambicionaba. Las familias sufrían el hambre y los rigores de la imtemperie; muchas iban á ocultar su desnudez en los montes, ó á guarecerse contra la persecucion de la soldadesca; otras muchas veían desaparecer sus miembros por la accion de la miseria y de los instintos feroces de los que tenían en sus manos la fuerza. Aquel campamento confuso de mujeres, hombres y niños de todas clases, era un foco de corrupcion y un manantial inmenso de lágrimas. Artigas explotaba estas desgracias á favor de sus proyectos: quería imponerse por el terror.

El presidente Sarratea se encontró con ese espectáculo indescriptible de sufrimientos y de inmoralidades. Supo que el caudillo había empezado trabajos en el sentido de atraerse la adhesion de varios jefezuelos entre-rianos y correntinos, y recibió las quejas de los que mandaban los cuerpos de Buenos-aires, cuya disciplina empezaba á relajarse al contacto de las bandas artiguistas. Sarratea juzgó que convenía á la seguridad de las provincias argentinas y á la moralidad del ejército, el traslado de las fuerzas bonaerenses á su campamento; dió las órdenes y en consecuencia marcharon del campo de Artigas el regimiento de dragones de la patria, de Rondeau; el regimiento número 6, de Soler; el regimiento de granaderos, de Terrada; y el regimiento de la estrella, de French.

Quedaban con Artigas varios cuerpos regulares de su provincia, mandados por jefes meritorios, compatriotas suyos. Disgustados tambien ellos por la conducta del Comandante y de sus caballerías bárbaras, é invitados, segun parece, por Sarratea á que pasaran á su cuartel general, se dirijieron á él en seguida D. Ventura Vazquez con su regimiento de blandengues, que contaba 800 plazas; el comandante Baltasar Vargas con una division de caballería de más de 800 hombres; el comandante Viera con 700 plazas de infantería, y algunas otras partidas. El ejército de Artigas quedó reducido entónces á la division de su hermano D. Manuel, de 900 hombres; la de Barta Ojeda, de 400; un piquete de blandengues, de 70 plazas; y una compañía de 80 que mandaba el capitan Tejera. Artigas exijió la devolucion de las fuerzas pasadas, pero Sarratea, interesado en debilitar á su vecino, en quien veía un peligro, no accedió. Surgió de este hecho imprudente la enemistad de los dos jefes, que había de ser el principio de desavenencias mas graves y trascendentales. Artigas negó obediencia á Sa-

rratea y se propuso no concurrir á la campaña
que el ejército independiente del Uruguay iba á
reabrir contra los realistas de Montevideo. Ambos ejércitos se separaron: quedó el de Artigas
en donde estaba, y se dirijió el otro hácia el Sud,
hasta el Arroyo de la China, sobre el cual está situada la Concepcion del Uruguay, dejando en observacion sobre el Salto los cuerpos 4? y 6? que
mandaban Vazquez y Soler.

CI — Buenos-aires propone á Montevideo bases de arreglo

La situacion de los patriotas sentía á la vez que
la inconveniencia de estas disensiones, otra no
ménos alarmante. El ejército de Belgrano, que
operaba en el Alto Perú, había sido poco atendido
por reforzar el de Sarratea; é impotente para mantener sus posiciones contra el poder mucho mayor
de los españoles que le amenazaba, se veía en la
necesidad de operar largas y difíciles retiradas,
teniendo al enemigo constantemente á la vista.
Los realistas conspiraban por otra parte en el
seno mismo de Buenos-aires, de acuerdo con los
de Montevideo, encabezados por el incansable
Alzaga. Ante este doble peligro, el Gobierno pensó eludirlos ó dominarlos, entrando en arreglos
por un lado con Vigodet, y auxiliando por otro á
Belgrano con el ejército de Sarratea.

Con tal fin se dirijió el 28 de Agosto al General
de la Plaza enemiga y al Cabildo, narrándoles con
vivos colores los males que había producido y que
produciría á los dos pueblos del Plata su des-
union, calculando lo que convendría á su porvenir
y al de la monarquía española el mantenimiento
de relaciones amistosas, é invitándolos para que
facilitaran la conclusion de un avenimiento, bajo
las condiciones que les incluyó, las cuales consistían esencialmente en que Montevideo se so-

metería á la política de Buenos-aires. Tanto el Cabildo como Vigodet respondieron con energía el 4 de Septiembre que no humillarían con el sometimiento las glorias de Montevideo; que hacían al gobierno de Buenos-aires responsable de las consecuencias de la guerra, y que, si quería la union, procediera á jurar la carta constitucional promulgada en Marzo por las Córtes.

CII — Perplejidad del Gobierno argentino

Vista la imposibilidad de hacer cesar la guerra por el momento, y dada la necesidad de atender eficazmente las exigencias de la campaña del Norte, era indispensable concebir algo que salvara la posicion de los independientes. De ahí que el Gobierno pidiera á Sarratea el 22 del mismo mes que dictaminara sobre la manera de verificar la traslacion de su ejército al occidente del Paraná, manteniendo las hostilidades contra Montevideo en términos que tuviesen intranquila la guarnicion y facilitaran las operaciones ulteriores. El teniente-coronel Vedia, llamado á informar, se opuso á que el territorio oriental fuese abandonado, alegando : que subsistían los clamores de las personas y familias enteras perseguidas y arruinadas ménos por los enemigos que por la desenfrenada licencia de las bandas de Artigas; que estos males se agravarían, porque tanto los unos como las otras se entregarían sin obstáculo á mayores violencias; y que si era inevitable llevar las armas al Oeste, era tambien necesario dejar sobre el enemigo del Este el regimiento de dragones y el de infantería número 4 bajo el mando superior del coronel Rondeau, ya que el coronel Artigas había probado que ni por sus conocimientos, ni por su inteligencia militar, ni por su firmeza, estaba habilitado para asumir la dirección del nuevo órden de·cosas.

CIII—Se emprende la guerra. Segundo sitio de Montevideo. Accion del Cerrito

Al mismo tiempo que este dictámen, llegaba á Buenos-aires la noticia de un importante triunfo alcanzado por Belgrano en el Norte y se operaba un cambio en el personal del gobierno. Todo concurrió á inclinar los ánimos en el sentido de que se llevara adelante la campaña oriental, y así se decidió.

En consecuencia, se organizó la vanguardia con tres escuadrones de caballería, el regimiento 6 ° de Soler y el 4 ° de Vazquez, y varios cañones, se le dió por jefe á Rondeau, partieron sucesivamente estos cuerpos del arroyo de la China y del Salto, y anunciaron desde el Cerrito á la guarnicion de Montevideo el segundo sitio, (20 de Octubre) con una salva de artillería. El 31 de Diciembre hicieron una salida los españoles en número de 1600, con varios cañones. La batalla, que al principio pareció favorable á los realistas, terminó por el triunfo de los independientes, despues de haberse conducido las dos partes con bravura. Rondeau, Soler y Ortiguera se distinguieron en la accion; el segundo mereció ser ascendido al grado de coronel del mismo regimiento número 6, á cuya cabeza desalojó al enemigo de la cumbre del Cerrito, «clavando por su propia mano la bandera de la patria.» Entre los muchos muertos que tuvieron los españoles se contaron el brigadier Muesas, el capitan Liñan y otros oficiales.·

CIV — Hostilidades de Artigas contra el ejercito patriota

A los pocos días llegó al arroyo del Miguelete el general Sarratea con el cuartel general; y al-

gunos despues Artigas con su division al arroyo
de Santa-Lucía-chico, doce leguas al Norte de
Montevideo, en donde campó. Venía, como se sabe,
enemistado personalmente con el General en jefe,
apartado de su autoridad y con el propósito de
no participar de la campaña, como si los resentimientos personales fueran de más importancia para los americanos que la causa de su comun independencia. Su pasion lo extravió tanto de la línea
de conducta que le marcaba el deber, que embar-
gó en el rio Negro (25 de Diciembre) la comisaría y
el parque del ejército, que venían por tierra desde
el Uruguay, los que devolvió en el paso del Durazno del rio Yí debido à la interposicion de los
Sres. Tomás García Zúñiga, Ramon de Cáceres y
Felipe Perez.

Siguió despues su marcha hácia el Sud y destacó al llegar al Santa-Lucía-chico varias partidas de caballería con órden de privar al ejército
sitiador de ganados y caballadas, y de promover la desercion, constituyéndose así de hecho en
enemigo de los patriotas y en auxiliar de los
sitiados.

CV — Motin militar contra Sarratea y otros jefes. Artigas se incorpora á los sitiadores

Interpelado por tan censurable conducta, respondió que perseveraría en las hostilidades miéntras
no salieran del ejército Sarratea y algunos jefes
orientales que servían bajo las órdenes de éste,
tales como Javier de Viana, Vazquez, Valdenegro,
Baltar, Vargas y el Canónigo Figueredo. Rondeau
y Vedia juzgaron que si de este hecho dependía
que Artigas cambiara de enemigo en aliado, las
circunstancias obligaban à complacer al caudillo.
Vedia, en combinacion con éste, preparó un motin; amaneció el dia 11 de Enero de 1813 con el

regimiento de dragones de la patria, seis ú ocho piezas volantes y la caballería de Otorgues, de 1500 hombres, tendidos en la cumbre del Cerrito en órden de batalla; Rondeau escribió á Sarratea pidiéndole su separacion y la de los jefes designados por Artigas, y el General en jefe, no pudiendo luchar contra los enemigos y los insubordinados, se sometió á la fuerza de las cosas, nombrando á Rondeau para que le sustituyese miéntras el gobierno dispusiera lo conveniente. Rondeau nombró á Vedia para Mayor general; y como el gobierno confirmó estos nombramientos, aceptando por necesidad los hechos producidos, Artigas avanzó con sus caballerías hasta la línea del sitio y ocupó el puesto que se le designára, en el ala izquierda. El ejército sitiador se compuso entonces de mas de seis mil hombres divididos así : — *Division de Buenosaires:* Regimiento de granaderos, de Terrada; regimiento n. 6, de Soler; regimiento de la Estrella, de French; regimiento de artillería; regimiento de dragones de la patria, de Rondeau. — *Division de Artigas:* Regimiento de blandengues; regimiento n. 2, de Manuel Artigas; regimiento n. 3, de Fructuoso Rivera; regimiento de caballería, de Fernando Otorgues; regimiento de caballería, de Blas Basualdo.

CVI — Cambios de gobierno. Asamblea nacional de 1813

La Junta de gobierno elejida el 25 de Mayo de 1810 había sufrido para esta fecha diversas alteraciones mas ó menos fundamentales. Se le agregaron los diputados de las Provincias el 18 de Diciembre, formando una corporacion de veinte miembros; el 23 de Septiembre de 1811 se concentró el poder en un triunvirato, durante cuya administracion se resolvió convocar un Congreso constituyente. En su virtud se despachó el 3 de Junio de 1812 una circular á todas las provincias para que elijieran diputados, en que se les manifestaba: «que había llegado el tiempo de activar la reunion de un Congreso para que, establecidas las bases de una constitucion política por la expresa voluntad soberana de los pueblos, tuviera el gobierno la satisfaccion de haber cumplido sus deberes.» Se prescribieron además las reglas que habían de observarse en las elecciones. Segun ellas, no serían ya los cabildos quienes elijiesen: el pueblo nombraría directamente cuerpos electores, y estos habían de hacer la eleccion de los futuros constituyentes. Este acto importó, como otros de la misma época, asumir francamente en público la actitud que se había conservado velada, por conveniencia política, bajo la protesta engañosa de ser fieles á Fernando VII. El Congreso se reunió en Buenos-aires el 31 de Enero de 1813.

CVII—Artigas y la diputacion de Abril á la Asamblea nacional

Como la Banda-oriental había estado completamente dominada por los españoles durante el plazo de los trabajos electorales, no tuvo representacion en aquella Asamblea; pero, establecido el sitio de Montevideo, se consideró Artigas autorizado para mandar diputados, sin tener en cuenta el papel subalterno que desempeñaba en los negocios-militares y políticos de su provincia, ni el estado anormal de esos negocios. Convocó á su campo una junta de orientales, y á los pocos días comparecieron algunos diciéndose representantes de la fuerza armada, y otros cinco que manifestaron haber recibido de los pueblos el compromiso de nombrar otros tantos diputados para la Asamblea nacional. Todos se reunieron el 5 de Abril en el domicilio de Artigas, quien, asumiendo la presidencia á título de *Jefe de los orientales*, les dirijió una alocucion con el objeto de que resolviesen si se había de reconocer la autoridad de la Asamblea constituyente de Buenos-aires, de que determinasen el número de diputados que se habían de mandar, y de que instituyesen un gobierno provincial, acerca de cuyos puntos les manifestó lo que deberían resolver.

Al informar á la asamblea acerca del motivo que le había inducido á convocarla, manifestó: « El « estado actual de los negocios es demasiado críti- « co para dejar de reclamar nuestra atencion. La « Asamblea general, tantas veces anunciada, em- « pezó ya sus sesiones en Buenos-aires: su re- « conocimiento nos ha sido ordenado. Resolver « sobre este particular ha dado motivo á esta « congregacion, porque yo ofendería altamente « vuestro carácter y el mío, vulneraría enorme- « mente vuestros derechos sagrados si pasase á « decidir de una materia reservada sólo á vos- « otros.» El congreso instituyó, siguiendo las in- dicaciones de su presidente, una *Junta municipal*, encargada del gobierno económico de la provin- cia, y nombró para desempeñarla á los señores Juan José Durán, que la presidió, Manuel Calle- ros y Felipe Cardoso. Artigas fué nombrado Go- bernador militar.

El Congreso reconoció la Asamblea nacional, lo que importaba admitir tácitamente que la Provin- cia-oriental era parte de la nacionalidad argentina, y los cinco compromisarios designaron cinco di- putados para aquella Asamblea. Se dió aviso al Gobierno de las provincias de la constitucion de la Junta municipal y se enviaron los diputados, cada uno de los cuales llevó un poder firmado por el solo compromisario que lo había designado. Artigas les dió por toda credencial una carta para don Dámaso Larrañaga, y ademas instrucciones suscriptas por él á su nombre propio, en que les ordenaba: — que pidiesen la independencia absoluta de las colonias del Plata; que no admitiesen otro sistema constitucional que la confederacion de todas las provincias que forman el Estado; que promovieran la libertad civil y religiosa en la mayor extension posible; que propendiesen á que el gobierno central y los provinciales se compusieran de los tres poderes legislativo, judicial y ejecutivo, independientes entre sí; que señalasen como límites del territorio que representaban, la costa oriental del Uruguay hasta la fortaleza de Santa Teresa, el cual formaría una provincia, llamada *Provincia oriental;* que consiguieran que la constitucion asegurase á las provincias la forma de gobierno republicana; que se opusieran á que fuera Buenos-aires la capital del Estado; y otras cosas importantes que correspondían á este órden de ideas, inaugurado en Buenos-aires desde el principio del movimiento revolucionario por hombres como Don Mariano Moreno, y extendido, aunque bajo las formas indefinidas del instinto, entre los caudillos y poblaciones semi-bárbaras de las provincias argentinas.

Los cinco diputados llegaron á Buenos-aires á principios de Junio y presentaron sus poderes; pero, como resultaba de ellos que se habían infringido radicalmente las condiciones de la eleccion, tanto en lo relativo al procedimiento como en lo que se refería al orígen del sufrajio, se les declaró sin personería legal para incorporarse á la Asamblea constituyente. En cuanto à la Junta municipal, nada contestó el Gobierno.

CVIII — Artigas y el Congreso elector de Diciembre .

Artigas, que debió prever este desenlace, recibió la noticia con visible desagrado. Pensando, empero, que salvaría las dificultades haciendo ratificar los nombramientos según le pareció mejor, hizo reunir el 15 de Julio los emigrados de la plaza y los vecinos del Miguelete en su domicilio, quienes declararon que confirmaban la eleccion ,que se había hecho el 5 de Abril de Larrañaga y Mateo Vidal para que representasen à Montevideo, y el mismo dia 15 expidió una circular invitando á los ciudadanos á que firmaran el acta de Abril, en la que les decia: « Si « anhelamos la union, la concordia y la paz, re- « cordemos solamente las ventajas primordiales, « y prodiguemos todos los pasos para no retardar « la incorporacion. » Sin embargo, no pudiendo dominar los impulsos de su carácter, dirijió al Gobierno el 19 una extensa comunicacion en que recordaba á su manera los hechos ocurridos el año anterior y á principios del actual; se quejaba de que la autoridad nacional tuviese algunas fuerzas sobre la orilla derecha del Uruguay; le acusaba porque no había castigado á Sarratea y demas jefes expulsados por el motin de Enero, y porque no había dado públicas satisfacciones al Caudillo; censuraba que no se hubiesen admitido los diputados artiguistas, ni se hubiese contestado al aviso de la instalacion de la Junta municipal, y concluía con estas expresiones: «Por fin, examinadas « todas las proposiciones y hecha la combinacion « debida, haga V. E. que solo la union puede po- « ner el sello á nuestra obra: fijemos las garantías « de esta union y al efecto empiece V. E. por im- « partir sus órdenes y deshágase del acantona- « miento de tropas que formaliza en el Uruguay y

« el Paraná. No crea V. E. que es tiempo de poder
« cohonestar los proyectos y sean cuales fueren
« sus medidas para realizarlos. Sea V. E. seguro
« que no nos es dosconocido su fin y que por con-
« siguiente habremos de impedirlo, habremos de
« contrarrestarlo y aniquilarlo hasta garantir en
« las obras el sagrado de nuestra confianza......
« Por conclusion, Señor Exmo., esta Provincia
« penetra aún las miras de V. E.; ella está dis-
« puesta á eludirlas, pero ella ruega á V. E. apar-
« te el motivo de sus temores; ella tiene ya todas
« sus medidas tomadas y al primer impulso de sus
« resortes, se hará conocer la estension de sus re-
« cursos irresistibles, ellos se harán sentir á me-
« dida de las necesidades y V. E. reconocerá tarde
« los efectos de la energía animada por la justicia
« y el honor. »

Artigas encargó á Larrañaga, uno de los cinco
diputados, para que entregase esta insolente nota
y para que terminara las gestiones que por ella se
iniciaban. El Ministro de gobierno contestó á Larrañaga, dando ejemplo de una tolerancia impro-
pia del caso: « El gobierno ha visto el papel de
« don José Artigas que estuvo Vd. encargado de
« presentarle. La animosidad que respira y el es-
« píritu de hostilidad que domina en todo su con-
« texto, persuaden de que en la respuesta se busca
« mas bien la señal para la agresion que el resta-
« blecimiento de la necesaria armonía » y concluía diciéndole que á los diputados de la Banda-
oriental para la Asamblea Nacional legítimamente
electos, correspondía exponer ante ella sus razones y derechos, sancionando lo justo y conveniente.

No debía tener mucha confianza Artigas en la
justicia de sus desahogos, porque algunos días
despues, el 6 de Agosto, escribía al Presidente de

la Junta municipal encargándole que recolectase firmas de adhesion á lo resuelto el 15 de Julio, previniéndole que había ordenado á don Pedro F. Perez que hiciese lo mismo entre los vecinos del Miguelete, y manifestándole que « ya tenía en su « poder las actas repetidas de todos los pueblos en « que se ratifica la eleccion del 5 de Abril por « compromiso de sus diputados, y que sólo le res- « taba la de esta cabeza de provincia. »

La contestacion del Ministro á Larrañaga, y talvez los consejos de este, indujeron á Artigas á prescindir de todos esos trabajos ilegales y poco sérios para entrar en vías mas lejítimas y aptas para dar paso á la corriente de la opinion popular. Parece que habiendo optado por obtener permiso para proceder á nuevo nombramiento, lo solicitó del General en gefe; mas este se lo negó por carecer de facultades, cuyo hecho aumentó el disgusto del caudillo. Se dirijieron simultáneamente al gobierno central: Artigas, pidiendo autorizacion, y el General, dando cuenta de lo ocurrido. El gobierno accedió en el concepto de que sería Rondeau, por la posicion que ocupaba, quien hiciese la convocatoria de los electores y quien presidiera sus juntas con arreglo á las instrucciones dadas. Rondeau pasó una circular á tódos los cabildos, disponiendo con arreglo á la ley que el pueblo elijiera electores, y que éstos se presentasen al Cuartel general el 8 de Diciembre. Nada tenía que hacer Artigas en este sentido; pero, contrariando el tenor de las estipulaciones por aparecer ejerciendo una autoridad que no tenía, expidió otra circular ordenando que los electores se presentasen en su alojamiento ántes que en el Cuartel general, á fin de instalar allí el Cuerpo elector (15 de Noviembre). Supo esto el General, y, deseoso de evitar hechos que podrían ser inconvenientes, resolvió el medio conciliatorio de que los electores se reuniesen, nó en el Cuartel general, ni en el alojamiento del coronel Artigas, y sí en la capilla de Maciel, cuya determinacion hizo saber á los electores el 6 de Diciembre, justificándola con la reflexion de que debe apartarse del ruido de las armas y de toda apariencia de coaccion el acto en que ha de manifestarse libre y expontáneamente la voluntad de los pueblos.

CIX — La Junta de electores delibera oponiéndose á Artigas

La eleccion popular vino á poner de manifiesto la ambicion de prepotencia que extraviaba á Artigas y el antagonismo que existía entre él y su pueblo. Ya el 8 de Noviembre, cuando reunidos los emigrados de Montevideo y los vecinos del Miguelete con el objeto de nombrar sus representantes para el Congreso que se proyectaba, compareció ante ellos el ayudante don Gregorio Aguiar, con un pliego en que Artigas ordenaba á los electores que se presentasen en su domicilio el mismo día á fin de enterarse de las actas del 5 y 21 de Abril, resolvieron aquéllos que quedaba sometido « á la prudencia y discrecion de los mismos elec- « tores el concurrir ó nó, segun lo estimasen con- « veniente, respecto de no ser este un paso pres- « cripto en la circular que motivaba la reunion. » Esta resistencia enérgica á las intenciones dominadoras del caudillo se acentuó aún más en el seno de la Junta electora, que se reunió, sin comparecer en el domicilio de Artigas, en la casa de don Francisco Maciel, situada á orillas del Miguelete, el 8 de Diciembre. Sus miembros, en número de veinticuatro, designaron para secretario á D. Tomás García de Zúñiga y para Presidente al general Rondeau; aprobaron los poderes, algunos de los cuales aparecían otorgados por *los emigrados de Montevideo;* y como otros tres se referían á la circular de Artigas, la Junta dispuso que ántes de continuar la sesion se citase al Jefe oriental para que compareciera al día siguiente á sostener sus pretensiones con todos los documentos y antecedentes que fueran del caso. Vueltos á reunirse los electores el dia 9, García Zúñiga y Don Manuel Francisco Artigas, comisionados cerca del hermano de este último, declararon que el Caudillo no quería presentarse á la asamblea; que se sentía desairado por los pueblos desde que no habían obedecido su mandamiento, y que no tenía documento ninguno que exhibir. Se resolvió por consecuencia que continuaran las sesiones en el mismo lugar, se elijieron tres diputados para la Asamblea constituyente, distintos de los que se habían nombrado en Abril, excepto Larrañaga, y se nombró una *Junta municipal gubernativa,* dotada con las atribuciones de gobernador de provincia, reelejible todos los años, y compuesta en el actual por los señores Tomás García de Zúñiga, Juan José Durán y Remigio Castellanos, á quienes se dió posesion del cargo al día siguiente, y se les encomendó que residenciasen á los miembros del cuerpo municipal creado por Artigas poco ántes.

CX — Artigas pretende imponerse á la Junta electora.

Tales hechos produjeron en el ánimo del Caudillo la más profunda emocion. Acostumbrado desde su adolescencia á que todos obedecieran sus órdenes sin que nadie se atreviera á contradecirle, juzgó que podría gobernar tan autocráticamente los pueblos cultos como las bandas de contrabandistas, y le irritaba sobremanera el verse contrariado primeramente por el Gobierno argentino y despues por los representantes de su mismo pueblo, cuyo jefe se llamaba, hasta el punto de alte-

rar el número de los diputados que segun él ha-
bían·de ir á la Asamblea nacional, de suspender
en sus funciones los miembros de la Junta municipal creada en Abril, de instituir nuevamente la
Junta, desconociendo la validez de aquella, y de
seguir funcionando con prescindencia de las instrucciones que Artigas había querido darles en su
domicilio para obligarlos á que se limitaran á ratificar las actas anteriores. Apénas tomadas las resoluciones del dia 9, ordenó Artigas á su secretario que le redactase una violenta comunicacion en
que apostrofaba á la Junta por la manera como había procedido; le mandaba que revocase los decretos votados y agregaba: « Que siendo la voluntad
« de todos los pueblos que sus diputados asistie-
« sen previamente á su alojamiento para imponer-
« se de lo que él tuviese que proponer respecto de
« las actas del 5 y 21 de Abril, y no habiendo que-
« rido verificar así, protestaba, anulando todo lo
« obrado por el Congreso y pidiendo suspendiesen
« sus sesiones » (1). Entregó esta nota al Congreso reunido el 10, un ayudante de campo de Artígas. Se leyó en alta voz y el Congreso dispuso que
se contestara manifestando «que no se haría innovacion alguna en el acta celebrada el dia 9 del corriente.» El elector D. Juan Francisco Martinez
expresó «que no reconocía en la provincia oriental
autoridad alguna sobre el Congreso»; y habiendo
hecho mocion D. Manuel Muñoz de Haedo para
que en la contestacion á Artigas se le dijese que
quedaban suspendidas las sesiones hasta la nue-

(1) Me creo obligado á aprovechar la oportunidad que me presenta esta
transcripcion, para manifestar que mucho agradezco al General Don Bartolomé Mitre el habérmela hecho conocer con algunos otros datos importantes
relativos á los sucesos que aquí narro, en unos preciosos apuntes con que
tuvo la bondad de ilustrarme en puntos que le consulté. La narracion del
año XIII no habría sido tan exacta, sin el concurso generoso de su erudi-
cion.

va convocatoria de los pueblos, quedó desechada por no haber quien la apoyase.

El mismo dia 10 celebró el Congreso otra sesion solemne, á la que concurrieron sus veinticuatro miembros (1), siendo Manuel Artigas y Ramon Cáceres los que representaban á la fuerza armada, y declararon: que «reunidos en Congreso general de « esta Provincia Oriental los Sres. electores libre- « mente nombrados por los veintitres pueblos que « la componen, inclusos los dos nombrados por « los vecinos emigrados de la ciudad de Montevi- « deo, y dos mas por los ciudadanos armados que, « por estarlo, se hallan fuera de sus hogares....... « acordaron en las sesiones de los dias 8, 9 y 10 « de Diciembre del presente año de 1813, segun « parece de sus actas, que debían declarar y de- « claraban, usando de la soberanía con que esta- « ban autorizados, por libre y espontánea volun- « tad de los pueblos comitentes: que estos veinti- « tres pueblos....... con todos los territorios de su « actual jurisdiccion, formaban la Provincia Orien- « tal; que desde hoy sería reconocida por una de « las del Rio de la Plata, con todas las atribucio- « nes de derecho; — Que su gobierno sería una « junta gubernativa compuesta de tres ciudadanos « nombrados por la representacion de la Provincia; « .... que procedió despues á la eleccion de di- « putados representantes por esta Provincia para

(1) Los representantes que firman esta acta son: Juan José Ortiz y Juan José Durán, por Montevideo; Bartolomé de'Muñoz, por Maldonado: Tomás García de Zúñiga, por San Cárlos, por Porongos y por Santa Lucía; Francisco Silva, por Rocha; Pedro Perez, por Santa Teresa; José Nuñez, por Melo; Manuel Haedo, por Mercedes; Juan Francisco Martinez, por Santo Domingo Soriano; Leonardo Fernandez, por San Salvador; Pedro Calatayud, por las Víboras; Luis Rosa Brito, por la Colonia; Tomas Paredes, por Paysandú; Andres Duran, por Belen; Julian Sanchez, por el Colla; José Manuel Perez, por Minas; Felipe Perez, por San José; Vicente Varela, por Piedras; José Antonio Ramirez, por Pintado; Leon Porcel de Peralta, por Canelones; Manuel Perez, por Peñarol; Benito García, por Pando; Manuel Artigas y Ramon Cáceres, por los vecinos armados.

« la asamblea general...... ordenando se publique
« esta acta con la mayor solemnidad en todos los
« campos del ejército, se comunique á todos los
« pueblos por sus respectivos representantes y al
« Exmo. Sr. Director del Estado . »

CXI — Artigas deserta del ejército sitiador

No era posible hacer más visible la oposicion
que existía entre Artigas y los representantes del
pueblo uruguayo, y no es de notarse ménos el valor cívico de que dió pruebas el Congreso en esos
días memorables. Pero no podía parecer esa conducta á un hombre como Artigas sino un acto de
rebelion à la autoridad que se había arrogado por
sí mismo. Si hubiese estado dotado de inclina-
naciones democráticas, que nó más podía esperarse de él, habría reconocido lo razonable del
proceder de los electores y sobre todo el derecho
con que procedían, y se habría sometido á la voluntad del legítimo soberano, dominando su despe-
cho, nacido del amor propio lastimado. Las circunstancias exijían, por otra parte, el sacrificio de
las ambiciones personales en obsequio de los intereses comprometidos en la lucha contra el poder
de los españoles; pero Artigas, que anteponía à
todo su despótica voluntad, que no sabía moderar
los ímpetus violentos de su cáracter, y que carecía de criterio moral para juzgar con elevacion los
hechos que se producían, no pensó desde aquellos
días de Diciembre sino en desahogar sus pasiones del modo que más lo sintieran los que reputaba sus enemigos, y resolvió abandonar el sitio
con sus caballerías, dejando descubierta el ala
izquierda de la línea, que éstas ocupaban. Todos
notaron con estupor el hecho, al aclarar el día 21
de Enero de 1814. De los secuaces del caudillo no
quedaban en su lugar más que su hermano Ma-

nuel Artigas y el mayor general Pagola, que se opusieron patrióticamente á seguirle.

CXII—Gravedad de la actitud de Artigas

Esta defeccion redujo á los sitiadores al más apurado trance. La plaza de Montevideo había recibido del Perú sumas considerables de dinero y tropas; habíanle llegado á fines de Julio de 1500 á 2000 hombres aguerridos en las campañas de la independencia española; y á esas fuerzas se habían agregado otras en Septiembre y Octubre, que completaron el número de seis mil combatientes, todos de primer órden. El ejército patriota no le igualaba en educacion, ni en disciplina, ni en armamento, aunque no le era inferior en valor y entusiasmo. Al sentimiento de poder que debía alentar á los sitiados en presencia de sus enemigos, se unía la necesidad de una solucion pronta, pues que el cerco establecido por Rondeau tenía disminuido el comercio de importacion que la Plaza mantenía con los puertos del Brasil, causando la escasez creciente de comestibles y de otros artículos de uso indispensable. Estas razones hacían temer que de un momento á otro aventuraran los cercados una accion general, cuyo éxito no podía parecer seguro á los sitiadores. La defeccion de Artigas ocurrió en estas circunstancias. Expuestos los patriotas á ser atacados, é impotentes ya para oponer una resistencia séria, Rondeau mandó inmediatamente retirar todas las fuerzas para formar á una legua de distancia otra línea de sitio, y pidió con urgencia refuerzos al Gobierno de Buenos-aires.

Pero las Provincias-unidas pasaban por una situacion demasiado difícil para satisfacer las necesidades que creaba la conducta inesperada de Artigas. El ejército independiente había sido destrozado por los realistas el 1º de Octubre en Vilcapugio y el 14 de Noviembre en Ayouma; estos hechos obligaron á las armas patriotas á retirarse para el Sud, abandonando el Alto-Perú á los vencedores; el enemigo proyectaba una campaña al centro mismo de las Provincias meridionales del Plata; y el Gobierno de Buenos-aires se sentía conmovido en su propia constitucion por el influjo de tales acontecimientos, sin contar con fuerzas capaces de salvar su posicion y la independencia. Las exijencias de Rondeau se estrellaron contra este estado de cosas, que difundió la zozobra y la indecision en todos los ánimos. ¿A dónde mandar los pocos auxilios de que podía disponerse? ¿A las Provincias del Norte? ¿A la Provincia-oriental?.... Tres veces mandó el Gobierno que se levantara el sitio de Montevideo con el fin de consagrar toda su atencion á las necesidades del ejército vencido en Vilcapugio, que parecían más premiosas, y otras tantas revocó la órden.—Artigas se vengaba porque los representantes de su pueblo no habían ido á su tienda á recibir instrucciones, pero hacía víctima de su rencor á la causa de su patria.

CXIII—Artigas conspira contra la organizacion nacional

Al retirarse del sitio llevó Artigas el pensamiento de fomentar la rebelion en las provincias occidentales, en donde otros caudillos habían aparecido con tendencias claramente definidas á emanciparse de la subordinacion que todo órden constitucional establece entre las autoridades generales y locales. Había en la misma ciudad de Buenos-aires elementos poderosos dispuestos en igual sentido; y no debía ignorar el efecto que habían producido en todos esos ánimos las instrucciones escritas que habían recibido los diputados orientales de Abril y que Artigas tuvo el cuidado de hacer circular por todas las provincias, á manera de programa destinado á dar direccion y unidad al sentimiento localista que nacía en todas partes, inculto y anárquico.

Con tales miras se dirijió al Norte, llegó en los primeros dias de Febrero á Belen, pueblecillo situado sobre el Uruguay, mas allá del Arapey, y se puso en comunicacion nuevamente con los oficiales de Entre-ríos y Corrientes. Otorgues se situó sobre el mismo río, cerca de Paysandú, en observacion de las fuerzas que el Gobierno central tenía en Entre-rios, y poco despues pasó á esa provincia y peleó con las fuerzas nacionales. Fructuoso Rivera quedó cerca de Montevideo con instrucciones hostiles al ejército sitiador.

CXIV — El Directorio. Declara traidor á Artigas

Los sucesos que por todas partes parecían precipitarse contra la suerte de la América, indujeron á la Asamblea constituyente á concentrar en un solo *Director supremo* el poder que desempeñaba un triunvirato, con el fin de aumentar el vigor de sus resoluciones. Don Jervasio Antonio Posadas tomó posesion de ese puesto el 31 de Enero. Sus primeras medidas fueron tan severas como poco eficaces. Por consejo de su ministro de gobierno, don Nicolás Herrera, hombre ilustrado y de talento, nacido en la Banda-oriental, lanzó el 11 de Febrero un decreto en que se declaraba á Artigas infame, privado de sus empleos, fuera de la ley y enemigo de la patria. Se ofrecían seis mil pesos al que lo entregara vivo ó muerto, se prometía conservar en su empleo á todo comandante, oficial, sargento ó soldado de Artigas que se presentase al general del ejército sitiador; y se declaraba traidores á los que perseverasen en la rebelion, amenazándoseles con ser juzgados y fusilados dentro de 24 horas, si fueren tomados con las armas en la mano.

CXV—El Directorio organiza el gobierno de Montevideo. Hechos de guerra.

Resuelto definitivamente que se atendiera con preferencia á la guerra oriental, el Directorio se propuso acelerar su terminacion para consagrarse en seguida á los sucesos que se desarrollaban por · el Norte. Declaró, en conformidad con el acta del 10 de Diciembre, que la Banda-oriental era parte integrante de las Provincias-unidas; y como no presentaron los diputados sus poderes en la Asamblea nacional, ni la Junta de gobierno ejercía regularmente sus funciones, debido tal vez á que en aquellos y en los miembros de ésta había partidarios de Artigas, como lo eran Larrañaga y García Zúñiga, temerosos de disgustar á su Jefe ó interesados en romper la organizacion aprobada por el Congreso del Miguelete, el Director nombró para que ejerciera el gobierno-intendente á don Juan José Durán, dándole como asesor á don Remigio Castellanos (7 de Marzo); ordenó á Brown, marino inglés que desempeñaba el mando superior de la escuadrilla argentina, que atacase las naves españolas mandadas por Romarate, que dominaban la entrada del Uruguay y el Paraná, y se dispuso á mandar dos expediciones, una por mar y otra por tierra, para cerrar el bloqueo de Montevideo y precipitar su rendicion. Brown no fué feliz en su primer encuentro con los españoles; pero consiguió al día siguiente (12 de Marzo) tomar la isla de Martin-García, cuya posesion aseguraba el ejercicio efectivo del dominio en los grandes afluentes del Plata.

No obstante, el Directorio juzgó oportuno mandar diputados al Gobernador de Montevideo para negociar un armisticio; pero Vigodet, despues de algunos pasos evasivos, contestó las proposiciones con un proyecto de tratado por el cual deberían Buenos-aires y todos los pueblos y ejércitos sujetos á su gobierno jurar la constitucion española y reconocer la soberanía del rey Fernando VII y, durante su ausencia, la de la Regencia (12 de Abril). El Director Posadas contestó con una proclama vehemente en que rechazaba tales condiciones y anunciaba al pueblo la continuacion de la guerra (1º de Mayo). La escuadra argentina, que ya bloqueaba á Montevideo, siguió recibiendo otros buques; la española, encerrada en el puerto, recibió elementos de guerra, y fueron llamados á las armas, dentro de los muros de la ciudad, todos los hombres que tuvieran de 15 á 60 años de edad.

CXVI—Combate naval en las aguas de Montevideo

El dia 14 las dos escuadras estaban prontas para el combate. La argentina se componía de cuatro corbetas, un bergantin y dos buques menores. La española constaba de cuatro corbetas, tres bergantines, cuatro buques menores y numerosos lanchones. La última salió del puerto, se retiró la otra, ambas se dirijieron hácia el Este y tuvieron ese mismo día un encuentro del cual resultó un buque español inutilizado. El resto de ese día y el 15 se pasaron siguiendo los buques argentinos á los contrarios; se acercaron el 16 y libraron el combate definitivo, que dió el triunfo á las armas independientes. Se rindieron dos corbetas, un bergantin y una goleta españoles; fueron incendiados un bergantin y una balandra y los demas ganaron en desórden el puerto de Montevideo. Cayeron en poder de los vencedores 33 oficiales de mar y tierra, 2 capellanes, 2 cirujanos, 380 hombres mas, 75 cañones, 210 fusiles y una cantidad considerable de otros artículos de guerra.

CXVII—Inteligencias de los sitiados con los artiguistas. Rendicion de Montevideo

El mismo día en que tuvo lugar este hecho glorioso para las armas argentinas, llegó el coronel don Cárlos de Alvear al Cerrito con el objeto de tomar el mando supremo de las fuerzas sitiadoras, trayendo desde Buenos-aires un refuerzo de 1500 hombres y algunos cañones. El 17 tomó posesion de su puesto. Los españoles comprendieron que, vencidos en el río é impotentes para vencer en tierra, se acercaba el término de su resistencia. En tales circunstancias invitó el general Vigodet á Brown para celebrar un armisticio y el canje de prisioneros; pero el comodoro argentino contestó al día siguiente (19) que no admitiría condicion alguna mientras no fueran entregados al Gobierno de Buenos-aires la ciudad de Montevideo, sus fortalezas, arsenales, buques de guerra, y toda propiedad pública, permitiéndose á los militares que entregaran sus armas, segun se acostumbra en rendiciones á discrecion.

Esta respuesta abatió los ánimos de los sitiados, y los indujo á buscar aliados en las fuerzas que obedecían á Artigas, esperando sin duda que su accion combinada obligase á Alvear á levantar el sitio ó á comprometerse en una batalla en que tendría por el frente á los españoles y á los orientales por la espalda. Romarate se había retirado, despues de la pérdida de Martin-García, al arroyo de la China; había trabado relaciones amistosas con Otorgues, y este le servía tanto para proporcionarle víveres, como para conducir sus comunicaciones á la Plaza de Montevideo, y á él las que de ésta se le dirijían. Además, Otorgues había recibido de Vigodet proposiciones de avenimiento y las había contestado en términos incompatibles con la fidelidad que debía á la causa americana (1). Fundado en estos antecedentes, y sabedor de que Artigas trabajaba en Entre-rios en el sentido de rebelar á los caudillos entre-rianos y correntinos contra la autoridad del Gobierno general, concibió el plan de aliarse con los rebeldes para triunfar de los independientes. Alvear tuvo noticia de estas negociaciones que Artigas autorizaba, las entorpeció astutamente y se resolvió á precipitar los sucesos tratando con Vigodet sobre la base de la entrega de Montevideo y sus dependencias. El 20 de Junio, á las 3 y media de la tarde, se entregó por capitulacion la Plaza; el 22 ocuparon las tropas de Alvear la fortaleza del Cerro, y el 23 guarnecían las de Montevideo, en cuyo día el general en jefe dió un bando recomendando el olvido de lo pasado y asegurando el respeto de las personas y las cosas. Con la plaza cayeron en poder del vencedor 335 cañones, mas de 8000 fusiles y todas las embarcaciones, así como 8 banderas, 2 mariscales, 2 brigadieres, 7 coroneles, 11 tenientes coroneles, 5300 más de tropa, y cuanto había sido del dominio de los vencidos.

(1) Es indudable que estos trabajos contrarevolucionarios hubieran tomado proporciones alarmantes, si Montevideo no hubiera caido tan pronto. Digo esto, porque algunos meses despues (12 de Noviembre) un ciudadano oriental que llegó á presidir la Asamblea legislativa de su país, presentó al Encargado de negocios de S. M. C. residente en Rio Janeiro, un Memorial en que desenvolvía esto pensamiento consignado en la nota de remision:

« Por noticias fidedignas recibidas del Rio-grande de San Pedro, parece « que los Jefes de la Banda-oriental José Artigas y Fernando Otorgues han « comisionado sus diputados pidiendo auxilios *para continuar la guerra en* « *nombre del Señor Don Fernando VII contra los rebeldes de Buenos Aires.*

« Este incidente, que se halla revestido con todo el carácter de verdad, y « que demuestra el arrepentimiento de estos vasallos descarriados, y separa-« dos del sendero de la justicia, me han estimulado á elevarlo á conocimiento « de U. S., formando la adjunta memoria que, aunque concisa, no deja de in-« dicar las ventajas que se seguirían á S. M., á la Nacion y á las Provincias « Americanas, de que U. S. emprendiese una negociacion con aquellos man-« datarios y que los auxiliase fomentando los deseos que en el dia los animan. »

CXVIII—Alvear es denunciado como desleal

El coronel Alvear comunicó al Directorio que la plaza se había rendido á discrecion; el general Vigodet protestó más tarde contra esta aseveracion, asegurando que se estipularon condiciones honrosas para los vencidos, y que esas estipulaciones se ratificaron, aún cuando el coronel Alvear no las observó lealmente. No hay completa seguridad de lo ocurrido; pero, á juzgar por lo que Alvear dijo en sus partes y manifiestos, lo que hubo es esto: Alvear temía de las inteligencias del general español con las fuerzas de Artigas; quiso librarse de una infidencia, y se prevalió de la circunstancia de haberse entregado la Plaza sin ratificar los tratados, para no cumplirlos en todas sus partes despues del triunfo. Correspondió una conducta desleal con otra desleal. Cierto es que en rigor de derecho no obligan los tratados no ratificados en la forma de costumbre; pero la moral obliga á cumplir lo pactado, aunque haya deficiencia en las solemnidades de la forma, sobre todo cuando se han obtenido las ventajas que ellos prometen. La conducta del Jefe argentino fué inmoral, y no se justifica por más que lo fuera tambien la del general vencido.

LIBRO TERCERO

LA ANARQUÍA

CAPÍTULO I

LA AUTOCRACIA DE ARTIGAS EN LA PROVINCIA ORIENTAL

CXIX — **Alvear derrota á Otorgues. El Directorio nombra gobernador de Montevideo**

Otorgues, que ya había peleado con fuerzas argentinas en Entre-ríos, asumió en esos días, á la cabeza de unos mil hombres, desde su campamento en las Piedras, una actitud hostil para con los vencedores. Alvear creyó necesario atacarlo; se le acercó, pero como se considerase relativamente débil con los 200 hombres que llevaba, pidió infantería y entretuvo, mientras no le llegara, al caudillo contrario con parlamentos. Reforzado para las 7 de la noche del 25 de Junio, cargó á Otorgues á las 9, lo dispersó, tomándole prisioneros y considerable número de caballos y bueyes, y dispuso que se le persiguiera.

El Directorio agradeció públicamente sus servicios á las fuerzas de mar y tierra que acabaron de vencer la dominacion española en el Rio de la Plata; mandó que se celebrara el acontecimiento en todas las Provincias con una fiesta cívica; nombró para gobernador político y militar de Montevideo, y delegado extraordinario del Director Supremo, al coronel D. Nicolás Rodriguez Peña, notable hombre público que desempeñaba la presidencia del Consejo del Directorio, y anunció ese nombramiento al pueblo de Montevideo en una proclama que se publicó por bando el 19 de Julio, día en que Rodriguez Peña tomó solemnemente posesion de su cargo, teniendo por secretario á D. Manuel Moreno, otro personaje de importancia. Todos estos sucesos se festejaron en Montevideo con grande estruendo.

CXX — El Directorio trata la paz con Artigas

Asegurada la independencia del Rio de la Plata, el Directorio volvió su atencion hácia el Norte de las Provincias, en donde, como se ha dicho, las tropas españolas habían obtenido grandes ventajas; pero no podía contraer á aquellos sucesos toda su accion, miéntras quedara viva la insubordinacion de Artigas, cuyos trabajos subversivos en las provincias del litoral uruguayo tomaban proporciones sérias. Trató, pues, de reconciliarse con él. Las negociaciones se abrieron con Alvear y estaban tan adelantadas cuando Rodriguez Peña empezó á ejercer el gobierno, que este pudo dar un bando en Canelones el 22 de Julio, anunciando los arreglos de paz hechos con los diputados de Artigas, el que fué seguido dos dias despues por una proclama publicada en Montevideo. Por consecuencia, regresó Alvear con sus tropas á esta ciudad, pasando en seguida á Buenos-aires, y el Directorio revocó (17 de Agosto) el decreto que ponía á precio la persona de Artigas, declarándolo buen servidor de la patria, reponiéndolo en su grado de coronel de blandengues y confiriéndole el empleo de comandante general de la campaña de Montevideo. Considerando innecesaria la permanencia de Rodriguez Peña en la gobernacion de esta ciudad, le sustituyó con D. Miguel Soler. La Municipalidad de Montevideo demostró ademas sus sentimientos para con los vencedores, nombrando al general Alvear su *Rejidor perpetuo*, quien aceptó con autorizacion del Director Supremo.

CXXI — Artigas sigue insurreccionando las provincias del litoral. Guerra contra Artigas

Parecía que estos actos de recíproca tolerancia debieran asegurar la tranquilidad interior de las Provincias, por lo ménos durante algun tiempo, de modo que pudieran dirijirse todas las fuerzas nacionales contra el enemigo de todos, unidas por la comunidad de los intereses. Pero no sucedió así. No se conformó Artigas con su posicion subalterna, ni renunció á los trabajos anárquicos que había emprendido fuera de su provincia natal, en las de Entre-rios, Corrientes y Santa-fé. El Director Posadas tuvo, pues, que volver á pensar en la guerra con el caudillo oriental; regresó Alvear á Montevideo, convino un plan de campaña con Soler, y ambos emprendieron su ejecucion, avanzando el primero desde la Colonia al interior del territorio y el segundo desde Montevideo, mientras la division de Valdenegro se dirijía contra las fuerzas artiguistas que, bajo el mando de Blas Basualdo, oscuro y sanguinario caudillejo, obraban en Entre-rios. El éxito fué adverso á los artiguistas en los primeros tiempos de la campaña: Valdenegro destrozó completamente á Basualdo; Alvear hizo retroceder á Artigas desde el Rio Negro hasta el Arerunguá (departamento del Salto); Dorrego derrotó á Otorgues (6 de Octubre) en el departamento de Maldonado, tomándole la artillería y las familias que llevaba, inclusa la suya propia, y lo obligó á internarse en territorio brasilero por el Chuy; despues de cuya accion se dirijió contra Rivera, que se hallaba en los Tres-árboles (arroyo que desagua en el rio-Negro al Oeste del Salsi-puedes) y lo persiguió hasta el Uruguay, en direccion á las posiciones de Artigas. Al llegar á este punto recibió Rivera 800 blandengues que le dieron notable superioridad y tomó la ofensiva, viéndose Dorrego á su vez obligado á retirarse hasta la Colonia.

Ya se ha dicho cuál era la composicion del ėjército artiguista: casi su totalidad era de hombres del campo, la mayor parte indios mucho más incultos que los gauchos de nuestros días, como que habían vivido alejados de las poblaciones y de toda influencia civilizadora, manteniéndose del pillaje, sin respetos á la vida, ni á la autoridad de nadie que no fuera su jefe ó su cacique. Este fenómeno era comun en el Rio de la Plata. Caudillos como Artigas, más ó ménos prestigiosos, más ó ménos rebeldes á la autoridad del gobierno general, más ó ménos favorables á la causa comun de la independencia, se habían levantado en todas las provincias, y capitaneaban grupos de hombres igualmente incivilizados, enemigos de toda disciplina regular. De aquí los desórdenes y crímenes frecuentes, incompatibles con los progresos que hemos realizado, cuya narracion parece sujerida por un sentimiento de parcialidad á los que suponen que las cosas y los hombres eran entónces lo que hoy son. Pues debido á estas condiciones, que explican la actitud de Artígas con más verdad que si se le atribuyeran pensamientos teóricos, ocurrió un hecho que caracteriza el sistema disciplinario de las bandas artiguistas. Refujiado Dorrego en la Colonia, Rivera retrocedió hacia Mercedes, y allí se le sublevaron los 800 blandengues que Artigas le había mandado, saquearon el pueblo, cometieron toda clase de violencias en el vecindario, y se dispersaron con sus oficiales, no sin haber intentado asesinar al mismo Rivera, que logró casualmente huir casi desnudo. La mitad de los dispersos llegaron poco despues al cuartel general de Artigas, en donde fueron recibidos..... como si nada hubiera pasado.

Despues de estos sucesos siguió Rivera en marcha en direccion al Arerunguá, llamando hacia sí todas las fuerzas diseminadas en la campaña y acercándose á Artigas, que había trasladado su cuartel general á las márjenes del arroyo de las Sopas, situado al Norte y afluente del Arapey. Dorrego se incorporó tambien á Soler y juntos siguieron el camino que llevaba Rivera, hasta que se encontraron en los Guayabos; arroyuelo que dá aguas al Arerunguá, en donde se trabó una accion sangrienta que empezó á las 12 del dia 10 de Enero de 1815 y terminó á las cuatro de la tarde con la completa derrota de las tropas de Dorrego.

CXXII — Las tropas de Buenos-aires abandonan la Banda-oriental

Miéntras estos hechos tenían lugar, Posadas había dividido la provincia de Entre-ríos en las que llevaron desde entónces este nombre y el de Corrientes (10 de Septiembre), y los capitanes de Artigas seguían en estas dos provincias y en la de Santa-fé la guerra contra el Directorio, con éxitos parciales alternados. El gobierno general se había visto, pues, forzado á emplear sus ejércitos y á dividirlos en las cuatro provincias litorales. Por esta razon la guerra que por el Norte se seguía con los españoles carecía de vigor; desde Mayo no había habido hecho militar de importancia, á no ser el desistimiento del proyecto de invadir las provincias meridionales que los realistas habían empezado á ejecutar, y su retirada hacia el Norte, que fué debida principal, si no exclusivamente, á que, rendida Montevideo, habían perdido los enemigos una de las bases más importantes de su campaña. Este estado de cosas había quebrantado el prestigio de la administracion Posadas; y como los que pesaban con su influencia en los acontecimientos locales se disponían á dar un impulso enérgico tanto á los sucesos del litoral como á los del Norte, obtuvieron la renuncia de Posadas y lo sustituyeron con Alvear (9 de Enero), á quien habían dado renombre los últimos hechos de armas.

El nuevo Director juzgó que era imposible vencer al mismo tiempo á los enemigos de la independencia y á los enemigos del órden interno. Era necesario desatender á los unos ó á los otros y prefirió desatender la oposicion que Artigas hacía en la Banda-oriental: ordenó á todas sus tropas que la evacuasen y dejaron á Montevideo el 25 de Febrero, llevándose los elementos de guerra que en ella tenían.

CXXIII — Primer gobierno artiguista

Dos días despues la ocupó Yupes con 160 hombres y el 28 Otorgues, que tomó el título de Comandante de armas, haciéndose cargo de las funciones de gobierno D. Tomás García de Zúñiga, quien publicó á los pocos dias (7 de Marzo) una proclama destinada á desvanecer los temores que había inspirado, especialmente á los españoles, la presencia de Otorgues. No duró mucho tiempo, sin embargo, el efecto de esta medida. El sanguinario Comandante promulgó casi al mismo tiempo un bando en que amenazaba con imponer el castigo de muerte, dentro de 24 horas irremisible-

mente, á todo español que se mezclase en los negocios políticos de la Banda-oriental; y poco despues tuvieron los vecinos de Montevideo la desgracia incomparable de que Artigas lo nombrara gobernador político y militar, con lo que desapareció
hasta el limitado freno que opusiera á su ferocidad
la voluntad culta de García Zúñiga.

CAPÍTULO II

LA AUTOCRACIA DE ARTIGAS EN LAS PROVINCIAS LITORALES

CXXIV — **Artigas disputa á las autoridades argentinas el dominio de las provincias litorales**

La guerra entre el Gobierno de las Provincias-
unidas y Artigas había desaparecido de la Banda-oriental y había desaparecido para siempre.
Ya no tenían los artiguistas que defender su
predominio en el territorio de su patria, ni aún
contra sus compatriotas que se distinguían por la
inteligencia, la ilustracion, la fortuna ó la posicion social, porque la casi totalidad había emigra-
do para Buenos-aires, ó estaba á punto de emigrar. Podían entregarse tranquilamente á la organizacion de su gobierno, dejando tambien en
libertad á los pueblos occidentales para arreglar
entre sí sus propias diferencias y dedicarse por
completo á vencer al enemigo comun de la América, que se preparaba en esos momentos para
hacer nuevos y decisivos esfuerzos.

Pero   as no se conformó con que se le de-
jara en   para satisfacer su ambicion dentro de l   es de su provincia natal; le halagaba el influjo que ejercía en las otras tres provincias litorales, y aspiraba á ensanchar ese in-

flujo, á dominar en Entre-ríos, Corrientes, Santa-fé, Córdoba, Buenos-aires, y aún en el. Paraguay, á ser la voluntad suprema ante la cual se
rindiesen pueblos y gobiernos. Todo lo que no
fuera esto, nada le importaba, ni aún las derrotas
que sufrían las armas independientes en las batallas de cuyo éxito dependía la suerte futura de la
América del Sud. Escribía el 28 de Diciembre á
D. Miguel Barreiro, que se hallaba en Porto-alegre desempeñando una comision :   « Ud. adverti-
« rá el nuevo semblante de nuestros negocios......
« El gobierno se halla apurado ademas de las con-
« vulsiones pasadas, tiene Vd. que Chile en Oc-
« tubre fué tomado nuevamente por los limeños,
« con cuyo motivo han .mandado todos los artille-
« ros y mucha artillería á Mendoza. Pezuela (se-
« gun noticias) le ha derrotado en Tupiza la Ban-
« guardia á Rondeau, y cargó sobre él hasta el
« Tucuman. Donde se hallaban ya en guerrillas.
« Alvear ha salido para arriba á fines del pasado.
« Los caciques Güicuruces que vinieron á presen-
« társeme y á quien dí mis instrucciones, les ha-
« cen nuevamente la guerra sobre Santa Fé segun
« noticias de un pasado que hacen 10 dias salió de
« aquel Pueblo.— El Paraguay se ha decidido á
« nuestro favor. Ya ha tomado á Misiones y apre-
« sado á Matianda y demas que obraban allí por
« Buenos-aires. Espero únicamente por momen-
« tos respuesta del Govierno. Los oficios del Co-
« mandante de Fronteras encargado por su Go-
« vierno de darme parte son satisfactorios, pero
« ellos no llenan todo el blanco de mis ideas, mien-
« tras el Govierno no delibere. Entretanto me di-
« ce dicho Comandante seguia sus marchas por
« el Paraná así á Corrientes segun las insinuacio-
« nes de mi primer oficio á fin de obrar de acuer-
« con nuestras tropas sobre Corrientes, etc. » Se-

gun se vé, las hostilidades del Paraguay, las devastaciones de los indios guaicurúes, los triunfos de los españoles, todo eso entraba en el número de los hechos que favorecían su designio.

Así, pues, bajó del Arerunguá al Hervidero, arroyuelo que fluye al Uruguay, al Sud del Daiman, fundó allí el pueblo de la Purificacion que debía ser célebre por las atrocidades que en él se cometieron con los españoles, y pasó (principios de Marzo) al Arroyo de la China, del suelo entre-riano, con el fin de dirijir personalmente la guerra ofensiva contra el gobierno de las Provincias. La guerra adquirió así una nueva significacion: no podían decir ya los artiguistas que el Director los perseguía en su patria; pero el Directorio podía decir que Artigas salía de su provincia para hacer la guerra á la autoridad general fuera de ella. Ante los ojos del mismo Artigas, era éste el agresor; aquél no haría en adelante más que defenderse.

CXXV — Artigas en Santa-fé

Su primer acto fué lanzar á Hereñú sobre Santafé, so pretexto de protejerla, con montoneras de indígenas. Como era natural, dada la calidad de los combatientes, cometieron robos, asesinatos y violencias de todo género entre el pueblo del campo, cuyas inclinaciones eran adversas á Buenosaires. En seguida (20 de Marzo) se presentó Artigas en las inmediaciones de la capital de aquella provincia con cuanta indiada pudo reunir, proclamando la desobediencia al Directorio y la alianza con los pueblos de Entre-rios y Corrientes. Cuatro días despues se hizo la declaracion de que la Provincia no dependía de Buenos-aires, se destituyó al gobernador Diaz Velez, y se procedió á nombrar á Candioti, miéntras las indiadas de Artigas mataban, saqueaban y desolaban cuanto hallaban en las inmediaciones de la ciudad. Simultáneamente se manifestaron en Buenos-aires trabajos subversivos, uno de cuyos objetos era quebrantar la subordinacion de las tropas. La posicion del director Alvear se hacía difícilmente sostenible, porque estaba minada en sus mismas bases; pero, juzgando que podría afirmar su poder infundiendo el terror por todas partes, dió un bando el 28 de Marzo por el cual amenazaba con la pena de muerte á los que perturbasen el órden público, á sus cómplices y ocultadores, á la vez que hacía marchar á Ignacio Alvarez Thomas contra Santa-fé. Dos dias despues Don Nicolas Herrera, ministro del Directorio, expidió una circular en que ponía de relieve la conducta de Artigas y de los capitanes que lo secundaban; al siguiente día lanzó Alvear una proclama á todos los habitantes de las Provincias-unidas, contra el que acababa de invadirlas personalmente dándose el título de *Jefe de los orientales y protector de los pueblos;* llama á las armas á todos los ciudadanos el 4 de Abril, y el Cabildo los proclama enérgicamente el 5, usando para con Artigas los más duros calificativos.

CXXVI — Sublevacion contra Alvear en Fontezuelas

Pero todas estas medidas fueron ineficaces para mantener á Alvear en el poder, porque tenía cerca de sí enemigos más temibles que Artigas, quienes sin conformarse con las miras de éste, deseaban rebajar la prepotencia del grupo demagógico de Buenos-Aires y dar una participacion en los negocios públicos á la influencia provincial. En este movimiento de aspiracion democrática entraba la totalidad de la campaña de Buenos-Aires y una buena parte de los habitantes de la ciudad, y se creyó consultar las conveniencias generales del momento no excluyendo á Artigas de los trabajos revolucionarios que se hacían. El pronunciamiento partió de las tropas que marchaban contra el Caudillo oriental: el 3 de Abril manifestaron sus jefes y oficiales en Fontezuelas que negaban la obediencia á la autoridad suprema; el general Alvarez Thomas se dirijió á Alvear invitándolo á que renunciase al mando y dejase al pueblo de Buenos-aires en libertad para que eligiera gobierno segun su voluntad y el 6 del mismo mes se manifestó Artigas en igual sentido desde la Bajada del Paraná.

CXXVII — Sublevacion de Buenos-Aires. Nuevo gobierno

Estos hechos, á los que se siguieron otros análogos, tenían desgraciadamente un vicio que había de trascender de un modo funesto: no constituían una revolucion, porque el ejército no se revoluciona nunca; era una sublevacion, que ningun militar puede llevar á efecto sin trastornar leyes primordiales de su institucion, sin cometer delito. El elemento popular, el elemento civil, se declaró recien el día 14, por medio del Cabildo, que, por ser autoridad constituida, no era tampoco el órgano más aparente. Esa corporacion intimó á Alvear que depusiese el mando; el Director contestó proponiendo que el pueblo elijiese su gobierno; pero el Cabildo insistió, y asumió el 16 la autoridad soberana confiando al general Soler la comandancia de las armas nacionales. El 21 se nombró una Junta de observacion, se designó al general Rondeau para que ocupase el directorio, y al coronel Alvarez para que lo desempeñase interinamente, miéntras el propietario no viniera del ejército del Norte.

Estos acontecimientos obtuvieron la felicitacion de Artigas, acompañada de protestas amistosas; y á su vez el ayuntamiento dispuso que se encargara á Lóndres un sable para Álvarez Thomas, otro para Artigas, y dos más para Valdenegro y Viamont, que habían figurado notablemente en los últimos sućesos, y publicó además un manifiesto en que retractaba los términos con que había hablado de Artigas en la proclama del 5, aduciendo que le había sido impuesto por el Director. Los partidarios de éste fueron presos, y confiscados sus bienes. Artigas se mostró satisfecho con tales demostraciones, que lo colocaban en la situacion de un verdadero coautor de los sucesos de Abril. No omitió por su parte nada que pudiera hacerlo aparecer en tal concepto á las muchedumbres. El 29 de Abril dirigió desde su cuartel general un manifiesto «al muy benemérito pueblo de Buenos Aires» en que trataba de justificar su conducta pasada por la de los gobernantes caídos. « Ciuda-« danos, les decia: Quando la division escandalo-« sa que se fomentó entre nosotros llegó hasta el « exceso de empaparnos en nuestra propia sangre « y hacernos gustar por nuestra misma mano to-« das las amarguras, los malvados me presenta-« ban á vosotros como autor de aquellas calami-« dades, escudando conmigo la intencion iniqua « que los movía»..... « El grito del dolor, decía « más adelante compendiando su pensamiento, « era el primer homenaje que rendia á los laure-« les con que me decoró la fortuna, y solo me fue-« ron preciosos en cuanto los consideraba útiles al « restablecimiento de la concordia. Así es que « desde el carro de la victoria yo convidaba á mis « adversarios á la paz, yo les extendía mis brazos

« implorándola, bañando á vista de ellos con mi
« llanto unas coronas que veía salpicadas con la
« sangre de mis compaisanos».... Y concluía:
« Ciudadanos, Pueblo de Buenos-Aires, vuestros
« hermanos los Orientales no dudan que sus vo-
« tos serán correspondidos y abandonados al
« transporte de una perspectiva tan encantadora,
« olvidan sus quebrantos, y hacen sacrificios al
« Dios Tutelar de la amistad de los Pueblos, para
« que al recibir las felicitaciones que á su nombre
« tengo el honor de dirigiros, nada sea capaz de
« contrariar nuestra union, y en lo sucesivo solo
« se vea entre nosotros una sola grande familia de
« hermanos. » Despues de esto, juzgándose dueño de la situacion, exijió que se le mandasen los
mejores batallones de línea, la artillería, fusiles,
una cantidad de dinero y las personas de Alvear
y de los canónigos Santiago Figueredo y Pedro
Pablo Vidal. El Director interino y el Cabildo no
accedieron á tales pretensiones, pero cometieron
la debilidad de mandar al caudillo, en vez de estas personas, las de siete individuos que estaban
encarcelados por ser amigos del ex-director. Como no eran estos los que le interesaba sacrificar,
Artigas los devolvió, segun se dice, haciendo
alarde de sentimientos nobles.

Las negativas de Alvarez Thomas irritaron en
extremo á Artigas; y las exijencias de este alar-
maron de tal modo á Alvarez Thomas, que se
apresuró á reunir fuerzas en la Capital y á mandar una parte á Mendoza con el propósito de que
atacaran por la espalda á los artiguistas, siempre
que estos avanzaran hacia el Sud. Comprendiendo
Artigas que no conseguía imponerse á los vencedores de Alvear, dió aviso de que se retiraba de
Santa-fé (primeros días de Mayo), y regresó efectivamente á su cuartel general de Pay-sandú, de-

jando ocupadas las provincias por varios de sus capitanes y trayendo consigo algunos de los caciques y tribus santafecinas que le habían acompañado al Rosario.

CXXIX — Actos de Otorgues, del Cabildo y de Artigas

Durante el tiempo en que ocurrieron estos sucesos siguió Montevideo bajo el despotismo bárbaro de Otorgues. Este caudillo predilecto de Artigas instituyó una *Junta de vigilancia,* compuesta de criminales, con el fin de perseguir á los españoles y á las personas á quienes se juzgase afectas á la causa de Buenos-aires. No hubo familia honesta que no hubiese recibido brutales tratamientos; la propiedad no mereció ningun género de respeto; en las calles más centrales, á medio día, se ensillaba y montaba con espuelas á los godos; y la vida dependía del capricho de cualquiera soldado de la guarnicion. La administracion pública no existía, pues no se llevaba cuenta de ella y apénas se hacía otra cosa que repartir sin tasa entre algunos explotadores el producto de las exacciones con que arbitrariamente se abrumaba á los vecinos. En su tiempo se entregó á las llamas, en la plaza, gran parte de los archivos públicos.

Bajo las impresiones que surgían de una situacion tal, se reunió el Cabildo y resolvió (25 de Abril) que en adelante se reconociese á Don José Artigas «con la misma representacion, jurisdiccion y tratamiento que un capitan general de provincia, bajo el título de «*Protector y patrono de la libertad*», cuya disposicion se comunicó á todos los cabildos por una circular.

El 29 del mismo mes ordenó Artigas al Ayuntamiento que las poblaciones mandaran diputados á un Congreso general de la provincia, que debería reunirse en Mercedes; y en su cumplimiento se mandó el 10 de Mayo que cada pueblo nombrase un diputado con poderes amplios « para tratar, mover y concluir todo cuanto sea conveniente al bien de la Provincia y defensa de ella».

CXXX — Necesidades de la situacion. Proyectos del Directorio

La caída de Alvear importaba una esperanza para las provincias, pero nó, como se ha visto, para Artigas, por manera que el estado de guerra quedó subsistente cuando el Jefe de los orientales se retiró á Pay-sandú. El directorio de Alvarez Thomas no podía continuar así, miéntras le fuera posible mejorar la situacion del país. Rondeau había conseguido recientemente un triunfo contra los españoles, pero de tan escasa importancia, que no disminuían los peligros á que estaba expuesta la causa de la independencia; tanto ménos, cuanto se anunciaba desde el año anterior una fuerte expedicion de 15000 hombres procedente de la Península. Era necesario para contrarestar esos peligros que desaparecieran los obstáculos que oponían Artigas por un lado y las provincias occidentales por otro, y el gobierno de Alvarez Thomas, aconsejado por Tagle y San Martin pensó que se conseguiría ese resultado declarando la independencia de la Banda oriental y reuniendo fuera de Buenos-aires, léjos de la influencia de sus hombres, un congreso en que estuvieran representadas todas las provincias, y con facultades para constituir el Estado en armonía con las aspiraciones generales.

CXXXI — El gobierno argentino propone la independencia de la Banda-oriental. Artigas la rechaza

Por consiguiente, el Director comisionó á don Juan José Pico y á D. Francisco Bruno de Riva-

rola para que trataran con Artigas en su cuartel
general. Las conferencias verbales no permitieron precisar ningun pensamiento, por cuyo motivo creyeron los comisionados que debían formu-
larse las propuestas respectivas en un proyecto
de tratado. Artigas presentó el suyo el 16 de
Junio, cuya cláusula capital decia: « Será reco-
« nocida la convencion de la provincia Oriental
« del Uruguay, establecida en acta del Congreso
« del 5 de Abril de 1813 del tenor siguiente:—La
« Banda Oriental del Uruguay entra en el rol *para*
« *formar el Estado denominado Provincias Unidas*
« *del Rio de la Plata*. Su pacto con las demas pro-
« vincias es el de una alianza ofensiva y defensiva.
« Toda provincia tiene igual dignidad é iguales
« privilegios y derechos y cada una renunciará el
« proyecto de subyugar á otra. La Banda Orien-
« tal del Uruguay está en el pleno goce de toda su
« libertad y derechos, pero *queda sujeta desde*
« *ahora á la Constitucion que organice el Congreso*
« *general del Estado legalmente reunido*, teniendo
« por base la libertad. » (Art. 1? del proyecto). Se
vé aquí en primer lugar que Artigas continuaba
queriendo que su provincia integrara la nacion argentina bajo una constitucion federal. En segundo
lugar se nota la intencion de que apareciera aca-
tada por el Gobierno nacional la resolucion que
Artigas impuso á sus parciales reunidos informal-
mente el 5 de Abril, y prevaleciendo, por lo mismo, sobre la declaracion análoga que hicieron los
representantes legítimos del pueblo congregados
en Diciembre del mismo año. Este hecho, que
prueba lo díscolo que era Artigas, tenía el inconveniente de que los actos de la Junta de Abril habían sido desautorizados tanto por los representantes del pueblo oriental, como por los del pueblo
de las otras provincias argentinas; por manera

que Artigas venía á confirmar con un pacto el hecho histórico de la unidad nacional, bajo una forma tan arbitraria como inaceptable.

Su proyecto contiene otra singularidad notable. Establece en el artículo 1º que cada provincia *renunciará* el proyecto de subyugar á otra; pero dice el art. 13: « Las provincias y pueblos com-« prendidos desde la márjen oriental del Paraná « hasta la occidental (del Uruguay) quedan en la « forma inclusa en el primer artículo de este trata-« do, como igualmente las de Santa-fé y Córdoba, « hasta que voluntariamente no quieran separarse « de la proteccion de la Provincia Oriental del Uru-« guay y direccion del Jefe de los orientales. » Es decir que la regla universal consignada en el artículo primero tenía una excepcion y esa era á favor de la dominacion exclusiva que Artigas quería seguir ejerciendo en las cuatro provincias occidentales de Corrientes, Entre-ríos, Santa-fé y Córdoba, conquistadas á la República-argentina por la fuerza de sus armas ó por la influencia de su voluntad.

Por otros artículos reclamaba todo el armamento que Alvear había tomado á los españoles en Montevideo, gran cantidad de municiones de toda clase y nueve lanchas cañoneras armadas y listas del todo; exijía que Buenos-aires proveyese con instrumentos de labranza á los labradores de la Provincia-oriental; y pedía el pago de doscientos mil pesos en dinero, á título de indemnizacion por las pérdidas que habían sufrido durante la guerra « los españoles en Europa. » Por supuesto, nada se decía de los cinco y más millones de pesos que la República-argentina había gastado para vencer el poder español que dominó la Provincia-oriental hasta Junio de 1814.

A este proyecto, nó tan inconveniente quizás

por lo que pedía como por los peligros que entrañaba para la paz interior de las provincias del
Plata, contestaron los representantes del Directorio al día siguiente con otro cuyas cláusulas re-
solvían de un modo definitivo y radical las cuestiones de autoridad y dependencia que habían
servido de pretexto á la anarquía. El artículo 1º
decía así:—« Buenos-aires reconoce *la indepen-*
«*dencia* de la Banda-oriental del Uruguay, renun-
« ciando los derechos que por el antiguo régimen
« le pertenecían ». Accediendo en parte á las pretensiones que tenía Artigas de dominar las provincias occidentales, se estipulaba en el artículo
5º que « las provincias de Corrientes y Entre-ríos
« quedan en libertad de elejirse ó ponerse bajo la
« proteccion del gobierno que gusten ». De este
modo quedaba Artigas en aptitud de ser libremente el dueño absoluto de su provincia; y como tenía dominadas de un modo completo las de Corrientes y Entre-ríos, aseguraba el dominio que
ejercía en ellas. Otros artículos del contra-pro-
yecto favorecían su situacion, pues que Buenos-
aires renunciaba á la indemnizacion de lo que
habíale costado la toma de Montevideo, se establecían derechos módicos para los principales ramos del comercio (4 por ciento), y se hacían promesas recíprocas de amistad con olvido de todo lo
pasado.

Artigas rechazó este proyecto, á pesar de cuantos esfuerzos hicieron los representantes del Directorio por que lo aceptara, siquiera fuese en sus
bases capitales. No quiso la independencia de su
provincia, porque importaba hacerle renunciar
los proyectos de prepotencia que tenía para con
las demas; no quiso que se limitara su autoridad
á la Provincia-oriental y las occidentales de Entre-
ríos y Corrientes, porque se creía con derecho á

ejercerla en Santa-fé y Córdoba; no admitió que se dejase al arbitrio de los pueblos entreriano y correntino el decidir quién había de gobernarlos ó protejerlos, porque era cosa ya resuelta por él; ni consintió que Buenos-aires apareciera renunciando la indemnízacion á que tuviera derecho por los gastos de guerra hechos para independizar á Montevideo del poder de los españoles, y conservando las armas que les había tomado por efecto de la capitulacion. Quería que Buenos-aires se sometiera á su prepotencia, y que le diera fuerza para sostenerla y extenderla indefinidamente. Era esto moralmente imposible, como se comprende.

CXXXII — Nuevas tentativas de avenimiento con Artigas

Quedaron, pues, rotas las negociaciones. Sin embargo, habiéndose reunido el Congreso convocado en Mayo, Artigas envió desde Pay-sandú á Buenos-aires á los diputados D. Miguel Barreiro, D. José A. Cabrera, D. Pascual Andino y D. José García de Cossio, con la mision de proponer bases de una paz provisional, cuyo objeto era contener los aprestos militares que el Director había empezado con ánimo de buscar por la fuerza la tranquilidad que no había hallado ni en el propósito de consentir la desmembracion del territorio nacional. Los diputados presentaron el 13 de Julio su «plan de concordia» y le dieron forma de tratado el 3 de Agosto, redactándolo en un solo artículo que decía: «Habrá paz entre los « territorios que se hallan bajo el mando y protec- « cion del Jefe de los orientales, y el Exmo. Go- « bierno de Buenos-aires». Como nada se determiba aquí, y los diputados de Artigas carecían de poderes formales, el comisionado del Directorio, que lo era Don Antonio Sáenz, les solicitó que pidieran poderes y expresasen cuáles habían de ser los territorios aludidos y las condiciones de la paz. El Director escribió además personalmente á Artigas por inducirle á allanar estas dificultades. Pero todo fué inútil: nada se consiguió y quedaron las cosas como estaban.

CXXXIII — El Directorio llama á todos los pueblos á congregarse en Tucuman. Artigas los llama á Pay-sandú

Malográronse las tentativas de avenimiento con Artigas, pero quedaba aún la esperanza de restablecer buenas inteligencias entre las provincias, por medio del Congreso general. Eligióse para su reunion la ciudad de Tucuman, á fin de que no se temiera la influencia de Buenos-aires, y fueron invitados todos los pueblos á que enviasen á él sus diputados. Artigas lo fué especialmente. Pero, léjos de conformarse con que los orientales tuvieran su representacion en Tucuman, pensó en contrariar la obra de reconciliacion general que se iniciaba bajo los auspicios del nuevo Directorio, llamando á los pueblos argentinos á otro congreso que se reuniría en Paysandú, donde Artigas tenía el núcleo de su fuerza. Artigas no quería separarse de la comunion de las Provincias-unidas, pero tampoco quería que esa comunion recibiera inspiraciones y direccion fuera de las que emanasen de su voluntad personal. Ambicionaba ser el árbitro omnipotente del Rio de la Plata.

CXXXIV—El Directorio abre campaña en las provincias litorales

En presencia de tales hechos, Alvarez Thomas dió órden para que marcharan tropas á Santa-fé, destinadas á impedir que Artigas pasara de allí para adelante; dirijió una proclama á los santafecinos anunciándoles que no había conseguido convenir con el caudillo oriental bases decorosas ni justas; é hizo circular por las provincias, quince días despues, un manifiesto en que narraba todo lo ocurrido.

En estos momentos de conflicto interno, los ejércitos que operaban al Norte bajo las órdenes de Rondeau sufrieron un descalabro completo, en el paraje llamado Sipi-Sipi (Noviembre 28), que se cuenta entre los mayores desastres sufridos por la revolucion. Allí fué casi exterminada la parte de ejército compuesta de orientales, que mandaba el coronel Pagola (batallon núm. 6). Los españoles quedaron en posesion del Perú, de Chile, de las provincias argentinas del Norte, en todas partes como vencedores, y considerablemente reforzados por tropas y elementos de guerra que con abundancia les llegaban de España. Los revolucionarios retrocedieron hácia el Sud, perseguidos por la vanguardia del ejército realista. ¿Qué resistencia oponerles, miéntras durara la anarquía fomentada por Artigas? La situacion era aflijente.

CXXXV — Actitud de Artigas

Artigas dictó medidas de defensa, sobre todo en Entre-rios y Corrientes, tan pronto como supo que Viamont se dirijía á Santa-fé, cuyos habitantes se sentían favorablemente dispuestos para con las autoridades de Buenos-aires, despues de las duras pruebas por que pasaron durante la permanencia de los artiguistas. Ordenó à Berdun, su comandante general en los territorios que se extienden entre los rios Uruguay y Paraná, que reuniese en un lugar seguro de Corrientes á los europeos, recomendándole «que no anduviesen con conside- « raciones para la ejecucion de tan necesaria medi- « da», dispuso que Llambí fuera á dicha provincia para servir de asesor á su gobierno, sin consultar la voluntad del que recibía la órden, y trasladó su cuartel general á la villa de Purificacion, que había elejido para centro permanente de sus operaciones de guerra y de gobierno.

CXXXVI — Cómo gobernó Otorgues

Otorgues había seguido en Montevideo cometiendo crueldades, escándalos y desórdenes de todo género, á pesar de tener cerca de sí á Fructuoso Rivera, quien, si bien incapaz de inspirar sentimientos de disciplina á nadie, tenía la buena condicion de no ser sanguinario. Los habitantes que podían huir, huían; los que no podían, vivían sin momento de tranquilidad. Esto, y la disipacion inaudita de los fondos públicos, merced á la cual no llegaban al Cuartel general todos los recursos que de allí se pedían, obligaron á Artigas á destituir á Otorgues y á nombrar delegado suyo á don Miguel Barreiro, uno de los muy pocos hombres cultos que le servían (29 de Agosto).

CXXXVII — Cómo reprimía Artigas los abusos

El Delegado moderó la conducta de los que tenían en su mano la fuerza, y consiguió restablecer la tranquilidad algun tanto, aunque siguieron inspirando recelo sus facultades omnímodas y las instrucciones que había recibido con relacion á los que le parecieran sospechosos. Dió cuenta minuciosa á Artigas del desórden administrativo de Otorgues y denunció á algunas personas complicadas en los desfalcos. Artigas fué severo con varios de los culpables: confiscó sus bienes, y redujo á prision sus personas ó los mandó ejecutar; pero, cuando recibió un estado en que se habían resumido los robos y escándalos de Otorgues, se limitó á esta medida: «Hoy mismo salen para «Torgues los documentos justificativos del pasa-

« do disgreño, para que, convencido, reconozca su « error» (1).

CXXXVIII — Cómo se regularizó el servicio económico

Las receptorías de las Aduanas de Montevideo, Maldonado y Colonia habían cobrado arbitrariamente los derechos, y no se había llevado cuenta de ellos, ni había en los dos últimos puntos quien pudiera llevarla. Barreiro recibió órdenes para que nombrara comisarios capaces de regularizar un poco su servicio, y en cumplimiento nombró dos que recorrieron los puertos y dieron instrucciones verbales acerca de los derechos que se habían de cobrar, de la manera como se habían de llevar los cuadernos, y de los tiempos en que deberían remitirse los derechos recaudados á la caja de Artigas. Como los comandantes habían sido los administradores de la hacienda en los pueblos, y como cada uno de ellos había procedido imitando á Otorgues, Barreiro les retiró esa facultad, confiándola á funcionarios civiles.

CXXXIX — Cómo pensaba Artigas del pueblo y de los funcionarios públicos

La policía, la justicia, todos los ramos de la administracion habían estado descuidados completamente. Barreiro atribuyó el hecho á que esas funciones se ejercían gratúitamente, y propuso á Artigas que se resumiesen en un solo hombre. Pero el Jefe de los orientales no acogió la indicacion, juzgando que no habría cómo retribuir sus servicios, ni sería fácil hallar quien los prestase mereciendo confianza; y aún cuando lo hubiese, sería difícil que el pueblo tuviera la capacidad de dar con él; en tanto que, desempeñándolos el Cabildo, aunque sus miembros no habían inspi-

(1) Carta de Artigas al delegado Barreiro.—30 de Octubre de 1815.

rado la mayor confianza, podrían satisfacer, debido
á que aquella corporacion no tenía otra mision
que *la de ejecutar*, y á que influiría en su conducta
la presencia de Barreiro y de Rivera.

CXL — Cómo gobernaba Artigas las provincias en que dominaba

El único legislador, ó mejor dicho, el único soberano, era Artigas, pues nada se hacía sino por
su órden. Dió al Cabildo las facultades de Gobernador, y á Barreiro lo instituyó su delegado en
Montevideo. El Cabildo estaba subordinado al
Delegado y éste á Artigas, segun la concepcion
teórica del Caudillo; pero en el hecho éste se relacionaba directamente con ambos, de modo que
venían á ser simples agentes del Jefe supremo,
aún tratándose de los detalles más insignificantes
de la administracion. Como el Cabildo no fuera
tan inexorable como debiera ser en el cumplimiento de las órdenes que había recibido para que
remitiera á la Purificacion los extranjeros que no
fueran decididos partidarios *del sistema*, Artigas le
censuró una vez de esta manera: « U. S. nada me
« dice de la remision del resto de europeos que
« tengo pedidos. Ellos son el principio de todo en-
« torpecimiento, y los paysanos desmayan al ver la
« frialdad de los magistrados. No me ponga U. S.
« en el extremo de apurar mis providencias. Ya
« estoy cansado de experimentar contradicciones
« y siendo la obra interesante á todos los orien-
« tales, ellos deben aplicar conmigo el hombro á
« sostenerla. El que no se halle capaz de esta re-
« solucion huya mas bien de nuestro suelo. Pocos
« y buenos somos bastantes para defender nuestro
« suelo del primero que intente invadirnos. » El
Cabildo trascribió este despacho á Barreiro, agregando: « que acaba de acordarse agregar á la re-

« mision de ese resto que pide el Exmo. Sr. Ge-
« neral, algunos otros cuya existencia en este des-
« tino se gradúe opuesta á los sagrados, dignos
« fines del sistema de la libertad » (Noviembre 20
de 1815). Artigas hacía tambien de juez con mucha frecuencia, y su autoridad como tribunal de
última instancia, no era discutida. Es así que pedía cuenta al Cabildo de sus menores actos, y le
ordenaba lo que había de hacer en cada caso; instruía á Barreiro hasta de los cueros que había de
reclamar á determinadas personas y de las confe-
siones que les había de exijir; disponía que se con-
fiscasen los bienes á éste, que se castigase con tal
pena al otro, que se impusiese tal indemnizacion
al de más allá; y no pocas veces condenaba á
muerte en su propio campamento sin forma de
juicio, como lo hizo con Don José Pedro Gorría
(jefe de unas fuerzas correntinas que cayó prisionero en una accion de guerra), en su cuartel general á los dos meses de tenerlo preso.

Se vé que no gobernaba Artigas con ninguna
de las formas de gobierno adoptadas hasta entónces por los pueblos civilizados. Su voluntad, variable á cada momento, era el todo: poder legislativo, poder judicial, poder ejecutivo. Había leyes;
pero Artigas las desconocía. Había gobernadores
y cabildos, pero sin autoridad propia, meros ejecutores de las órdenes que recibían del Jefe. Había
pueblo, y se invocaba su voluntad en circunstancias dadas; pero ese pueblo carecía de significacion política, porque estaba absolutamente sometido al poder de su caudillo, á tal punto, que ele-
gía capitulares con sujecion á la designacion que
préviamente se le hacía de las personas, y no se
instalaban los electos sino despues de haber aprobado Artigas la eleccion hecha. No había sombra
de democracia ó de figura republicana; no había ni

aún un remedo de las formas monárquicas: el gobierno de Artigas presentaba el tipo de la auto-
cracia más acabadamente unipersonal y absoluta;
era la negacion de todo organismo político, por
más embrionario que se le conciba. Como gobernaba la Banda-oriental, gobernaba el Entre-rios
y Corrientes; y su poder despótico se ejercía tanto
como en los negocios civiles y militares, en los
eclesiásticos de carácter administrativo: más de
una vez recibió y obedeció el vicario Larrañaga
la órden de que expidiera títulos de cura para
eclesiásticos que el mismo Artigas le designaba,
y cuyos servicios habían de prestarse ya en el
territorio oriental, ya en el entre-riano ó el correntino.

LIBRO CUARTO

LA DOMINACION EXTRANJERA

CAPÍTULO I

LA INVASION PORTUGUESA

CXLI —Situacion de Artigas á principios de 1816. Se prepara á la guerra con los portugueses

El año de 1816 empezó de un modo poco satisfactorio para Artigas. Por un lado, las tropas de Buenos-aires habían sido bien recibidas en Santafé, por la esperanza de que establecerían un órden regular y de que serían respetadas las vidas, las propiedades y las buenas costumbres, tan maltratadas por las montoneras bárbaras que habían acompañado al *Protector de los pueblos libres.* Por otro lado, empezaba éste á presentir que la corona de Portugal se preparaba para traer la guerra á los orientales, quienes habían librado verdaderas batallas más de una vez contra oficiales del Brasil que invadían con fuerza armada sin otro fin que el de robar ganados, cuyos oficiales pretendían á su vez que no hacían otra cosa que indemnizarse de los actos vandálicos que consumaban los artiguistas en territorio brasileño.

Se veía, pues, contrariado en la guerra exterior que hacía en las provincias occidentales del Uruguay, y amenazado en su propio suelo por un

enemigo poderoso, á quien inútilmente había adu-
lado un año ántes, pensando que así haría desaparecer los conflictos que se habían suscitado.
Ante esta perspectiva, contrajo toda su atencion
á recuperar en Santa-fe el terreno perdido, lo que
no tardó en conseguir, y á prepararse para resistir al nuevo enemigo. Los dineros eran escasos;
dos ó tres meses ántes calculaba Artigas que no
podrían mandarle las aduanas del litoral platense
más que sesenta pesos, y debía à sus soldados los
servicios de seis años. En Enero tenía hombres,
pero nó armas: sólo contaba dos pequeños cañones en su cuartel general y una cantidad insuficiente de lanzas, sables y armas de fuego. A la
dificultad que para obtener artículos de guerra le
oponía la falta de moneda, se agregaba que carecía el comercio de Montevideo de tales efectos,
salvo las ofertas que de cuando en cuando hacían
vendedores ambulantes y contrabandistas. Trató
de remediar estas faltas pidiendo recursos pecuniarios á Corrientes y Entre-rios, vestuarios à
Santa-fé y Córdoba, y armas à Barreiro y á algunos comerciantes ingleses de Buenos-aires, que
se las proporcionaban sigilosamente. Además,
segun escribió á Barreiro á fines de Febrero, esperaba que despues del tremendo contraste de
Rondeau en Sipi-sipi se vería obligado el Directorio á ceder á sus pretensiones, y que recibiría entónces las armas, municiones y demás elementos que necesitaba. Así quedaban las cosas á
fines de Mayo.

CXLII — Portugal se prepara para invadir

Los temores que inspiraba á Artigas el Brasil
no eran infundados. El monarca portugues, inducido principalmente por el estado de sus cuestiones con España, y alentado, segun dicen los bra-

sileños, por Don Lúcas Herrera (oriental), segun otros por Don Manuel José García (argentino) y sobre todo por la disposicion de muchas personas de la Provincia, que preferían ser parte de Portugal ántes que vivir en la anarquía ó bajo la dominacion de España, se había decidido desde 1815 á tomar posesion de la Banda-oriental. Hay quienes sostienen que García obraba de inteligencia con el Dr. Tagle, y que el proyecto de éste era permitir á los portugueses que ocuparan el territorio oriental, para que contribuyeran por su interes propio á defender la independencia de las otras Provincias-unidas contra la agresion de Artigas y contra España, y, vencidos estos dos poderes, dirijir contra la dominacion portuguesa, naturalmente mucho más débil, todas las fuerzas argentinas. Esto es lo que con el tiempo sucedió. Pero, sea de ello lo que se quiera, es lo cierto que la Corona hizo venir cerca de 5000 hombres desde Portugal para fines de Marzo, cuyo mando en jefe se confió á Cárlos Federico Lecor.

Este general recibió el 4 de Junio unas extensas instrucciones, segun las cuales debería atacar á Montevideo y ocupar militarmente toda la Banda-oriental, siendo despues de conquistada una provincia del Brasil, separada de la de Rio-grande por los límites que se habían señalado en instrucciones dadas al capitan general de esta última. Para el efecto había venido ya una parte del ejército á Santa Catalina; Lecor recibió órden de venir al mismo punto con otra parte, y de desembarcar con el todo de los 5000 hombres de las tres armas en la costa del Rio de la Plata; y se formaba otro cuerpo de ejército en Rio-grande, destinado á invadir por la frontera.

CXLIII — Fracasa el Congreso de Pay-sandú. Se reune el de Tucuman. Artigas se niega á que concurran á él las provincias litorales.

Entre tanto, se habían hecho los trabajos preparatorios para los congresos de Pay-sandú y de Tucuman, convocados respectivamente por Artigas y por el Directorio. Las provincias no enviaron á Pay-sandú sus diputados, excepto Corrientes y la Banda oriental, cuyo hecho revela que no estaban dispuestas á reconocer el mando supremo del caudillo uruguayo. El congreso de Tucuman se instaló el 24 de Marzo, con los diputados de todas las provincias, ménos los de Santa-fé, que acababa de sublevarse contra el Directorio, y los de Entre-rios, Corrientes y Banda-oriental, que, como se sabe, obedecían á Artigas.

Las aspiraciones del Directorio y del Congreso, así como las del pueblo de Buenos-aires, se dirijían á estrechar los vínculos de la unidad nacional, ante la necesidad de resistir las invasiones española y portuguesa, ambas poderosas. El Directorio, desempeñado por D. Antonio Balcarce desde el 16 de Abril, celebró tratados de paz con Santa-fé (28 de Mayo), que Artigas no quiso reconocer por haberse prescindido de su persona, y en los mismos días comisionó el Congreso al presbítero D. Miguel Corro, uno de sus miembros, para que tratara con aquel caudillo de que la Banda-oriental, Entre-rios y Corrientes enviasen sus diputados. Artigas frustró las esperanzas protestando que nada podía hacer miéntras Buenos-aires no satisficiera sus exigencias.

CXLIV — Actitud de Buenos-aires ante la invasion portuguesa. Disposiciones de Artigas

Aparte de estas medidas, el Congreso declaró

solemnemente la independencia de las Provincias unidas; la Junta de observacion y el Cabildo de Buenos-aires destituyeron á Balcarce, expresando en un bando (11 de Julio) que por su apatía, inaccion y ningun calor observados para preparar la defensa del país en momentos en que los portugueses se preparaban à invadirlo, y nombraron una Comision gubernativa interina, hasta que llegase D. Juan Martin de Pueyrredon, nombrado Director supremo por el Congreso, el cual invitó al pueblo á la resistencia; el Cabildo de Montevideo llamó á las armas á los orientales, prometiéndoles vencer al enemigo (22 de Junio); y Artigas ordenaba á Rivera que reuniese las milicias de Maldonado y se situase en Santa-Teresa; mandaba otras divisiones á otros puntos de la frontera, calculando las cosas de modo que sorprendieran *en un mismo dia* las guardias avanzadas del enemigo; hacia conducir de Montevideo á Canelones todo el tren volante disponible; armaba con 1500 fusiles que Lezica le mandó desde Buenos-aires, los 400 abipones y demas indiada que se le enviaba de Entre-rios y Corrientes para engrosar las filas; nombra á Manuel Artigas para que sustituya á Rivera en la Comandancia de Montevideo y á Otorgues para jefe de vanguardia; dá órden para que se confisquen los bienes de los portugueses y que se nombre un regidor para que los venda; pide que se le mande á su cuartel general á todo persona sospechosa; prohibe absolutamente la salida de toda persona de Montevideo; hace aumentar la artillería de la Colonia; ordena al Gobernador que auxilie las fuerzas próximas á la plaza, bajo amenaza de severas penas; y, por fin, se dispone á marchar el mismo Artigas de la villa Purificacion para ocupar el centro de las operacio-

CXLV — Plan de campaña de Artigas. Su confianza en el éxito

Se vé que en los meses de Junio y Julio el pueblo y autoridades de Buenos-aires se preocupaban seriamente de prepararse contra los proyectos hostiles de Portugal, cuyo alcance no era bien conocido, y que toda la atencion de Artigas se dirijía á la vez á conservar su dominio en las provincias litorales y á rechazar la invasion portuguesa. El diputado del Congreso de Tucuman permanecía todavía á fines de Junio en el cuartel general, reiterando sus instancias conciliatorias y esperando que la misma solemnidad de las circunstancias induciría al caudillo oriental á secundar los trabajos de unificacion que hacían los patriotas bien inspirados; pero todos sus esfuerzos fueron inútiles. Artigas se creía bastante fuerte para sojuzgar las provincias argentinas y para vencer el poder militar de los portugueses. Su plan era mandar á Andres con 2000 hombres desde Corrientes á Misiones; hacer marchar las fuerzas de Entre-rios al Mandisoví, más allá de la Concordia, para que acudieran oportunamente á donde fuera necesario; dirijirse él con las milicias del cuartel general y del Rio-negro hácia el paso del Santa-María, afluente del Ibicuí; hacer correr á Otorgues con sus fuerzas y las de Cerro-largo por este punto hasta Santa-Tecla; y hacer ocupar por Rivera con las milicias de Maldonado las inmediaciones de Santa-Teresa. Todas esas tropas habían de llegar á sus destinos á un tiempo. Las de Misiones atraerían hacia sí el ejército portugues de Rio-Grande y caerían sobre él rápidamente los cuerpos de aquel punto, de Santa-María y de Santa-Tecla. Lo mismo harían con el cuerpo de ejército del Sud Rivera y Otorgues. De este modo serían batidos los portugueses en detalle, separados por grandes distancias, y quedarían «descompaginadas todas sus ideas»; vencidos en todas partes, les sería imposible tomar á Montevideo y penetrar en el territorio oriental. Tales eran las miras de Artigas y sus esperanzas en el mes de Julio (1). No es extraño, pues, que se negara á desistir de sus proyectos de conquistar el gobierno del Rio de la Plata.

CXLVI — Pueyrredon. Lentitud de Rivera. Marcha de Artigas

Pueyrredon, hombre de cualidades sociales y políticas distinguidas, empezó á ejercer el directorio con una proclama en que se exhortaba á la union y á la concordia á los pueblos de la campaña (1.º de Agosto) y con algunas medidas tendentes á mantener el órden. Barreiro obedecía las instrucciones de su jefe, tratando cruelmente á godos y porteños, muchos de los cuales fueron sacrificados (*purificados* decía el lenguaje de la época) en la villa de Purificacion. Rivera recibía órdenes y más órdenes para que apresurara la organizacion de las milicias y ocupara cuanto ántes á Santa-Teresa, porque éste era, para Artigas, el punto que con más urgencia reclamaba una defensa vigorosa, y el más desatendido. Las demoras de Rivera tenían muy disgustado al Jefe de los orientales. Este salió de Purificacion el 27 de Agosto y se acercó á la frontera, para dirijir de más cerca la irrupcion que llevaba al territorio brasileño, con la intencion de obligar á los ejércitos enemigos á tomar una actitud defensiva y salvar de su invasion á la Banda-oriental.

CXLVII — Plan de la invasion portuguesa

No obstante los planes de Artigas, el ejército portugues llevó á cabo los suyos con notable regularidad. Se dividió en cuatro cuerpos: uno de 2000

(1) Datos tomados de la correspondencia de Artigas con Barreiro.

hombres, mandado por Curado, debía invadir por el Norte; otro, bajo las órdenes de Silveira, de 1800 hombres, había de penetrar por el Este; y el tercero, de 6000 hombres, bajo el mando de Lecor, invadiría por el Sud, quedando el general Pintos en Rio-grande con 2000 hombres para ocurrir á donde llegara á ser necesario, y destacándose otras fuerzas para operar en las Misiones.

CXLVIII — Marcha de Lecor. Batalla de India-muerta

La vanguardia de Lecor penetró por San-Miguel y se apoderó en Agosto de Santa-Teresa, situada entre la laguna Merim y el Plata. Lecor, que permanecía en San Pedro del Rio-grande del Sud, comunicó desde aquí al Cabildo de Montevido, el 24 de Octubre, que su gobierno se proponía restablecer el órden en la Banda-oriental y asegurar la vida y los derechos de sus habitantes contra las violencias de los artiguistas. Distinguidos orientales que le acompañaban y aconsejaban, escribieron en igual sentido á varias personas. Despues de esto, avanzó Lecor con el grueso de su ejército. Una columna de 1000 hombres de las tres armas, desprendida bajo las órdenes de Pinto de Araujo Correa, se encontró con las fuerzas de Rivera, compuestas de 1400 á 1700 hombres de infantería y caballería, en el paraje llamado de la India-muerta, y allí tuvo lugar el 19 de Noviembre una sangrienta batalla, en la que salieron los orientales completamente deshechos. Lecor llegó en Diciembre á Maldonado, recibiendo en el tránsito numerosas partidas de milicias que compusieron un escuadron activo y útil al invasor.

CXLIX — Marcha de Silveira y su incorporacion á Lecor

Habíase dirijido el general Silveira á Yaguaron á principios de Octubre. Invadió por ese punto el territorio oriental y se encaminó hacia el Sud, buscando la incorporacion con Lecor. Desde que pasó por Yaguaron hasta que salió de Cerro-largo, se le unieron numerosos grupos artiguistas que había destacados, y fueron agregados al ejército con sus respectivos oficiales, que conservaron por el momento sus grados y recibieron despues otros mayores. El general Silveira siguió su marcha por la Cuchilla-grande. Al llegar al lugar denominado de Pablo Páez tuvo una de sus avanzadas un encuentro con Otorgues, poco afortunado para aquélla, pero sin importancia con relacion al movimiento que se operaba. Este siguió hasta las puntas del arroyo Cordoves, de allí al paso del Rey en el rio Yí, donde está ahora el pueblo del Sarandí, y luego al arroyo Casupá, afluente del Santa-Lucía-grande. Hasta aquí fué seguido el general Silveira por Otorgues, sin causarle daño. Al llegar á este punto se reunieron Otorgues y Rivera en el Tornero, arroyo que fluye al Santa-Lucía-chico, y acordaron atacar al enemigo; pero poco despues de comenzada la marcha retrocedió el primero y tuvo que seguir Rivera solo, incomodando á los portugueses en su marcha á Minas, de donde se dirijió á mediados de Enero de 1817 á las posiciones que ocupaba Lecor en Pan-de-azúcar.

CL.—Derrota de los artiguistas en las Misiones y en el Brasil

Abreu, que había marchado á defender las Misiones, libró batalla á las fuerzas de Andresito el 3 de Octubre cerca de San Borja, las derrotó y las obligó á volver á Corrientes.

El general Curado mandó á Mena Barreto contra Berdun, que se había internado en el Brasil más allá del Santa-María, y á Oliveira Alvarez contra Artigas, que estaba en Corumbé, al Norte del Cuareim. Mena Barreto derrotó el 19 de Octubre en Ibiracoahy á Berdun, y Oliveira Alvarez á Artigas el 27 del mismo mes en Corumbé, á pesar de ser muy inferiores en número sus fuerzas. Despues de estas victorias el territorio brasileño quedaba libre de enemigos y Curado en disposicion de penetrar en la Banda-oriental por el Norte.

CLI — Los intereses americanos y la independencia de la Banda-oriental

Así, pues, las columnas de Artigas habían sido derrotadas en todas partes para fines de Noviembre, debido á la ignorancia de los jefes, á la indisciplina de los soldados y á la manera bárbara de hacer la guerra, cuyos defectos esterilizaron la incuestionable bravura de las montoneras. Los planes del caudillo habían fracasado del modo más completo; el invasor podía entrar en Montevideo sin descargar un cañon. Había llegado, sin duda, el tiempo de sacrificar ambiciones ilejítimas por salvar la independencia del país. ¿ Qué hizo Artigas en tan supremos momentos? Se vá á ver.

Desde 1810 hasta mediados de 1814 no mandó Buenos-aires tropas á la Banda-oriental con otro propósito que el de vencer la dominacion española. Había habido desacuerdos en ese tiempo con Artigas; pero esos desacuerdos, aunque graves, no se habían traducido en guerra de persecucion contra el caudillo oriental. Conseguida la independencia comun del Rio de la Plata, pretendió aquél ser el árbitro exclusivo y supremo de la Provincia y se le opuso el Directorio, como se opuso en otras provincias á otros caudillos que querían ser los soberanos de ellas. Se inició entónces dentro de la Provincia el estado bien definido de guerra civil, que duró los siete meses corridos desde fines de Junio hasta Febrero de 1815, en cuya fecha se retiraron las tropas argentinas para no inquietar más à Artigas en toda la extension de su suelo patrio. Pero Artigas no ambicionaba la independencia de la Banda-oriental: aspiraba á extender su prepotencia personal á todas las provincias y la ejerció absolutamente en las que consiguió dominar desde principios de 1814. Así, tuvo el Directorio que seguir en guerra con él, nó en su provincia, sino en Entre-rios, Corrientes y Santa-fé, que no lo eran; nó para atacarle, sino para defenderse de su agresion. Artigas había invadido y sojuzgado provincias extrañas despues de haberse enseñoreado de la suya, y las había sustraído de la obediencia á la autoridad general para imponerles su propia autoridad. La conducta de Artigas obligaba al gobierno á dividir sus fuerzas entre las provincias del Norte y las del Este, lo que importaba hacerlo tan impotente para vencer al caudillo como para triunfar de los españoles, y, por consecuencia, prolongar y agravar los peligros que rodeaban á la causa de la independencia y á la organizacion interna.

Pensando friamente en esta situacion, algunos indivíduos juzgaban que la guerra que el Portugal traía á Artigas era favorable á los intereses de la colectividad argentina y aún á los de América, porque, vencido Artigas, podría restablecerse la unidad de las provincias, dar cohesion á sus elementos, y destinar todas sus fuerzas al triunfo de la revolucion sud-americana. Costaría esto la pérdida, quizas temporaria, de la Banda-oriental; pero las Provincias-unidas estaban dispuestas á perderla en cambio de su tranquilidad, desde que propusieron á Artigas su independencia. En cambio volverían á la comunidad tres provincias que Artigas tenía separadas de hecho; y, sobre todo, se adquiría la libertad necesaria para obrar con energía contra el dominador secular. Tolerar la invasion portuguesa era para aquellos indivíduos preferir un mal menor á otro mayor.

CLII — El Directorio provoca la union para repeler á los invasores

Sin embargo, no todos estaban seguros de que las miras de la corona se limitaban á ocupar la Banda-oriental; y esa inseguridad por un lado, y por otro el sentimiento aún vivo de la comunion á que siempre había pertenecido el territorio uruguayo, excitaron el patriotismo del pueblo de Buenos-aires é indujeron al Directorio á decretar medidas contra los invasores, desde que se tuvo noticia de su aproximacion á la frontera, tales como la organizacion de 4000 hombres de infantería, el nuevo enrolamiento de esclavos libertos, etc. (Septiembre de 1816), cuyas resoluciones no se realizaron en parte porque no había de dónde sacar tanta gente de guerra.

A fines de Octubre y principios de Noviembre, cuando ya habían sido derrotados Andresito, Berdun y Artigas, se dirigió Pueyrredon á Lecor, á Artigas, al Cabildo de Montevideo y á Barreiro, por medio de su enviado el coronel don Nicolas de Vedia. Manifestaba al primero que le causaba sorpresa la invasion de la Banda-oriental, le intimaba que se retirase más allá de la frontera, y le insinuaba que estaba dispuesto á auxiliar la resistencia que los orientales preparaban. A Artigas mandaba cópia de esta comunicacion, le pedía que favoreciese la mision del coronel Vedia, y hacía votos por que « estos momentos de peligro fuesen los primeros « de una cordial reconciliacion entre los pueblos « indentificados en los principios y objetos de la

« revolucion de América, y que el esfuerzo nues-
« tro conspirase á destruir los proyectos de agre-
« sion de todo tirano usurpador ». Al Delegado y
al Cabildo les hablaba en igual sentido, haciendo
notar que Artigas no le hubiese dado ni noticia de
los peligros que amenazaban al pueblo oriental.

CLIII — Mision del coronel Vedia

Salió Vedia de Buenos-aires con estas comunicaciones el 2 de Noviembre con direccion á Montevideo, y de aquí el 16 hacia el campo de Lecor.
Este general persuadió al comisionado argentino,
mostrándole documentos, de que el Portugal no
ocuparía territorio alguno al Oeste del Uruguay
y del Plata, de que no consentiría que los españoles pisasen el territorio que queda al Este de aquellos rios, y de que la ocupacion no tendría los ca-
racteres de una conquista. Con iguales afirmacio-
nes contestó al Directorio. Vedia se trasladó en
seguida al campamento de Artigas, le exhortó á
que entrase en negociaciones de reconciliacion
con el Gobierno de las Provincias-unidas, asegurándole que éste era el camino por el cual todo el
Rio de la Plata correría á rechazar al invasor, pero que en caso contrario la Banda-oriental se vería
sola frente á los acontecimientos. Artigas, que
tenía noticia del desastre de India-muerta, que
había sido vencido en toda la extensa línea de
su defensa, que no podía esperar ya los favores
de la fortuna, contestó que no permitiría que nadie mandase en jefe sino él; y que en cuanto á
arreglos con los porteños, ya sabía Barreiro lo que
había que hacer.

CLIV — Negociaciones de pacificacion interna

Efectivamente, Barreiro pidió á Pueyrredon,
bajo la presion de las derrotas sufridas, que auxi-

liara la plaza de Montevideo, proponiendo los pactos que para ello creyese necesarios, que serían aceptados (30 de Noviembre). El Director le contestó á los cinco días que daría los auxilios siempre que se prestara reconocimiento á las autoridades nacionales. Barreiro aceptó la proposicion y dió poderes (6 de Diciembre) á D. Juan José Durán, alcalde de primer voto, y á D. Juan Francisco Giró, rejidor defensor de menores, facultándolos «ampliamente y sin limitacion alguna para que «trataran, estipularan y conviniesen con el Supré-«mo Gobierno» cuanto concierna al objeto de solicitar los auxilios, cuyo poder fué acompañado de una nota en que el Delegado protestaba su vivo deseo de que la union se realizara cuanto ántes, y de otra en que el Cabildo insistía en sostener que la union era necesaria, porque siendo comun la guerra, debería serlo tambien la defensa.

El 8 de Diciembre llegaron los comisionados á Buenos-aires, y el mismo día suscribieron el tratado de amistad en que se estipulaba: que la Provincia-oriental juraría obediencia al Soberano Congreso y al Supremo Director, entrando en la union como una de las tantas provincias que la formaban; que juraría la independencia nacional proclamada por el Congreso, enarbolando la bandera argentina y enviando diputados al Congreso; y que el Gobierno enviaría fuerzas y auxilios para la defensa y para la guerra. Estas fuerzas y auxilios debían ser, segun el oficio con que los comisionados dieron cuenta de sus trabajos, 1000 hombres, 200 quintales de pólvora, 100,000 cartuchos, 1000 fusiles, 8 cañones de bronce de gran calibre y algunos de tren, con varias lanchas destinadas á protejer las familias de Montevideo.

CLV—Artigas las desaprueba

Este tratado se celebró en Buenos-aires con salvas y repiques y el pueblo acogió con entusiasmo la union con los orientales y la guerra con los portugueses; pero Artigas desaprobó la convencion por entender que nada debía tratarse con el Directorio sino el envío de auxilios, lisa y llanamente, y Barreiro comunicó estas ideas el 19 de Diciembre á sus comisionados, aún cuando no estaba de acuerdo con Artigas y se habían cumplido exactamente sus instrucciones en el pacto del dia 8 (1). Por su parte el Jefe de los orientales mandó quemar el acta de la negociacion en Montevideo, en Entre-ríos y en Corrientes. El pueblo y Gobierno de Buenos-aires, sorprendidos con tal proceder, el mismo día en que iba á partir la primera expedicion de tropas y elementos de guerra, dieron señales de profundo desagrado. Se revocó la órden de embarque y quedaron las cosas como estaban ántes de las negociaciones, salvo la mayor exaltacion de los ánimos.

CLVI — Juicio acerca del proceder de Artigas

En esta ocasion, como en otras, fué más dócil Artigas à sus resentimientos personales y à su

(1) Debe consignarse que Barreiro procedió en esta ocasion con más patriotismo que fortaleza de carácter. Aún despues de rotas la negociaciones, escribía al Director Pueyrredon estas palabras, que entresaco de la nota original que tengo en mi poder: ...... «Si todas las fuerzas de la Independencia «del Sud pasasen á establecer aquí su cuartel general, poco cuidado podrían «dar los que ostilizan por los lados del Norte y del Oeste. Superada la actual «contienda, es preciso resultase *el desconcierto universal de nuestros enemigos* «*y el firme asiento de la Nueva Nacion que queremos formar.* Yo cuento con «todo si V. E. tiene la dignacion de poner el asunto en ese punto de vista.....» (Comunicacion del 16 de Enero de 1817). Se vé que á pesar de las ruidosas condenaciones fulminadas por Artigas, Barreiro seguía pensando y obrando en el sentido de los arreglos del 8 de Diciembre. Se vé tambien que estos arreglos no fueron pérfidamente arrancados por el Director á los incautos comisionados orientales, como pretendió hacer creer Artigas, sino que fueron deliberadamente autorizados por el Delegado de este. La verdad es que Barreiro y Artigas estaban en polos opuestos.

excesiva ambicion que á los consejos de un prudente patriotismo. Exijir que el Gobierno argentino tomase sobre sí la responsabilidad de la guerra, manteniendo él intacta la prepotencia rebelde que ejercía en las cuatro provincias litorales, no era propio de hombres cuerdos; ni era razonable que viniera á ponerse bajo sus órdenes un ejército de cuyo éxito dependería la suerte de las Provincias-unidas. Vencido ya por los ejércitos portugueses, debió considerarse por otra parte impotente para impedir por sí solo la conquista de su patria. Prefirió, pues, que los portugueses dominaran la Banda-oriental á renunciar al dominio ilejítimo que ejercía en las provincias del litoral argentino; y esa preferencia no es conciliable con el patriotismo, sea cual se quiera el criterio con que se la juzgue. Debió pensar ademas que, perdida la Banda-oriental, perdía la única base firme de sus operaciones en Corrientes y en Entre-ríos, y que, por lo mismo, quedaría expuesto á desaparecer de la escena política despues de presenciar la ruina de su obra. Artigas atentaba á la vez contra las Provincias-unidas, contra su propia patria y contra sí mismo.

Así terminó el año de 1816.

CLVII—Curado avanza. Acciones de Aguapey, de Arapey y del Catalan

Despues de las derrotas sufridas en Corumbé y en las Misiones, se habían retirado Artigas al Sud del río Cuareim y Andresito á Corrientes, en donde los dos caudillos trataron de reunir cuantas fuerzas pudieron. Artigas logró componer un total de 4000 hombres, que dividió en dos grupos: uno de 600 ó 700 bajo su mando inmediato, que se situó en los Tres-cerros del Arapey, al Norte del río del mismo nombre; y otro de 3400 próximamente, bajo las órdenes del mayor general Don Andrés Latorre, jefe bravo, aunque incapaz, que ocupó un punto próximo al Cuareim. Andresito había formado un cuerpo de unos 600 hombres y ocupaba con ellos el Aguapey, al Norte de la afluencia del Ibicuí, frente á Itaquí.

El ejército del general Curado continuó sus marchas hacia la frontera, dejando al brigadier Chagas en las Misiones, y se resolvió á atacar las tres columnas artiguistas una en seguida de otra. Ordenó á Chagas que pasara el Uruguay y batiese á Andresito; destacó al comandante Abreu con 600 hombres para que fuera sobre Artigas y él con el resto de sus tropas quedó en situacion de pelear con Latorre. Abreu atacó á Artigas el 3 de Enero y lo derrotó, tomándole el parque de reserva y caballadas; Curado se encontró el 4 con Latorre cerca del arroyo Catalan, y consiguió la victoria despues de una sangrienta batalla, en que los valientes defensores de la independencia oriental perdieron mil hombres, la artillería y gran cantidad de caballos; y Chagas obtuvo resultados análogos contra Andresito el dia 19, despues de cuyo triunfo recorrió los pueblos de las Misiones occidentales, los saqueó y los incendió bárbaramente, y robó cuantos ganados halló á su paso. Aquellas poblaciones fueron exterminadas para siempre.

CLVIII — Lecor entra en Montevideo

Las operaciones de Lecor no fueron ménos afortunadas que las de Curado. En cuanto se le incorporó Silveira en Pan-de-azúcar, siguió su marcha hácia el Oeste y llegó el 18 de Enero á dos leguas de Montevideo, sin ser molestado. A pesar de la ruptura de relaciones con Artigas y del propósito de no intervenir en la guerra bajo la direc-

cion del caudillo uruguayo, el·Directorio no había
dejado de protejer á los orientales mandándoles
artículos de guerra. Dos ó tres días ántes de la
aproximacion de Lecor, había recibido Barreiro la
última remesa, que consistía en 300 fusiles, 300
fornituras, 30,000 cartuchos de fusil á bala y dos
cañones con cien tiros á bala y otros cien á me-
tralla. Sin embargo, Barreiro juzgó que no podría
sostenerse dentro de la plaza, dado el espíritu de
ella y las fuerzas del invasor, y abandonó la ciudad sin pérdida de tiempo. El 19 presentaron las
llaves á Lecor los capitulares. Don Juan Benito
Blanco y D. Luis de la Rosa Britos, acompañados
por el Vicario D. Dámaso A. Larrañaga, bajo la
fé de una capitulacion en que se había estipulado
que la ocupacion sería temporaria, y el día veinte
hizo su entrada solemne en la a a el ejército invasor, cuyo general fué recibido bajo palio.

CLIX — El Cabildo pide la anexion de la Provincia al Brasil

Este solo hecho hace presumir cuál sería el espíritu de las autoridades provinciales; pero se pronunció de una manera más definida á los pocos
días con un acto de la mayor trascendencia. El
Cabildo gobernador, compuesto por los señores
Juan José Durán, Juan de Medina, Felipe García,
Agustin Estrada, Juan Francisco Giró y Lorenzo
Justiniano Perez, resolvió pedir la anexion al reino vecino y mandó á la Corte de Rio Janeiro sus
dos miembros Giró y Perez con el encargo de que
pusieran en las manos del Rey una representacion fechada el 31 del mismo mes de Enero, en
que se vertían estos conceptos entre otros : que
representando los pueblos situados en la márgen
izquierda del Uruguay, « se aproximaba al trono
« de S. M. penetrado de admiracion, de respeto y
« confianza en las bondades del Monarca poderoso

« á quien la América Meridional debe un esplen-
« dor que parecia segregado de sus destinos, el
« Brasil su felicidad, y el Continente oriental del
« Rio de la Plata nada ménos que la vida; que
« hacía siete años que estos pueblos habian empe-
« zado á sentir las dolorosas convulsiones de una
« revolucion inevitable en su orígen, pero desgra-
« ciada y terrible en todas sus vicisitudes; que los
« habitantes de la provincia habian hallado en los
« Brasiles un asilo contra la persecucion ó el furor
« de los partidos; que en los momentos de su ago-
« nía, cuando la opresion, el terror y la anarquía
« en estrecha federacion con todas las pasiones de
« una faccion corrompida iban á descargar el últi-
« mo golpe sobre su existencia política, habia in-
« terpuesto S. M. su brazo poderoso, ahuyentó al
« asesino y los pueblos se hallaron rodeados de
« un ejército que les asegura la paz, el reposo y la
« proteccion constante de un Cetro que para ser
« grande no necesitaba de nuevas conquistas. »
Historiada así la época, exclamaba el Cabildo:
« ¡ Con cuánta seguridad corren á besarlo los
« hombres que poco ántes se veían como extran-
« jeros en su Patria, los que acosados y proscrip-
« tos no encontraban á quién volver los ojos hu-
« medecidos con el llanto de tantos dias! » Luego
continuaba : «Este cuadro, señor, debe lisonjear
« á V. M. mucho más que el de los trofeos que han
« ganado las armas del Ejército pacificador sobre
« las despavoridas cuadrillas de unos hombres que
« no tardaran en sufrir el castigo de sus excesos
« ó renunciar à sus errados caprichos».............
« El Cabildo gobernador no encuentra un home-
« naje digno de la gratitud que respira para ofre-
« cerlo á los piés de S. M; pero si puede mirarse
« como tal el voto uniforme y el clamor de todos
« los Pueblos que representa por la incorporacion

« del territorio pacificado á la Nacion que lo ha
« preservado de tantos desastres, uniendo este
« nuevo Reino á los tres que forman el Imperio
« Lusitano, V. M. jamás se arrepentirá de haber
« dado al Mundo esta última prueba de predilec-
« cion hácia nosotros y de amor á la humanidad.
« —Nuestras calamidades no pueden tener otro
« término, ni el incendio de las pasiones se apaga-
« rá jamás, sino por la mediacion de un potentado
« que tome bajo su inmediato amparo al infeliz
« Americano, que lo defienda y sostenga contra el
« poder de las venganzas y le haga conocer las
« dulzuras nunca probadas de un gobierno pater-
« nal y benéfico ».......

No apreciarán bien esta conducta los que no
concíban la situacion que produjo la dominacion
de Artigas; pero si se tiene en cuenta que nadie tenía seguros sus bienes, que el honor de las familias estaba á disposicion del primero que quisiera
mancharlo, que el pudor y la dignidad sufrían
afrentas á cada momento en el hogar y en los parajes más públicos, y que todos estaban expuestos
á sufrir tormentos ó á perecer cuado ménos lo esperaban, no se extrañará que los mejor intencionados fueran los que pidieran amparo al primero
que mostrara la voluntad de hacerlo efectivo y los
que desearan vivir permanentemente al abrigo de
sus leyes y autoridades regulares (1).

(1) Haré notar de paso que el Cabildo que así procedió el 31 de Enero es
el mismo que desaprobó *el mes anterior* el acta de pacificacion del 8 de
Diciembre celebrada con dos de sus miembros caracterizados y en conformidad con sus disposiciones. Lo que viene á demostrar una vez más que
el Cabildo se vió obligado por la influencia de Artigas á desaprobar su propia obra, es la inverosimilitud de que rechazara libremente el reconocimiento y la proteccion del Directorio quien al mes pedía al Brasil amparo y quería incluir la Provincia en el número de las del reino vecino, sin otra razon que la de libertarla del despotismo brutal de Artigas y los suyos. Es que
no había en Diciembre y sí en Enero dentro de los muros de Montevideo un
ejército que protejiera la actitud del Cabildo contra el poder del déspota.

CLX — Las guerrillas sitiadoras de Rivera

Fructuoso Rivera, que había seguido de cerca los movimientos de Lecor, ocupó con sus fuerzas, entre cuyos oficiales se contaban los capitanes D. Juan Antonio Lavalleja, D. Ignacio y D. Manuel Oribe, las cercanías de Montevideo, y se aplicó á hostilizar con guerrillas los destacamentos portugueses y á privarles de ganados. Como el enemigo había sido recibido con demostraciones de adhesion y simpatía, los sitiadores consideraron á los habitantes de los suburbios enemigos de la patria y cometieron contra ellos y sus bienes actos de violencia deplorables; á tal punto, que Lecor creyó necesario publicar (15 de Febrero) un edicto por el cual serían tratados como salteadores de caminos y perturbadores del órden y sosiego públicos todas las partidas enemigas que robaren y maltrataren á vecinos tranquilos é indefensos; y cuando no pudieran ser aprehendidos los autores de tales hechos, se haría la más séria represalia en las familias y bienes de los jefes é individuos de dichas partidas, á cuyo fin saldrían fuertes destacamentos del ejército portugues á quemar sus estancias y conducir sus familias á bordo de la escuadra. Para que se cumpliera mejor tan bárbaro decreto se instituyó un cuerpo de vecinos con el fin de que dieran á los comandantes más próximos una noticia individual de todos los excesos que cometieran las partidas artiguistas contra la seguridad y tranquilidad de los habitantes.

CLXI — Las guerrillas paisanas que servían á Lecor

No se explica la manera como recibieron las poblaciones al invasor, sino por el deseo inmenso de tener seguros el honor, la vida, los bienes, la tranquilidad, cuyos derechos primordiales del hombre habían sido constantemente atropellados durante la dominacion de lós caudillos. Lecor, ya por los hábitos civiles que traía, ya porque convenía á los miras de su Gobierno, estableció un órden regular donde sus tropas dominaban, inspiró confianza y no tardó en parecer necesario á los que disfrutaban los goces de la vida segura. Naturalmente, se hacía más y más sensible el contraste de las dos situaciones que se sucedían, á medida que las guerrillas patricias se sentían impulsadas á vengarse de los que con ellas no tomaban las armas contra la conquista; y resultó de ahí que Lecor tuviera bajo sus órdenes, ántes de muchos días, un cuerpo de más de 500 guerrilleros paisanos que neutralizaban en parte la accion de las partidas artiguistas por los servicios que prestaban al ejército portugues; pero á su vez contribuían á hacer desgraciada la posicion de los moradores adictos á la causa nacional, por los excesos á que tambien ellos se entregaban.

CLXII — Excursiones de los sitiados

A pesar del edicto y de estas guerrillas tuvo Rivera constantemente intranquilos á los portugueses y privados de cereales y ganados; de tal modo, que las fuerzas de la plaza tuvieron que hacer en el curso del año diecisiete dos salidas para proporcionarse alimentos. La primera fué á cinco leguas de distancia, en direccion á Toledo, de donde trajeron varias carretas cargadas de maíz y trigo. La segunda la emprendió Lecor en persona con 5000 hombres, que llegó, pasando por Canelones, hasta el Pintado, arroyo que separa los departamentos de San José y Florida, y regresó con gran número de ganado vacuno y caballar. Rivera hostilizó esta expedicion, reuniendo á sus 500 hombres de caballería los 200 de infantería que mandaba el capitan Ignacio Oribe, la pieza de artillería que dirijía Manuel Oribe, y las fuerzas que tenían en el Santa-Lucía el delegado Barreiro, Tomás García Zúñiga y Rufino Bauzá; pero no consiguió ventajas de consideracion, no obstante sus valientes esfuerzos.

CLXIII — Desercion de Bauzá, Lapido, Oribe y otros

Estos hechos demostraron que las guerrillas sitiadoras no podían tener una influencia importante en la suerte de Montevideo; su puerto quedó cerrado para los patriotas; y continuaron los sacrificios estériles de vidas, de propiedades y de la honestidad; hechos todos que no pudieron parecer indiferentes á los pocos hombres inclinados al órden que figuraban en las fuerzas artiguistas. Otorgues sustituyó pronto á Rivera en la direccion de las operaciones que éste desempeñaba como jefe de vanguardia y se apresuró á abrir un puerto por consejo de García Zúñiga y de su secretario Atanasio Lapido, con el fin de suplir hasta cierto punto la falta del de Montevideo; pero este hecho fué ocasion de nuevos crímenes y escándalos que «no podrían recordar sin ira el pueblo y la campaña de Canelones», segun la expresion de Rivera. De ahí resultó que Bauzá se decidiera á desertar con su batallon de 600 negros y tres piezas de artillería, así como los dos hermanos Oribe, Gabriel Velazco, Cárlos de San Vicente, Atanasio Lapido, V. Monjaime y otros muchos oficiales, prevaliéndose de un bando del 9 de Junio en que Lecor prometía protejer á los que dejasen el servicio de Artigas. Fueron comisionados Monjaime y Oribe para arreglar con el Baron las condiciones de la pasada y éstas quedaron concluidas y firmadas el 29 de Setiembre, obligándose aquél à conducir el batallon hasta el puerto de Buenos-aires en uno de los buques de la escuadra, en el concepto de que ni los jefes, ni los oficiales y soldados tomarían parte en ninguna guerra contra el ejército pacificador en el término de un año. Se convino ademas que el batallon de libertos verificaría la pasada acercándose á las fuerzas avanzadas por el Cerrito, y tomando desde allí el camino que conducía, pasando por el arroyo Seco, al campo de la panadería de Vidal, en donde habían de depositar sus armas. Se llevó á efecto el hecho del 2 al 4 de Octubre, aunque no se dieron las fuerzas á la vela hasta despues del 8, durante cuyo intervalo hubo incidentes desagrables motivados por la desercion de los, soldados, á que, segun parece, no era indiferente Lecor. Bauzá escribió á Pueyrredon diciéndole que obraba así, « desenga-« ñado al fin de que la causa personal de Artigas « no era la de la patria, de que su tiranía los bar-« barizaba, de que no era posible fundar el órden « con hombres que lo detestaban por profesion ». El mismo y Oribe declararon «que no querían « servir á las órdenes de un tirano como Artigas, « que, vencedor, reduciría el país á la barbarie; y, « vencido, lo abandonaría ».

Desde este momento los portugueses ejercieron fácilmente su autoridad en las cercanías de Montevideo; Otorgues tuvo que irse hácia Mercedes, despues de haber escapado difícilmente de la tentativa de asesinato de uno de sus oficiales, y el general Lecor pudo creer llegada la oportunidad de anunciar á los pueblos, como les anunció (29 de Diciembre), que «los caudillos que usurparon el « poder y la autoridad por la fuerza, no volverían á « tiranizarlos ».

CLXIV — Política argentina con relacion al Brasil

Aunque la negativa de Artigas á cumplir el tratado de paz del 8 de Diciembre de 1816, retrajo al gobierno de las Provincias-unidas de tomar parte formalmente en la guerra contra los portugueses, por cuyo medio venía á realizarse de hecho el plan atribuido al Dr. Tagle, el Director trató, conformándose aún con ese plan, á pesar suyo, de hacer inequívoca la posicion que conservaría la nacion argentina para con la invasion portuguesa, y dirijió á Lecor un oficio el primero de Febrero de 1817 por el cual protestaba contra la prosecucion de las operaciones de guerra y hacía responsable al Portugal de la sangre que se derramara. Un mes despues (2 de Marzo), en cuanto tuvo conocimiento del edicto publicado en Montevideo el 15 de Febrero, dirijió otro oficio á Lecor anunciándole en términos severos que quedaban rotas las relaciones con el gobierno portugues, y dispuso que los súbditos portugueses residentes en Buenos-aires fueran confinados á Lujan dentro de tres días; que se diera pasaporte á los oficiales portugueses de mar y tierra; que se tomaran represalías si Lecor llegara á ejecutar el edicto; y que ademas de los recursos ya enviados á las tropas de la Banda-oriental, se mandasen otros de todo género. Todo esto se hizo; pero como se trasladó á Buenos-aires el Congreso de Tucuman (12 de Mayo) y sus miembros optaban por que se conservase respecto del Brasil una actitud de reserva, el Directorio mantuvo con la Corte, por medio de su ministro García, relaciones pacíficas. Así se explica que Bauzá con los oficiales y tropa que le acompañaban, fuera auxiliado en su pasaje á Buenos-aires por la autoridad de Montevideo.

En virtud de aquellas relaciones tuvo conoci-

miento él ministro argentino de que el gobierno
español había intimado al portugues que desistie-
se de conquistar la Banda-oriental, y le había propuesto que combinaran sus fuerzas para vencer la
revolucion americana. Llegó al mismo tiempo á
Buenos-aires la noticia de que se preparaba en España una grande expedicion al Rio de la Plata, y.
otra en Portugal con destino al Brasil. Profundamente alarmado el gobierno argentino por esta
concurrencia de amenazas verdaderamente impo-
nentes, se decidió á proponer al Congreso la aprobacion de un proyecto de tratado que García acababa de convenir con el Gabinete de Rio Janeiro,
como medio de salvar la independencia sud-americana y de asegurar aún el porvenir de la Banda-oriental. Ese proyecto decía: — que la ocupacion de este territorio no tenía otro objeto
que perseguir á Artigas para asegurar la tranquilidad de los brasileños, sin pretender dedu-
cir de tal acto derecho alguno de dominio, y que
Portugal se comprometía á transigir amigable-
mente con la autoridad de las Provincias-unidas
los términos de su desocupacion;—que el Uruguay
separaría los dominios de ambos países, quedando
dentro de los argentinos el Paraguay, Entre-ríos y
Corrientes;—que el Brasil no se aliaría con enemigos de las Provincias-unidas, ni los protejería,
ni les prestaría género alguno de auxilios, ni les
permitiría paso ó puerto en los lugares ocupados
por sus tropas;—que en caso de guerra con España, serían aliados el Portugal y las Provincias argentinas;—y que Artigas no sería admitido en
éstas, y sí perseguido, llamándose en caso necesario el auxilio de tropas brasileñas, que serían
mandadas por jefes argentinos, etc.

El Congreso aprobó estas bases con lijeras modificaciones en los primeros días de Diciembre, y

el Director las remitió á García para que obtuviese
la ratificacion del Gobierno portugues. Este, por
su parte, había dado instrucciones á Lecor (Septiembre 2) en el sentido de que no permitiera desembarcar en el territorio oriental ninguna fuerza
extranjera que llegase con pretensiones hostiles,
aunque fuese española, y de que se condujese como poder neutral, dado el caso de que aquella
fuerza se dirijiese á Buenos-aires; cuyas instrucciones favorecían á las provincias argentinas por
lo difícil que habría sido al ejército español llevar-
les la guerra sin contar con la base de Montevideo
ó de Maldonado.

CLXV — Artigas ante las primeras manifestaciones de su desprestigio

A la vez que el Director trataba de asegurarse
de que las pretensiones de Portugal se limitarían
á la ocupacion de la Banda-oriental y de que la
expedicion española no hallaría apoyo en los vecinos, dirijía su empeño á sublevar la opinion de
Santa-fé, Entre-ríos y Corrientes contra la prepotencia de Artigas. Esos trabajos por un lado, y
por otro el despotismo bárbaro con que el caudillo
oriental había abrumado á los pueblos occidentales, el descrédito en que cayó despues de todas sus
derrotas, y la atmósfera desfavorable que se produjo al considerar que los desastres que sufría
eran debidos á la soberbia insensata con que había rechazado el tratado de concordia celebrado
con los diputados de Barreiro, fueron causa de
que el prestigio de Artigas disminuyera mucho en
las provincias litorales, y de que caudillos como
Lopez, Hereñú y Ramirez empezaran á atraerse la
adhesion de la campaña y á pensar en sustituir á
su *Protector*. Sintiendo Artigas que su estrella
empezaba á oscurecerse, intentó rehabilitarse pa-

ra con los que habían estado acostumbrados á obedecerle, y propuso nuevas negociaciones. El Director se manifestó dispuesto á emprenderlas é invitó, como era natural, á Artigas á que mandara personas caracterizadas con poder bastante para tratar (Junio 10); pero el Caudillo, que había tenido la pretension soberbia de que el Gobierno de las Provincias-unidas se colocara en una posicion más humilde que la suya, se irritó ante la invitacion, persuadido como estaba de que era él quien debía recibir los diputados en vez de mandarlos y quien debía dictar las condiciones en vez de recibirlas, y abandonó las gestiones que acababa de iniciar.

Esta conducta no podía favorecer su ambicion, ni su autoridad, porque lo presentaba á los ojos de todos como un díscolo que anteponía su vanidad á los intereses comunes del Rio de la Plata. El descontento siguió extendiéndose y tomando formas visibles, y hubo, al parecer, en el propio ánimo de Artigas instantes de desaliento, segun se infiere de la proclama que dirijió á los pueblos el 11 de Octubre desde la villa de Purificacion, á donde se había retirado despues de los reveses sufridos, en cuyo documento se hace cargo de las inculpaciones que recibía por su conducta para con el Gobierno de Buenos-aires, invoca los sacrificios hechos por que no se mancillara la gloria del pueblo oriental, asegura que á cada paso se ha visto impedido de mantener la buena armonía con aquel Gobierno, y declara que si esta idea no está bien grabada en el corazon de los pueblos, pueden ellos decidir libremente de su suerte depositando en otra persona « la autoridad con que le habían condecorado», si la suya es un obstáculo á la realidad de su suprema resolucion. Por supuesto, no era esto más que una inútil palabrería: ni los pueblos eran libres, ni estaban en situacion de elegir caudillo, ni se habrían atrevido á intentarlo dentro de la extension á que alcanzaba la voluntad de Artigas, ni éste estaba dispuesto á que tales cosas se hicieran. Despues de esta proclama supo el Caudillo la desercion de Bauzá y de algunos grupos de caballería entre-riana. La ira que tales hechos le causaron está reflejada en la comunicacion que dirijió al director Pueyrredon el 13 de Noviembre, tan incoherente y sobrecargada de denuestos como extensa. Le reprochaba como crímen atroz el haber publicado los arreglos del 8 de Diciembre; le acusaba de la desercion de Bauzá y demas personas que le acompañaron, atribuyéndole el pensamiento de debilitar la defensa de la Banda-oriental; reconocía que el Director había mandado armas á los sitiadores; pero se quejaba de que tambien las hubiese remitido á las fuerzas del Paraná; y le acriminaba porque últimamente había optado por ser neutral en la guerra contra los portugueses, sosteniendo que no podía ni debía serlo, y conminándolo á que temblara por el castigo que le esperaba. Se ven aquí rasgos característicos de su política instintiva: no quiere aparecer separado de la comunion argentina, y por eso cree tener el derecho de reprobar la neutralidad del Directorio; se cree á la vez con el derecho de dominar todo el Estado y por eso habla al Director Supremo, nó como hablaría un rebelde à la autoridad nacional, sino como quien, ocupando el primer puesto en la administracion pública, acusa á su subordinado de indócil y le amenaza con terribles expiaciones. Artigas no tenía el sentimiento de su posicion.

CLXVI — Organizacion política de los portugueses en Montevideo

El año de 1818 fué tan favorable á la invasion como desgraciado para Artigas.

Por el lado del Sud, Lecor dominó todo el márgen del río de la Plata hasta la Colonia, cuya plaza se entregó espontáneamente, y se ocupó en concluir la organizacion del gobierno. La Banda-oriental debía formar una capitanía con administracion separada interina, siendo Lecor su gobernador y capitan general. Ajustándose á las instrucciones que traía, declaró vigentes las leyes españolas que hasta entónces habían regido, si bien sustituyó el escudo por el portugues en el uso interno de las oficinas, y hacía pasar todos los actos á nombre del Soberano de Portugal y del Brasil. Siguieron los cabildos ejerciendo como ántes el gobierno municipal con las mismas atribuciones y responsabilidades, cuyos miembros habían de ser elejidos como y por quienes ya ejercían el derecho electoral, reservándose el Gobernador el aprobar ó nó las elecciones, segun fuesen ó nó arregladas á la ley. Los alcaldes regidores y el Consulado desempeñaron la administracion de justicia con la misma autoridad y observando los procedimientos de costumbre, cuyos fallos eran apelables para ante una Cámara compuesta de dos letrados y dos hombres buenos, bajo la presidencia del Capitan general.

Se instituyó un procurador de la Corona, para que defendiera los intereses del Soberano en los pleitos que se promovieran. Las aduanas continuaron administradas como lo habían sido; pero se estableció la libertad amplia de comercio, en virtud de la cual podían exportarse todos los productos del país indistintamente, é importarse todos los que vinieran de afuera, cualquiera que fuese su procedencia. En cuanto al pago del presupuesto, era la regla que las rentas sirvieran para abonar los gastos y empleados civiles, y que se remitieran los sobrantes á la caja del ejército, para ser pagada con ellos la lista militar. Se vé que el objeto político del conquistador era acomodarse en cuanto le fuese posible á los sentimientos y costumbres del pueblo, como medio de hacerse fácilmente tolerable y simpático; y trató de asegurar este fin, haciendo observar á sus tropas un órden que contrastaba con la bárbara licencia de los soldados que les habían precedido, halagando à los curas párrocos de manera que éstos influyeran en la opinion de los feligreses, y haciendo que los jefes y oficiales se insinuaran en las relaciones privadas y contrajeran con las familias vínculos estrechos.

CLXVII — Actos vandálicos de los riograndeses

La accion de Lecor, á quien se había premiado ya con el título de Baron de la laguna, no se extendía, empero, á largas distancias. Prevaliéndose del abandono en que yacían extensas regiones, invadían con frecuencia gruesas partidas de milicias brasileñas bajo la direccion de oficiales más ó ménos conocidos, se internaban hasta cincuenta leguas más acá de la frontera y volvían á su territorio llevando grandes cantidades de animales de todas clases, cueros, sebos, carretas y cuanto podían robar, despues de haber destruido poblaciones y asesinado personas. Esas partidas obraban impunemente, y aún se dijo en denuncias hechas á Lecor que eran toleradas por el teniente general de Rio-grande D. Manuel Marquez. Entre sus jefes se distinguieron el alcalde Bentos Gonzalez da Silva, que más tarde ascendió á corónel, Alvaro de Oliveira Bueno y Diego Fellon. En una de sus incursiones sorprendieron á Otorgues, que vagaba con algunos hombres cerca del rio Negro, y lo llevaron preso. En otra se apoderaron de Francisco Delgado en las Cañas, no léjos del actual pueblo de San-Gregorio. Derrotaron en otra ocasion al comandante Gregorio Aguiar en el Olimar-grande. Por manera que sus empresas vandálicas favorecían á la vez el interes del Brasil y el suyo propio.

CLXVIII — Desocupacion del Hervidero y de Pay-sandú

El general Curado, que ya era Marqués de Alegrete, emprendió el 7 de Febrero de 1818 su marcha hácia el Sud desde la márgen izquierda del Cuareim, en donde había permanecido despues de la accion del Catalan. Poco despues de pasado el Arapey, sus avanzadas tomaron prisionero á Lavalleja, que se había adelantado imprudentemente con algunos soldados á las fuerzas que mandaba. Estas fuerzas fueron batidas cinco dias más tarde en el Guaviyú, al Sud del río Dayman. Al aproximarse Curado, Artigas, que estaba en Purificacion, se dispuso á abandonar precipitadamente el punto que ocupaba y á privar al enemigo de todos los medios de subsistencia, para contener ó dificultar por lo ménos sus marchas. Hizo traer á la orilla oriental las embarcaciones de la entreriana y dió órden para que todas las familias que habitaban la márgen del Uruguay desde el Hervidero hasta Pay-sandú, pasaran á Entre-ríos en el término de dos horas, so pena de ser pasadas á cuchillo. El ejército se dirijió hácia el Queguay; numerosas partidas se desprendieron de él con la órden de hacer cumplir las resoluciones del Jefe, y recorrieron en todas direcciones aquellos campos, arreando ganados, destruyendo casas y sementeras y haciendo pagar con la vida la desobediencia de los infelices que no habían podido vadear el Uruguay, ó que no se habían atrevido á arrostrar las miserias que les esperaban en las costas desiertas del Entre-ríos. Las familias pudientes se trasladaron en gran número al Arroyo de la China, en donde Artigas tenía sus depósitos y las cajas del ejército, por más seguridad.

CLXIX — Triunfos de Curado en Entre-rios

Pero aún ahí había de serle adversa la suerte. El Baron de la laguna, que había estado incomunicado del ejército del Norte, mandó al Uruguay una escuadrilla de tres ó cuatro buques con el designio de que llegara hasta las posiciones que ocupara el Marqués. La escuadrilla entró en aquellas aguas el 2 de Mayo. Al llegar al Paso de Vera, un poco al Norte del Arroyo de la China, una batería situada en la márgen derecha le hizo fuego, con cuyo motivo se trabó un combate que tuvo poca importancia en sí mismo, pero que dió orígen á hechos de trascendencia. Llegó el ruido de los cañonazos al campo de Curado, situado cerca de Pay-sandú; se destacaron de él algunas fuerzas de caballería con el fin de averiguar lo que ocurría, y, habiéndose reconocido los portugueses de mar y tierra, no tardó el Marqués en saber la agresion de los artiguistas. Mandó inmediatamente á Bentos Manuel Riveiro con 500 hombres, ordenándole que atacara las posiciones enemigas en combinacion con los buques de guerra. Riveiro pasó el río de noche y tomó la batería el 19 con su guarnicion de 600 soldados. Se dirijió en seguida sobre el Arroyo de la China y entró en ella sin obstáculo. Se apoderó del tesoro, de las armas, municiones y cuanto halló; impuso contribuciones de guerra y no pudo evitar algunos desórdenes. Consiguió, sin embargo, inspirar tal confianza á las familias allí asiladas, que todas pidieron se las trasportara á Pay-sandú, y así se hizo empleando cuatro días en esta operacion. En uno de los buques se encontraron impensadamente Lavalleja y su esposa y una hermana.

CLXX— Triunfos de Curado en Pay-sandú

La situacion de Artigas se hacía, como se vé, cada día más insostenible. No podía tener ya la menor esperanza de recuperar el terreno perdido; pero no decayó por eso su ánimo. Llamó en su auxilio á Rivera, que se hallaba al Sud del río Negro, cerca de Guadalupe, con una columna respetable de caballería, tan pronto como sintió que Curado se le aproximaba. Rivera llegó à las cercanías de Pay-sandú cuando Riveiro atacaba las posiciones entre-rianas. Sorprendió el 24 de Mayo unas partidas portuguesas que guardaban en el Guaviyú las caballadas del ejército, tomándoles 3000 cabezas. El 14 de Junio tuvo un encuentro con otras guardias cerca de Purificacion, y el mismo día otro en las puntas del Chapicuy. Pero estas ventajas, cuyos efectos se reducían á tener intranquilo al ejército invasor, fueron neutralizadas por una sorpresa que llevó el 4 de Julio Bento Manuel Riveiro con 500 hombres á la division de Artigas, fuerte de 1200 combatientes, que ocupaba la márgen izquierda del Queguay-chico. El guerrillero brasileño penetró en el campamento artiguista con sólo 100 soldados, dispersó toda la caballería, envolvió á más de 800 infantes que huyeron á los montes próximos, y se apoderó, segun la palabra de Rivera, para cuando aclaró el día, «de todo, hasta de dos piezas de artillería, municiones, caballadas, equipajes, etc.» Fueron tomados en esta accion don

Miguel Barreiro, su esposa y algunas otras personas caracterizadas. El primero estaba engrillado y condenado á ser pasado por las armas. Los últimos estaban presos. Rivera apareció en el campo á las 8 de la mañana con 800 caballos, llevado por la noticia del desastre que le dieron algunos dispersos; pero, aunque sorprendió á su vez á Bento Manuel, no consiguió privarle de las ventajas obtenidas cuatro horas ántes, sino en una pequeña parte.

CLXXI — Situacion desgraciada de Artigas en las provincias litorales

Artigas marchó al Este, esquivando nuevos encuentros, con las pocas fuerzas que pudo reunir, y dejando á Rivera á la cabeza de 600 hombres para que siguiese los movimientos de Curado. Este se vino hácia el Sud, llegó al río Negro en Octubre. Allí, el 3 de este mes, apareció Rivera intentando una sorpresa sin conseguirla. Amenazado por una fuerte columna de caballería, tuvo que hacer una larga retirada, en que sufrió ménos material que moralmente. Despues de este hecho, que fué el último del año 1818, Curado quedó dominando en todo lo largo del Uruguay, y como Lecor dominaba toda la extension septentrional del Plata, no quedaba á los invasores por hacer otra cosa que someter los grupos aislados que recorrían el interior del país sin plan, concierto, ni esperanzas. Uno de ellos, de 400 hombres, mandado por el comandante Manuel Francisco Artigas, hermano del caudillo, poco avenido con él desde el principio de la revolucion, fué deshecho en el Canelon-grande, y su jefe cayó en poder de los portugueses poco despues en San José. Don Tomás García Zúñiga vino desde Canelones con el coronel Marquez de Souza, y fué recibido con públicas demostraciones amistosas en Montevideo.

Todo esto persuadió á Artigas de que el sentimiento de la resistencia se había amortiguado aún en sus más decididos parciales, y llevó el desaliento á su propio ánimo. «Amar su libertad, «decía al Cabildo de San José en Septiembre, es «de racionales; perderla es de cobardes..... Los «orientales no han olvidado sus sagrados debe- «res. Ruego á Vdes. que en mi nombre, y por el «bien general del país, quieran recomendárselos «siempre. Ellos hicieron el voto de la revolucion; «y cuando los paisanos deberían ostentar la he- «roicidad de sus sentimientos coronando sus sie- «nes con laureles de honor, no los pueden ahora «ni jamas marchitar con su indiferencia. No es la «inaccion la que debe salvarnos......'. La guerra «todo lo paraliza, y nada debiera haber sucedido, «si penetrados todos de la gravedad de este mal, «se hubiesen empeñado en su remedio......Des- «graciadamente, se prostituyó el jefe don Tomás «García. Desde esta época desgraciada, todo ha «marchado al desórden. Espero que Vdes., sus- «tituyendo otro en su lugar, reanimen los es- «fuerzos con que debe aparecer el órden y el bien «de toda la provincia.» Esta nota es el lamento quejumbroso y débil del que se siente desfallecer al final de su existencia política, despues de haber malgastado su poderosa energía.

Las causas de abatimiento moral no se habían producido solamente en la Banda-oriental: tenían existencia tambien en las provincias occidentales del Uruguay. La de Santa-fé, en que nunca tuvo un dominio contínuo é incontestado, empezaba á reconocer en Estanislao Lopez su caudillo predilecto, no ménos enemigo de Artigas que de Buenos-aires. Se había levantado en Entre-ríos la figura de Francisco Ramirez, hombre de talento natural, valiente y ambicioso, que sirvió á favor de Artigas al principio, pero que vino adquiriendo personalidad propia cada vez más exclusiva á medida que los sucesos de la provincia lo contaban entre sus agentes principales y el caudillo oriental perdía prestigio. El prestigio de Ramirez había llegado al más alto grado desde que derrotó completamente el ejército con que Buenos-aires había auxiliado la sublevacion de Hereñú y algunos otros jefes entre-rianos (Marzo 25 de 1818); y se había consolidado por la organizacion militar que dió á toda la provincia y por la severa disciplina á que la sujetó. En Corrientes seguía despotizando del modo más absoluto á nombre de Artigas el indio Andresito; pero ya habían empezado á pronunciarse en contra jefes de cierta importancia. Así, pues, la autoridad de Artigas, que empezaba á conmoverse en Corrientes, estaba contrabalanceada en Santa-fé por la actitud de Lopez y anulada en Entre-ríos por la personalidad de Ramirez. Artigas no podía ser indiferente á los contrastes que por todos lados sufrían sus armas y su autoridad.

CLXXII — El Cabildo cede territorios á Portugal. Nuevos limites

Los trabajos de política interna del Baron de la laguna empezaron á dar resultados importantes desde los primeros dias del año 1819. El Cabildo de Montevideo era compuesto por los hombres más distinguidos entre los que prestaron adhesion á Artigas y al Portugal (1), y su autoridad no era visiblemente coartada. Pero Lecor

(1) Lo componían Juan José Durán, Juan Correa, Agustin Estrada, Juan Francisco Giró, Juan Menendez Caldeyra, Lorenzo Justiniano Perez, Francisco Joaquin Muñoz, José Alvarez, Juan Benito Blanco y Jerónimo Pio Bianchi.

trató de insinuarse en su ánimo por todos los medios suaves que le sujerían sus hábitos cortesanos y lo consiguió en tal grado, que llegó á ejercer un influjo tanto más peligroso cuanto iba revestido de las formas de la persuasion. El propósito oculto de la Corona era el de anexarse la Provincia oriental; el ostensible era el de una ocupacion temporaria; podría llegar á realizarse el primero, ó solamente el segundo, segun el giro que tomasen los acontecimientos, cuyo futuro era incierto, ya por lo embrollado de la política europea, ya por la actitud resueltamente contraria á la ocupacion que asumía España, y ya tambien por las miras de ulterior reivindicacion que dejaban traslucir en sus actos el Gobierno de las Provincias-Unidas y los ciudadanos orientales que se habían conservado adictos á la causa de la union argentina. En prevision de las contingencias posibles, quiso el Baron de la laguna asegurar algun provecho al Reino unido de Portugal, Brasil y Algarbes, y trabajó en el sentido de desmembrar el territorio recientemente conquistado. El Cabildo accedió dócilmente á sus deseos en la primera ocasion que se le presentó.

El Rio de la Plata carecía de faros, por cuya razon era peligroso navegar en él. Naufragó un día la zumaca *Pimpon* en el Banco-inglés con pérdida de su cargamento y la vida de cincuenta personas. El hecho produjo honda impresion en Montevideo, y el Cabildo se apoyó en ella para proponer secretamente el negocio al Baron. El oficio, que es de 15 de Enero, hacía notar la grande utilidad que reportaría la navegacion, si se elevara un faro en la isla de Flores; ponderaba la falta de recursos para llevar á cabo esa obra, que ya estaba iniciada; é invocando los poderes que habían dado los pueblos al Cabildo para promover las mejoras que se juzgaran convenientes, proponía principalmente dos cosas:—1.ª que se trazara una línea por el Oeste de los fuertes de Santa-Teresa y San-Miguel, por la márgen occidental de la laguna Merin, el río Yaguaron y el río Arapey hasta su afluencia en el Uruguay y que se agregaran á la capitanía de San Pedro los dichos fuertes y terrenos del Norte del Arapey;—y 2.º que el Portugal diera como indemnizacion las sumas que había entregado al ocupar la plaza para edificios públicos y las que fueran necesarias para terminar el faro. El Baron contestó el 30 que le era satisfactorio emplear las facultades que había recibido de su Soberano para dar un nuevo testimonio de los deseos que le animaban á hacer cuanto dependiera de su autoridad por el bien y felicidad de toda la Provincia, y que aceptaba la propuesta. El mismo día consignó el Cabildo el convenio en una acta reservada, y se ejecutó la demarcacion de límites en Septiembre y Octubre por los comisarios que nombraron el Cabildo de Montevideo y el Capitan general de San Pedro. Esta cesion de vastos territorios, hecha por una corporacion municipal, es quizas la ménos justificada y la más informal de cuantas se hayan hecho espontáneamente.

CLXXIII — El Cabildo se encarga de hacer someter á pueblos y caudillos

La resistencia había cesado casi del todo; pero andaban de un lado para otro de la campaña partidas de gente armada que no perjudicaban sinó á los habitantes pacíficos en sus bienes ó en sus personas. Lecor obtuvo que el Cabildo emprendiera trabajos de pacificacion que tuvieron el mejor resultado. El 19 de Diciembre recibió de Fernando Candía, coronel, jefe del departamento

de Canelones, de Simon del Pino, comandante de
línea, y de otros oficiales, un oficio parlamentario
colectivo en que manifestaban que, convencidos
de que bajo la direccion de los caudillos de don
José Artigas se destruye la prosperidad de la provincia, cuya autoridad él se había arrogado cuando no debía reconocerse en ella otro gobierno que
el del Cabildo, electo por todos los pueblos de la
Banda-oriental, prometían someterse ellos, sus
tropas y el territorio de su jurisdiccion al órden
de cosas establecido en Montevideo, bajo la condicion de que se conservarían armados y organizados, se les consideraría como milicias provinciales sin obligacion de hacer servicio activo
fuera de sus distritos, y se indultaría á todos los
pasados de uno á otro bando. Como estos términos habían sido préviamente acordados, no
hubo oposicion y quedó sometido el departamento.

Pocos días despues (26 de Diciembre) comisionó el Cabildo á sus tres miembros Juan José Durán, Lorenzo Justiniano Perez y Francisco Joaquin Muñoz para que se entendieran con las corporaciones y jefes de la campaña que habían
manifestado intenciones de entrar en arreglos con
el Baron de la laguna, recomendándoles que hicieran cuanto de ellos dependiese por convencer
á todos de los muchos males que trae consigo la
anarquía, de que la ocupacion portuguesa era y
debía ser temporaria por las cláusulas de la capitulacion firmada cuando se entregó Montevideo
y ratificada despues por el Monarca, y de que no
sería entregada á los españoles la provincia una
vez evacuada por los actuales ocupantes. La comision salió en seguida, y simultáneamente el
Baron de la laguna con un cuerpo de ejército
destinado á hacer más eficaz la accion de los

comisionados. No tropezaron éstos con obstáculos: cabildos y partidas armadas se sometían con condiciones análogas á las que firmaron los jefes de Canelones.

El grupo más importante era el que mandaba Rivera, y el que más tardó en someterse, debido á que andaba al Norte del río Negro, léjos de la comision pacificadora. Esta le mandó comunicaciones; el portador Gregorio Espinosa las entregó en el paraje de los Tres-árboles, y Rivera se prestó á arreglos, comisionando á su vez al capitan Pedro Amigo para que los concluyera con el enviado de los capitulares. En esta oportunidad cayó sobre el caudillo, á las 6 de la mañana, el teniente coronel D. Manuel Carneiro con fuerzas numerosas, cuya presencia allanó dificultades de detalle que estorbaban el término, de las negociaciones. El 2 de Marzo de 1820 escribió Rivera manifestando que se sometía con sus milicias. Se trasladó en seguida á Porongos y de allí á Canelones, por órden de la Comision pacificadora, en donde se encontró con el general Lecor. Rivera conservó su grado de coronel y el mando de un regimiento de caballería. Con su sometimiento quedaba pacificado todo el Sud del río Negro.

CLXXIV — Artigas, nuevamente derrotado, huye á Corrientes

Al Norte no había ya resistencia. Artigas se había retirado, despues del descalabro del Queguay-chico, á los orígenes del río Negro, en d nde se disolvieron las fuerzas que le quedaban, por no poder resistir á la activa persecucion que le hacían columnas destacadas del ejército de Curado. Pero habían recibido cita, al disolverse, para un punto próximo al Cuareim. Como el ejército portugues había seguido su marcha al Sud, las fronteras septentrionales habían quedado sin ene-

migos, lo que permitió á Artigas pasar allá el
resto del año 18 y la mayor parte del 19, formando una nueva columna con la agregacion de partidas que hizo concurrir de Entre-ríos y Corrientes.
Reunidos dos mil quinientos hombres, se dispuso
á invadir el Brasil en ocasion en que se denuncia-
ba una conspiracion en la Colonia y Montevideo,
fraguada por españoles y agentes de Artigas con
el fin de apoderarse de ambas plazas y reconocer
el dominio de España, cuyos principales coauto-
res fueron aprehendidos.

La columna artiguista penetró en el territorio
brasileño destruyendo cuanto encontraba al paso, y señaló los principios de esta campaña con
un triunfo sobre 500 hombres que mandaba el
mariscal Abreu en el Guirapuitá-chico (14 de
Diciembre de 1819). Algunas otras acciones de
poca importancia tuvieron lugar en las proximidades del río Santa-María; pero Artigas se
vió forzado á replegarse á su país, sobre el
arroyo Tacuarembó, por haber acudido el Capitan
general de Rio-grande con fuerzas respetables
en auxilio de Abreu, que ya había recibido la
proteccion del brigadier Cámara. Artigas retrocedió perseguido por el ejército real. Al llegar
al punto designado, se situó en una posicion
que creyó fuerte, se atrincheró precipitadamente
y esperó la batalla, confiando el mando á Latorre
y á Aguiar. Fué atacado el 22 de Enero de 1820,
y perdió la batalla despues de pelear con encar-
nizamiento. Los portugueses se apoderaron de
la infantería, artillería y bagajes, y Artigas se
retiró con tres ó cuatrocientos ginetes, siguiendo
el curso del Cuareim, á Curuzu-cuatiá, punto
fronterizo de Corrientes y Entre-ríos.

Aquí terminó la guerra con los portugueses. Artigas no volvió á pisar su suelo patrio. Llegado á Curuzu-cuatiá, mandó emisarios en todas direcciones con órdenes de que se le incorporaran fuerzas correntinas y entre-rianas, como si mandara en su propio país; pero las circunstancias habían cambiado. Ramirez, inteligencia más poderosa que Artigas, había conseguido lo que á éste le fué imposible : llegar á las puertas de Buenos-aires, aliarse con uno de sus partidos contra el otro é intervenir de cerca en los negocios de la capital de las Provincias-unidas. Recibió el 23 de Marzo, estando en el Pilar, la noticia de la invasion de Artigas. Inmediatamente dió una proclama en que manifestaba que « sentía tener que separarse del « gran pueblo de Buenos-aires, pero que debía « partir para escarmentar á un enemigo orgulloso « que intentaba ocupar el territorio de Entre-ríos, « insolentado por los mismos fratricidas que qui-« sieran ver sofocado en el continente todo género « de libertad ».

Al saber Artigas la actitud de Ramirez, le dirijió una comunicacion severa en que lo trataba de rebelde y lo exhortaba á la obediencia, amenazándolo con castigarlo de un modo ejemplar en el caso contrario; y se puso en marcha hacia el Sud con las fuerzas que había recibido de Corrientes (3000 hombres), única provincia en que aún] tenía poder. Ramirez replicó á su vez (25 de Mayo), acriminándolo «por haberse atrevido á usurpar « con tropas suyas el mando de unas provincias « que tienen sus jefes naturales » ; y agregaba : « Pero ha llegado ya el momento en que una re- « peticion inaudita de actos tiránicos, que han

« marcado el mando de V. E. en Corrientes, en
« Mandisoví y en la Banda-oriental, hayan disi-
« pado el prestigio y que V. E. sea ahora conocido
« como lo que es en realidad...... ¿Qué especie de
« poderes tiene V. E. de los pueblos Federales pa-
« ra darles la ley á su antojo, para introducir fuer-
« za armada cuando no se le pide y para intervenir
« como absoluto en sus menores operaciones in-
« ternas?...... ¿Por qué ha de tenernos en una tu-
« tela vergonzosa? » Estas comunicaciones muestran qué clase de pretensiones animaba á los dos
caudillos.

Artigas llegó á las Guachas, costeando el Uruguay y asolando los territorios que atravesaba ;
en aquel punto encontró á Ramirez y lo derrotó
completamente (13 de Junio). El caudillo entre-
riano se retiró á la Bajada del Paraná, en donde se rehizo. Artigas lo siguió hasta allá, lo atacó y fué vencido, sufriendo enormes pérdidas
(24 de Junio). Ramirez lo persiguió activamente,
lo derrotó en el Sauce de Lema (17 de Julio), en el
Rincon de los Yuqueríes (22 de Julio), en el Moco-
retá (24 de Julio), en las Tunas (27 de Julio), y
finalmente en los Arboles (día 29), en donde se
apoderó de toda la artillería, las armas, bagajes,
numerosos oficiales y el famoso Monterroso, fraile
franciscano apóstata, perverso, con alguna inteligencia, aunque grosero y desordenado en sus
ideas, que sirvió á Artigas de secretario, y á quien
redactó y escribió cuantos oficios, cartas y documentos llevan la firma del Jefe de los orientales.
Ramirez entró luego en la capital de Corrientes y
se apoderó del que se titulaba su gobernador,
despues de una corta persecucion. Artigas escapó
difícilmente, refugiándose en el Paraguay, donde
murió á los noventa años de edad, en Septiembre
de 1850.

CAPÍTULO II

ARTIGAS

CLXXVI — Retrato de Artigas

Artigas era un hombre de estatura regular, de aspecto gauchesco, pero simpático en su conjunto. Su cuerpo, medianamente grueso; solía ir vestido con desaliño, llevando de ordinario poncho y sombrero de paja. Su cabeza bien formada, nunca erguida, estaba cubierta por cabellos rubios, ondeados, largos, revueltos con frecuencia. La cara era ovalada, pálida, de color blanco poco alterado por la intemperie, de carrillos descarnados, barba escasa y larga, fisonomía de expresion afable comunmente, aunque con rasgos enérgicos, fácilmente variable. Tenía ojos azul-verdosos, de mirada oblícua, coronados por cejas pobladas y rectas que se arqueaban hácia el extremo interno bajo la accion de sentimientos enérgicos. La nariz, prominente y aguileña, se elevaba sobre una boca de perfil severo y dimensiones regulares.

Artigas no carecía de inteligencia; pero sus concepciones eran poco extensas y generalmente superficiales. Era egoísta, dominador y soberbio, iracundo, cruel y vengativo. No sabía tener órden, ni imponerlo. No admitía trabas á su libertad personal, aunque nunca respetaba la de otros. Tenía el sentimiento de la patria, si bien inculto y material. Grande era la energía de su carácter y la firmeza de sus propósitos, para con los cuales sabía ser abnegado. Leía y escribía pasablemente; pero carecía de toda otra instruccion. Las ideas políticas consignadas en sus documentos, en cuanto revelan algun co-

nocimiento histórico ó político, son propiedad de
Monterroso, quien daba forma con ellas, aunque
forma tosca é inconexa casi siempre, á los deseos
instintivos del Jefe. Como militar, tuvo Artigas su
táctica propia, pero empírica y sin inspiracion, segun opinan ·los competentes en la materia, á la
cual debió en parte las desgracias sufridas en los
campos de batalla. Pocas veces se halló presente
en acciones de guerra, y aún en ésas confió la direccion á los jefes inmediatos, especialmente á Latorre, que era su preferido, á pesar de carecer de
méritos intelectuales.

CLXXVII—Medio en que se formó Artigas

Ha dejado Artigas tras sí una fama siniestra,
perpetuada por la tradicion oral y por los escritos
de su tiempo, en que le atribuyen hechos atroces
y lo presentan como tipo de caudillo bárbaro y sanguinario cuantos contemporáneos suyos se ocuparon de él, fueran amigos ó enemigos de su causa, ó fueran indiferentes. La historia debe explicar esos hechos teniendo presentes las influencias de la época, y juzgarlos con arreglo á las leyes morales, ya que no es posible negarlos en lo
que tienen de verdadero y de característico.

Artigas fué hijo de un hacendado cuyo establecimiento estaba cerca de las Piedras. Por esta circunstancia, aunque no se crió léjos de la sociedad
culta de Montevideo y estuvo temporariamente en
contacto con ella, influyó en su educacion, desde
los primeros años, la manera de ser de las poblaciones rurales; y en tal grado, que, niño aún, se
rebeló contra la autoridad de sus padres y huyó
del seno de la familia. Sus inclinaciones lo llevaron más lejos de la ciudad cuando apénas había
entrado en la adolescencia, esa edad en que tienden á desbordarse las pasiones. El campo era en-

tónces, aún en las regiones meridionales de la Banda-oriental, el escenario en que el indio salva- je y el gaucho cuatrero daban diariamente á los pueblos civilizados el espectáculo de sus sangrien- tas correrías.

El carácter naturalmente indisciplinado de Ar- tigas debía desenvolverse en un medio semejan- te, en que ninguna autoridad ejercían las leyes civiles y morales. En efecto, halló en el estableci- miento en que se había colocado, un modo de vi- vir poco restrictivo; se puso en contacto inme- diato con las tribus errantes y con los bandidos, y no tardó en acomodarse á sus costumbres. Aban- donó su morada nuevamente, y, buscando luga- res más libres, se fué al Norte del rio Negro, en donde el salvajismo conservaba toda su fisonomía primitiva y en donde el vandalismo desplegaba con lujo sus fuerzas. Allí empezó á dedicarse al con- trabando de animales y cueros, en compañía de gentes acostumbradas á la rapiña y á excursiones atrevidas. Despojar con desprecio de vidas y ries- gos en la Banda-oriental, vender los despojos en el Brasil y vice-versa, fué su ocupacion durante mucho tiempo. Se acostumbró de este modo á los peligros y á mirar con tanta indiferencia la vida ajena como la propia, hasta que no halló reparo en asociarse con los más audaces bandidos. Tan práctico se hizo, con tanta sagacidad burlaba el celo de las autoridades ó solía triunfar en los lan- ces que no podía eludir, y era tanta la rudeza de sus procederes, que llegó á hacerse de renombre en los pueblos y de prestigio en los campos, y á infundir el terror por todas partes.

Las autoridades se reconocieron por fin impo- tentes para librar al país de las cuadrillas de con- trabandistas y de criminales orientales y brasi- leños que lo cruzaban en todas direcciones, y resolvieron de acuerdo con el Virey valerse de Artigas para perseguirlas. Lo indultaron, le dieron grados y sueldos, y Artigas se convirtió en perseguidor de los que por muchos años habían sido sus colegas y compañeros. No tenía entónces ménos que treinta y ocho años de edad. Su conducta como *guarda general de la campaña* no fué inconsecuente con la que había dado celebridad al contrabandista; sus procedimientos fueron sumarios y crueles: le bastaba saber la condicion de los que caían en su poder, para condenarlos á muerte. La pena se ejecutaba dando apénas al condenado el tiempo suficiente para recitar el estropeado *credo cimarron* y con frecuencia se ahorraba la pólvora por *tocar el violin* ó *enchipar* á los ajusticiables, cuyas penas tenían màs de feroces que de baratas (1).

Se concibe lo que había de resultar *necesariamente* de una vida identificada durante tantos años con el salvajismo y la barbarie. Los ejemplos que todos los días presenciamos, nos muestran con sobrada elocuencia que el hombre no puede sustraerse á las influencias del medio que le rodea; esas influencias lo modifican poco á poco y concluyen por identificarlo insensiblemente. Así es que, alejado desde los primeros años de los centros civilizados, perdió sin darse cuenta de ello la escasa instruccion y las buenas direcciones que hubiera recibido en la infancia, y adquirió en cambio las cualidades características del indio nómade, del gaucho primitivo, en grado más ó ménos pronunciado; es decir, se formó ignorante, sin los gustos, los sentimientos, los hábitos, ni las formas de la

(1) Consistía la primera en decapitar á cuchillo y la segunda en ceñir el cuerpo del hombre con un cuero fresco, dejando descubierta la cabeza. El cuero se encogía á medida que se secaba, y la víctima perecía con los sufrimientos más atroces. Los ejecutores solían gozarse en ver este horrible espectáculo.

vida civil; apasionado por ese modo de ser de la vida agreste, voluntarioso, desordenado, sin ley ni regla, sin derecho y sin moral, que inspira el menosprecio de la propiedad, del honor, de la existencia, y que engendra todo ese conjunto de vicios y defectos que constituía la barbarie rural de aquellos tiempos.

Su empleo de oficial de blandengues dió lugar á que empezara á relacionarse de cerca con la oficialidad española y con las poblaciones civilizadas. Poco despues (1806) fué destinado á ejercer una funcion civil en los arrabales de Montevideo, aunque por poco tiempo. Estas relaciones debieron influir en sus formas exteriores, debieron moderar la rudeza de sus modales, aún cuando no modificaran de un modo sensible el fondo de su personalidad. De ahí que cuando se le envió á la Colonia bajo las órdenes de Muesas, no tardara en rebelarse contra el órden regular que la disciplina de los cuarteles le imponía, y que se trasladara á Buenos-aires con la esperanza de que su gobierno lo mandara á sublevar la campaña de su patria, en donde podría dar amplia satisfaccion á las necesidades congénitas y facticias de su sér, léjos de autoridades que pudieran limitar su accion y en compañía de las bandas bárbaras á cuyo lado se habían desarrollado todas sus fuerzas impulsivas.

De esta serie de hechos habían de surgir forzosamente dos cosas: la seleccion de los elementos con que tendría que realizar sus futuras empresas, y el carácter que su personalidad propia habría de comunicar á todos los acontecimientos que recibiesen su direccion.

CLXXVIII—Elemento popular de que se sirvió Artigas

Vino á la Banda-oriental y le rodearon inmediatamente, atraídos por la calidad y extension de su guaycurúes, etc.), en que figuraban como jefes sus propios caciques, y de gauchos primitivos, no ménos bárbaros que los del Uruguay, entre cuyos bravos se eligieron los oficiales y aún los gobernadores. Artigas recibió en sus filas, al invadir su patria como revolucionario, numerosos paisanos suyos pertenecientes á la clase culta, y se le agregaron fuerzas regulares, orientales unas, otras mandadas por Buenos-aires; pero no tardaron en divorciarse esos dos elementos antagónicos que representaban respectivamente la civilizacion y la barbarie: se separaron, se combatieron, y Artigas siguió á la cabeza de los bárbaros, halagando sus instintos y tolerando, cuando nó fomentando sus vicios.

CLXXIX— Conducta de la clase social que acaudilló Artigas

Dada la composicion de las huestes artiguistas, ¿cuál debía ser naturalmente su conducta en la Banda-oriental, en Corrientes, en Entre-ríos, en Santa-fé, en el Brasil, donde quiera que pisaran? Es de presumirse. No había que esperar de ellas el respeto de ningun derecho, ni cierta regularidad en la comision misma de sus abusos. El robo, el incendio, el asesinato eran los medios de que se valían para llevar á cabo sus designios cuando andaban en partidas sueltas, y no mucho ménos abusaban de su fuerza cuando se veían investidas de alguna autoridad. Memorables son las violencias de todo género que cometieron en 1811 por obligar á los habitantes pacíficos de la campaña y de los pueblos á que siguieran al ejército en su retirada al Norte, y las que siguieron consumando en el tránsito y en el campamento del Ayuy. El gobierno de Otorgues en Montevideo fué lo más terrible que puede imajinarse, y no lo fueron ménos los gobiernos de Corrientes y Entre-ríos. Grande fué la desolacion que llevaron á Santa-fé los que precedieron y acompañaron la entrada de Artigas, y apénas hicieron otra cosa que destruir vidas y propiedades las fuerzas que obligaron á desalojar la Purificacion y Pay-sandú, las que mantuvieron el sitio del ejército portugues encerrado en Montevideo, y las que emprendieron la última campaña de Artigas en el territorio brasileño.

Donde hubiera caballerías artiguistas, había devastacion, no precisamente porque obedecieran una órden superior ó porque persiguieran la realizacion de un plan sistemático, sino porque ese modo de proceder era el que mejor se armonizaba con su grado de civilizacion, con sus instintos, con sus costumbres. Si el lenguaje comun de un pueblo pudiera presentarse como antecedente histórico, sería de citarse la conocida expresion de « tocarle el violin », generalizada en los campamentos artiguistas ántes que se incorporara al vocabulario de los federales de Rosas, para significar uno de los actos ordinarios de los soldados de Artigas. Esa conducta general no es el hecho de una persona: es el hecho colectivo que caracteriza una clase social en una época determinada de su evolucion educativa.

CLXXX — Influjo de Artigas en la conducta de las montoneras

¿Fué Artigas un factor de ese producto? Importa esto preguntar si estuvo divorciado del elemento popular en que formó su personalidad y en que halló la fuerza con que trató de realizar sus aspiraciones. Artigas, aunque se elevara sobre el nivel general de sus secuaces, era una produccion de ellos, porque le animaban los mismos sentimientos, las mismas tendencias, los mismos hábitos, el alma misma que animaba á las muchedumbres agrestes de ambos lados del Uruguay. No podía, pues, serle antipática la obra de sus índios, de sus caciques y de sus gauchos, ni podría condenarla en nombre de la civilizacion sin renegar de todos sus antecedentes y sin romper de pronto los vínculos que le ligaban al medio y al momento histórico en que figuró.

Es así que, en vez de acomodarse á la civilizacion y de aprovechar sus hombres y sus medios, trató á las clases cultas con cierta repugnancia parecida á la que por ellas tenían las tribus; se alejó siempre, como éstas, del contacto de las ciudades, y nunca pudo mantener buena armonía ni con las tropas disciplinadas que venían de Buenos-aires á compartir con sus bandas en las campañas contra el enemigo comun, ni con los indivíduos particulares, jefes y oficiales de la sociedad civilizada de su provincia, que le ofrecieron el concurso de su persona: las primeras hacen campamento aparte primero y son hostilizadas en seguida aún cuando tuvieran el enemigo al frente; los segundos abandonan las filas del caudillo y se pasan á las de Buenos-aires. Artigas conocía minuciosamente cuanto hacían sus soldados; pero nunca se preocupó ni de castigar sus crímenes, ni de correjir sus desórdenes, aún cuando estuviera por ser víctima de ellos el jefe más prestigioso y de más humanitarios sentimientos de cuantos le obedecían.

Las crueldades llevadas á cabo colectivamente por cuerpos de ejército no eran fomentadas por su tolerancia: eran ejecutadas por su órden. Fué él quien dispuso en 1811 que le siguieran hasta más allá del Salto y de allí á Entre-ríos, sin ninguna necesidad militar, en momentos en que se cumplía un convenio de paz con los españoles, más de catorce mil indivíduos de familia, niños, mujeres y viejos, cuya partida costó el sacrificio de todos y la vida de muchos, para llevar despues una existencia de miserias, de trabajos inmensos y de vergonzosas inmoralidades. De Artigas recibieron la órden Andresito en Corrientes, Otorgues y Barreiro en Montevideo, para que confinaran á los extranjeros allá, y aquí á los españoles, y los trataran sin consideracion, cuya órden dió lugar á crueldades y ejecuciones numerosas, muchas de las cuales se efectuaron en la Purificacion (1), cuartel general de Artigas. La desocupacion del Hervidero y Pay-sandú, al acercarse el ejército de Curado, fué mandada tambien por él, y se ejecutó, segun sus instrucciones, obligando á todas las familias á que pasaran á la márgen entre-riana, en donde habían de carecer de lo más indispensable para vivir los que no fueran bastante pudientes para bajar hasta el Arroyo de la China, y castigando con la muerte la desobediencia forzosa de los que por falta de medios ó de recursos no habían abandonado su domicilio dentro del breve plazo que se les había señalado. El fué tambien el que dirigió personalmente

(1) Rivera, al referirse en sus memorias á la fundacion de este pueblo, dice con marcada intencion y entre paréntesis, que los españoles pueden *descifrar* el nombre, aludiendo á los muchos de esa nacionalidad que fueron *purificados* en aquel paraje.

la última invasion del territorio rio-grandés, en que cruzó las poblaciones destruyendo y lleván- dolo todo á sangre y fuego. Y, por fin, cuando pe- netró en Entre-ríos con el ánimo de vencer la re- belion de Ramirez, castigó las poblaciones próxi- mas al Arroyo de la China y al Gualeguay, en donde tomó la insurrecion una fuerza considera- ble, talando las propiedades é infundiendo el te- rror en los habitantes. Así, pues, no era Artigas una entidad moral superior y sin afinidad con el pueblo y las montoneras que le reconocían por je- fe, á quien pudiera considerarse obligado por las circunstancias á contemporizar con los excesos propios de muchedumbres bárbaras: era una per- sonalidad identificada con esas muchedumbres, que figuraba en todas las ocasiones prominentes como coautor principal de los hechos que dieron carácter á su época en toda la extension en que ejercía su prepotencia.

CLXXXI — Artigas y la civilizacion del Rio de la Plata

Por lo demas, la civilizacion que representaba Artigas no era precisamente la civilizacion del Río de la Plata en su tiempo. Se distinguían entónces más que hoy la ciudad y la campaña. Montevideo y Buenos-aires (prescindiendo del Alto-Perú), en- cerraban poblaciones que habían llegado, sino por su instruccion general, al ménos por sus sen- timientos morales y por sus hábitos sociales, á un alto grado de progreso, porque eran los pun- tos que recibian directamente la inmigracion eu- ropea y el asiento de las instituciones y principales medios de civilizacion con que contaban estos paí- ses. Despues de Montevideo y Buenos-aires, eran Córdoba y la Colonia los pueblos más adelantados, y tras ellos podrían citarse algunos otros, aunque de escasa importancia relativamente, á que llegaban las influencias de aquellos centros. Corrientes en la provincia de su nombre, la Bajada del Paraná y el Arroyo de la China en Entre-ríos, Canelones, San José y otros en la Banda-oriental, pertenecían á ese número. La campaña de estas tres provincias era en lo demas una grande extension de campos en que no se hallaban casi señales de civilizacion, en que vivían poco ménos que en el estado natural los indígenas. Apénas una pequeña parte de éstos, los que solían andar en las cercanías de los pueblos, habían empezado á pasar del estado salvaje al bárbaro, por la accion moderadora que recibían al ponerse en relacion con los núcleos poblados.

Había, pues, dos civilizaciones en el Río de la Plata: una avanzada, con la que nos aproximábamos á la europea; otra bárbara y salvaje, exclusivamente americana. El pueblo y el ejército de Artigas no correspondían á la primera: pertenecían á la segunda; eran el pueblo y el ejército del campo, de raza indíjena pura, que ni amaban ni conocían la civilizacion importada del extranjero. Montevideo y la Colonia y en grado inferior los pueblos menores, fueron, al contrario, europeos y mestizos, que conocían y estimaban los progresos y las costumbres importadas, que veían en el elemento artiguista un enemigo natural y que fueron por interes y por sentimiento pueblo español ó portugues ó aporteñado ántes que pueblo de Artigas, miéntras éste representó un papel importante en la historia uruguaya. Por eso no puede decirse que Artigas fué el prototipo de su época ó la encarnacion del estado social del Río de la Plata: fué el representante de la barbarie indígena, el caudillo de la clase inculta de los campos.

CLXXXII — Artigas y la forma de gobierno

Es fácil suponer, conocidos estos hechos, qué clase de influencia ejercerían Artigas y sus secuaces en la organizacion política de las provincias. No tenían ninguna nocion de formas de *gobierno*, fuera de las que les había suministrado la experiencia durante el régimen colonial, ni podían tenerla, puesto que carecían de la instruccion indispensable, cosa que no se extrañará si se tiene presente que aún en las clases cultas eran muy pocos los que sabían á este respecto más que lo que habían visto. El instinto no sujiere sino la idea del gobierno unipersonal; por eso se gobiernan todas las tribus por caciques y es la monarquía la forma de gobierno contra la cual ha tenido que luchar la ciencia política en los países que progresan. Esa era tambien, esencialmente, la forma de gobierno que estaban acostumbrados á ver. Luego, era natural que no tuvieran la más remota noticia de la forma republicana, del gobierno dividido y subdividido, cuya unidad consiste en la armonía y correlacion con que funcionan todas sus partes: la experiencia y el instinto no les daban otro dato que el de la unidad física, el del gobierno unipersonal, que es la esencia de la monarquía.

Y, en efecto, el gobierno de Artigas, como el de los caudillos congéneres suyos, acatado por todos sus secuaces, fué el más unipersonal, el más monárquico que pueda concebirse: él ejercía todos los poderes; nadie los ejercía con independencia si no era él; todos los funcionarios públicos, como quiera que se llamaran, eran sus agentes, los ejecutores de sus órdenes. La nocion de la república, como que es producto exclusivo de la ciencia, de la razon acostumbrada á trabajos filosóficos, partió de los centros civilizados, aunque grosera al principio y desfigurada por pasiones demagógicas y por preocupaciones monarquistas que asomaron un momento empujadas por el terror que difundieron la anarquía interna y los peligros que venían del exterior.

CLXXXIII — Artigas y la forma de soberanía

La *soberanía*, otro elemento de las constituciones políticas, se definió á pesar, puede decirse, de la voluntad de los caudillos. Todos ellos se consideraron con derecho á ser autócratas, y en el hecho lo fueron. Artigas no reconoció nunca, en ninguna de las provincias, y ménos en las que llegó á dominar, voluntad superior á la suya : combatió á Buenos-aires, porque no se le sometía; combatió á los pueblos del litoral uruguayo, miéntras no se le sometieron; y emprendió la guerra contra Ramirez y Entre-ríos, porque se declararon localistas, autónomos, con soberanía propia. Miéntras dominó en las dos bandas opuestas del Uruguay, ni el pueblo, ni nadie, hizo nunca acto de soberanía, ni áun para proclamarlo su Jefe en lo militar y político: Artigas decidió con su voluntad en la Junta de Abril de 1813; y dictó la disolucion del Congreso de Diciembre y la anulacion de sus actos, porque no quiso someterse á su voluntad; el Cabildo de Montevideo le reconoció el título de capitan general y de protector y patrono de la libertad de los pueblos, bajo el peso del terror infundido por la presencia de Otorgues; se impuso sin formas en Entre-ríos y Corrientes; él dictó las leyes; si tal nombre puede darse á la expresion de su voluntad movediza comunicada á sus subordinados, en todas las materias; y no sometió su accion á otras reglas que las que él mismo se dictaba. Artigas fué el autócrata más absoluto que puede imaginarse; las otras formas de soberanía no tenían para él sentido moral, y habría castigado siempre (castigó muchas veces) como criminal cualquiera manifestacion democrática.

Sin embargo, había en los pueblos cultos y en los bárbaros del Río de la Plata fuerzas que contrariaban la suya. La teoría democrática tuvo en los centros civilizados, especialmente en Buenos-aires, propagandistas elocuentes desde los primeros días de la revolucion, y más de una vez se tradujo en hechos, ya por iniciativa del pueblo, ya por la de los poderes públicos, que tuvieron notable trascendencia en la suerte política de las provincias. Las poblaciones bárbaras carecían de nociones teóricas; pero en cambio sentía cada uno de sus indivíduos, acostumbrados á la vida indisciplinada y libre en que el hombre es el soberano de sí mismo, como sentía Artigas: odiaba la imposicion que le venía de afuera y amaba su propia autonomía individual. El primero de estos sentimientos lo llevaba á pelear contra la prepotencia ó la autoridad que no era de su gusto; el segundo lo inducía á defender con abnegacion y bravura al caudillo en quien reconocía el defensor de su libertad desenfrenada. Por eso fué Artigas el caudillo de las poblaciones agrestes que se extendían al oriente del Paraná, miéntras defendió sus individualidades contra la autoridad disciplinada de Buenos-aires, y dejó de serlo desde que esas poblaciones tuvieron caudillos locales que los defendieran contra la tiranía del « Protector ».

Pueblos que así sienten, no pueden ser otra cosa que anarquistas miéntras son bárbaros y demócratas desde que llegan á civilizarse por la accion de los centros cultos, si no viene un poder contrario capaz de sojuzgarlos por tiempo indefinido y de sustituir lentamente unos hábitos por otros. Por fortuna, los pueblos del Plata vienen verificando su evolucion laboriosa: han rechazado esas fuerzas prepotentes contrarias á su instinto, pasan gradualmente el período de la anarquía y tienden á regirse, à medida que se civilizan, por los principios de la democracia. Esa evolucion se debe, no á la tiranía de los caudillos, sino á la accion combinada del sentimiento bárbaro de las muchedumbres campestres y de la doctrina reguladora de los centros ilustrados.

CLXXXIV — Artigas y la organizacion federal

El mismo sentimiento que impulsaba á los campesinos à la democracia, los arrastraba á querer la independencia de las pequeñas colectividades. En pugna con esta tendencia, el régimen colonial acostumbró á las muchedumbres al espectáculo de las grandes unidades políticas, cuya nocion empírica debió presentarse más oscura á medida que las distancias se alejaran de las ciudades. Pero lo que debió aparecer con claridad al sentido de las poblaciones incultas son las formas ostensibles de la division administrativa, ya en intendencias, ya en partidos; son las autoridades que gobernaban en cada una de un modo visible, dentro de jurisdicciones determinadas. Esto es lo que principalmente hizo su *educacion*, lo que les creó el hábito de vivir formando unidades ménos extensas que la nacional, pero más que la del distrito que accidental ó permanentemente ocuparan las agrupaciones indígenas.

La historia de esas dos fuerzas contrarias (el instinto y el hábito) es la historia de la organizacion política argentina. Los centros ilustrados que no se sentían compelidos sino por los hábitos creados por la educacion colonial, tendieron á la unidad centralista; las poblaciones rústicas, en cuya voluntad influía con fuerza el sentimiento innato de la autonomía local y más débilmente el hábito adquirido de las extensas comuniones, hallaron la conciliacion pràctica de estas dos tendencias en la federacion, que mantiene la unidad total á la vez que respeta las autonomías parciales. Como el sentimiento natural era más poderoso que el hábito adquirido durante la dominacion española, fué más vigorosa la cohesion interna, autonómica de cada pronvincia, que la externa ó federativa de la nacion; de lo que resultó que el caudillo, representante de la primera, fuera más querido y respetado que el Director Supremo, representante de la segunda; y que se mantuviera fàcilmente la unidad provincial, miéntras sufría la nacional perturbaciones que, aunque temporarias, fueron profundas. Por lo que se vé que la federacion del Río de la Plata no es obra de un hombre, ni de un partido, ni de una clase social, y sí de la accion recíproca de dos fuerzas generales creadas y robustecidas en el curso de tres siglos por la evolucion paralela y próxima de dos estados sociales.

El papel que desempeñó Artigas en el vasto escenario de estos sucesos, fué necesariamente limitado, porque estaba determinada, ántes que él apareciera, la corriente de las ideas, extensa y poderosa; porque otros caudillos se repartieron en casi todo el país la representacion de las fuerzas activas de las provincias; y porque no tuvo Artigas genio ni poder bastante para apoderarse del prestigio de esos caudillos, suplantándolos ó dominándolos siquiera fuera de un modo accidental. Su conducta fué ademas contradictoria, y esto esterilizó el influjo más benéfico que su personalidad hubiera ejercido, si hubiese obrado con unidad en todas las esferas.

En efecto, halagando el sentimiento ya formado de las provincias y sometiéndose aparentemente á él, nombró en Abril de 1813 diputados, los mandó al Congreso argentino y dió gran circulacion á las instrucciones que les dió. Esas instrucciones constituyen un documento notable, porque contienen los principios capitales del sistema federal, expuestos de modo que pocos los concebían con tanta claridad en aquel tiempo. Más tarde, en distintas épocas, expresó ideas análogas, aunque nó tan completas, ni con tanta correccion. Pareció, por tanto, un caudillo que sentía y sabía el sistema político á que prestaba el concurso de su voluntad, y pudo pretender el concepto de ser uno de los pocos caudillos doctrinadores con que contaban las poblaciones campesinas. Si en sus relaciones con las provincias hubiera dado el ejemplo de llevar al terreno de los hechos lo más indispensable de áquellas doctrinas, aunque fuera de un modo grosero, que nó otra cosa hubiera sido posible; si hubiera respetado en las provincias que dominó, el sentimiento localista de ellas, permitiendo que cada una hiciera de su autonomía el uso que quisiera, á imitacion de las otras provincias, Artigas habría influido benéficamente en los instintos políticos de su pueblo y de los pueblos occidentales.

Pero sus hechos eran opuestos á sus dichos: en ninguna de las tres provincias que dominó durante algunos años, dió señales *de sentir* la federacion, no ya como la exponía en los documentos, pero ni aún como la entendían los otros caudillos. Ninguna tuvo algo que se pareciera á legislatura provincial; sus gobernadores eran nombrados por Artigas con prescindencia del voto de las localidades: no tenían atribuciones propias, independientes del poder general; eran meros agentes de Artigas, cuyas órdenes cumplían como cumplen nuestros jefes políticos las del presidente de la República; no había entre ellos esa especie de liga ó de alianza que unía entre sí á los otros gobernadores: todos dependían directamente de Artigas. Por manera que implantó éste en las provincias de su dominio, en oposicion con las aspiraciones y costumbres localistas que constituían entónces el hecho federativo fundamental, un régimen unitario absoluto, más absoluto que el del coloniaje, que se vino al suelo tan pronto como el sentimiento autonómico pudo triunfar de la fuerza del omnímodo caudillo.

La discordancia fundamental de las doctrinas políticas que suscribía y los hechos políticos que realizaba, nace de que Artigas hacía lo único que era capaz de concebir, en tanto que decía en sus escritos lo que sus secretarios le redactaban. Obra de éstos eran los documentos doctrinales; eran obra de aquél los hechos administrativos. Artigas suscribía las doctrinas, porque la federacion le permitía en su concepto ser el señor de su provincia y porque la palabra con que se designaba era el santo y seña de todos los que, como él, odiaban al círculo oligárquico que desde Buenos-aires pretendía sofocar el localismo y vencer al caudillaje de las provincias.

Si, pues, acompañaba á éstos en la oposicion al centralismo porteño y contribuía de este modo á mantener viva la resistencia de los pueblos que le estaban sometidos, y si por otra parte algo hubiera hecho con la circular de 1813 y sus escritos posteriores en el sentido de dar á las tendencias instintivas de la campaña algunas determinaciones teóricas, era indudable que neutralizaba en gran parte esas influencias con el ejemplo de su régimen unitario y de sus ambiciones absorbentes. Por fortuna para la federacion del Plata, no tardó mucho Artigas en desprestigiarse por su nulidad militar y por el exceso de despotismo centralista con que abatió al principio y sublevó luego las disposiciones federalistas de las provincias litorales. Merece notarse que Artigas tuvo contra sí tres de las entidades más conspícuas de la federacion argentina en aquellos tiempos, que se hicieron notables de diversa manera : Ramirez, Güemes y Dorrego.

CLXXXV—Artigas y la independencia de la Banda-oriental

El que haya seguido atentamente el curso de los sucesos desde que Artigas apareció en el escenario político hasta que se vió obligado á refujiarse en el Paraguay, se habrá apercibido de que no estuvo en la mente de ese caudillo el pensamiento de separar completamente la Banda-oriental de la comunidad argentina, sino que, al contrario, supone toda su conducta la intencion de mantener la unidad. En efecto, cuando invadió la Banda-oriental como revolucionario en 1811, vino desde Buenos-aires en el concepto de militar argentino, obedeciendo la autoridad comun de las provincias y con recursos y fuerzas que esa autoridad le suministró. Continuó sirviendo bajo las órdenes de generales argentinos hasta 1813.

En este año ocurrió un suceso que empezó á mostrar las miras del caudillo: se consideraba jefe natural de los orientales y, como tal, con autoridad bastante para dirijir la política interna y para fijar el puesto que debiera ocupar la Banda en la organizacion nacional; convocó un congreso de varios comprovincianos suyos, hizo designar algunos para que representaran la Provincia del Uruguay en la Asamblea nacional y los mandó con instrucciones para que votaran á favor de la federacion; es decir, á favor de la unidad del Estado.

Se rebeló poco despues contra el Jefe del ejército sitiador y contra el Directorio; desertó del sitio é invadió las provincias occidentales, sometiéndolas á su mando, y vino el pronunciamiento de 1815, que causó la caída de Alvear y el triunfo de la influencia de las provincias, contrariada hasta entónces por el círculo oligárquico que gobernaba desde Buenos-aires. Artigas aplaude al vencedor, hace suyo el triunfo y halaga al «muy benemérito pueblo de Buenos-aires» con públicos votos «por que nada sea capaz de contrariar la union de las provincias».

Como los jefes del movimiento veían en Artigas, más que un caudillo de la federacion, un ambicioso anarquista que fomentaba el desórden interno y distraía lo mejor de las fuerzas que debían ocupar un puesto honroso en los campos en que se peleaba por la independencia, se decidieron á comprar la tranquilidad pública por el precio de tres provincias y le propusieron declarar independiente la Banda-oriental y dejar al Entre-ríos y Corrientes en libertad para que se pusieran bajo la proteccion del gobierno que quisiesen. Artigas rechazó esa proposicion en Junio de 1815 y sostuvo la que había presentado el día anterior, exijiendo que la Provincia del Uruguay continuara siendo una de las Unidas del Río de la Plata.

Las provincias mandan sus diputados al Congreso de Tucuman en 1816; no los mandan las dominadas por Artigas, pero éste convoca á su vez los diputados argentinos para congregarse en Pay-sandú: prueba inequívoca de que tampoco en esta fecha pensaba en emancipar la provincia oriental de las occidentales, y sí en conservar su unidad.

Viene en seguida la invasion portuguesa: el Directorio dá pasos hacia una conciliacion que le permitiera entrar en la guerra con la esperanza de ejercer dignamente su autoridad. Artigas se opone á someterse al Directorio, mantiene su actitud rebelde; pero, aún así, se queja hasta el último momento, conmina y amenaza por que el Directorio no cumple «el deber en que está de repeler la agresion extranjera». Artigas no hubiera empleado este lenguaje en los últimos momentos de su existencia política, si hubiese pensado que el pueblo uruguayo se había separado de la nacionalidad argentina, que el Directorio de ésta nada tenía que ver en la situacion actual de un nuevo Estado. Si le exijía que viniera al teatro de la guerra, es porque creía que el territorio y pueblo orientales eran territorio y pueblo argentinos, y que siendo el Director el gobernante superior de todos los argentinos, debía protejer las personas y territorios que entraban en la jurisdiccion nacional.

Artigas fué rebelde al gobierno general, no sólo dentro de su provincia en los siete meses siguientes á la toma de Montevideo por Alvear, en que el Directorio hizo por que su autoridad fuera respetada, sino tambien fuera de su provincia, despues que el Directorio se retiró de ella. Pero Artigas, resistiendo en su país y llevando la ofensiva fuera de él durante más de seis años, hizo cuestion de gobernante, no hizo cuestion de nacionalidad; se empeñó por mandar en vez de obedecer, pero conservando la integridad territorial. Puesto que fué constantemente rebelde, y que sus armas predominaron en el Uruguay, Entre-ríos y Corrientes, se produjo una separacion entre la autoridad directorial y la que asumió Artigas; pero eso fué sólo un aislamiento de hecho, que afectaba á las relaciones administrativas y nó al concepto de la unidad del Estado. Esto que sucedió con Artigas, sucedió con todos los caudillos de su época: Ramirez, Lopez, Güemes y otros gobernaron por más ó ménos tiempo en sus provincias, prescindiendo del gobierno comun, con entera independencia; pero esa independencia era de hecho, accidental, relativa á las personas; no llevó en sí el pensamiento de desmembrar la nacion. Esas situaciones eran idénticas en el fondo á las que se producen en toda conducta revolucionaria interna: el gobierno de la revolucion obra con independencia del gobierno atacado, pero no entiende por eso independizar del Estado el territorio que domina. Así fué la situacion que surgió de la rebelion de Artigas: se sublevó éste contra la autoridad del Directorio, pero nó contra la unidad nacional. ¿Fué meritorio ó nó el hecho de no aspirar á la independencia de la provincia uruguaya? No debe discutirse aquí, porque es cuestion política y nó histórica. Pero, júzguesele como se quiera, ése es el hecho verdadero. La conducta de Artigas correspondió á una cuestion personal: hubiérasele proclamado Director de las Provincias-unidas, y se habría logrado todo para él. Ese fué su móvil y nó el de emancipar su patria, que la habría emancipado fácilmente si hubiese querido.

CLXXXVI — Propósitos fundamentales de Artigas

No era, ni podía ser la independencia oriental un hecho simpático á Artigas, porque le habría obligado á conformarse con el gobierno de su sola provincia cuando pretendía dilatar su poder á las occidentales sin más limitacion que la que le impusiera la suerte de sus armas. Su ambicion de mando, que era su aspiracion capital, se reveló desde los primeros días de la campaña contra los españoles: se dió inmediatamente el título de *Jefe de los orientales* y aspiró desde ese momento á la supremacía militar entre sus comprovincianos. Asumió en 1813, sin consentimiento del general en jefe ni de ninguna otra autoridad, la direccion de la política interna en sus relaciones con las Provincias-unidas, convocó una reunion de paisanos suyos y les hizo nombrar diputados, á quienes dió instrucciones en su propio nombre, arrogándose la soberanía de la provincia. El mismo año intentó imponerse á los electores que los pueblos designaron, y el rechazo de esa imposicion, que fué una de las causas que lo decidieron á abandonar el sitio, le pareció que lo autorizaba para disolver el Congreso y anular sus actos, sin tener en cuenta para nada la soberanía popular. Hasta aquí se vé el hombre que quiere ser caudillo prepotente en su país.

Separado del sitio, se retira al Norte é invade la provincia de Entre-ríos y Corrientes. Había en toda esta extensa zona algunos jefezuelos que se habían hecho de algun prestigio en sus respectivos lugares, pero ninguno que se hubiera atraído la adhesion de toda la provincia. Como Artigas gozaba ya de nombre, fácil le fué imponerse á todos aquellos oficiales oscuros y hacerse su jefe supremo. Lo consiguió pronto. Los españoles de Montevideo fueron vencidos entre tanto. Artigas, dueño de toda la campaña oriental y de la entre-riana y correntina, exijió que se le entregara la plaza y lo consiguió á los siete meses de lucha.

Desde este momento ejerció el poder absoluto en su patria. ¿Renunció por eso el dominio de las provincias occidentales? Nó: las gobernó con el mismo absolutismo que empleó en su provincia y dispuso de ellas como de cosa propia. No satisfecho con eso, pretendió avanzar al Oeste y al Sud; emprendió trabajos subversivos en Santa-fé, en Córdoba y en la provincia de Buenos-aires, inva-

dió la primera, la dominó, y cuando triunfó la
sublevacion de Fontezuelas, pretendió imponerse
al Directorio que surgió de la insurreccion. No
consiguió esto; pero intentó hacerse el árbitro de
todo el Río de la Plata, convocando las provincias
al Congreso de Pay-sandú é impidiendo que algunas mandasen sus diputados al de Tucuman. Más
tarde envolvió al Paraguay en sus pretensiones de
dominio y se ha visto que trató por último á Pueyrredon como si debiera subordinársele sin condiciones, á pesar de ser el Director de las Provincias-unidas.

Esta y nó otra fué la ambicion suprema de Artigas: ejercer el poder en el Río de la Plata, ser su
gobernante absoluto y despótico, como lo fué en
las tres provincias orientales del Paraná. Ante
tamañas aspiraciones, la idea de independizar la
Banda uruguaya habría sido un contrasentido,
porque mutilaba el proyecto fundamental, redu-
ciéndolo á la mínima proporcion, anulándolo casi.
Esta es la razon por que no la acarició nunca, por
que la rechazó rotundamente cuando se le propuso.

CLXXXVII — Artigas y la independencia del Rio de la Plata

Es indudable que Artigas no deseaba la independencia de su provincia; pero no puede decirse
que no quisiera la independencia del Río de la Plata. Fué enemigo, y enemigo fiero de los españoles
y portugueses, como lo fueron todos los caudillos y
los pueblos de su tiempo. Con todo, no fué Artigas
el enemigo más temible que tuvo la dominacion
española y podría tal vez decirse con verdad que
más servicios le debió á él que á algunos de sus
fieles generales. Aun cuando tuvo el sentimiento
de americano, el móvil principal de su conducta
fué su interes personal, su ambicion de dominio, y

le faltó la abnegacion necesaria para sacrificar este interes personal al interes general de la independencia. Así es que rompió con su conducta rebelde, apénas firmada, la tregua que los sucesos del Norte aconsejaron al gobierno de Buenos-aires en 1811, obligándolo á infringir sus compromisos y á continuar al Este del Uruguay una guerra contra los españoles y portugueses en que el éxito habría sido favorable á los aliados si no hubieran sobrevenido las influencias eventuales de la Inglaterra. Su desercion del sitio de Montevideo en 1814, despues de su conducta frecuentemente insubordinada, puso en inminente peligro la empresa y comprometió del modo más sério la posicion del Río de la Plata, sin otro motivo que el de no haber conseguido que triunfara su voluntad en cuestiones de política interna.

Como si los conflictos que suscitó en la Banda-oriental no bastaran para debilitar la accion del gobierno argentino, obligada á dividirse en dos teatros lejanos, cuando más necesaria era á la causa comun la unidad del esfuerzo, Artigas invadió las provincias occidentales, las insurreccionó y las puso en guerra con Buenos-aires, avivando el espíritu anárquico de las otras provincias, privando al gobierno central de recursos importantes y poniéndolo en el caso de tener que destinar una parte de su reducido ejército á combatir sin éxito la extensa rebelion, y á sufrir derrotas tan crueles como gloriosas en los campos del Alto-Perú.

A tal extremo llegó la ofuscacion de Artigas, que favoreció las fuerzas españolas del Uruguay y de Montevideo, dando medios seguros á sus comunicaciones y suministrándoles recursos y entrando en negociaciones, cuando se apuraban los esfuerzos por tomar cuanto ántes la plaza, á fin de contener con el concurso de las fuerzas destinadas á esta operacion el avance victorioso del ejército español del Norte. Todos estos hechos colocan á Artigas en una situacion en extremo difícil, puesto que con todos ellos contrarió los intereses supremos de todo el Río de la Plata y aún de la América meridional, y asumió con algunos el papel de verdadero traidor á la causa de la independencia.

CLXXXVIII — Artigas y la dominacion portuguesa

Artígas dió pretexto á los portugueses para que invadieran en 1816, porque éstos alegaron, lo que era verdad, que las caballerías artiguistas constituían un peligro permanente para las poblaciones de la frontera brasileña, y que el Gobierno de las Provincias-unidas carecía de poder para impedir los excesos de aquellas bandas. La corte invocó la necesidad de intervenir para asegurar la tranquilidad de sus súbditos.

Subió al Directorio Pueyrredon animado por el deseo de rechazar á los invasores, y no exijió para llevar á cabo sus miras otra condicion que el reconocimiento de su autoridad por Artigas. ¿Cuál debió ser la conducta de éste en tan apuradas circunstancias? Debió resignarse á renunciar temporariamente á la supremacía del mando, ya que con esa renuncia podía esperar que su provincia no fuera conquistada por el extranjero. Ésta es la regla de conducta que observaron otros caudillos: no era Güemes, por ejemplo, mucho más civilizado que él, ni ménos déspota y señor de su provincia de Salta, ni más opuesto á halagar los instintos bárbaros del gaucho, ni ménos capaz de conseguir triunfos en los campos de batalla; pero no rechazó el concurso de las fuerzas nacionales, ni se sintió mortificado al ponerse bajo las órdenes de los generales del Directorio cuando vió que las tropas del Virey del Perú amenazaban la integridad de las Provincias-unidas. Graves acusaciones le harà la historia por la conducta que observó en las cuestiones internas del país; pero reconocerá á la vez con aplauso que la independencia del Río de la Plata debe mucho á sus memorables campañas. Artigas emprendió otro camino: subordinó todo á su inmenso egoísmo, prefirió pelear solo á pelear bajo las órdenes del gobierno general, y consiguió que su vanidad triunfara; pero perdió á su patria y se perdió á sí mismo.

CLXXXXIX — Artigas y el caudillaje

El caudillaje, tal como lo entendemos generalmente, es híjo lejítimo de la barbarie. Nace de ella, ó no nace. Por lo mismo, el caudillo tiene que llevar los caractéres específicos de la madre que lo enjendra: Belgrano no habría sido caudillo jamás, por mucho que lo hubiese querido; Lopez, Ramirez, Artigas, lo fueron fácilmente; puede decirse que lo fueron ántes de haber tenido la conciencia de que lo eran. En 1810 no tenía la Banda-oriental, fuera de Montevideo, más que cuarenta ó cincuenta mil habitantes, diseminados en todo el territorio que se extiende del Plata al Ibicuy. No se necesitaban muchas fuerzas para dominar y gobernar esas poblaciones y para civilizarlas sin dar lugar á que surjieran caudillos: no los hubo miéntras los españoles dominaron libremente el país; pero desde que el poder colonial se limitó á Montevideo sin que otro tan eficaz le sustituyera, salió Artigas.

Producido el hecho, no era posible evitar las consecuencias naturales: se formaron al lado del caudillo capitanes á su semejanza, quienes fueron á su vez caudillos y contribuyeron á formar otros en mayor número. Así nació y se desarrolló el caudillaje de la Banda-oriental. Todas las provincias del Río de la Plata tuvieron sus caudillos; pero sus caractéres se diferenciaban segun el pueblo de que surjían y segun el jefe superior á que obedecían. Artigas hubiera sometido, á haberlo deseado, sus oficiales y pueblos á cierta disciplina y á cierto órden bastantes para moderar el desborde de las pasiones; pero no lo hizo, ni lo quiso, porque no sintió la necesidad de regularizar la conducta de las muchedumbres y porque intentar semejante obra habría equivalido, al principio, á limitar el campo de su accion, y, despues, á quebrantar las relaciones que mantenía con los caudillejos que obraban como sus inferiores en las provincias litorales del Uruguay. De ahí que muchos de los caudillos á que dió orígen fueran inmorales, sanguinarios ó ladrones, déspotas, anarquistas é ignorantes, como Otorgues, Blasito, Andresito, Berdun y otros muchos que figuraron en órden más ó ménos secundario.

Así, pues, ha sido Artigas el que inició y fomentó ese caudillaje anárquico y desenfrenado que tanta parte ha tenido en las desgracias de la Banda-oriental, y que ha venido modificándose á medida que la civilizacion se ha difundido de las ciudades al campo, ó que los elementos insanos han venido incorporándose á los centros civilizados.

CXC — Artigas ante su posteridad

Eso ha sido Artigas. Tal resulta, estudiado con imparcialidad, sin designios preconcebidos, en el conjunto de los hechos que le pertenecen. La historia le consagrará pocas palabras que fueran capaces de halagarle si viviera; en cambio, condenará severamente el papel que hizo en los sucesos

que se desenlazaron en el aciago año de mil ocho-
cientos veinte, y lo condenará, nó en nombre de
los particulares intereses orientales ó argentinos,
sino en nombre de la moral y del derecho, cuyos
principios son universales. Artigas no fué un personaje exclusivamente oriental, ni exclusivamente argentino: pertenece igualmente á los países
que se extienden á ambos lados del Uruguay. No
hizo todo el mal al uno por beneficiar al otro; no
favoreció las pasiones de éste contra las pasiones
de aquél ó vice-versa: tuvo en los dos, amigos que
le siguieron y enemigos que le odiaron, y en los
dos hubo grandes pretensiones satisfechas y grandes pretensiones heridas por los designios y la
conducta del indomable caudillo.

Si los errores, pasiones y preocupaciones del
año quince se hubieran perpetuado hasta hoy, no
serían pocos los orientales y argentinos que le
condenaran en nombre de todos los intereses le-
jítimos de las dos repúblicas; y si salieran algunos á defenderle, ésos serían probablemente argentinos y nó orientales, porque el criterio tradi-
cional haría ver á aquéllos y nó á éstos en Artigas
el amigo de las tendencias instintivas que, trans-
formándose paulatinamente en ideas, han venido
á resolverse por fin en el gran movimiento político
que ha triunfado definitivamente, ganando las opiniones y el corazon de los pueblos. Pero las ajita-
ciones de aquella época pasaron, y las ha sustituído la razon serena que vé las cosas y los hombres
como fueron y que los encomia ó censura segun la
justicia requiere. Ahora que el pensamiento se
siente libre de menguados influjos, no es fácil distinguir quiénes deberán ser más severos en el fa-
llo: si los que vieron levantarse ó los que vieron
caer la figura del titulado *Protector de los pueblos
libres.*

CAPÍTULO III

LA ANEXION AL REINO-UNIDO

CXCI — Conducta política de Lecor

Expulsado Artigas y sometidos Rivera y demas oficiales que cruzaban el territorio con partidas de gente armada, quedaron concluídos los trabajos de pacificacion y pudo Lecor entregarse completamente á los de organizacion y consolidacion de su poder. En cuanto á esto último, sus instrucciones le trazaban el camino que había de seguir: se le ordenaba que no contrariase las costumbres del pueblo y que admitiese en el ejército, con sus grados respectivos, á los jefes y oficiales que reconocieran su autoridad. Se comprende que tales instrucciones iban dirijidas á hacer fácilmente aceptable la dominacion portuguesa, y no puede desconocerse su eficacia inmediata; pero ¿no envolvía un grave peligro para esa dominacion el hecho de conservar en sus puestos y grados los hombres más influyentes que el país tenía?

No tardó Lecor en apercibirse de esto, y consiguió que se modificase el personal de los cabildos, introduciendo en ellos personas más adictas á la causa portuguesa; pero conservó en sus puestos á los militares, que debieron parecerle más temibles, en vez de contentarlos de otra manera. Es así que figuraban en el ejército: Rivera, con el grado de coronel; Juan Antonio Lavalleja, puesto en libertad en cuanto se hizo la paz, con el grado de teniente coronel; Bernabé Saenz, con el de mayor; Pedro Delgado, con el de ayudante; Juan José Martinez, con el de capitan cuartel-maestre; Antonio Toribio, con el de teniente; Julian Laguna, Ramon Mansilla, Bonifacio Isas (á) Calderon, Blas Jáuregui, Manuel Lavalleja, Bernabé Rivera, con el dé capitan; Servando Gomez, Basilio Araujo é Hipólito Dominguez, con el de teniente, etc., etc. Pronto se verá lo que importó para los destinos de la Provincia la incorporacion de estos elementos al ejército activo de la Potencia interventora.

CXCII — Política de Don Juan VI con relacion á la Provincia-oriental

Pensó entónces D. Juan VI regularizar y dar bases seguras á las relaciones pacíficas con los países limítrofes, así como cumplir la promesa que había hecho á los orientales de no mantener fuerzas en su territorio sino durante el tiempo indispensable para asegurar el órden interior.

Respondiendo al primer propósito, envió el ministro Pinheiro Ferreira á D. Juan Manuel de Figueredo en el carácter de agente diplomático cerca del Gobierno de Buenos-aires, con instrucciones para que reconociese la independencia de las provincias y negociase tratados de comercio y demas que son de uso entre naciones amigas, y recomendándole que tratara de convencer á estos pueblos, por su conducta pública y privada, de que ninguna parte quería tomar la Corte en las disensiones internas del Río de la Plata.

Respondiendo al segundo propósito, se dirijió en la misma fecha (16 de Abril de 1821) al Baron de la laguna, diciéndole que « siendo una verdad de « primera intuicion que las cosas no pueden ni « deben quedar ahí en el estado en que actualmen « te se hallan, tres son únicamente las hipótesis « que es lícito asentar sobre el estado futuro de ese « país, que hoy se halla ocupado por las armas

« portuguesas; pues ó se une de una vez cordial y
« francamente al reino del Brasil, ó prefiere incor-
« porarse á alguna de las otras provincias vecinas,
« ó en fin se constituye en Estado independiente.
« Que S. M., absolutamente dispuesto á hacer to-
« do cuanto pueda asegurar la felicidad de esos
« pueblos, ha resuelto tomar por base de su con-
« ducta para con ellos en esta ocasion, dejarles la
« eleccion de su futura suerte, proporcionándoles
« los medios de deliberar con plena libertad bajo
« la proteccion de las armas portuguesas, pero
« sin la menor sombra de coaccion ni sugestion, la
« forma de gobierno y las personas que por medio
« de sus representantes, regularmente congrega-
« dos, entendieren que son las más apropiadas á
« sus particulares circunstancias. Que en esta
« conformidad quiere S. M. que V. E., tomando en
« cuanto fuera posible por base las instrucciones
« que tanto en Portugal como en este reino del
« Brasil se adoptaron para el nombramiento y
« eleccion de los diputados que debían componer
« las Córtes de este Reino-Unido, haga convocar
« ahí unas Córtes extraordinarias en número pro-
« porcional á la poblacion de esa provincia, de
« manera que ni sean en número tan apocado que
« la temeridad de los partidos las puedan aterrar
« ó seducir fácilmente, ni por otra parte sean tan
« numerosas que resulte una funesta oclocracia,
« para la cual tienen ya desgraciadamente esos
« pueblos una decidida propension ».

Se colocaba luego en la hipótesis de que el Congreso decidiera hacer de la Provincia un Estado
independiente, que juzgaba lo más probable, y
disponía que en tal caso hiciera recoger todas las
fuerzas portuguesas y brasileñas y desocupase
el territorio inmediatamente, ajustando con las
nuevas autoridades los medios más acertados de

guarnecer los puntos militares de la frontera. Pasaba despues á la hipótesis « poco probable, pero posible » de que el Congreso decidiera la union del reino del Brasil, y disponía que por ese solo hecho sería el Baron gobernador y capitan general de la nueva provincia. Es de notarse que nada se prevenía para el caso de la incorporacion á las Provincias-unidas.

En las instrucciones dadas á Figueredo se expresaba que, como la parte de la Banda-oriental militarmente ocupada « ha perdido de hecho su « independencia, se ha servido S. M. que esta le « sea muy solemnemente restituída á la faz del « universo, para que en plena libertad, sin la me- « nor sombra de coaccion ni sugestion, elija aque- « lla forma de gobierno y aquella constitucion que « á sus representantes regularmente nombrados « parezcan las más apropiadas á sus particulares « circunstancias ».

Y en las credenciales presentadas al Gobierno argentino se agregaba: « Llevando al grado de « su mayor extension estos sentimientos de sa- « grado respeto, de que cumple se hallen anima- « dos los gobiernos y los pueblos, unos para con « los otros, ha mandado S. M. F. expedir sus « reales órdenes é instrucciones al Baron de la « laguna, general en jefe del ejército de ocupacion « de la Banda-oriental, á fin de que haciendo con- « gregar en la ciudad de Montevideo Córtes gene- « rales de todo el territorrio, y nombradas de la « manera más libre y popular, éstas hayan de es- « coger, sin la menor sombra de coaccion ni su- « gestion, la forma de gobierno y constitucion que « de ahora en adelante estén persuadidos ser la « más apropiada á sus circunstancias. — Una vez « elejida por aquellas Córtes su independencia « del reino del Brasil, ya sea para unirse á algun

« otro Estado, cualquiera que él pueda ser, es-
« tán dadas las órdenes á las autoridades portu-
« guesas, tanto civiles como militares, que hagan
« inmediatamente entrega de sus comandos y ju-
« risdicciones á los correspondientes nombrados
« por las referidas Córtes del nuevo Estado, y se
« retiren para dentro de la frontera de este reino
« del Brasil, con la formal y más solemne prome-
« sa de la parte de S. M. F. que jamas sus ejér-
« citos pasarán esta divisa en cuanto aquellos
« pueblos mantuvieron la actitud de paz y buena
« vecindad, á cuya sombra únicamente pueden
« prosperar la agricultura y la industria, cuya
« prosperidad es el principal objeto de sus pater-
« nales cuidados. »

Aunque hay en todo lo transcripto una notable
apariencia de honradez y de injenuidad, no es de
suponerse que el monarca juzgara más probable
la independencia de la Provincia que su anexion
al Reino-unido; porque ¿cómo habría olvidado
la representacion que le dirijió en 1817 el Cabildo gobernador de Montevideo, ni cómo puede
pensarse que ignoraba el fin á que se dirijían los
trabajos políticos de Lecor y de algunos de los
prohombres uruguayos? Es presumible que don
Juan VI obrara como obraba, porque estaba seguro de que sus deseos se cumplirían sin necesidad
de recurrir á medios ménos inconvenientes, y
porque esperaba que el proceder así favorecería
su política para con las Provincias-unidas; pero,
como quiera que fuera, debe reconocerse que
asumió una actitud que comprometía sériamente
su posicion actual respecto del Río de la Plata y
no ménos la que hubiera podido surgir de los hechos siempre eventuales á que iban á dar lugar
sus instrucciones.

CXCIII — Se convoca al pueblo para que resuelva acerca de su independencia

No tardó en dirijirse el Baron de la laguna al intendente de la Provincia, que lo era D. Juan José Durán, manifestándole que su magestad el rey, consecuente con la liberalidad de sus principios políticos y la justicia de sus sentimientos, desea y es de su real voluntad que la provincia determinara sobre su futuro estado y felicidad; y que por consecuencia mandaba que se convocase un congreso extraordinario de sus diputados, los cuales deberían reunirse el 15 de Julio y ser elegidos evitando cuidadosamente la influencia de los partidos. (Oficio de 15 de Junio de 1821). Durán pudo contestar á esto que el Rey debía presumir la intencion de no pertenecer al Reino-unido miéntras la Provincia no manifestara otra cosa por su propia y espontánea iniciativa, agregando que no se congregaría por la voluntad de un poder extraño; pero, como era cosa ya acordada, el Intendente convocó los diputados, dictó precipitadamente reglas electorales, y determinó el número de representantes con que había de concurrir cada departamento. Simultáneamente se dirijieron á diversos puntos algunas de las personas más adeptas á la política portuguesa con la intencion de dirijir de cerca las elecciones y de influir en los ánimos indiferentes ó indecisos, y la eleccion se llevó á cabo por los cabildos unidos á los alcaldes territoriales.

No satisfizo á todos esto, porque se prescindió de la masa del pueblo, llamando á elegir para asunto tan grave á corporaciones oficiales más ó ménos estrechamente vinculadas á la situacion que se creó en Enero de 1817, ni del agrado de todos fueron los electos, pues se dijo en tono de censura que lo habían sido los más obligados al Portugal, señalándose á Durán, que era intendente y brigadièr; á Bianchi, que era administrador de aduana, síndico procurador, comandante del resguardo, caballero de la órden de Cristo, diputado y agente secreto del gobierno; á García y Llambí, que eran miembros de la Cámara de apelaciones y gozaban sueldo; á Rivera, que era coronel del ejército portugués; á Larrañaga, decorado con la cruz de Cristo; á Maldonado, que era ministro de hacienda; y así á otros; pero se reconocía á la vez la honorabilidad de los más y el hecho de que respondían á la opinion de una buena parte del país.

CXCIV — Congreso de 1821. Decreta la anexion al Reino-unido

Las sesiones del Congreso empezaron el Domingo 15 de Julio, en cuyo día no hizo otra cosa que instalarse y nombrar presidente y secretario. Lecor mandó acuartelar todas las tropas y el regimiento número 2, que bajó para el efecto de á bordo, á pesar de estar pronto para dirijirse al Brasil, y así las tuvo miéntras no concluyeron las deliberaciones del Congreso. Este celebró otra sesion solemne el 18, asistiendo los diputados de Montevideo, de sus extramuros, de Canelones, de Maldonado, de la Colonia, de Mercedes, de Soriano, de San-José y de Cerro-largo, en número de dieciseis, entre quienes se hallaban las personas más caracterizadas, tales como Juan José Durán, Dámaso Antonio Larrañaga, Tomás García Zúñiga, Gerónimo Pio Bianchi, Alejandro Chucarro, Francisco Llambí, Fructuoso Rivera. Cuando se llegó á tratar el asunto del día, el Presidente (Sr. Durán) propuso: « Si, segun el « presente estado de las circunstancias del país, « convendría la incorporacion de esta provincia á

« la monarquía portuguesa, y sobre qué bases
« ó condiciones; ó si, por el contrario, le sería
« más ventajoso constituirse independiente ó
« unirse á cualquiera otro gobierno, evacuando el
« territorio las tropas de S. M. F.»

Usaron la palabra los Sres. Bianchi, Llambí,
Larrañaga, y sostuvieron: que la Provincia oriental carecía de condiciones para ser independiente;
que ni Buenos-aires, ni Entre-ríos, ni España podrían sostenerla en paz y seguridad; que sería
peligroso unirse á Buenos-aires, porque, celosas
de su poder las demas provincias, verían en la
oriental una aliada de aquélla, y la envolverían en
la guerra en que se hallaban; que por otra parte
Buenos-aires y las demas provincias habían abandonado á los orientales; y que, por consecuencia,
no quedaba otro camino que el de la incorporacion
á la nacion portuguesa. Como nadie se opuso,
quedó resuelta la anexion.

CXCV — Condiciones de la anexion

Al día siguiente resolvió el Congreso que cada
diputado consultara á sus comitentes acerca de
las condiciones de la incorporacion; que diera sus
apuntes á una Comision especial, para la cual fueron nombrados los Sres. Llambí, Larrañaga y
García Zúñiga, y que ésta, con aquellos antecedentes á la vista, redactase las cláusulas y las propusiese en una sesion próxima.

Así se hizo, con una prontitud inusitada. Votadas las condiciones, se reunieron el Congreso,
representando á la provincia Cisplatina, y el Bá-
ron de la laguna, representando al Rey, el 31 de
Julio del mismo año y acordaron: que la Provincia
oriental del Uruguay se incorporaba al Reino-unido de Portugal, Brasil y Algarbes con la condicion
de que el territorio debería considerarse un Estado

distinto de los otros, bajo el nombre de Cisplatino; que sus límites serían el Océano, el Río de la Plata, el Uruguay, el Cuareim, la Cuchilla de Santa-Ana, el arroyo de Tacuarembó-grande, Yaguaron, la laguna Miní, el arroyo San-Miguel y el Chuy; que gozara el mismo rango que los demas de la monarquía y tuviera su representacion en el Congreso nacional, conformándose con los principios que estableciera la constitucion del Estado; que se conservaran por entónces las leyes que no se opusiesen á los preceptos constitucionales; que los cargos concejiles y empleos fueran conferidos á los naturales, ó habitantes casados ó avecindados en la Provincia, salvo el de capitan general, en cuyo cargo continuaría el Baron de la laguna; que se aceptaban las bases de constitucion acordadas en aquel año por el Congreso general de la nacion, etc., etc.

El 1º de Agosto solicitó el Congreso, á peticion del Sr. Bianchi, apoyada por el Sr. Larrañaga, que se agregase al tratado de incorporacion una cláusula por la cual llevarían las armas de Montevideo la esfera armilar de las armas portuguesas, y se usaría la escarapela militar de este reino con la adicion del color celeste, á lo que accedió inmediatamente el Baron.

CXCVI — Se jura el pacto de incorporacion

El cinco del mismo mes juraron el Congreso, el general Lecor y todas las demas autoridades y empleados, que observarían fiel y lealmente las bases de la constitucion nacional y el pacto de incorporacion. Terminado el juramento, salieron del cabildo Lecor, los diputados, los capitulares, la cámara, el consulado y la comunidad de San Francisco, quienes se dirijieron á la Matriz con la oficialidad y algunos particulares que los esperaban en la plaza. A una señal hecha con la bandera colorada que se había puesto en una de las torres de la iglesia, se empavesaron los buques y rompió una salva de artillería de mar y tierra. Díjose un *Te-Deum* y hubo en seguida otra salva. Lecor invitó con un banquete á las personas más distinguidas, despues del cual se dirijieron los convidados á oír una representacion en *La comedia*, al tiempo que sonaban salvas y cohetes. Al levantarse el telon se vió expuesto un gran retrato de Don Juan VI, ante el cual se pusieron todos de pié, dieron vivas « al rey de Portugal y la Cisplatina oriental», y agitaron sus pañuelos, en tanto que la música tocaba una marcha y las damas arrojaban desde los palcos moñas azules, que prendieron al brazo derecho los jefes, oficiales y demas concurrentes (1). Cantado un elogio al rey por la Petronila, siguió la representacion. Tres días duraron las fiestas, con funciones de teatro, salvas, iluminacion y cohetes.

CXCVII — Independencia del Brasil

Miéntras tanto, ocurrían hechos en el Brasil, que dieron lugar á trascendentales actos del Estado-cisplatino. Aquel país había sido una colonia portuguesa hasta 1815. El rey lo elevó en Diciembre de este año á la dignidad y preeminencia de reino, en consideracion á la importancia que había adquirido y á la utilidad que se reportaría de la identidad de todos los dominios de la Corona, de lo que resultó el Reino-unido de Portugal, Brasil y Algarbes. Un año despues se promulgó una ordenanza por la cual los primogénitos de la Corona, que se habían llamado príncipes del Brasil, tomarían el título de príncipes del Reino-

(1) Algunos de los oficiales portugueses habían entrado llevando ya moñas azules en el brazo derecho.

unido y duques de Braganza. A los cuatro años de este suceso (Febrero 26 de 1821) se juró en el Brasil la constitucion que acababan de darse los portugueses, y el rey Juan VI, que residía en Rio-Janeiro, obligado por acontecimientos políticos de Europa, fué requerido por las Córtes para que volviera á Lisboa. Partió dejando á su hijo como Príncipe-regente del Brasil, auxiliado por un consejo de tres ministros, y encomendándole reservadamente, segun se cree, que si era menester independizar el Brasil y hacerse su rey para conservar su dominio, procediera así.

Las cosas se prepararon de modo que dieran este resultado. Las Córtes dispusieron que el Príncipe-regente se trasladara á Europa para completar su educacion, y que se dividiera el Brasil en cuatro provincias independientes entre sí, pero sometidas á la metrópoli (29 de Septiembre), cuyo acto hirió el sentimiento brasileño ya conmovido por agitaciones populares y militares que enemistaron á los naturales con los portugueses. Aparentó el Príncipe que obedecía el mandamiento de las Córtes, al mismo tiempo que hacía publicar los decretos y alentaba la difusion de numerosos folletos contrarios á la determinacion del gobierno nacional. El pueblo se pronuncia contra la partida del Príncipe, suspende éste sus preparativos de viage, y recibe poco despues (13 de Mayo de 1822) de la municipalidad el título de « Príncipe-regente constitucional y defensor perpetuo del Brasil », cuya decision fué acogida con aclamaciones por el pueblo. Convocóse en Junio un congreso con el fin de que decidiera cuál había de ser el régimen futuro del Brasil, y esa asamblea proclamó la independencia el 21 de Septiembre y saludó al Príncipe con el título de Emperador constitucional del Brasil, para cuya coronacion se señaló el día 12 de Octubre.

CXCVIII — Disturbios que la independencia del Brasil ocasiona en Montevideo

No se mantuvo el Estado-cisplatino indiferente á estos sucesos. Ya en Mayo de 1821, al saberse la partida del rey Juan VI á Lisboa, se había levantado la guarnicion portuguesa de Montevideo, mandada por el coronel Claudio Pimentel, exijiendo que se la considerase parte del ejército portugues y nó del brasileño, y que todas las autoridades jurasen la Constitucion dictada por las Córtes de Lisboa. Lecor accedió prometiéndoles que serían mandados à su patria; pero, decidido á servir á la causa del Brasil, nombró una junta provisional de gobierno con el ánimo ostensible de calmar la excitacion producida y con el propósito real de que triunfara su política, cuya junta se compuso del jefe de los amotinados, el mayor Nepomuceno y los capitanes Jeremías y Plana. Lecor se reservó la presidencia, y quedó así arreglado por el momento este incidente. Pero la tranquilidad no duró mucho tiempo. De los 5440 hombres de tropa que tenía Lecor en la Provincia (1), había 2190 en Montevideo y de éstos eran 1770 portugueses y sólo 420 brasileños. Se les debían muchos meses de sueldo, no se veía próximo el día del embarque y, aunque los americanos debieron mostrarse resignados por el interes nacional comprometido en su permanencia, ellos y los europeos fueron tan impacientes y tan descon-

---

(1) Estaban distribuídos así : En MONTEVIDEO: *portugueses*, 1300 infantes, 340 caballos, 130 artilleros; *americanos*, 255 infantes, 120 artilleros.—En la COLONIA, 500 *portugueses*. En CANELONES y SAN-JOSÉ, 600 caballos *americanos*. En MALDONADO, 350 *portugueses*. En CERRO-LARGO, 300 *americanos*. En SORIANO, MERCEDES, RINCON DE HAEDO, hasta el SALTO, 300 *portugueses* y 1200 *americanos*.

tentos estaban, que perdieron los respetos impuestos por la disciplina, hasta el punto de sublevarse cinco veces en dieciocho dias (30 de Diciembre, y 5, 17 (de tarde y de noche) y 18 de Enero de 1822). Se les pacificó distribuyéndoles á cuenta un empréstito de más de doscientos mil pesos que se impuso á varias personas de las ciudad.

CXCIX — Disposiciones de Don Pedro I y de las Córtes de Lisboa respecto del Estado-cisplatino

Los representantes de los Estados americanos habían recibido órden de trasladarse á Lisboa. Don Pedro trató de convencerlos de que tal paso no convenía á los intereses brasileños, porque su presencia en las Córtes, impotente para modificar las resoluciones extremas de la mayoría portuguesa, serviría para autorizarlas. Los que aspiraban á la independencia, ya prevista por todos, se quedaron en Río-Janeiro; los que se conservaban fieles á Portugal, se fueron á Lisboa. Los diputados del Estado-cisplatino, que lo eran Aparicio y Lúcas José Obes, y que habían salido de Montevideo el 13 de Febrero, se hallaban en una situacion difícil, porque su actitud comprometía la que había de asumir el pueblo oriental cuando llegara la ocasion de resolver si continuaría unido á Portugal y Algarbes, ó si se incorporaría al futuro imperio. Obes y Aparicio no se opusieron, sin embargo, á la insinuacion: accedieron á ella, persuadidos de que no le quedaba á su patria mejor partido que el de seguir la suerte del Brasil, y permanecieron en Río-Janeiro esperando la reunion de la asamblea en que figurarían como diputados cisplatinos.

Es de notarse que coincidió con esto la discusion en las Córtes de Lisboa de la ocupacion de la

Banda-oriental. Los portugueses que la promovieron alegaron que debía restituirse el territorio á España, porque había sido conquistado sin sombra de derecho ni justicia, y era inconveniente agregarlo al Brasil. Los representantes de este Estado contestaron que los montevideanos se habían unido espontánea y solemnemente por no poder constituir una nacion por sí solos; que para los brasileños era esta posesion un punto estratégico precioso, y tenía la ventaja de dar límites naturales al Estado. Se unieron algunos portugueses á los que así pensaban y quedó la cuestion aplazada. (Abril de 1822).

CAPÍTULO IV

LA ANEXION AL BRASIL

CC — Oposicion de portugueses y brasileños en Montevideo

Nó todas las provincias quisieron ejecutar con buena voluntad el decreto que convocaba la asamblea legislativa y constituyente. Hubo pronunciamientos en contra en varios puntos, que costó sofocar. El general Juan Cárlos Saldanha, presidente de la Junta gubernativa de Rio-grande, se había opuesto tambien, aunque no encontró apoyo en sus colegas. La Junta de Montevideo, dominada en su mayoría por su vice-presidente el brigadier portugues D. Alvaro da Costa, se mostró adversa al giro que tomaba la política de D. Pedro y dió una proclama (28 de Junio de 1822) al ejército y al pueblo, recordándoles sus pactos con S. M. F. y exhortándolos á que siguieran siendo fieles á Portugal. Lecor suscribió este documento á pesar de haber manifestado su disconformidad; pero remitió sin demora una cópia al Príncipe dándole cuenta de lo sucedido y protestándole adhesion y obe-. diencia. Don Pedro expidió un decreto (24 de Julio) por el cual quedaba suprimida la junta militar y se resumía toda la autoridad de la provincia en el general Lecor. Este recibió ademas instrucciones para que diera de baja á todos los militares portugueses que lo solicitasen y la órden de que hiciera elejir la diputacion para la asamblea constituyente convocada en Junio.

La Junta no quiso obedecer el decreto, alegando que su institucion dependía, nó de la autoridad del Príncipe rebelde, y sí de la autoridad de las Córtes y del Gobierno de Portugal. El general da Costa, su vice-presidente, temió que Lecor recurriera á la fuerza para disolver la corporacion; y como no viera en él sino un traidor, se propuso deponerlo sublevando los cuerpos Talaveras y Voluntarios-reales, para cuyo efecto se puso de acuerdo con los oficiales superiores que los mandaban. Las fuerzas se pronunciaron contra el gobernador y comandante de armas, y proclamaron á da Costa en este doble carácter. Lecor tuvo que huir precipitadamente (11 de Septiembre) hacia Canelones, en donde tenían su cuartel general las tropas brasileñas.

CCI — El pueblo de Montevideo se decide por la reincorporacion á Buenos-aires. Negociaciones con el Gobierno argentino

Ambas parcialidades trataron desde este momento de comprometer á los orientales en favor de su respectiva causa. El brigadier da Costa ocurrió á los cívicos de la ciudad y buscó el apoyo del Cabildo con insinuaciones más ó ménos francas de que tal vez habría llegado al momento de verificarse la desocupacion de Montevideo de acuerdo con la capitulacion condicional de 1817. Creídos el pueblo y el Cabildo de que D. Alvaro procedía con sinceridad cuando dejaba entrever la posibilidad de que los orientales quedaran dueños de la situacion, y alucinados ante tales perspectivas, no se preocuparon de otra cosa que de volver á la Union del Río de la Plata. Desde principios de Octubre se publicaron composiciones en verso (1) y en prosa con el fin de exaltar el sentimiento público. El 22 apareció una proclama anónima en que se decía: « Orientales : ya tenéis separado el Brasil de la « Europa portuguesa, que es decir que sois libres « para deliberar sobre vuestra suerte futura con « arreglo á un artículo cisplatino acordado para « cuando así sucediese.—Solo resta que pidamos « un Cabildo abierto para en él acordar la forma « de gobierno que afiance la seguridad individual, « la de la propiedad, y haga poner en vigor los de- « rechos usurpados á los dignos orientales , por « una faccion que dirijió la reunion de un congre- « so nulísimo en todas sus partes.» Y, despues de algunos recuerdos históricos, concluía: « Entrar « en convenio con Buenos-aires, debe ser la deci- « sion nuestra, porque allí están los hijos de nues- « tros padres, y nó en el territorio del Brasil; esto « es fácil, y tambien se avendrán los voluntarios « reales, porque la venganza dice que :

« Calle Esparta la inmortal,
« Oculte sus glorias Roma,

(1) Una de las composiciones en verso que aparecieron en las esquinas de las casas, es ésta:

¿ Cuál es el gobierno peor ?
Lecor.
¿ Quién dirije su carrera ?
Herrera.
¿ Quién respira tiranía ?
García.
Ridícula fantasía !
Pretenden esclavizarnos
Y á todos así engañarnos
Lecor, Herrera y García.

« Calle el mundo, que ya asòma
« La República Oriental » .

A los pocos dias apareció un periódico revolucionario, *El Pampero;* y el Cabildo, habiendo resuelto solemnemente emancipar la Provincia del Imperio del Brasil y del Portugal, y reincorporarla á las Provincias-unidas, se apresuró á pedir auxilios á Entre-ríos y Santa-fé, á proponer al gobierno argentino la reincorporacion y á pedirle que mandara fuerzas para tomar posesion de la plaza de Montevideo.

Influyó poderosamente en esta determinacion una sociedad secreta que desde ántes existía bajo la denominacion de « Los caballeros orientales », en la cual figuraban algunos argentinos. Uno de éstos, el coronel D. Tomás Iriarte, que residía en Montevideo con licencia del gobierno de Buenos-aires, fué enviado por aquella sociedad con instrucciones para tratar con el ministro Rivadavia, que lo era de gobierno y relaciones exteriores.

Rivadavia tenía vivas simpatías por la causa de la reincorporacion; pero pesaba tambien en sus deliberaciones la consideracion de que apoyarla era exponerse á romper con Portugal y el Brasil cuando no estaba aún vencido el poder de los españoles. Por otra parte, era su colega en el ministerio de hacienda D. Manuel José García, que sentía un temor invencible al caudillaje anárquico de la Banda-oriental, y que veía por esta causa en la ocupacion portuguesa ó brasileña no sólo un hecho provocado por la actitud anti-patriótica de la campaña, sino tambien una condicion de paz y tranquildad para la República-argentina. El gobernador Rodriguez inclinado á las soluciones moderadas, se veía inducido á obrar con prudencia en la cuestion oriental por los influjos encontrados de sus dos ministros. Así, pues, al paso que Rivadavia mostró al coronel Iriarte sus sentimientos personales, le significó que el Gobierno argentino no podía asumir la responsabilidad de un paso como el que se le pedía miéntras los orientales no instituyeran una autoridad con poderes bastantes para proponer y acordar la reincorporacion, pues el Cabildo actual no los tenía; y, propendiendo á facilitar el resultado, agregó que si el brigadier da Costa entregaba la plaza al Cabildo y éste se unía á los propósitos de los « Caballeros orientales», en tal caso tropas argentinas pasarían á ocupar la ciudad de Montevideo. Rivadavia autorizó al coronel Iriarte para que propusiera esto mismo al brigadier da Costa y le ofreciera para él y sus tropas buques de transporte hasta Europa, corriendo los gastos de viaje por cuenta del Gobierno de Buenos-aires.

CCII—Trabajos del Cabildo entre los anexionistas al Brasil

La sociedad secreta y el Cabildo recibieron con desaliento la respuesta de Rivadavia, por lo dificil que creían satisfacerla. Pero intentaron allanar las dificultades. Se dirijieron á varios jefes y otras personas influyentes de la campaña incitándolas á que se rebelaran contra Lecor, y se empeñaron con algunos portugueses de la ciudad por que decidieran á la Junta militar presidida por don Alvaro, á verificar la entrega de las llaves como término de la ocupacion provisional. Fueron ineficaces estos pasos, no obstante haber motivado la sublevacion de Juan Antonio Lavalleja y una parte de las fuerzas que mandaba.

Don Lúcas José Obes combatió indirectamente estos trabajos desde Canelones en un escrito que publicó el 11 de Abril (1823), rechazando la acusacion de traidor que se le hacía de Montevideo y demostrando con expresiones elocuentes las ventajas de la actitud que en favor del Brasil había asumido desde que, de viaje á Lisboa, se había detenido en Rio-Janeiro, y los beneficios que por esa estadía había recibido el Estado-cisplatino. El coronel Fructuoso Rivera, que había sido invitado desde el 6 de Mayo á desertar de las filas de Lecor, demoró la respuesta hasta que le llegó de Rio-Janeiro el grado de brigadier á que fué ascendido el 26 de Mayo, y contestó desde las Piedras (19 de Junio) en una extensa nota, escrita por pluma ménos incorrecta que la suya, que la independencia absoluta de los orientales era imposible é inconciliable con la felicidad de los pueblos.

Merecen ser transcriptos estos conceptos, por referirse á hechos en que fué actor principal él mismo: « Señores: Cuando se trata de un pro-« yecto á cuyos resultados están vinculadas cien « generaciones, es preciso no dejarse deslumbrar « de las agradables apariencias de teorías bri-« llantes. Nunca fué la Banda-oriental ménos fe-« liz que en la época de su desgraciada indepen-« dencia. La propiedad, la seguridad y los dere-« chos más queridos del hombre en sociedad, es-« taban á la merced del despotismo ó de la anar-« quía, y los deseos de los hombres de bien eran « ineficaces para contener el torrente de los males « que oprimían á la patria ».

CCIII — Actitud del brigadier da Costa ante las proposiciones de Buenos-aires

Se sometió á la deliberacion de la Junta de gobierno la propuesta del gobierno de Buenos-aires, y fué motivo de animados debates que se continuaron durante várias sesiones; pero, ha-

biendo prevalecido la opinion negativa, el brigadier da Costa expresó al enviado argentino que
si bien seríale forzoso desocupar la plaza desde
que su Soberano no pensaba en poseerla permanentemente, y preferiría en todo caso devolverla
á sus dueños naturales ántes de entregarla al
Brasil, no podía resolver nada sin que le llegasen las instrucciones que había pedido á Lisboa. La respuesta del brigadier permitía esperar que la Corona de Portugal procedería con
rectitud ordenando que se cumplieran las cláusulas de la capitulacion de 1817, por cuyo motivo
interesaba prolongar la resistencia de la plaza
hasta que las instrucciones esperadas llegasen.
Así fué que los orientales propendieron á engrosar los cuerpos de naturales, á que habían in-
gresado desde ántes algunos jefes y oficiales que
residían en Buenos-aires y otros puntos de la
República argentina, entre ellos don Manuel
Oribe.

CCIV—Las fuerzas de campaña se deciden por la anexion al Brasil

Por su parte el general Lecor no se mostró ménos activo. Pasó de Canelones á San-José, donde
estableció su residencia interina, y expidió una
órden del día (27 de Septiembre de 1822) en que
manifestaba que, no siendo libre dentro de Montevideo, se había trasladado á aquel lugar para
sostener su legítima autoridad, hacer ejecutar las
promesas y ventajas que el rey había prometido
á la division, y mantener en armonía las tropas
y pueblos del país; declaraba que desconocía y
rehusaba como ilegítimo el nombrámiento de comandante interino en la persona del ayudante general don Alvaro da Costa; ordenaba que no se
ejecutasen en adelante las órdenes que dicho

ayudante general pasase como comandante interino ó como presidente del extinguido consejo .
militar; prohibía á los oficiales, sargentos, cabos
y soldados el prestarle obediencia; y llamaba á
su lado á los soldados, prometiéndoles la baja
absoluta ó mandarlos á Europa, segun prefirie-
sen.

Ademas provocó manifestaciones públicas ruidosas que dieron fuerza moral. á su situacion. El
12 de Octubre (1822), día designado para la coronacion, aclamó ante las tropas brasileñas por emperador constitucional del Brasil y del Estado-
cisplatino al príncipe don Pedro de Alcántara,
haciendo jurar que guardarían y defenderían la
constitucion política que dictase la Asamblea constituyente. Cinco días despues reunió Fructuoso
Rivera en el arroyo de la Vírgen el regimiento de
dragones de la Union, cuyo jefe era; llamó aparte
á los hermanos Lavalleja, á Sáenz, Delgado, Durán, Martinez, Laguna,.Mansilla, Isas, Jáuregui,
Bernabé Rivera, Toribio y demas oficiales, así
como al secretario Turreiro y al capellan fray
Manuel Úbeda, á quienes instruyó del objeto que
tenía el acto, y en seguida arengó á todas las fuerzas, concluyendo con vivas á la religion, á la Asamblea constituyente, al Emperador, á la Emperatriz, á la constitucion, á la incorporacion del
Estado-cisplatino. Siguiéronse descargas de fu-
silería y, días más tarde, un *Te-Deum* celebrado ante el mismo regimiento. Análoga de-
mostracion hicieron sucesivamente el regimiento
de caballería de la Colonia, las milicias de Maldonado, y las juntas capitulares de San-José,
Trinidad, Guadalupe, Colonia, Maldonado, Pay-
sandú, Soriano, Mercedes, Tacuarembó, Durazno,
Minas y otros pueblos.

Todas las actas contienen la exposicion de motivos, que acusan la intervencion de plumas hábiles y muy pocas, segun se infiere de la unidad del pensamiento que en ellas domina y de la analogía de las formas. La razon capital que se alega es la necesidad de poner término á la anarquía y la conveniencia de unirse al Brasil, cuya grandeza aseguraría el goce tranquilo de las libertades. Todo el país se había adherido al Imperio para fines de Noviembre. No se había descuidado, pues, el Baron de la laguna.

CCV — Aprestos militares en Montevideo y en la campaña

Los aprestos militares habíanse hecho simultáneamente con los trabajos de propaganda, dentro y fuera de Montevideo. Lecor llamó á su cuartel general todas las fuerzas que le obedecían, y las organizó, destinando á la vanguardia los hijos del país bajo las órdenes de Rivera. Pidió socorros al Emperador, noticiándole de cuanto acaecía; y el síndico García Zúñiga confirmó estos datos, asegurando que toda la provincia se pronunciaba á favor del Brasil, en carta que escribió (Septiembre de 1822) al diputado Lúcas José Obes. Lecor ocupó la línea del Santa-Lucía y se dispuso á sitiar la Plaza. Da Costa, á su vez, que se vió privado de pronto de los recursos que recibía regularmente de Rio-Janeiro y expuesto á carecer de lo que le fuera más indispensable para sostenerse, se dirijió (Septiembre) á su compatricio el brigadier Madeira, de Bahía, pidiéndole auxilios, ó bien buques para trasportarse á aquel punto con sus tropas y reforzarlo en la guerra que sostenía tambien aquel general con el Príncipe rebelde. Organizó en el ínterin su pequeño ejército, poniendo en la vanguardia los cívicos á las órdenes de D. Manuel Oribe.

El 12 de Octubre hizo conocer en una órden

del día los sucesos de Rio-Janeiro. « ¡Bravos
« soldados! les decía; el Sr. D. Pedro de Alcán-
« tara, heredero del trono portugués, vá á ser hoy
« proclamado Emperador del Brasil, privando así
« á su augusto padre del gobierno de la mayor
« parte de la monarquía. Conoced ahora si pue-
« den emanar del rey las órdenes y autoridades á
« que os querían hacer dar crédito, y estad cier-
« tos de que aquél que los reconociere es enemi-
« go de la patria y vá á cooperar á la desmem-
« bracion del imperio lusitano. »

Pensó da Costa poner fin con esto á la desercion que había sido numerosa en los días precedentes, y aprovechó la impresion para hacer salidas arriesgadas. Mandó algunas compañías de
infantería y un escuadron de caballería á guarnecer el paso del Miguelete y el potrero de Casava-
lle, estando la vanguardia brasileña cerca de las
Piedras.

El 20 de Enero (1823) declaró Lecor sitiada la
plaza de Montevideo por mar y tierra, con cuyo
motivo avanzó la vanguardia de su ejército y
obligó á da Costa á reforzar su posicion de Ca-
savalle con infantería, caballería y artillería. Algunas pequeñas acciones tuvieron lugar desde
entónces: el 16 de Marzo se encontraron las van-
guardias, mandadas respectivamente por Rivera
y D. Manuel Oribe, de cuyo choque sangriento
resultó que el primero perdiera 50 hombres muertos y heridos, y 7 oficiales y 150 soldados pasados á las fuerzas del segundo, cuyas pérdidas
fueron mínimas relativamente.

CCVI — La diplomacia argentina apoya la causa de Montevideo

En todo este tiempo no cesó la prensa argentina de ocuparse de los sucesos orientales y de
tratarlos como si fueran propios de las Provin-

cias-unidas. Los sentimientos se manifestaron uniformes en favor de la reincorporacion, y se sostenía la causa de Montevideo como si fuera exclusivamente americana. Se anunciaba desde principios de Febrero en el campo de Lecor que el gobernador de Buenos-aires se disponía á entablar reclamaciones ante el Emperador, visto el resultado negativo de las gestiones hechas cerca del general portugués, y á pesar de las aclamaciones de Octubre y Noviembre, que eran tachadas de forzadas, por haberlas promovido el mismo jefe que disponía de las fuerzas adictas al nuevo imperio. El Baron de la laguna se preparó contra esta clase de argumentos, aconsejando al síndico García Zúñiga que, como oriental, tratara de autorizar la anexion, invitando en su nombre exclusivo á los pueblos á que libre y espontáneamente manifestasen su voluntad. El Síndico expidió una circular con este objeto el 1º de Abril; en los días siguientes se pronunciaron todos los cabildos, excepto el de Montevideo, ratificando el voto solemne del año anterior.

En oposicion con estos hechos acababan de aliarse el general Mansilla, gobernador de Entrerríos, y Lopez, gobernador de Santa-fé, con el fin de apoyar la causa de los orientales montevideanos con un ejército que pasaría el Uruguay, á cuyo convenio se siguieron proclamas y providencias preparatorias (Marzo y Mayo). Rivadavia contribuyó por su parte á prestigiar esa actitud, nombrando el 2 de Abril á D. Valentin Gomez para que pasara á Rio-Janeiro y exijiera la desocupacion de la Banda-oriental. Se suponía que el éxito no sería difícil, porque como el Emperador estaba en guerra con varias provincias dominadas por portugueses, sobre todo en Bahía, donde se sostenía el brigadier Madeira con respeta-

bles fuerzas terrestres y marítimas, siendo de te-
merse que Portugal apurara sus medios de accion
ántes de reconocerse vencido, se juzgaba que el
Imperio entregaría á los argentinos la Banda-
oriental con preferencia á aumentar el número
de sus enemigos.

Pero los hechos vinieron pronto á desvanecer
tales esperanzas. Madeira de Mello fué sitiado
por tierra; la escuadra fué encerrada en el puerto
por la brasileña, que mandaba lord Cochrane; y el
bloqueo, decretado el 29 de Marzo, imposibilitó
la entrada de toda clase de mercancías. Fueron
frustradas varias tentativas audaces de Cochrane y rechazados uno ó dos ataques de los sitiadores; pero empezaron á escasear las provisiones
desde principios de Mayo y eran tan insuficientes
á fines de Junio, que se hizo imposible la prolon-
gacion de aquel estado de cosas. El brigadier
Madeira hizo, pues, embarcar sus tropas con todos los comestibles y objetos de valor que pudo
reunir y dejó el puerto el 2 de Julio, despues de
clavar los cañones y destruir los almacenes, con
trece buques de guerra y treinta y dos transportes
en que se embarcaron tambien algunas familias
contrarias á la situacion política del Brasil. En
seguida entraron en la ciudad los sitiadores;
Cochrane venció la resistencia que habían hecho
los portugueses en Maranham y en Pará, y se
vió el Emperador en aptitud de atender con libertad á las cuestiones del Plata.

Parece que estos hechos tuvieron indeciso algun
tiempo al gobierno de Buenos-aires, pues que el
señor Gomez suspendió su viaje durante algunos
meses; pero se decidió en Agosto que partiera, y
el enviado se presentó al Gobierno imperial el 15
de Septiembre exijiendo la evacuacion del llamado
Estado-cisplatino, por la razon de que no existía

acto en el cual los orientales se hubiesen declarado separados de la comunidad argentina; estaba reconocida esa comunidad por el Portugal desde el armisticio que firmó Rademaker en 1812; la ocupacion de 1817 había sido con carácter de temporaria; eran nulas las declaraciones de anexion de 1821 y 1822, por haber sido hechas bajo el poder de las bayonetas extranjeras; y querían en la actualidad los orientales pertenecer á la República-argentina y nó al Imperio del Brasil.

No contestó el gobierno brasileño esta comunicacion, ni otras que posteriormente recibió. Cansado de esperar, el señor Gomez exijió el 26 de Noviembre una respuesta pronta y terminante, y declaró que cualquiera demora, así como la negativa de entregar la plaza de Montevideo, tendrían consecuencias muy graves, de las que nadie sino el gobierno del Brasil sería responsable. Aún así tuvo el comisionado argentino que instar en una conferencia posterior (1º de Diciembre) que la Corona declarara cuál era su pensamiento acerca de la posesion disputada, y en esa ocasion le manifestó el ministro del ramo que su gobierno no podría dar una respuesta definitiva miéntras no recibiese noticias que esperaba de Montevideo.

CCVII — Se declara solemnemente la reincorporacion á las Provincias-unidas

Esas noticias no habían de serle desagradables. Da Costa estaba en una situacion análoga á la que había obligado al brigadier Madeira á abandonar la posesion de Bahía: sitiado por tierra, bloqueado por agua, y escaso de recursos. Las esperanzas que había tenido de recibir auxilios, se habían disipado ademas para fines de Septiembre, pues que ya se sabía en esta fecha que Madeira, léjos de mandarle los refuerzos solicitados, había tenido que ponerse en viaje á Europa, perseguido por la flota de lord Cochrane. Preveían, pues, los sitiados, tanto portugueses como orientales, que la resistencia hecha por ellos solos no podría ser duradera, y ya no veían posible los primeros otra cosa que firmar una capitulacion más ó ménos honrosa, ni á los segundos quedaba otro recurso que el de favorecer moralmente las gestiones que hacía el enviado argentino en Rio-Janeiro, y alentar las disposiciones que habían mostrado los gobernadores de Santa-fé y Entre-ríos, cuya empresa había fracasado ya por falta de dinero. A esto puede agregarse que probablemente conocían la ley recientemente promulgada en Buenos-aires (14 de Octubre), por la cual se autorizaba al Poder ejecutivo para que negociase con el general Da Costa todo lo concerniente á la entrega de la ciudad sitiada.

Cediendo al influjo de estos motivos, se resolvió por fin el Cabildo á dar el paso solemne que desde el principio de las negociaciones había exijido el ministro Rivadavia como una de las condiciones necesarias para apoyar en el terreno de los hechos materiales los deseos de los montevideanos. Fueron llamados á congregarse los vecinos de la Plaza y sus extramuros por medio de sus representantes, y éstos declararon el 20 de Octubre: que la Provincia toda y especialmente la Capital, se ponían libre y espontáneamente bajo la proteccion de la provincia y gobierno de Buenos-aires, por quien es su voluntad que se hagan como y cuando convenga las reclamaciones competentes. En seguida acordaron por unanimidad de votos: — « que declaraban nulo, arbitrario y criminal el « acto de incorporacion á la monarquía portuguesa « sancionado por el Congreso de 1821, compues- « to en su mayor parte de empleados civiles al

« sueldo de S. M. F., de personas condecoradas
« por él con distinciones de honor, y de otras co-
« locadas previamente en los ayuntamientos para
« la seguridad de aquel resultado;—que declara-
« ban nulas y de ningun valor las actas de incor-
« poracion de los pueblos de la campaña al impe-
« rio del Brasil, mediante la arbitrariedad con que
« todas se han extendido por el mismo Baron de
« la laguna y sus consejeros, remitiéndolas á
« firmarse por medio de gruesos destacamentos
« de tropas que conducían los hombres á la fuer-
« za á las casas capitulares, y suponiendo ó in-
« ventando firmas de personas que no existían, ó
« que ni noticia tenían de estos sucesos, por ha-
« llarse ausentes de sus casas;— y que declaraban
« que esta Provincia oriental del Uruguay no per-
« tenece, ni debe, ni quiere pertenecer á otro po-
« der, estado ó nacion que la del Río de la Plata,
« de que ha sido y es una parte, habiendo tenido
« sus diputados en la Soberana Asamblea Cons-
« tituyente desde el año de 1814, en que se sus-
« trajo completamente del dominio español euro-
« peo ». Esta acta fué notificada al brigadier da
Costa, que nada dijo, y al gobierno de Buenos-
aires.

CCVIII — Capitulacion de Montevideo

A los tres días se batieron los buques que blo-
queaban á Montevideo con los que tenían los portugueses, apareciendo éstos vencidos. Tan floja
fué la accion y tan distantes estuvieron las dos líneas enemigas, que la generalidad se persuadió
de que no había sido otra cosa que un simulacro
preparado de acuerdo por ambos jefes para moti-
var la rendicion de la Plaza. El hecho es que al
dia siguiente (24 de Octubre) se inició un cambio
de notas entre Lecor y da Costa que terminó por

un acuerdo estipulado el 18 de Noviembre y ratificado el 19, segun el cual se embarcarían con destino á Europa las tropas de Portugal; se reunirían al ejército imperial los dos batallones de libertos y los dragones de la provincia; se disolvería el cuerpo de cívicos; serían respetadas las autoridades civiles y militares en sus personas y bienes, cualesquiera que fuesen sus opiniones políticas; y se entregarían á un destacamento imperial la fortaleza, puertas de la ciudad, guardias y establecimientos públicos. Este pacto no se ejecutó miéntras no obtuvo la aprobacion de la Corona, pero quedó definida la posicion de los actores. Los jefes, oficiales y muchos particulares que se habían adherido á la causa portuguesa como medio para conseguir la incorporacion de la Provincia á las Unidas del Río de la Plata, se ausentaron dirijiéndose á Buenos-aires, Santa-fé y Entre-ríos, en donde ya estaban Juan Antonio Lavalleja y otros oficiales, desde que, conocida su sublevacion, fueron perseguidos tenazmente por Rivera (1) y obligados á emigrar.

CCIX — Gestion diplomática confiada á D. Valentin Gomez

Como es de suponer, estos hechos dieron á la política del Imperio una base más firme que la que había tenido, porque al hecho de las aclamaciones repetidas se había agregado el de la posesion de todo el país, que no es cosa de poca importancia para los que no conocen mejor derecho que el éxito de la fuerza. Por manera que, al ser urgido el gabinete de Rio-Janeiro por el Comisionado de Buenos-aires (notas del 27 de Enero y 5 de Febrero de 1824) para que contestara sin más demora á la exijencia del Gobierno argentino, res-

(1) Lavalleja tuvo que escaparse á caballo en pelo, y no se detuvo hasta que penetró en Entre-ríos.

pondió el ministro Carvalho de Mello (6 de Febrero): que la voluntad conocida de la Provincia-oriental era la de incorporarse al Brasil, por cuyo motivo, si esa voluntad había de tener algun valor en el caso pre en e, no podía Buenos-aires pretender que dicha provincia se le uniera; que, aún cuando así no fuese, no podría resolver nada el Poder ejecutivo del Imperio, desde que corresponde á los cuerpos legislativos enajenar ó ceder cualquiera porcion de territorio ocupado; y que la peticion del Gobierno argentino envuelve un ataque á los derechos del Brasil, adquiridos con grandes sacrificios en virtud de convenciones solemnes. El señor Gomez pidió á los siete días sus pasaportes, protestando contra las pretensiones de la Corona, y se retiró á Buenos-aires, á donde llegó el 12 de Abril, despues de haberse salvado dificilmente del naufragio que sufrió en el Banco-inglés el buque en que iba.

Se pensó que despues de esto no cabía otra cosa que una declaracion de guerra, y muchos la esperaron en el Plata y en el Brasil; pero no tenía el Imperio por qué hacerla y Buenos-aires no estaba en aptitud de tomar la iniciativa, porque ni habían desaparecido los efectos de la desorganizacion nacional de 1820, ni la guerra con los españoles había llegado á un estado tal que pudiera tranquilizar los ánimos. Aún cuando esta actitud pasiva no fuera la que mejor se armonizase con la que asumió el comisionado en sus primeros pasos diplomáticos, las circunstancias no permitían tomar otra por el momento.

CCX — Juramento de la constitucion imperial

El Emperador, al contrario, sin enemigos dentro y sin temores sérios respecto de Portugal, podía obrar libremente, consumar en su seno la revolucion política y en el Plata la conquista de la Provincia-oriental. Rechazó el proyecto de constitucion que había aprobado la Asamblea constituyente, disolvió este cuerpo, presentó al Consejo de Estado otras bases constitucionales y, redactado un nuevo proyecto con sujecion á ellas, fué sometido á la aprobacion directa de los pueblos, mediante la declaracion que hizo el Senado el 17 de Diciembre (1823) de que ninguna objecion tenía que hacerle y que lo juzgaba digno de la aceptacion de los ciudadanos. Se remitieron cópias á todas las provincias. En la oriental fué aprobado el proyecto durante el mes de Febrero de 1824 por el Cabildo de la capital interina (que lo fué Maldonado miéntras duró la contienda de los dos generales) y de los demas pueblos de campaña, con la condicion de que fueran respetadas las cláusulas del pacto de union de 1821.

Como las fuerzas portuguesas desocuparon la plaza de Montevideo el 24 de Febrero, entraron á ella en seguida las brasileñas, se instalaron las autoridades, y el Cabildo procedió el 22 de Abril á aprobar el proyecto, lo que hizo expresando « que amaba sobremanera la augusta persona del « Emperador; que veneraba las sabias máximas « de su gobierno; que por lo mismo defería con « sumo júbilo y entusiasmo á dar el mayor apre- « cio y estima al proyecto de constitucion que ha- « bía redactado el Consejo de S. M.; y que si án- « tes no había procedido así, á pesar de estar « persuadido de la conveniencia por comunicacio- « nes del Ilmo. y Exmo. Sr. Gobernador y capi- « tan general Baron de la laguna, era debido á « que no había estado expedito para manifestarse « con toda la espontaneidad requerida para dar « inequívocas señales de adhesion á la causa del « Brasil, que de buena voluntad se sigue....»

Ya ántes que se dictara esta acta, que tanto se hace notar por la falta de carácter de sus firmantes, habíase promulgado en Río Janeiro la constitucion y había jurado el Emperador « que man- « tendría la religion católica apostólica romana y « la integridad é indivisibilidad del Imperio; que « observaría y haría observar la constitucion po- « lítica de la nacion brasileña tal como se le había « presentado y había sido aceptada por el pueblo; « que observaría y haría observar igualmente las « leyes del Imperio; y que aseguraría el bienestar « general del Brasil miéntras dependiese de su « poder. » Al juramento del Emperador siguió el de sus súbditos. El acto se celebró en Montevideo el 9 de Mayo con la fórmula de « Juro por « los Santos Evangelios obedecer y ser fiel á la « constitucion política de la nacion brasileña, á « todas sus leyes y al Emperador constitucional y « defensor perpetuo del Brasil, Pedro I ». Concurrieron, ademas de los funcionarios públicos, numerosas personas de las más caracterizadas, y se festejó el hecho con repiques, salvas, *Te-Deum* é iluminaciones.

CCXI — Disposiciones principales de la constitucion jurada

Las disposiciones principales de la constitucion jurada son las siguientes: — El imperio del Brasil es la asociacion política de todos los ciudadanos brasileños. Su territorio será dividido en provincias. Su gobierno es monárquico, hereditario, constitucional y representativo y la dinastía reinante es la de D. Pedro I. Son ciudadanos los que nacen en el Brasil, los que nacen en el extranjero de padre ó madre brasileño (con ciertas limitaciones), los portugueses que residen en el Brasil desde la declaracion de la independencia y los extranjeros naturalizados. Los poderes políticos son:

el legislativo, el moderador, el ejecutivo y el judicial. Todos los poderes emanan de la nacion, la
cual es representada por el Emperador y la Asamblea general. La religion católica apostólica romana es la del imperio; pero son permitidas todas las
religiones, siempre que su culto se haga privadamente, sin tomar las formas públicas del templo.

El poder legislativo existe por delegacion en una
asamblea general compuesta de una cámara de
diputados y una de senadores. La primera es
electiva y temporaria; pero la segunda, aunque
electiva, es vitalicia. No obstante, los príncipes
del Brasil son senadores de pleno derecho. Las
elecciones, tanto de diputados como de senadores, son indirectas; es decir, que los ciudadanos
nombran electores y éstos elijen á los que han
de ingresar en ambas Cámaras. Los senadores
serán elejidos en triple número del necesario, y
el Emperador preferirá segun su arbitrio el tercio
de los electos. Aprobados por la Asamblea los
proyectos de ley, serán sometidos á la resolucion del Emperador. Si éste los acepta, contesta: « El Emperador consiente »; si no los acepta,
contesta : « El Emperador meditará el proyecto
para resolver en términos convenientes», ó se limita á guardar silencio dentro de un término dado. En estos dos últimos casos el proyecto es
aplazado.

El poder moderador tiene por objeto conservar
la armonía de los otros poderes. Lo ejerce únicamente el Emperador, que es inviolable, sagrado
é irresponsable. Entre las facultades de ese poder
se hallan las de convocar extraordinariamente la
asamblea, prorogar ó acortar el tiempo de sus sesiones, disolver la cámara de diputados, dar ó
negar á las resoluciones de la asamblea el valor
de ley, nombrar y despedir los ministros, perdo-

nar ó limitar los castigos impuestos por los jueces, y decretar amnistías.

El poder ejecutivo tiene por jefe al Emperador, quien lo ejerce por medio de ministros, que son los responsables de todo acto contrario á la constitucion ó á las leyes. El Emperador es asistido en sus funciones por un consejo de Estado compuesto de diez personas á lo sumo, cuya opinion debe oír en los casos graves. Los consejeros son tambien responsables por los consejos que diesen en oposicion con las leyes.

El poder judicial es ejercido por jurados y por jueces de derecho. El jurado decide en cuanto á los hechos; los jueces de derecho aplican la pena ó absuelven, tomando por base el veredicto del jurado. Hay en la capital del Imperio un tribunal de justicia, cuyo objeto es la revision de las sentencias que pronuncian los tribunales inferiores, y conocer en las causas de algunos altos funcionarios.

En cada provincia habrá un presidente nombrado y destituíble por el Emperador; tribunales de justicia de segunda y última instancia; un consejo general compuesto de ciudadanos elejidos indirectamente por el pueblo; y cámaras provinciales, tantas como sean las ciudades y villas. El presidente tendrá las atribuciones que la ley le dé. El tribunal conocerá las causas apeladas ante los jueces inferiores. Las cámaras de distrito promoverán todas las mejoras económicas y municipales que necesite su jurisdiccion, y las propondrán al consejo general; éste las discutirá públicamente, así como los proyectos que tengan por objeto la utilidad de toda la provincia, presentados por sus miembros; y, si resultan aprobados por mayoría, los propondrá al Poder ejecutivo, quien á su vez los pasará á la Asamblea general.

El Emperador será sucedido en el trono por el descendiente legítimo, por órden de primogenitura y de representacion; y, extinguidos los descendientes legítimos de D. Pedro I, la Asamblea general elejirá una nueva dinastía. El heredero presuntivo se titula príncipe imperial; y los otros, solamente príncipes. La Asamblea determinará una dotacion anual para el Emperador, la Emperatriz y los príncipes, así como para los maestros de los últimos.

CCXII — Organizacion administrativa. El Cabildo intenta apartarse de la constitucion jurada

El Emperador dió un decreto, dos dias despues de haber jurado la constitucion, ordenando á las provincias que procedieran á elejir diputados y senadores en el número que se determinaba para cada una. Correspondían á la Cisplatina dos diputados y un senador. Por consecuencia hízose la eleccion de electores, y éstos designaron las personas que habían de concurrir á la primera asamblea legislativa ordinaria del nuevo imperio (Agosto á Noviembre).

Al mismo tiempo se emprendieron los trabajos de organizacion de las autoridades provinciales, con cuyo motivo surgió una cuestion que no carecía de gravedad. Como se ha visto, los cabildos orientales proclamaron la incorporacion de la Provincia al Imperio á condicion de que se respetaran las bases arregladas en 1821 con el Reino-unido, segun las cuales se conservarían las funciones administrativas, las autoridades, leyes y costumbres que desde ántes regían. La constitucion imperial no traía una palabra relativa á estas condiciones; consignaba los mismos principios y las mismas reglas para toda la nacion, sin excepcion alguna. Jurarla incondicionalmente como la juraron los orientales el 9 de Mayo, era renunciar de un modo tácito las reservas ántes hechas, puesto que se contraía el compromiso solemne de observar la constitucion tal cual era, y *todas las leyes del Imperio.*

El Cabildo se apercibió de los efectos de su juramento cuando llegó la oportunidad de que se produjeran, y quiso remediar el error cometido elevando á la Corona un memorial lleno de bajezas repugnantes, en que se le pedía (17 de Diciembre) que no se alterase el antiguo régimen. D. Pedro I contestó naturalmente que, obligado como los pueblos á cumplir la constitucion y las leyes, no podía acceder al deseo que se le manifestaba cuando apénas hacía meses que todos habían jurado regirse por instituciones democráticas. El incidente concluyó en esto y tambien la série de hechos que hicieron definitivamente de la Banda-oriental una provincia del Brasil, idéntica á las otras ante las leyes nacionales.

CCXIII—Causas que motivaron la incorporacion de la Provincia al Imperio

Pero no había de ser duradera la obra. Se inició el año 25 en Buenos-aires con la noticia del triunfo alcanzado por las armas independientes en Ayacucho el 9 de Diciembre último; se decía que habían caído prisioneros el virey del Perú y tres mil hombres entre jefes, oficiales y tropa, y que quedaba terminada la larga y costosa guerra de la independencia sud-americana. El pueblo festejó el hecho con grande entusiasmo, y como si todos pensasen que había llegado el momento de llevarse á cabo el plan del doctor Tagle, se pronunciaron calurosamente por que se emprendiera la expulsion «de los que dominaban» en la Banda-oriental.

La anexion de este territorio al Brasil no se hizo contra la voluntad de todo el país, es menester reconocerlo, cualquiera sea el juicio que el hecho merezca: una parte considerable, tal vez la más importante por la condicion personal y por el número, se adhirió á él espontánea y sinceramente, nó tanto porque sus sentimientos se inclinaran más al Brasil que á Buenos-aires, ni porque reconociera en la constitucion monárquica excelencias que no tuviera la republicana, cuanto porque se sentían compelidos por circunstancias poderosas.

La Banda-oriental había sido desde 1811 hasta 1820 el teatro de una anarquía y de un despotismo que espantaron à todos los que no habían sido actores, y se temía que, abandonado el país á la fuerza bárbara, las desgracias se prolongarían indefinidamente. La estadística venía en apoyo de estos temores: la provincia tenía en 1810 más que setenta mil almas, incluso veinte mil que poblaban á Montevideo; el año de la anexion la primera cifra estaba reducida á los dos tercios y Montevideo no tenía ya sobre diez mil habitantes; las guerras, la arbitrariedad y la emigracion hicieron desaparecer los demas. Las Provincias-unidas habían estado desorganizadas y en guerra desde principios de 1820; unirse á cualquiera de ellas, Buenos-aires ó Entre-ríos, sería someterse á su suerte, continuar en la anarquía y en la guerra, prolongar las desventuras.

El Brasil era una nacion relativamente poderosa; su Corte era brillante, y el gobierno se ejercía con regularidad por el respeto que le tenían los pueblos. La fusion con el Brasil aseguraría, pues, á los orientales, la paz y la tranquilidad, que era lo que más deseaban por lo mismo que era lo que ménos habían gozado; y, por consecuencia, no se presentaba otro partido más aceptable que el de incorporarse al Imperio y participar de su existencia.

Así pensaban muchos y obraron segun pensaban, lo que no quiere decir que no hubiera otros que obedeciesen principalmente al móvil de recibir las distinciones con cuya esperanza halagaba el gobierno de Rio-Janeiro á los que no tenían en vista sino su egoismo.

CCXIV — Cómo pensaban los orientales emigrados de la anexion al Brasil

Pero los orientales emigrados no reconocían sinceridad en la conducta de sus comprovincianos brasileños, ni fuerza en las razones que quedan enumeradas, ni espontaneidad en las adhesiones al Imperio: todo había sido obra de la traicion, de la fuerza y del fraude. Segun ellos, la Provincia-oriental en masa quería ser argentina, como lo había sido hasta la conquista portuguesa, y llegaba el momento de lanzarse á la guerra para reivindicar la provincia y la libertad de sus habitantes. Agregaban que se habían frustrado los motivos de la incorporacion al Brasil; que la poblacion había seguido disminuyendo en Montevideo y en la campaña; que los brasileños de Rio-grande habían robado en la Provincia-cisplatina y llevado á la suya desde 1817 más de cuatro millones de cabezas de ganado, á cuyo hecho, consentido por las autoridades, se debía que hubiese subido de 13 á 120 el número de saladeros que trabajaban en la capital rio-grandesa; que á fin de hacer preponderar la voluntad de los brasileños en las deliberaciones de carácter popular, se les ponía en posesion de propiedades raíces arrebatadas á los naturales del país; que nada se había hecho en la isla de Flores á pesar de haberse dado en 1819 al Brasil los territorios situados al Norte del Arapey por que se construyera un fanal en aquel paraje; que estaban abandonadas y casi destruídas las murallas y fortalezas que rodeaban á. Montevideo; y que la decadencia del comercio era tanta, que las rentas de aduana habían disminuído en cuatro años de cincuenta á veinte mil pesos, lo que daba lugar á que se abrumase á los habitantes con empréstitos forzosos y toda otra clase de exacciones. Había, pues, en concepto de los emigrados orientales dos causas para emprender la guerra: una, la anexion, llevada á cabo por la violencia y el fraude; otra, las desgracias que sufría la Provincia-cisplatina por la dominacion extranjera.

CCXV — Cómo pensaba el pueblo argentino

Los argentinos, y especialmente los federales de Buenos-aires,. encabezados por Dorrego, deseaban la guerra por las razones que invocaban los orientales emigrados y porque, aún cuando la opinion de la Provincia-cisplatina hubiese sido favorable al hecho de la incorporacion al Brasil, no se justificaba ese hecho miéntras no viniera á sancionarlo el voto de todas las provincias. La oriental era una parte del territorio argentino, y no podía ser separada válidamente de la comunidad sin el acuerdo de la nacion entera. No habiendo existido tal acuerdo, la Provincia-cisplatina pertenecía de derecho á las Provincias-unidas, aún cuando de hecho estuviese incorporada al Imperio.

Estas ideas, sostenidas por el enviado Gomez en Rio-Janeiro en 1823 y 1824, fueron objeto de las convicciones populares que se manifestaron sin cesar de palabra y por escrito. La noticia de Ayacucho hizo pensar à los argentinos que habían

desaparecido las causas que los condenaran á la
inaccion despues de la retirada de Gomez, enar-
deció los ánimos y provocó vehementes manifestaciones en contra del Brasil. No había número de periódico que no se ocupara del asunto
de un modo ú otro; y como si no bastaran los
quince órganos de publicidad que había, se fundaron otros especialmente dedicados á la cuestion de la Provincia-oriental. «¿Los brasileros
« han usurpado la Banda Oriental? decia uno de
« ellos. ¿Este territorio corresponde á la Nacion?
« ¿Por qué la Nacion no le alcanza su independen-
« cia y su libertad? ¿No puede? ¡Oh! ¿Dónde
« está entónces su prosperidad? ¿Dónde las gran-
« des ventajas adquiridas en cuatro años? ¿Dón-
« de el entusiasmo, el patriotismo y la razon de
« los hijos del gran Río de la Plata? Al principio
« de la revolucion, ignorantes, pobres, aislados y
« con enemigos hasta en el medio de las ciuda-
« des, se quiso y se alcanzó no sólo la libertad de
« la Banda oriental..... ¡Qué! ¿No hemos ade-
« lantado? ¿No somos siquiera lo que éramos án-
« tes? Pues si estamos con aquella fuerza, vamos
« á acabar con esos usurpadores y tiranos. Hoy
« tenemos por amigos á todos los orientales, ra-
« biosos por sacudir el yugo que los oprime; son
« más que amigos, unas fieras que devorarán
« hasta el nombre imperial: hoy las provincias li-
« bres del Río de la Plata, decididas por la libertad
« oriental, están prontas á alcanzarla y tanto me-
« jor cuanto, reunidas en Congreso, el órden será
« restablecido y la accion simultánea y reglada:
« hoy Buenos Ayres se considera con crédito, sus
« habitantes decididos por hacer un sacrificio en
« favor de sus glorias, en favor de sus hermanos,
« contra el único Emperador en un Estado ame-
« ricano, y este sentimiento se ha robustecido

« hasta el entusiasmo con la victoria de Ayacucho
« que cortó la cabeza al leon de España: hoy, en
« fin, contamos con los españoles europeos que,
« amigos de la Banda-oriental, no pueden sufrir
« á sus tiranos: ¿y aún queremos más para aca-
« barlos?.... »

CCXVI — Situacion de la República argentina

El gobierno se mostraba reservado. El 1º de
Febrero de 1820 había sido derrotado el Director
de las Provincias-unidas por el caudillo entre-riano Francisco Ramirez, á consecuencia de cuyo hecho cayó el Directorio y se disolvió el Congreso (13
de Febrero), asumiendo el Cabildo provisionalmente el gobierno de la provincia de Buenos-aires. Desde entónces, careciendo de autoridades
nacionales, las provincias se habían gobernado á
sí propias separadamente. La de Buenos-aires
había sido administrada por una Junta de representantes que se declaró extraordinaria y constituyente (3 de Agosto de 1821) y por un gobernador. Rodriguez, de quien se conocen ya algunos
actos, había sido uno de éstos.

Cumplidos los tres años que debían durar sus
funciones, la Junta de representantes había elejido
para sucederle al general D. Juan Gregorio de las
Heras (2 de Abril de 1824), que es quien gobernaba
en los momentos que estoy historiando, teniendo
de ministros á D. Manuel José García en los departamentos de gobierno, hacienda y relaciones exteriores, y á D. Márcos Balcarce en el de la guerra.
Ademas se había convocado el tercer congreso de
las provincias, cuya instalacion, que tuvo lugar el
16 de Diciembre de 1824, cuando hacía cerca de
cinco años que el país carecía de autoridades generales, permitió restablecer la unidad del gobierno y de las relaciones políticas por la ley funda-

mental del 23 de Enero de 1825 que declaró reno-
vado solemnemente el pacto de union y encomendó al gobernador de Buenos-aires el ejercicio del
poder ejecutivo nacional, sin perjuicio de que las
provincias se rigiesen interiormente por sus propias instituciones, lo que importaba proclamar el
principio federativo como ley suprema del Estado.

Buenos-aires había gozado de tranquilidad en
su aislamiento desde 1821, debido á la cual pudo
remediar en parte los quebrantos que había sufrido ántes de esa fecha y realizar importantes mejoras en la administracion, que hicieron respetable y digno de gratitud el nombre del ministro Rivadavia; la instalacion del congreso constituyente
permitía esperar que en breve se aumentara la
fuerza del gobierno con el concurso de las provincias; y los triunfos de Sucre dejábanle en libertad
para concentrar toda su accion en un punto determinado.

Sin embargo, el estado de las cosas no era tal
que se prestara á llevar al terreno de los hechos
empresas que requiriesen considerable empleo de
hombres y capitales. Las rentas de las provincias
interiores no alcanzaban á cubrir su presupuesto
interno, y por consecuencia mal podían suminis-
trar dinero al gobierno nacional. Las rentas que
Buenos-aires percibió en 1824 no llegaron tampoco á satisfacer el pasivo de ese año. Algun crédito
empezaba á tener esta provincia en Inglaterra; pero era muy limitado é inseguro. En cuanto á hombres, todo dependía del entusiasmo que despertá-
se la empresa y, sobre todo, del grado de cohesion
efectiva que se estableciese entre las unidades
componentes del Estado. No era posible esperar
mucho en este sentido por el momento, pues que
estaba por verse qué trabajos iniciaría el Congreso y qué aceptacion merecerían de las provincias.

CCXVII — Cómo pensaba el Gobierno argentino

Esta situacion no era, en verdad, aparente para que el gobierno argentino se comprometiera en una guerra tan séria como la que deseaban argentinos y orientales. El ministro García, aunque ménos opuesto que en años anteriores á que la República-argentina interviniera en los negocios orientales, no era aún afecto á la causa, porque seguía temiendo que la incorporacion de la provincia uruguaya fuera orígen de discordias interiores; luego no puede extrañarnos que atribuyera al estado del país todos los inconvenientes que realmente tenía. Su colega Balcarce pensaba de otra manera, era más accesible á las influencias populares; pero no se atrevía á decidirse francamente por una actitud extrema, por temor de que el país no pudiera sostenerla, contando como debía contarse con que los puertos serían bloqueados y con que los recursos, ya exiguos, disminuirían considerablemente. El gobernador Las Heras no tenía simpatías bien definidas; pero ante la indecision de Balcarce y las inclinaciones de García, optaba por el aplazamiento, como partido el más discreto. No obstante, entendía el ministro de la guerra que esta regla de conducta no impediría auxiliar reservadamente la accion privada, llegado el caso de que ella intentara iniciar la guerra contra el Brasil, y agregaban algunos que se decían conocedores de su pensamiento íntimo, que de la marcha que llevaran los sucesos dependería el papel que hiciera públicamente el Gobierno en lo futuro.

LIBRO QUINTO

LA REINCORPORACION Á LAS PROVINCIAS-UNIDAS

———

CAPÍTULO I

LA REVOLUCION PROVINCIAL

CCXVIII — Compromiso de revolucionar la Banda-oriental

El pensamiento de libertar la provincia del Uruguay, estaba en todas las cabezas. Faltaba la iniciativa; y como no la tomaba el gobierno, resolvieron tomarla los emigrados orientales, empujados por el torrente de la opinion pública. Se reunieron un día D. Juan Antonio Lavalleja, D. Manuel Oribe, D. Pablo Zufriategui, D. Luis Ceferino de la Torre, D. Manuel Lavalleja, D. Simon del Pino y D. Manuel Melendez, y se comprometieron por escrito á invadir el territorio oriental bajo las órdenes del que tuviera más alta graduacion militar, que resultó ser el Coronel D. Juan Antonio Lavalleja. Tuvieron despues varias reuniones, en las cuales acordaron: aumentar su número con algunos otros compañeros; enviar una comision á la Banda-oriental con el fin de que anunciase á algunas personas el proyecto y preparase los ánimos; pedir dinero á los que simpatizasen con la empresa, para comprar armas y otros pertrechos; solicitar algunos auxilios al ministro de la guerra;

hacer gestiones por que se despachase en la aduana de Montevideo un cajon que contenía 200 tercerolas y que fué depositado allí en 1823 por don Manuel Oribe; tratar de que se pronunciara á favor de la revolucion un batallon de pernambucanos que había en Montevideo; nombrar al señor de la Torre para que hiciese en Buenos-aires el servicio de agente de los invasores, etc., etc.

CCXIX — Trabajos preparatorios de la invasion

Las armas fueron despachadas en la aduana de Montevideo; doña Josefa Oribe de Contuci cumplió felizmente la ardua tarea de comprometer á los sargentos pernambucanos á que se sublevaran con el batallon y se pusieran bajo las órdenes del sargento mayor D. Pablo Zufriategui llegado que hubiese el momento oportuno, para cuyo efecto le fueron remitidos á la señora de Contuci una cantidad de cartuchos á bala que proporcionó el parque de Buenos-aires y algun dinero que dió el señor de la Torre; se reunieron fuertes donativos de orientales y argentinos, entre quienes se distinguieron D. Nicolas y D. Juan José Anchorena, don Pedro Lezica, D. Alejandro Martinez, D. Miguel Riglos y D. Ramon Larrea; y fueron enviados en comision á la Banda-oriental los señores D. Manuel Lavalleja, D. Atanasio Sierra y D. Manuel Freire.

Desembarcaron en el paraje del Uruguay llamado de la *Agraciada* (1), tomaron caballos en la cercana estancia de don Tomás Gomez y se

(1) No falta quien discuta este nombre desde hace poco tiempo, sosteniendo que el verdadero es GRASEADA y que tiene su orígen en una grasería que hubo allí. No es admisible esta version por várias razones. Ni el castellano ni el portugués tienen tal vocablo, y mal pudieran los diversos dominadores de la Colonia designar aquel paraje con una palabra de que carecían. En algunos documentos brasileños de 1825 se lee GRACIADA, que quiere decir en su lengua lo mismo que *agraciada* en la castellana. He visto ademas en poder del señor don Domingo Ordoñana *varios* documentos públicos del

internaron en la campaña en direccion á Canelones. Los comisionados eran portadores de várias cartas en que se exhortaba á la insurreccion á determinadas personas, cuidando de protestarles que no se trataba de resucitar la patria de Artigas. Algunos temores se manifestaron de que se volviera á tiempos como los pasados, que no pudo disipar del todo la palabra persuasiva de los enviados, razon por la cual sólo quedó asegurado el concurso de una que otra persona influyente. El pequeño grupo regresó al suelo argentino por el mismo punto en que había desembarcado, llevando más desconsuelo que satisfaccion en el alma.

CCXX—Invasion de la Cisplatina por los Treintaitres

Preparado todo para la expedicion, no obstante esos poco halagadores auspicios, se hizo una remesa de armas, pertrechos y monturas á una de las islas que forma el delta del Paraná, la cual está situada frente al paraje de la Agraciada. Sus conductores, que fueron los mismos tres indivíduos de quienes se acaba de hablar, recibieron el encargo de esperar allí á los otros compañeros y de convenir con don Tomás Gomez las señales que éste debería hacer desde la orilla á fin de que los expedicionarios pudieran cruzar el río Uruguay sin caer en poder de la escuadrilla imperial, ni de los grupos de caballería que vigilaban aquellos lugares. El señor Gomez debería ademas salir á recibirlos en la orilla, conduciendo caballos para los invasores.

siglo XVIII, en que se dá al paraje de la referencia el nombre de AGRACIADA. No es fácil descubrir el orígen ó motivo de esta denominacion; pero, si se tiene presente que muchos puntos son llamados por el nombre de alguna persona, ó de algun hecho ó cualidad personal, no parecerá inverosímil que alguna mujer que se hizo notar por lo *agraciada* sea la causa de que así se llame al punto en cuestion. Pero, sea cual fuere la verdad á este respecto, es innegable que el nombre actual es el mismo que ha tenido siempre, sin modificacion alguna.

El Jefe de éstos salió de Buenos-aires en uno de los días de la primera quincena de Abril, á las cuatro y media de la tarde; se embarcó en el puerto de Sanchez (costa de San Isidro) á las doce de la noche siguiente; se puso en camino al romper el día y llegó á la isla ya nombrada, pasando por entre las del delta, con el retardo de algunos días causado por vientos contrarios. Cuando se reunieron los Treintaitres, ya había pasado la oportunidad que se había prefijado para la invasion: don Tomás Gomez había ido á la orilla del Uruguay con su caballada hasta tres noches seguidas, y habíase visto obligado á emigrar por escapar á la persecucion de las partidas brasileñas, ante cuyos ojos se había hecho sospechoso.

De ahí resultó que no fueran contestadas las señales préviamente acordadas con Gomez que hacía Lavalleja desde la isla en que él y los suyos estaban ocultos; y que, cansados de esperar y apurados por la escasez de víveres, vadearan el río don Manuel Oribe y don Manuel Lavalleja durante una noche oscura, y convinieran con los dos hermanos Ruíz, dueños de una estancia inmediata, en que éstos anunciaran por medio de fogatas el momento oportuno para la invasion, en una de las noches próximas.

El 18 hicieron los hermanos Ruíz la señal acordada, ántes de media noche, y desembarcaron en el arroyuelo de los Ruices, distrito de la Agraciada (1), en las primeras horas del día diecinueve de Abril, estos Treinta y tres inmortales: Juan

(1) Ha sido muy general la version de que el desembarco se efectuó en el *Arenal-grande*. Así lo dice don Luis C. de la Torre, íntimo de los Treintaitres, en una monografía que dejó escrita. Personas á quienes don Manuel Oribe trató con amistad, aseguran que, cuando este general hablaba del desembarco, se refería al Arenal-grande. Hoy sostienen algunos que el paraje aludido es la *Agraciada*. Juzgo que no hay verdadera disidencia entre las

Antonio Lavalleja (coronel); Manuel Oribe (teniente-coronel); Pablo Zufriategui, Simon del Pino (sargentos-mayores); Manuel Lavalleja, Jacinto Trápani, Manuel Freire, Gregorio Sanabria (capitanes); Basilio Araujo, Manuel Melendez, Atanasio Sierra, Santiago Gadea, Pantaleon Artigas, Andrés Spikermann (oficiales de menor graduacion); Juan Spikermann, Andrés Areguatí (sargentos); Celestino Rojas (cabo primero); Carmelo Colman (ordenanza); Andrés Cheveste (baqueano); Ramon Ortiz, Santiago Nievas, Avelino Miranda, Felipe Carapé, Francisco Lavalleja, Juan Rosas, Luciano Romero, Ignacio Nuñez, Juan Acosta, Joaquin Artigas, Dionisio Oribe (estos dos, ne-

dos versiones, y que sucede en esta cuestion lo que en la del desembarco de Liniers, en 1807. Muchos escriben que desembarcó en la Colonia, y así queda consignado en el párrafo LV de esta obra; pero no se quiere decir que en la misma ciudad y sí en su distrito ó jurisdiccion, pues el paraje preciso del desembarco de Liniers fué las Conchillas, algunas leguas al N. O. de la Plaza de la Colonia.

Examinada la region del Uruguay en que el hecho se realizó, se vé que desemboca el Catalan, formado por la confluencia del Arenal-grande y del-Arenal-chico. Dos ó tres leguas al Sud desagua el Agraciada, arroyo de mucha ménos agua y extension que el otro. Y más al Sud, en el extremo superior de una entrada que hace el Uruguay, entre la punta de Chaparro y el arroyo Sauce, sale una cañada que se llamó á principios de este siglo de Guardiazabal; años despues, hacia 1825, de los Ruices (a), y despues, hasta hoy, de Gutierrez.

Los Treintaitres no desembarcaron en el arroyo á que afluye el Arenal grande, ni en el Agraciada: desembarcaron en el de los Ruices. Si dicen algunos que el desembarco se efectuó EN LA AGRACIADA, es porque aluden al distrito á que el arroyo así llamado dá su nombre, pues el arroyo de los Ruices está en el distrito de la Agraciada. Así tambien, si dicen otros, siguiendo la version antigua, que se verificó EN EL ARENAL-GRANDE, es porque tal era en 1825 el nombre con que se designaba la extension de tierra en que están comprendidos el arroyo de los Ruices (Gutierrez) y el Agraciada, por razon de los grandes arenales que cubren en aquellos parajes la orilla del Uruguay. Por eso dice don Ignacio Nuñez en sus «Efemérides» que Lavalleja arribó á la costa oriental, desembarcando en el Arroyo de los Ruices, EN EL ARENAL-GRANDE.

Infiérese de esto que no son incompatibles, como se supone, las dos versiones, ni contrarias á la verdad. Lo que ha hecho creer otra cosa es que se han confundido los nombres de dos secciones territoriales con los de dos arroyos, ninguno de los cuales es el histórico.

(a) Llamábase así esa cañada porque los hermanos Ruiz, á quienes he nombrado poco ántes, tenían allí los campos de su propiedad. Hoy existen hijos suyos y otros parientes que llevan el mismo apellido, quienes tienen aún el dominio de aquel campo y de otra fraccion más que á sus causantes donó el gobierno de Oribe como premio del servicio que hicieron á los Treintaitres.

gros esclavos libertos), Juan Ortiz, José Palomo
y Tiburcio Gomez (1).

Lavalleja presidió, hincando una rodilla en el
suelo, el solemne juramento que los Treintaitres
hicieron en seguida del desembarco, de libertar á
la patria de la dominacion brasileña ó de perecer
por ella. En ese acto se desplegó por primera vez
la bandera histórica que tremoló más tarde victoriosa en el Rincon de Haedo y en Sarandí.

CCXXI — Primera victoria y proclama de Lavalleja

Durante el día 19 se ocuparon los invasores en
reunir caballos y en explorar las inmediaciones.
Habiendo sabido que hácia el San-Salvador había un pequeño grupo de soldados imperiales
mandados por el coronel Laguna, emprendieron
marcha á hora avanzada de la tarde, alcanzaron
y dispersaron el grupo y siguieron el camino á
Soriano, recibiendo en el tránsito tal número de
adherentes, que cuando llegaron á aquella antigua poblacion (24 de Abril) formaban un cuerpo
de más de cien personas. No hallaron quien les
resistiera.

Allí lanzó Lavalleja su primera proclama, que
empieza con estas palabras:—« VIVA LA PATRIA

(1) De las varias listas que se conocen de los Treintaitres, he consultado la
que ha servido al Sr. Blanes para su celebrado lienzo; la que compuso don
Luis Ceferino de la Torre con el auxilio de los principales jefes, segun él me
dijo; y una que se publicó en hoja suelta, sin fecha, pero que, á juzgar por su
aspecto, debe ser anterior al año 40 ó 45. Las tres son diferentes tanto en la
nómina de las personas, como en los grados que se les suponen. Como no
conozco el orígen de la primera y de la última, he preferido la segunda; pero, á fin de que el lector las conozca todas, indicaré las diferencias.
No figuran en la lista que tuvo presente el Sr. Blanes los dos últimos que
nombro en el texto, y en su lugar se nombran Agustin Velazquez é Ignacio
Medina. La lista impresa trae en vez de Ignacio Nuñez, Celedonio Rojas,
Basilio Araujo y Francisco Lavalleja, los nombres de Miguel Martinez, Matías Gomez, Juan Arteaga y N. Velazco. Es de notarse que esta lista llama
Velazco y *José* Medina á los que nombra *Velazquez* é *Ignacio* Medina la del
Sr. Blanes. La lista impresa consigna que Velazco, Arteaga y Medina murieron en Ituzaingó, y que Dionisio Oribe y Joaquin Artigas eran negros
esclavos.

« — *Argentinos orientales !!!* — Llegó en fin el
« momento de redimir nuestra amada patria de
« la ignominiosa esclavitud en que ha gemido por
« tantos años, y elevarla con nuestro esfuerzo al
« puesto que la reserva el destino entre los pue-
« blos libres del Nuevo Mundo. El grito heróico
« de LIBERTAD retumba ya por nuestros dilatados
« campos con el estrépito belicoso de la guerra.
« El negro pabellon de la venganza se ha desple-
« gado y el esterminio de los tiranos es induda-
« ble.» Sigue diciéndoles: que animados por el
fuego sagrado de la patria y decididos á arrostrar
toda clase de peligros, se han lanzado á reconquistar su libertad, sus derechos, su tranquilidad
y su gloria; que los libres les hacen la justicia
de creer que su valor y su patriotismo no se han
extinguido y que su indignacion se inflama al ver
la PROVINCIA ORIENTAL como un conjunto de sé-
res esclavos, sin derechos, sin leyes, sin opinion,
sin gobierno, sin nada propio más que su desho-
nor y sus desgracias; que corran todos á las armas para vengar á la patria y mostrar al mundo
que merecen ser LIBRES; que « las provincias her-
« manas sólo esperan su pronunciamiento para
« protejerlos en la heróica empresa de conquistar
« sus derechos; que LA GRAN NACION ARGENTINA,
« de que son parte, tiene sumo interés en que sean
« libres; que el congreso que preside los destinos
« de aquella no trepidará en asegurar el de los
« orientales, si se muestran decididos porque el
« árbol de la libertad se aclimate para siempre en
« la Provincia »; y concluye así : « Colocado por
« voto unánime á la cabeza de estos HÉROES, yo
« tengo el honor de protestaros en su nombre y
« en el mio propio, que nuestras aspiraciones sólo
« llevan por objeto la felicidad de nuestro país,
« adquirirle su libertad. Constituir la provincia

« bajo el sistema REPRESENTATIVO REPUBLICANO en
« uniformidad á las demas de la antigua UNION.
« Estrechar con ellas los dulces vínculos que án-
« tes los ligaban. Preservarla de la horrible pla-
« ga de la anarquía y fundar el imperio de la ley.»

CCXXII — Movimientos militares de Rivera y otros jefes imperialistas

En cuanto el cónsul del Brasil, residente en
Buenos-aires, tuvo noticia del embarque de Lavalleja, que fué el 17 de Abril por la noche, avisó al
gobernador de la Colonia del Sacramento que Lavalleja, Oribe y Aleman con 20 ó 30 soldados y
algunos oficiales habían pasado con destino al
puerto de las Vacas y con la pretension de atacar
el campamento del Durazno, en donde tenían oficiales ya comprometidos á pronunciarse en favor
de la revolucion. Le ordenó á la vez que comuni-
case la noticia á los comandantes de Mercedes,
Soriano y Pay-sandú á fin de evitar un ataque
imprevisto, y que tomase las medidas que considerase convenientes.

El gobernador cumplió sin demorar las órdenes; y como recibió en esos días oficios del jefe
derrotado en San Salvador por Lavalleja, en los
cuales se le decía que los revolucionarios habían
desembarcado el 23 en la Graciada y que ya tenían cerca de 200 hombres, dispuso que el brigadier Rivera marchase sobre ellos con un cuerpo
de 500 soldados, de todo lo cual dió cuenta al
cónsul Pereira Sodré.

Rivera, como se sabe, era el jefe de campaña
que contaba con la confianza más ilimitada del
Baron de la laguna; había hecho cuanto había podido por merecerla, y últimamente (13 de Febrero) había publicado una especie de manifiesto,
motivado por los sucesos de Buenos-aires, en que

protestaba que sería fiel al Imperio. Así que recibió la órden del gobernador Manuel Jorge Rodriguez, tomó 70 hombres, y se encaminó hacia el arroyo Grande, cuya direccion le facilitaba el reunir las fuerzas que le eran necesarias para perseguir al enemigo, y lo aproximaba á éste en el supuesto de que Lavalleja se viniera hacia Canelones, buscando el concurso de las pocas personas que habían quedado comprometidas á prestarlo, y contando con que, llegado que hubiese al centro de la campaña habitada, le sería más fácil engrosar sus filas. Al llegar á Monzon, arroyuelo que desagua en el Grande, hizo alto y mandó pliegos al mayor Isas (a) Calderon, que se hallaba por el Perdido, otro arroyuelo que corre al Oeste y paralelamente al Monzon, ordenándole que se le incorporara sin pérdida de tiempo y que le diera noticias de Lavalleja. Iguales órdenes impartió al coronel Borba y otros jefes de partidas diseminadas.

CCXXIII — Prision del brigadier D. Fructuoso Rivera

Pero sucedió que Rivera fué sorprendido por los mismos sucesos que esperaba. Lavalleja salió de Soriano con direccion á San-José y tuvo la fortuna de tomar al mensajero que Rivera había mandado á Isas, ántes que ninguna fuerza se hubiese incorporado al Comandante general. El *chasque* le enteró de la posicion que éste ocupaba y de las fuerzas que tenía. Se pensó entónces intentar la prision de Rivera mediante un engaño que consistiría en que Lavalleja tomara el camino que había de seguir Isas para operar la incorporacion, y en que, adelantándose el *chasque*, anunciara la llegada del jefe imperial. Se esperaba que Rivera, engañado por la falsa noticia, esperaría tranquilamente la aproximacion de los revolucionarios y que, producido este hecho, le sería imposible huir.

En efecto, como el mensajero había sido soldado de Lavalleja en otros tiempos, se prestó á servirle ahora con lealtad. Retrocedió, pues, seguido de cerca por los revolucionarios; al aproximarse á las posiciones de Rivera, dió con una guardia avanzada de ocho hombres que mandaba el ayudante D. Leonardo Olivera, quien dió parte á su jefe de que las fuerzas que se acercaban eran las de Calderon. Penetra confiado Olivera en el grupo de los patriotas y cae prisionero ántes de reparar que estaba entre enemigos. Rivera, inducido por el parte de su ayudante, monta á caballo y se encamina, acompañado por un negro, á las supuestas fuerzas de Calderon, y es tambien aprehendido, desarmado y puesto bajo custodia (29 de Abril).

Olivera se adhirió inmediatamente á la causa de la revolucion y contribuyó á que los 70 hombres de Rivera pasaran á engrosar la columna patriota, con los cuales llegó ésta á tener el número de ciento cincuenta combatientes.

CCXXIV — Rivera se compromete á servir á la revolucion

La captura de Rivera importaba para los libertadores tanto como un espléndido triunfo, porque privaba al Imperio del jefe más prestigioso de la provincia, del único que habría podido levantar y oponer sériamente á los revolucionarios las masas de la campaña, más obedientes á la autoridad de su caudillo que á los sentimientos de nacionalidad.

No se limitó, empero, á esto la fortuna de los audaces libertadores. La circunstancia de hallarse entre éstos Lavalleja y Manuel Oribe, dió á los hechos una direccion inesperada. Lavalleja, aunque de orígen oscuro y formado en la escuela de Artigas, era naturalmente bondadoso y honrado, cuanto podía serlo un hombre de sus condiciones. De inteligencia mediocre, carácter suave y sentimientos poco acentuados sin ser indefinidos, había seguido la corriente gauchesca en los sucesos de los años de 1820 y siguientes; pero su fibra patriótica se había sentido herida en 1823 por el grito de los montevideanos, se había pronunciado contra Rivera y había sido perseguido por éste con tanto teson, que tuvo que huír sin tiempo para ensillar su caballo, ni para completar su vestido. De estos hechos nació el resentimiento de los dos compadres.

Oribe, de familia distinguida y educacion esmerada, se había formado en los centros cultos como ciudadano y en buenas escuelas como militar, lo que dió á su carácter naturalmente inflexible y enérgico, cierta firmeza sistemática. Por otra parte, había dejado de obedecer á Rivera despues que Lecor dominó las márgenes del Plata, y había sido su enemigo valiente y encarnizado en 1823, cuando los orientales se dividieron por defender los unos la anexion al Brasil y los otros la confederacion con las Provincias-unidas. La enemistad de Oribe y Rivera era tanto más profunda, cuanto concurrían á producirla los hechos políticos y las diferencias personales.

Rivera se halló, pues, entre verdaderos enemigos, y como conocía ademas su propia importancia, no se le ocultó la gravedad de su posicion. Desde el primer momento le preocupó, nó Lavalleja, cuya clemencia le parecía fácil alcanzar, sino Oribe, que ya se había hecho conocer por la severidad de sus resoluciones y por su voluntad indomable, y que ejercía en la direccion de las operaciones revolucionarias un influjo superior al de ningun otro de sus compañeros. Temeroso de perder la vida, pidió á Jacinto Trápani que hiciera por salvarla. Este le tranquilizó, protestándole que no se pensaba en ir contra ella.

Pasaron así algunas horas, en las cuales el astuto caudillo ideó la manera de salir airoso de aquel lance. Invitó á Lavalleja á una conferencia, se encerraron solos en un rancho y salieron de él, despues de dos horas de conversacion, mostrándose reconciliados. Lavalleja presentó poco despues su compadre á la tropa formada, dándolo á conocer como su igual en la direccion de la campaña. Se había pactado que Rivera se plegaría al movimiento con todas las fuerzas disponibles y que en las cartas, oficios y decretos figuraría en primer término por razon de su grado militar y con el fin de que sus parciales se sublevaran con más espontaneidad que lo harían si lo vieran ocupando un lugar secundario.

Este hecho, en que Lavalleja muestra una abnegacion meritoria, á la vez que Rivera asegura el goce de su prestigio, quedando en aptitud para usarlo despues como más convenga á sus aspiraciones particulares, fué de mucho valor para la revolucion, porque le atrajo gran número de secuaces que en otras circunstancias habrían sido sus enemigos y porque precipitó los sucesos, salvándolos de eventualidades temibles.

CCXXV — Plan de insurreccion general. Sitio de Montevideo

Indujo Rivera á sus oficiales, á Calderon, á Mansilla, á Laguna y á otros jefes de partidas que andaban en los departamentos inmediatos, á que se pronunciaran por la revolucion. El núcleo marchó en la noche de aquel mismo día con direccion á San-José, en donde se hallaba el coronel Borba con un regimiento de paulistas. Antes de llegar ordenó Rivera al jefe brasileño que se le incorporase. Borba obedeció sin sospechar que el Brigadier fuera ya enemigo del Imperio; se dió cuenta de su error al verse rodeado de fuerzas que creía amigas y al oír de labios del mismo Rivera la expresion de la perfidia de que había sido víctima.

Engrosada la columna revolucionaria con los 200 prisioneros, siguió su viaje á San-José el 1? de Mayo y de allí á Canelones. En este punto se le agregaron algunos grupos durante el día que permaneció en él, continuó marchando hasta el Cerrito de la Victoria, en donde se enarboló la bandera de los Treintaitres el 7 de Mayo, y se estableció el sitio de la Plaza.

En los días siguientes se pensó principalmente en los trabajos de insurreccion, se mandaron oficiales á diversos distritos de la provincia, se nombró á Isas para Jefe del sitio, á Don Manuel Oribe para su segundo, á Don Leonardo Olivera para comandante de Maldonado, á Don Ignacio Oribe para el Cerro-largo, á Quiros se le destinó á levantar el centro de la campaña y al coronel Arenas se encomendó el sitio de la Colonia. Rivera fué á situarse á inmediaciones del Yi con el fin de dirijir desde allí la insurreccion de sus parciales, y Lavalleja estableció el cuartel general en el Santa-Lucía-chico, á una legua de la Florida, nombrando á Zufriategui para jefe del estado mayor. Todo propendía á conseguir que el Sud del río Negro se levantase á un tiempo por todas partes.

CCXXVI — Medidas defensivas de la Plaza sitiada

Lecor había recibido con inquietud la noticia de la invasion; pero la conducta de Rivera le causó la mayor alarma, conociendo cuánto podía la autoridad de su nombre en el ánimo de los campesinos. El coronel Pintos se había retirado preci-

pitadamente de Canelones al sentir la aproximacion de los revolucionarios, infundiendo la alarma
en el tránsito y en la Plaza.

La presencia de los patriotas en el Cerríto produjo en los pobladores de Montevideo una ajita-
cion indescriptible que se manifestó de un modo
en unos, de otro modo en otros, segun los sentimientos eran adversos ó simpáticos á la causa
que se inauguraba con tanta fortuna. Muchas
personas se pasaron de la Plaza al campo enemigo; los sargentos pernambucanos cometieron la
imprudencia de hacer manifestaciones subversivas sin órdenes ni direccion superior; y el Baron
de la laguna, creyendo ver en estos hechos la señal de una conspiracion fraguada en la ciudad por
ciudadanos orientales, dió órden de aprehender á
vários, tales como Juan Francisco Giró, Juan
Benito Blanco, Lorenzo Justiniano Perez, Fran-
,cisco Solano Antuña, Ramon Masini, Eusebio
Gonzalez y José Alvarez; procedió enérgicamente
contra los sargentos brasileños; puso á precio
las personas del *traidor* Rivera y de Lavalleja, y
mandó al Janeiro á García Zúniga con pliegos
en que pedía refuerzos considerables con urgencia.

A consecuencia de este pedido llegaron á Montevideo en la primera quincena de Junio el almirante Lobo, el teniente general Gasello, de 1000
á 1200 hombres, 70,000 pesos y una Junta destinada á juzgar á las personas que estaban en la
Plaza ó á bordo de la escuadra en calidad de presos políticos. Se anunció tambien la próxima llegada de dos fragatas y una corbeta con 400 ó 500
hombres de desembarco, y la reunion de Abreu,
Barreto y Bento con 2800 soldados. Se había
proclamado ademas la ley marcial y se decía que
el almirante Lobo debía marchar de un momento

á otro en la María-da-gloria con pliegos importantes para el gobierno de Buenos-aires, de cuya
actitud no se tenía buen concepto.

CCXXVII — Complicidad de las autoridades y del pueblo de Buenos-aires

No era infundada esta desconfianza. El parque
de Buenos-aires había suministrado materiales de
guerra á los Treintaitres ántes aún que verificaran
su pasada. Sin embargo, cuando el cónsul brasileño preguntó al ministro García, en la conferencia que con él tuvo el 18 de Abril, si la empresa
de los arrojados orientales contaba con la proteccion del gobierno argentino, obtuvo una respuesta
negativa.

Pocos días despues se supo en Buenos-aires
que Lavalleja había pisado ya el suelo de su patria; el pueblo y la prensa demostraron grande entusiasmo y exhortaban con tanta vehemencia al
gobierno para que auxiliase la revolucion, que el
cónsul Sodré se creyó obligado á preguntar por
oficio del 30 de Abril « si el gobierno había toma-
« do parte en aquellos acontecimientos ó si la to-
« mará en el caso de que vaya adelante el proyec-
« to de los tales aventureros ». García contestó
(2 de Mayo) « que no estaba ni podía estar en los
« principios bastante acreditados de su gobierno
« el adoptar en ningun caso medios innobles, y
« ménos fomentar empresas que no sean dignas
« de un gobierno regular ».

Pero, en contradiccion con estas protestas, el
parque seguía suministrando armas y municiones
en cantidades considerables, las cuales se embar-
caban con poco sijilo, y hasta ocupándose las pa-
trullas nocturnas en los trabajos de carga. A los
muy pocos días se cargó con ellas y con otras que
la Comision oriental había comprado, la goleta

Libertad del Sud, que emprendió viaje hacia el Buceo, conduciendo á bordo á D. Ramon Acha, D. Atanasio Lapido, D. Gabriel Velazco, D. Felipe Maturana, D. Bonifacio Vidal y otros ciudadanos orientales. Varios lanchones y otros buques habían partido con armas y con gente enganchada notoriamente, y hasta se intentó abordar buques de guerra del Imperio.

El cónsul Sodré tuvo noticia de que la sublevacion de los pernambucanos de Montevideo había tenido por objeto apoderarse de la Plaza, proclamar inmediatamente la confederacion con las Provincias-unidas y mandar diputados al Congreso, que solicitarían el apoyo franco y decidido del Gobierno argentino. Este por su parte, se había dirijido el 9 de Mayo al Congreso demostrándole que la guerra iniciada en la Banda-oriental creaba la necesidad de asegurar las fronteras y pidiéndole autorizacion para reforzar la línea del Uruguay con la tropa veterana que no fuese necesaria á las provincias para conservar el órden interior; y el Congreso resolvió el 11 accediendo á todo lo pedido y ordenando ademas que concurriesen con la tropa de línea disponible todas las milicias y reclutas, y que el Poder ejecutivo solicitase de la lejislatura provincial de Buenos-aires los fondos que fueran menester para el sostenimiento del ejército movilizado.

En vista de tales sucesos comunicó Sodré á su Corte los recelos que le inspiraba la República-argentina y le advertía que la proteccion indirecta de Las-Heras se dirijía á tener en convulsion la Provincia-cisplatina con el propósito de fundar en el descontento de los orientales las gestiones que pensaba entablar ante las cortes de Inglaterra y el Brasil. (13 de Mayo).

CCXXVIII — Comunicaciones de Lavalleja con Buenos-aires y su Gobierno

Las embarcaciones salidas del puerto de Buenos-aires con armas, municiones, dinero y gente enganchada, llegaban á la márgen oriental á pesar de la vigilancia de la escuadra brasileña. Algunas se dirijieron á varios puntos del departamento de la Colonia; otras vinieron á los departamentos de Montevideo y Canelones. Entre estas últimas se cuenta la goleta *Libertad del Sud*, que llegó al Buceo el 12 de Mayo conduciendo, como se ha dicho, varios ciudadanos y ademas cuarenta mil pesos en dinero, 1700 armas de fuego, sables y municiones, que mandaba el gobierno argentino.

Al comunicar este hecho el Comandante militar al Cabildo de Guadalupe, le decía: « Todo aroche mismo quedó en nuestro poder; con más que aquel gobierno hermano, amante de la libertad y engrandecimiento de la Provincia, oferta cuanto sea preciso y necesario ». Y, aludiendo á las medidas que Las-Heras había propuesto al Congreso, agregaba: « Un ejército con todos los elementos que las circunstancias exijen marcha al Entre-ríos al mando del General D. Martin Rodriguez á situarse á las márgenes del Uruguay y en nuestro auxilio; ya lo están 800 hombres de la provincia de Entre-ríos, segun órdenes recientes que aquel jefe ha tenido. Ya nada será capaz de impedir la marcha de nuestras glorias ».

El mismo día Rivera y Lavalleja apoderaron á Zufriategui para que se acercara al Gobierno de Buenos-aires y entrara en negociaciones con él, instruyéndole del estado de las cosas y de las intenciones de la revolucion, que eran ver libre la

Provincia para mandar sus diputados al Congreso, y solicitando oficialmente el auxilio de soldados, armas y dinero. Tres días despues estaban
en el Durazno los dos jefes. Acordaron allí nombrar otros agentes para que se entendieran con el
gobierno de Buenos-aires y se encargaran de todo
cuanto fuera necesario á la revolucion.

CCXXIX—Decreto contra el pillaje

Algunos desórdenes se habían cometido en campaña por soldados republicanos, que empezaban
á alarmar á las poblaciones, temerosas de que
volvieran los tiempos del artiguismo. Comprendiendo los jefes que nada se opondría tanto á sus
trabajos como ese temor, si llegara á cundir, dieron una órden del día en que expresaban (15 de
Mayo) que « La experiencia ha manifestado des-
« graciadamente en otras épocas, que en la re-
« volucion las pasiones se desenfrenan y los mal-
« vados se aprovechan en estos momentos para
« cometer los delitos de desercion, homicidio, es-
« tupro y latrocinio; y como tales hechos no evita-
« dos en los principios, despues se hace un hábito
« general, que al fin consuma la ruina del país,
« hemos acordado no perdonar medio alguno con
« el fin de evitar sus desastrosas consecuencias».
Despues de esta reminiscencia, que no carecía
de oportunidad, se hacía saber al ejército que
« sería castigado con la última pena, esto es, con el
« cadalso, todo el que cometiere cualquiera de los
« delitos referidos », y se le prevenía que « para
« sentenciar á tal pena al ladron, bastaría que
« el hurto llegase al valor de cuatro pesos; que un
« *breve sumario* en que resultase *prueba semi-ple-*
« *na* sería bastante para proceder á la sentencia,
« no debiendo estar el reo en capilla más de vein-
« ticuatro horas, esto es, cuando las circunstan-

« cias no exijieran que la sentencia fuese más
« brevemente ejecutada ».

Se dispuso que se tuviese este decreto por ley
inviolable miéntras no se creara el gobierno que
había de regir la provincia; que se hiciera su
lectura diariamente por los sargentos de compañía; que se pasara copia á los jueces y cabildos y que se hiciera saber á los vecinos, que
tambien quedaban sujetos á las disposiciones
dictadas. La extrema severidad de esta resolucion hace suponer hasta qué punto había llegado el desórden á que se alude al principio, y el
grado de las inquietudes que despertaba la sola
posibilidad de que se reprodujeran.

**CCXXX—Se constituye el primer gobierno revolucionario. Se
solicita la reincorporacion á las Provincias-unidas**

Las columnas libertadoras se engrosaban y se
armaban entre tanto. Con excepcion de Montevideo, la Colonia y Mercedes, que estaban ocupadas por fuerzas imperiales y sitiadas por republicanos, los insurrectos dominaban al Sud del
río Negro, de tal modo que las autoridades municipales y judiciales que se habían pronunciado
á su favor, funcionaban en el lugar de sus asien-
tos sin ser molestadas.

Todos esperaban en Buenos-aires que tan pronto como la nueva situacion se afianzara, se decidi-
rían las Provincias á tomar la causa bajo su responsabilidad; razon por la cual apuraban á Lavalleja, á Oribe y á cuantos pudieran tener algun
influjo en la marcha de los negocios, por que instituyeran un gobierno y por que el voto popular
viniera á dar autoridad á la obra comenzada.

Así se quiso proceder. El 27 de Mayo se dirijió
Lavalleja á los cabildos manifestándoles que había llegado la hora de convocar un gobierno pro-

visional que representara á• la Provincia con toda la legalidad que las circunstancias permitieran, y ordenándoles que nombraran con el concurso de los jueces territoriales y demas autoridades de su dependencia, « un sujeto de virtudes, patriotismo, instruccion y responsabilidad » para miembro de dicho gobierno, el cual debería instalarse en la Florida el 12 de Junio. El mismo día nombró á los señores Joaquin Suarez, Alejandro Chucarro, José Antonio Ramirez y Manuel Calleros para que constituyeran la *Comision provisional de hacienda* de la Provincia.

Instalóse el Gobierno en la Florida dos días despues del prefijado, compuesto de seis miembros y un secretario, cuya presidencia recayó en el Sr. Calleros (1). Lavalleja pronunció en el mismo acto algunas palabras llenas de sentimiento patriótico, y se retiró dejando una memoria en que daba cuenta de lo acaecido hasta aquel día. La revolucion había adquirido un poder respetable, pues que contaba 1000 hombres mandados por el mismo Jefe, otros 1000 bajo las órdenes de Rivera, 300 que tenía D. Manuel Oribe, otros 300 que obedecían á Quiros, la division de D. Ignacio Oribe, la de D. Pablo Perez y varios otros destacamentos; se habían dado patentes de corso; se había establecido una aduana en Canelones para el comercio exterior; se tenía considerable provision de armas, municiones y otros elementos de guerra adquiridos en Buenos-aires por el crédito y amigos particulares del Jefe de la revolucion; se habían dirigido éste y Rivera al Poder ejecutivo nacional instruyéndole de sus circunstancias y ne-

---

(1) Los seis miembros habían sido elejidos por los siguientes departamentos: Calleros, por el de la Colonia; Francisco J. Muñoz, por el de Maldonado; Loreto Gomensoro, por el de Canelones; Manuel Durán, por el de San-José; Juan José Vazquez, por el de Soriano; y Gabriel Antonio Pereira, por el de San-Pedro (actual departamento del Durazno).

cesidades; y, aunque no se había recibido una contestacion directa, se había sabido por conducto de la Comision-oriental que sus disposiciones eran favorables y que ellas tomarían un carácter decisivo tan pronto como se presentasen comisionados del Gobierno provisional de la Provincia.

A consecuencia de esta manifestacion, el Gobierno procedió á la vez que á nombrar á Lavalleja para general en jefe con el grado de brigadier y á Rivera para inspector general de armas, á comisionar á dos de sus miembros (Muñoz y Gomensoro) para que pasaran á Buenos-aires y solicitasen ante el Congreso Nacional directamente la admision de la provincia en la comunidad argentina y la intervencion de todo el poder del Estado en contra del Brasil. Se pensaba que con esta medida se obligaría al gobierno de Buenos-aires á salir de su actitud reservada, haciendo públicamente argentina la causa de la emancipacion oriental, ó que, por lo ménos, aumentarían los recelos del Brasil al extremo de causar la ruptura de relaciones ya harto tirantes, cosa que al fin había de dar el resultado que se buscaba.

CCXXXI — La opinion pública de Buenos-aires clama por la guerra

No faltaba base para tales cálculos. En los mismos días en que el cónsul Sodré prevenía desfavorablemente á su gobierno, la prensa publicaba el manifiesto de Lavalleja con extensos comentarios en que se incitaba á las Provincias á tomar parte en la guerra.

« Encendida la guerra en la Banda-oriental, sos-
« tenida por todos sus habitantes, se decía; des-
« pues que todo medio de conciliacion ha sido de-
« sechado por el emperador del Brasil; despues

« que los orientales se han declarado en masa y
« repetidas veces contra la incorporacion al Im-
« perio y contra la separacion del Estado del Río
« de la Plata, ya no puede ponerse en duda que
« la guerra contra el Imperio del Brasil es una
« guerra justa, que es una guerra santa y tanto
« más cuanto ella debe contribuir á derribar ese
« monumento de los principios añejos que ha
« puesto al frente de la América la *Santa Alianza.*
« Podemos aun añadir que ésta es una guerra po-
« pular de la *república* contra el *imperio* que la
« amenaza»....

Y pasando á los medios con que se contaba
para realizar estos deseos, se agregaba: « ¿ Cuá-
« les son las circunstancias que se oponen? La
« falta de marina, de ejércitos y de soldados sólo
« importa el apresurar los medios de formarlos.
« Hay hombres y dinero; hay arbitrios que pue-
« den suplir en el entretanto.... ¿Qué puede te-
« merse del Brasil en que no podamos amenazar-
« lo? Su marina incompleta, desprovista, mal pa-
« gada, abundando en hombres mercenarios, sólo
« presenta un fantasma que desharían cuatro cor-
« sarios. ¿No pueden armarse éstos en dos se-
« manas?... La prudencia en la guerra tiene sus
« límites como en otros casos. Estamos compro-
« metidos por principios, por conveniencia y aún
« por el honor, si es necesario, á libertar la Ban-
« da-oriental. Llegó el caso de encenderse la gue-
« rra; debemos decir por qué lado nos decidimos,
« debe hacerse el último esfuerzo; todo lo demas
« es contemporizar con la usurpacion ó mos-
« trar debilidad. ¡Y debilidad en las provincias
« del Río de la Plata!! ¡Nó, jamás! Abundan en
« recursos y en *patriotismo*, que supera todas las
« necesidades; así, en nuestro concepto, sólo de-
« be mirarse ahora *lo que podemos hacer* y no

« trepidar en decir y declarar *que haremos cuanto* « *podamos.* »

CCXXXII—Los particulares emprenden el corso

Uniendo al dicho el hecho, para probar que podían improvisarse escuadras y ejércitos capaces de triunfar, se armaron cinco balleneras y una balandra con dineros que la Comision oriental suscribió públicamente, y se las destinó á apresar buques imperiales. La primera expedicion se dirijió contra la corbeta de guerra Liberal, estacionada en la Colonia. Salieron los corsarios del puerto de Buenos-aires en la noche del 24 de Mayo; se acercaron al buque enemigo; pero, advirtiendo que habían sido sentidos, tuvieron que volver al punto de partida sin la presa deseada.

El cónsul brasileño, que ya había pedido en los dias 11 y 20 medidas eficaces contra las contínuas expediciones que se armaban en el puerto, se dirijió el 1º de Junio, con motivo de la tentativa frustrada, al ministro García, narrando lo ocurrido, pidiendo explicaciones de las miras del gabinete argentino y protestando contra la tolerancia de que se quejaba, la cual podría « dar motivo á un « justo rompimiento de los lazos de amistad que « ligan felizmente á entrambos gobiernos». Como el Ministro no respondió esta comunicacion, el cónsul solicitó una entrevista, que tuvo lugar el dia 9. Parece que García eludió en ella el dar explicaciones, alegando que no siendo Sodré otra cosa que cónsul, carecía de la personalidad necesaria para tratar estos asuntos. Pero, no obstante, el gobierno dictó el mismo dia resoluciones tendentes á impedir los hechos que comprometían su posicion de neutral.

CCXXXIII — Proyéctase una escuadra. Asonada contra el cónsul brasileño

Aunque nada inducía á creer que estas medidas se llevarían á cabo, los exaltados dieron señales de irritacion, siguieron exhortando á la guerra y formando proyectos. La escuadra es lo que más les preocupaba, porque veían que el ejército se formaba, aunque lentamente, en Entre-ríos. Unos juzgaban que lo más práctico sería pedir á Bolívar la escuadra peruana para oponerla toda entera á la del Imperio; otros pensaban que esa escuadra bloqueaba al Callao, que no estaba completamente vencido el poder de España, y que el tiempo y el dinero que necesitaría la flota para doblar el Cabo de Hornos y emprender operaciones en el Plata, serían más que los necesarios para formar otra en el puerto de Buenos-aires ó en la ensenada de Barragan. Se hablaba tambien de equipar buques en Valparaíso; pero no faltaban quienes hallasen más difícil este proyecto. Lo hacedero y conveniente era repetir la operacion del año 14: comprar buques mercantes, armarlos y entregarlos á marinos mercantes. Cualquiera capitan de buque sería un excelente oficial frente á los imperiales!

Así se entretenían los ánimos cuando vinieron á llamar la atencion del pueblo un bergantin y una goleta de la armada brasileña que se avistaron de improviso. Súpose que con dos bergantines más y otra goleta se ocupaban en cruzar incesantemente la distancia que media entre el puerto y la punta del Indio, y que el Miércoles anterior (22 de Junio) habían abordado y apresado un bergantin mercante que bajo la bandera de Buenos-aires venía desde Parnaguá. Tomáronse informes, pareció que la noticia se confirmaba y las pasiones siguieron excitándose á las voces de ¡ tropelía! ¡ insulto á la nacion ! lanzadas de palabra y por escrito, hasta que estallaron el 29 en una vergonzosa asonada con motivo de celebrarse el santo cuyo nombre llevaba el Emperador. El tumulto se dirijió al consulado gritando : «¡ viva la patria ! « ¡ muera el cónsul del Brasil ! ¡ mueran los brasileros! muera el Emperador de los macacos !,» y, ya frente á la casa, frenéticos de ira, borraron el escudo que había sobre la puerta. Por otra parte los corsarios habían apresado una goleta que llevaba bandera brasileña (Pensamiento Feliz) y la habían conducido al puerto de Buenos-aires, en donde la tenían sin que nadie los molestara.

CCXXXIV — Reclamaciones diplomáticas

Estos hechos colocaban al gobierno argentino en una posicion insostenible: ni asumía lealmente la responsabilidad de beligerante, ni cumplía con honradez los deberes de gobierno amigo. Con todo, poco dispuesto el Imperio á entrar en guerra con las Provincias-unidas, soportaba con paciencia todas las irregularidades de que le noticiaban sus activos agentes.

Rodrigo José Ferreira Lobo se había presentado en el puerto de Buenos-aires, segun se anunció en Montevideo, como vice-almirante y comandante en jefe de las fuerzas navales estacionadas en el Río de la Plata, y en tal carácter ofició al gobierno argentino (5 de Julio) manifestándole que el Emperador creía que el gobierno de Buenos-aires auxiliaba la revolucion oriental, porque no sólo se le había dado impulso en esta ciudad, insinuándose la insurreccion, abriendo suscripciones á su favor y predisponiendo á la Banda-oriental á la llamada union de las Provincias del Río de la Plata, sino que tambien se había hecho uso de los papeles oficiales y de los periódicos del gobierno para llamar el odio general contra la incorporacion de la Provincia-cisplatina al Imperio, y se había suministrado armamento y dinero á los facciosos. Se refería en seguida á los actos de los corsarios, haciendo notar que el gobierno los consentía, y concluyó diciendo que el Emperador había resuelto mandar fuerzas de mar y tierra para rechazar la fuerza *en donde fuese menester;* pero que, como no podía persuadirse de que el gobierno de Buenos-aires protejería la insurreccion sin una declaracion franca de guerra, no se decidía á hacer uso de los medios hostiles de que disponía sin exigir primero la explicacion de hechos tan graves.

El ministro García expresó al día siguiente que tendría gusto en contestar tan pronto como le constase que el Sr. Lobo se hallaba suficientemente caracterizado. El Vice-almirante declaró que había procedido en virtud de órdenes de la Corona, y García repuso que ninguna comunicacion diplomática podía tener lugar con quien se presentaba al frente de fuerzas pidiendo explicaciones y carecía de las facultades requeridas por el derecho internacional (8 de Julio).

Pero, en seguida de definir así las posiciones de los dos personajes, tuvo el ministro la cortesía de satisfacer los deseos del Vice-almirante, negando solemnemente el hecho de haberse promovido la sublevacion de los orientales por el gobierno de la República; sosteniendo que si la revolucion había recibido socorros de Buenos-aires, habían sido comprados por particulares con su dinero en uso de la libertad de comerciar que las leyes acordaban á todos los habitantes, sin excluir los enemigos naturales; recordando que se habían tomado medidas represivas contra los hechos que comprometían la responsabilidad del gobierno; y declarando por fin que, como el estado de la Banda-oriental afectaba hondamente la tranquilidad de las Provincias-unidas y era urgente establecer las relaciones definitivas de la República con el Imperio, había determinado el Gobierno enviar á Río Janeiro una mision especial. Lobo, al acusar recibo de esta comunicacion, aseguró que no debía tomarse como actitud hostil el haberse presentado en el puerto con parte de las fuerzas navales que mandaba; y que, interesado el Imperio en conservar las relaciones amistosas, sólo trataría de impedir la exportacion de efectos para los insurgentes, y la salida de piratas, ya que eran infructuosas las medidas del gobierno de la República. (11 de Julio).

CCXXXV—Hostilidades populares á la marina imperial

No obstante las protestas de García, las relaciones diarias entre bonaerenses y brasileños se hacían de más en más difíciles. No podían bajar de los buques del Imperio los oficiales, ni aún vestidos de particular, que es como bajaban, porque eran objeto de los gritos y denuestos del populacho. Ni podían venir á la orilla del río los botes de guerra, porque sus soldados y marineros eran inducidos en seguida á desertarse, mediante sumas de dinero que se les daban. La escuadra llegó á no poder servirse de sus botes y á tener que alquilar á caro precio los mercantes del puerto; pero ni éstos podía conseguir, porque sus dueños se negaban á prestarle servicio alguno, por mucho que se les ofreciera.

Por otra parte, el corso había tomado proporciones alarmantes: el San-Martin, el Maipo, el Conde de Amarante y otros corsarios empezaban á llamar la atencion por sus empresas arriesgadas. Habían caído en su poder, ademas de al-

gunos buques menores, el Grao-Pará y el Caro-
lina, y había sido atacado últimamente el bergantin de guerra Gaivota. Otro buque, bergantin-
goleta, que había viajado con el nombre de Guillermo, había sido adquirido por Casares, armado y tripulado con 150 hombres, entre quienes figuraban algunos desertores brasileños, y
estaba pronto en el puerto para levar sus anclas
bajo el nombre de General Lavalleja, despues
de haberse aprovisionado con artículos destinados á la escuadra imperial, que cayeron en su
poder con la embarcacion que los conducía. Algunos días despues se aprestaron en el Riachuelo dos lanchones, uno de don Pascual Costa y
otro de don Pedro Trápani, ámbos miembros de
la Comision oriental, y se anunció que debían
abordar el bergantin sueco Palas, que estaba
por emprender viaje con cargamento para Río Janeiro.

En esos días (21 de Julio) fué sustituído Sodré
por el capitan-teniente Antonio José Falcao da
Frota, y recibido oficialmente en el carácter de
cónsul y agente político del Brasil. Al ser ins-
truído por su antecesor de algunos de los hechos
que quedan referidos, recibió tan mala impresion,
que manifestó al instante á su gobierno la necesidad de terminar las relaciones con el argentino, y su intencion de retirarse si se reproducían
los ultrajes (24 de Julio). En notas del 27 de este
mes y del 9 y 31 de Agosto, denunció los preparativos de corso que se hacían y pidió contra ellos
medidas eficaces. García le contestaba en breves
notas, asegurándole que el gobierno los impediría.

Y efectivamente, se registraban las embarcaciones, se daban órdenes para que no se dieran
á la vela sino en condiciones regulares; pero los
corsarios no se detenían por eso: salían, de-

volvían los despachos desde cierta distancia, y se dedicaban á perseguir las naves mercantes del Imperio, y aún las de guerra, cuando la ocasion les parecía conveniente.

CCXXXVI — Actitud de la prensa exaltada, con motivo de la diputacion oriental

Miéntras se sucedían los hechos marítimos y diplomáticos que se acaba de referir, otros de distinta naturaleza, pero no de menor gravedad, se desarrollaban en Buenos-aires y en la Provincia-cisplatina. Apénas llegaron á la Capital los dos miembros del Gobierno provisional uruguayo, se suscitó la cuestion de si serían oídos por el Gobierno argentino. Aunque el sentimiento estaba formado, los prudentes y los exaltados no se armonizaban en puntos de la conducta que en el momento convenía seguir con relacion á los negocios orientales.

Los unos, comparando el estado y las fuerzas morales y materiales de la República con las del Brasil, juzgaban que la union de las provincias no estaba consolidada, que no había seguridad de que la paz y la buena armonía fueran duraderas, que si bien había prosperado Buenos-aires en los cinco años de aislamiento, estaban arruinadas las demas provincias, y que, por lo mismo, comprometerse precipitadamente en una guerra internacional, era exponerse á que Buenos-aires tuviera que sostenerla sola, quizas contrariada por los caudillos, con probabilidades de éxito tanto más negativas cuanto el Imperio había conseguido pacificar las poblaciones y entrar en una marcha regular desembarazada, con poderosos elementos de guerra más ó ménos organizados, de que carecían las Provincias-unidas.

Los otros veían al Brasil pobre, rica á la República argentina, y hallaban facilidades increíbles para arrojarse á la lucha y vencer. Debería formarse el ejército con cuerpos de voluntarios que, acudirían en gran número si se pusieran en juego las reuniones, proclamas y músicas, cuanto pueda entusiasmar al hombre; con las tropas de línea á que se destinarían los vagos que se capturasen; y con cuerpos de conscripcion en que entrarían todos los que tuviesen voto activo en las elecciones.

Como los combates navales habían de librarse en los ríos, que tanto abundan en bancos, serían necesarios, nó buques de alto bordo y sí cañoneras y lanchones, cuya adquisicion se haría en dos meses, y para cuya tripulacion sobraban hombres, pues que se ofrecían hasta los marineros de la escuadra imperial. Ademas el corso obligaría á las fuerzas del Emperador á dividirse, y las debilitaría; arruinaría el comercio brasileño, repararía con sus presas los quebrantos del argentino, y todo se haría de un modo fácil y pronto.

Se concibe cómo resolvería la cuestion un pueblo que así pensaba. El Congreso no debería titubear para recibir á los agentes orientales y satisfacer sus deseos. « Si un ministerio más pre- « visor ó más decidido hubiera estado al frente de « Buenos-aires (decía *El Argentino* en su número « del 23 de Julio), ya las columnas argentinas ha- « brían pasado el Uruguay. Olvidemos, sin em- « bargo, esta falta, y atendiendo á lo que somos « ahora, veamos lo que debe hacerse, lo que es « indispensable que se resuelva para la libertad « de nuestros hermanos.—Ellos, despues de ha- « berse unido en masa y empuñado la espada, « fuertes contra las tropas imperiales, y deseosos « de unirse á las demas provincias del Río de la « Plata, nombraron un gobierno provisorio y comi-

« sionaron dos de sus miembros cerca del Con-
« greso Nacional para que lo instruyesen de sus
« votos y exigiesen de él cuanto demandan las
« circunstancias...... ¿ Cuál debe ser, pues, la
« contestacion que dé el Congresó á los diputados
« del Gobierno oriental ? Más propiamente: ¿ de-
« berá contestarles ?..... Sí; ésta es la cuestion
« única, porque si se contesta al Gôbierno orien-
« tal, se le reconoce de hecho y comienza ya·á
« hacer parte de la nacion argentina; si no se le
« contesta, quedan los orientales abandonados á
« sí propios y sólo como. *rebeldes* para el Imperio
« que los dominaba..... Si se les deja de contes-
« tar, es precisamente porque la contestacion es
« una declaracion de guerra contra el Imperio;
« porque se necesita ganar tiempo para formar el'
« ejército que ha de hacerla y ha de triúnfar ». Se
extiende luego en demostrar que la declaracion
inmediata daría mejores resultados que si se espera á que hayan aumentado las fuerzas de la
nacion, y concluye con estas palabras: « Resulta,
« pues, de todo que sólo hay recurso á las armas
« para libertar la Banda-oriental, que las circuns-
« tancias de hoy son las mejores que pueden pre-
« sentarse. Se debe, pues, contestar al Gobierno
« Provisorio Oriental, y admitir en el Congreso
« los diputados de aquella provincia. Son meno-
« res los inconvenientes que se ofrecen para ello,
« que las ventajas ».

CCXXXVII — Actitud del Congreso. Plan de la opinion moderada

No obstante las opiniones de la prensa, el Congreso se mantuvo firme en su actitud reservada.
La República argentina no estaba preparada para
la guerra; por más que el gobierno la quisiera,
era cuerdo no empezarla, ni provocarla, mién-

tras no estuviesen prontas las fuerzas indispensables. Esto era lo que interesaba á los mismos orientales, aunque su natural impaciencia no les permitiera comprenderlo. Por otra parte, la anexion de la Provincia al Brasil se había hecho con formas solemnes, consultando la voluntad popular, por lo ménos aparentemente, y era menester que con iguales solemnidades se declarara rota esa union y se incorporara la Provincia á las Unidas del Río de la Plata, á fin de que, llegado el momento, pudiera oponer el gobierno argentino al brasileño razones tanto ó más poderosas y análogas á las que éste pudiera aducir en su favor.

Esta era esencialmente la opinion de los miembros moderados de la prensa. « Al volver nues-« tras provincias del aislamiento en que han « permanecido por algunos años, se han pronun-« ciado de nuevo por un acto libre y espontáneo, « concurriendo todas ellas con sus diputados á « la instalacion de un congreso general (había « dicho en Junio El Nacional); han jurado su « obediencia á las deliberaciones de esta augus-« ta corporacion en los términos prevenidos por « una ley fundamental, y se ha sometido al « poder ejecutivo nacional encargado de la de-« fensa del estado, y de la direccion de sus ne-« gocios generales. Es en virtud de estos actos « solemnes que la autoridad ejecutiva, al mismo « tiempo que ha recibido esa investidura, se ha « hecho responsable por su parte de la seguri-« dad, integridad y defensa del país, y ha entrado, « por consiguiente, en el deber de emplear á ese « efecto todos los medios que le ha consignado « y pueda extenderle la ley. El pueblo oriental, « pues, desde el momento que se halla expedito « para deliberar, debe uniformarse con la con-

« ducta de las demas provincias de reproducir
« sus votos y reconocer sus respectivas obliga-
« ciones: en suma, entrar de nuevo por las mis-
« mas vías que las demas en la asociacion gene-
« ral. No dudamos que así lo hará; pero estos
« actos son de forma y deben llenarse del modo
« más solemne y más completo, desde que no
« hay un motivo poderoso ó invencible para re-
« tardarlos. Verificado esto resultará que aque-
« lla provincia no sólo pertenezca á la union por
« sus antiguos vínculos, sino por una delibera-
« cion próxima, espontánea y decidida.... »

Había, pues, que emprender este doble trabajo : acelerar la formacion del ejército y preparar las declaraciones solemnes del pueblo uruguayo, para llegar al hecho por que todos clama-
ban. Así se hizo.

**CCXXXVIII — Hechos con que la autoridad argentina se pre-
para á proclamar la incorporacion de la Provincia-oriental**

El general Rodriguez salió de Buenos-aires
el 16 de Agosto con direccion á Entre-ríos,
acompañado por el coronel Don Manuel Rojas,
jefe de su estado mayor, y por el teniente coronel Don Tomás Iriarte, su secretario militar y
comandante general de artillería. Tomaron la
misma direccion dos compañías de infantería,
dos escuadrones de caballería y cuatro cañones,
cuyas fuerzas debían servir de plantel al ejército
mandado formar en el Uruguay, con tres ó cuatrocientos hombres de caballería que había ya
en Entre-ríos reunidos con aquel objeto.

El general Rodriguez dió una proclama en la
villa del Paraná (14 de Septiembre), cuyos breves términos no eran los más aparentes para
tranquilizar el ánimo justamente preocupado del
Emperador. « Yo os felicito, decía á los entre-

« rianos, porque la suerte señala hoy á vuestra
« provincia como *la vanguardia de la nacion.*—El
« Ejército de la República, provisto de todo, lle-
« no de recursos..... no tiene por destino ator-
« mentar, sino *defender la tierra* y vuestro repo-
« so; sus armas no ofenderán sino *á los enemi-*
« *gos de la nacion : á su voz todos á la vez mar-*
« *charemos á donde nos llame el honor,* cuyas
« sendas os son harto conocidas. »

Los conceptos señalados eran el anuncio de
las miras actuales del Gobierno. Las provincias
comprendieron que el objeto del ejército del Uruguay era, más que el ostensible de guardar las
fronteras, el oculto de invadir oportunamente la
Provincia-oriental y buscar su rescate en los
campos de batalla. Todas respondieron favorablemente al llamado del gobierno. Córdoba hubo
de poner en camino más de mil hombres; Salta
mandó al coronel Paz con 600 cazadores y prometió contribuir con 1500 hombres más ; Mendoza debía hacer marchar un batallon; Corrientes suministró caballerías y tripulantes; la Rioja
y Jujuí se dispusieron á dar mil combatientes ;
Santa-fé y Entre-ríos hacían esfuerzos análogos,
y Buenos-aires ponía en movimiento sus infantes,
sus artilleros y sus caballos, y preparaba por todos los medios una escuadra capaz de accionar
en el mar y en los ríos. En Julio ordenó á las provincias que pusieran sus contingentes bajo las
órdenes del coronel La Madrid, y envió á éste dinero para los gastos de la marcha hasta el Uruguay; y en Agosto dió á Don Matías Zapiola la
comandancia general de marina.

CAPITULO II

LA REINCORPORACION

CCXXXIX—**Hechos con que la revolucion concurre al mismo fin. Se declara solemnemente la reincorporacion á las Provincias-unidas.**

Por su parte los orientales convocaron una asamblea en que estuviesen representados todos los pueblos de la Provincia, con el objeto de re-solver el problema de sus relaciones políticas. Mandaron diputados las jurisdicciones de la Florida, Guadalupe, San-José, San-Salvador, Nuestra-Señora-de-los-Remedios (Rocha), San-Pedro, Maldonado, San-Juan-Bautista (Santa-Lucía), Piedras, Rosario, Vacas, Pando, Minas y Víboras, y la asamblea se instaló en la Florida el 20 de Agosto, nombrando para su presidente à Don Juan Francisco de la Robla, diputado de Guadalupe y para secretario á don Felipe Alvarez Bengochea. El 22 se nombró á Lavalleja Gobernador y Capitan general de la Provincia. Los días siguientes se emplearon en trabajos preparatorios.

El 25 de Agosto se reunió la Asamblea especialmente para celebrar el acto trascendental para que había sido convocada. Las anexiones á Portugal y al Brasil habían sido votadas en 1821, 1822 y 1823, sin que las hubiera precedido una declaracion de que la Provincia se independizaba y separaba de la nacion argentina á que había pertenecido. Los diplomáticos de Buenos-aires habían alegado ante la Corte de Río Janeiro que una anexion verificada sin que el pueblo anexado hubiese declarado explícita y solemnemente que no quería pertenecer al Estado cuya parte era, debía reputarse

nula; y juzgó la Corte de tanta fuerza esta argu-
mentacion, que no se atrevió á refutarla directamente y ocurrió á la invencion de que los orientales se habían independizado desde Artigas de
hecho y de derecho, pues que Buenos-aires había
reconocido esa independencia. Era necesario no dar
lugar á que el Brasil devolviese los argumentos
á la República-argentina despues que la incorporacion se hubiese consumado, y por lo mismo
debió declarar ante todo la Asamblea de la Florida nulas y rotas las anexiones de 1821 á 1823,
proclamar independiente la Provincia, y entónces
usar la soberanía así desligada de todo vínculo,
para expresar su voluntad de volver á la comunion
argentina.

Tal fué el procedimiento empleado en la memorable sesion del día 25. Empezó la Asamblea por
declarar « írritos, nulos, disueltos y de ningun
« valor para siempre todos los actos de incorpo-
« racion, reconocimientos, aclamaciones y jura-
« mentos arrancados á los pueblos de la Provin-
« cia-oriental por la violencia de la fuerza unida á
« la perfidia de los intrusos poderes de Portugal
« y el Brasil, que la han tiranizado, hollado y usur-
« pado sus inalienables derechos...... y de he-
« cho y de derecho libre é independiente del rey de
« Portugal, del emperador del Brasil y de cual-
« quiera otro del universo, y con ámplio y pleno
« poder para darse las formas que en uso y ejer-
« cicio de su soberanía estime convenientes». Inmediatamente despues de hecha esta declaracion,
en el mismo día, y continuando la série de razo-
namientos, dijo la Asamblea que « en virtud de la
« soberanía ordinaria y extraordinaria que legal-
« mente inviste para resolver y sancionar todo cuan-
« to tienda á la felicidad de ella, declara:—que su
« voto general, constante, solemne y decidido es y

« debe ser por la unidad con las demas provincias
« argentinas á que siempre perteneció por los vín-
« culos más sagrados que el mundo conoce:—que
« por tanto ha sancionado y decreta por ley funda-
« mental lo siguiente: Queda la Provincia Oriental
« del Río de la Plata unida á las demas de este
« nombre en el territorio de Sud-América, por ser
« la libre y espontánea voluntad de los pueblos
« que la componen, manifestada por testimonios
« irrefragables y esfuerzos heróicos desde el primer
« período de la regeneracion política de las Pro-
« vincias. » El mismo día la Asamblea decretó el
pabellon que provisionalmente usarían los orientales (1).

CCXL—La Asamblea provincial dicta leyes constitutivas y envia diputados al Congreso argentino

Estas resoluciones fueron festejadas por el pueblo y por las tropas, con tanto más regocijo cuanto se contaba seguramente que el Congreso acep-
taría la incorporacion, satisfechas ya las necesidades relativas al fondo y á la forma.

El 26 se dió una ley creando tres ministerios para el despacho de los negocios de gobierno, guerra y hacienda; el 31 se dictó otra ley por la cual
se autorizó al Gobernador para delegar el mando
político en una ó más personas, siempre que las
ocurrencias de la guerra ó cualquiera otra causa
lo requiriesen; se prescribió que el Gobernador
debería obtener el acuerdo de la Comision-per-
manente de la Asamblea toda vez que se tratase
de concluir pactos ó alianzas que comprometieran
los intereses de la Provincia, y se disponía que,

---

(1) Componían la Asamblea los señores Joaquin Suarez, Juan Francisco
de la Robla, Luis Eduardo Perez, Juan José Vazquez, Manuel Calleros, Juan
de Leon, Cárlos Anaya, Simon del Pino, Santiago Sierra, Atanasio Lapido,
Juan Tomás Nuñez, Gabriel Antonio Pereira, Manuel Lázaro Cortés, Ignacio Barrios.

llegado el caso de faltar el presente gobernador, le sustituiría interinamente en el mando del ejército el jefe de. más alta graduacion y antigüedad, y en el gobierno los dos señores que actualmente ejercían esa funcion.

El 2 de Septiembre suscribió la Asamblea una comunicacion en que instruía al Congreso argentino de las declaraciones del 25 de Agosto, cuyas copias se le adjuntaban, y dió poderes á los señores Presbítero don Tomás Javier de Gomensoro y don José Vidal y Medina para que hicieran las gestiones que requiriera el propósito de la reincorporacion y para que representasen la Provincia en el Congreso.

El 7 de Septiembre declaró libres todos los hombres que nacieran en la Provincia y prohibió el tráfico de esclavos de país extranjero, el cual iniciado en tiempo del coloniaje, había sido fomentado durante la dominacion de los portugueses y brasileños, á pesar de estar prohibido en las Provincias-unidas desde 1812.

El 22 del mismo mes delegó Lavalleja el gobierno de la Provincia en los señores don Manuel Calleros, don Manuel Durán y don José Nuñez, usando la facultad que le acordaba la ley del 31 de Agosto, y expresando que había resuelto dirijir personalmente las operaciones de la guerra, y la Asamblea abolió el 30 de Diciembre el derecho de alcabala (el diezmo) que se pagaba en cada venta de cuadrúpedos (cuatropea) y de granos.

CCXLI — Conspiracion contra-revolucionaria

Las operaciones militares dieron al gobierno una fuerza moral considerable, en el sentido de probar á las Provincias-unidas y á las Potencias extranjeras que la constitucion del gobierno era un hecho que reposaba en un movimiento general de opinion, en el dominio efectivo de la campaña.

Seguía el sitio de Montevideo, durante el cual tenían lugar guerrillas y episodios de importancia secundaria, á excepcion de uno que hubo de producir graves trastornos. Se sabe que Isas, llamado vulgarmente Calderon, sirvió primeramente con Artigas, se sometió á los portugueses cuando éstos se apoderaron de la Provincia, y se plegó despues á los Treintaitres, inducido por Rivera, bajo cuyas órdenes servía. Ya al llegar á San-José se había rebelado contra la revolucion y hubo necesidad de que su jefe lo disuadiera con reflexiones y promesas. Debido á los imprudentes compromisos que contrajo Rivera, se le nombró jefe superior del asedio; y como desconfiaban de su lealtad varios de los otros jefes, se acordó que D. Manuel Oribe ocuparía el segundo puesto, juzgando que la energía y lealtad de éste habían de impedir que el otro favoreciese á los sitiados haciendo ilusorio el cerco.

A los pocos días de establecido el sitio hicieron una salida séria los brasileños, y Oribe aceptó la accion, contando con que el superior vendría en su auxilio, pues eran relativamente diminutas las fuerzas con que entró en la lucha. Pero, empeñada ésta, Calderon la presenció impasiblemente y tuvo necesidad Oribe de todo su natural arrojo para no caer en manos del enemigo.

Poco despues tuvo noticias el último de que se preparaba una conspiracion en su campo, de que era una mujer la que llevaba y traía las comunicaciones que sostenían los de la Plaza con el jefe de los conspiradores, y de que ese mismo día había de cruzar la línea de asedio. Oribe se situó personalmente en el paraje por que ella debería pasar, vió llegar á la emisaria, se apoderó de ella, le tomó la correspondencia, y supo entónces que se trataba con Calderon nada ménos que de asesinar á Oribe y demas jefes principales revolucionarios. Inmediatamente procedió á aprehender al conspirador, quien fué juzgado y sentenciado á muerte; pero no se ejecutó la pena por haber conseguido Rivera que Lavalleja le perdonara el día de su santo (24 de Junio), con la condicion de que el traidor no tomara parte en la guerra (1).

CCXLII—Acciones parciales. Combate del Rincon de Haedo

Segun se había anunciado en Montevideo desde principios de Junio, Abreu, Bento Manuel y Barreto habían invadido la frontera con una columna de ejército de 2000 hombres y se habían dirijido por el Norte del río Negro hacia su desembocadura en el Uruguay.

Ignacio Oribe tuvo en el Tacuarí un encuentro feliz con un destacamento, cuyo jefe, Caballero, cayó en su poder. El coronel D. Julian Laguna entró en Pay-sandú el 21 de Agosto, y una parte de sus fuerzas sorprendieron y desbandaron al mismo tiempo las imperiales, que habían salido á pasar la noche fuera del pueblo. Les hizo varios muertos y prisioneros, y recibió como pasados varios grupos que, sumados á los 400 hombres que llevaba, ascendieron à cerca de 700.

Rivera siguió en observacion la columna imperial de Abreu hasta que pasó al Sud cerca de Mercedes y entró en este pueblo (fines de Agosto). Desprendió luego el jefe brasileño una division bajo las órdenes del ya célebre guerrillero Bento Manuel con el fin de perseguir à Rivera, á quien encontró cerca del San-Salvador (en el Aguila) y lo derrotó (4 de Septiembre), obligándole á reti-

(1) Calderon no respetó su juramento. Se pasó al ejército imperial y sirvió en él.

rarse precipitadamente hacia el Este con pérdida del mayor Mansilla y varios oficiales y soldados.

Pero fué reparado pronto este contraste por uno de esos movimientos rápidos y audaces que dieron nombre y prestigio al émulo de Lavalleja. Reunió sus fuerzas desbandadas en el Perdido, pasó de allí á la Forida, concibió el proyecto de imposibilitar las marchas de los brasileños, arrebatándoles las grandes caballadas que habían encerrado en el Rincon de Haedo, ó «de las gallinas», y se puso en camino, con el intento de sorprenderlos, el 15 de Septiembre.

El 22, de noche, pasó el río Negro con 250 hombres; penetró en el Rincon de Haedo por el istmo que lo separa del departamento de Paysandú, sorprendió las guardias miéntras Latorre llamaba la atencion de Abreu por el lado del Sud, y mandó inmediatamente recoger las caballadas, para sacarlas por donde había penetrado, · ántes que la columna enemiga se apercibiese de la operacion y la malograra.

Pero no la había terminado aún cuando le vinieron partes de que llegaba al Rincon el coronel imperial Don Gerónimo Gomez Jardin con 700 hombres, que eran el triple de los que tenía Rivera. El hecho era imprevisto para todos: ni éste esperaba á Jardin, ni Jardin sabía que se iba á encontrar con enemigos. Como el istmo es estrecho, ancho el Uruguay y estaba muy crecido el río Negro, no era posible pensar en huir; por manera que no quedaba otra solucion que la de rendirse ó intentar una sorpresa, arrostrando todos los peligros que entrañaba.

El audaz caudillo prefirió lo último: reunió sus hombres, cayó como un rayo sobre las columnas descuidadas de Jardin, y las deshizo sin darle tiempo para prepararse. Con la sola pérdida de veinte hombres entre muertos y heridos, según dice su parte á Lavalleja, mató 100 al enemigo, inclusos un coronel, dos mayores y 16 oficiales; tomó 300 prisioneros y 1500 armas de varias clases, y salió del Rincon llevándose ademas como siete ú 8000 caballos. El coronel Don Julian Laguna y los capitanes Servando Gomez y Miguel Saenz mandaban respectivamente el centro, la derecha y la izquierda de la línea republicana en esa memorable accion, que tuvo lugar el 24 de Septiembre. Entre los prisioneros heridos había seis oficiales y treinta soldados que necesitaban cuidados especiales por la gravedad de su estado. No teniendo Rivera cómo asistirlos, tuvo la humanitaria atencion de proponer á Abreu que se encargara de ellos, tomándolos en el caserío de la Columna real Braganza, donde los dejó. Rivera y Latorre se retiraron hacia el Durazno.

CCXLIII — Accion del Saraudí

Miéntras se llevaba á cabo la empresa del Rincon de Haedo, Bento Manuel Ribeiro se dirijió á Montevideo con su columna victoriosa de 1200 caballos, á donde llegó sin dificultades. Estando allí se supo que se apróximaba Bento Gonzalvez con una division de 1000 hombres, procedentes del Rio-grande, y se tuvo tambien noticia del suceso del Rincon. Proyectó Lecor atacar el campo de Lavalleja, que estaba en Santa-Lucía-chico, haciendo concurrir á él simultáneamente las caballerías de los dos jefes predichos. Salió sin pérdida de tiempo Bento Manuel con direccion al Norte y se libraron órdenes á Bento Gonzalvez para que se le incorporara, cuya operacion se hizo con rapidez.

Como los hermanos Oribe se apercibieron de la marcha de Bento Manuel, dieron parte á Lavalleja y siguieron observando al enemigo. Lavalleja se trasladó entónces al arroyo de la Cruz, impartiendo órdenes á Rivera para que viniera del Durazno hacia el Sud, y de la Cruz se dirijió con sus fuerzas y las de los Oribe á la cuchilla del Sarandí (vertiente al arroyo del mismo nombre que corre de Sud á Norte hasta el Yí), en donde le esperaba ya Rivera con su division.

Era el 12 de Octubre. No se tardó en recibir parte de que el enemigo venía en la misma direccion y estaba á una legua de distancia. Se mudaron caballos y se formó en seguida la línea de batalla, ocupando Rivera la izquierda de la línea, Manuel Oribe el centro, Zufriategui la derecha, y Quesada la reserva, á cuyo frente se colocó el General en jefe. El enemigo se aproximó, cambió los caballos y se ordenó tambien para la accion. Los revolucionarios formaban como 2400 hombres; los imperiales tenían 2200. Estos se lanzaron á galope, al toque de degüello. Cuando estuvieron á tres cuadras de distancia, los orientales se precipitaron sable en mano á todo el correr de sus caballos sobre la línea del frente, y, no obstante haber recibido una descarga á quema-ropa, la cargaron, la sablearon, la hicieron retroceder y la derrotaron. Los imperiales perdieron más de 400 muertos, 50 oficiales y 400 soldados prisioneros, muchos heridos y dispersos, como 2000 armas de toda clase, 10 cajones de municiones y toda la caballada. Los vencedores sólo tuvieron un oficial y 30 soldados muertos, y 13 oficiales y 70 soldados heridos.

CCXLIV — Actitud del Gobierno argentino para con el imperial, á la llegada de los diputados orientales

Todos estos sucesos produjeron en Buenos-aires efectos importantes. Los diputados de la Asamblea de la Florida llegaron á la capital de la República á los pocos días de recibidos sus poderes. Temerosos de que no tuvieran asegurado el éxito, dieron ante todo pasos privadamente cerca de los miembros influyentes del Congreso y del Poder ejecutivo en el sentido de que no se les desechara cuando se presentasen, y comunicaron á la prensa las actas en que constaban las declaraciones sucesivas de independencia é incorporacion de la Provincia-uruguaya. La prensa se manifestó más que nunca decidida en favor de la union, y animó á los diputados á que se presentasen resueltamente al Congreso con sus poderes y actas.

Apercibido el agente Frota de la inminencia del hecho, se dirijió al ministro García (10 de Septiembre) expresando : que desde hace días circulan impresos tres decretos de un nuevo y extraño cuerpo legislativo que establece como ley fundamental la union de la Provincia-cisplatina á las del Río de la Plata; que el gobierno guarda silencio respecto de la tal decretada union, como si quisiera darle tácito consentimiento, cuando lo conveniente sería manifestar pública y francamente si la acepta ó la desconoce; y que, tanto por suponer que motivos de buena fé y de interes para los dos países se oponen á hacer tal declaracion, cuanto por instruir ciertamente á su soberano, rogaba que el Ministro le informase de qué modo se pronunciaba en este asunto el gobierno de la República.

García contestó á los cuatro días « que el go-
« bierno no se halla en estado de pronunciarse con

« respecto á las declaraciones hechas en la Pro-
« vincia Oriental, á que se refiere el Sr. Agente ».
Esta respuesta era tan significativa para el Sr.
Frota como para los diputados orientales, por
manera que, reputando éstos conocida oficialmente la voluntad del Gobierno argentino, se presentaron confiados al Congreso en la segunda quincena de Septiembre.

**CCXLV — Proteccion del Gobierno argentino á los orientales.
Manifestacion popular con motivo de la victoria del Sarandí**

A los pocos días se recibió en Buenos-aires la
noticia del suceso del Rincon de Haedo. El gobierno suministró el 8 de Octubre á la Comision
oriental, por intermedio de los Sres. Lezica hermanos, la suma de 35566,00 pesos fuertes para
los gastos de la guerra, sazon en la cual el gabinete de Rio Janeiro se dirijía directamente al
de Buenos-aires protestándole (10 de Octubre)
que las tropas y buques mandados al Plata no
tenían otro objeto que el de vencer la insurreccion de la Provincia-cisplatina, y manifestándose
sorprendido de que el Gobierno de Buenos-aires
se hubiese creído obligado á formar la línea del
Uruguay, á armar tres bergantines y seis barcas
cañoneras, y á comprar más embarcaciones con
el mismo fin. A la vez instruyó á su agente Falcao da Frota de los términos de esta comunicacion, recomendándole que hiciera cuanto su prudencia le aconsejase por evitar un rompimiento
que parecía ya inminente, dado el estado de la
opinion pública y el envío de fuerzas al Uruguay
con el fin probable de pasarlas á la Banda-oriental en el momento que parezca oportuno. Le autorizaba ademas para publicar aquella nota, creyendo que entre tantos partidos que embarazaban
la acción del Gobierno argentino, no faltaría algu-

no que se opusiera á una guerra que si bien cau-
saría grandes males al Imperio, incomparable-
mente mayores había de causarlos á la República.

Pero al mismo tiempo que estos pliegos, se
recibieron en Buenos-aires los partes de la batalla del Sarandí, que produjeron un entusiasmo
extraordinario en los hombres del pueblo y de la
administracion. Hubo manifestaciones públicas
estruendosas y reuniones populares. Una de éstas, muy numerosa, pasó el día 20 á las diez y
media de la noche por el domicilio del agente
brasileño, con una banda de música á la cabeza,
y prorrumpió en vivas á los vencedores y mue-
ras al Emperador, á sus amigos y á su cónsul.
Da Frota pidió el 21 sus pasaportes y garantía
para su persona. El ministro García le negó el
22 lo primero, asegurándole que se dictarían providencias eficaces para que tales sucesos no se
repitieran, miéntras por otro lado pasaba la Tesorería á la Comision oriental, por intermedio de
los hermanos Lezica, 40,000 pesos fuertes.

El agente insistió el 24 en su solicitud, y escribió el mismo día á su gobierno que había dado
este paso porque « no era ya posible permanecer
« un momento más aquí, en el estado de confla-
« gracion en que todo esto se halla por el entu-
« siasmo que en ellos produjo la accion perdida
« por Bento Manuel, á punto de estar decretada
« ya la guerra en el Congreso y tener que resol-
« ver apénas la cuestion de si se ha de declarar
« ó de si se ha de ir haciendo sin manifiesto al-
« guno ». Agregaba que « la llegada de Rivada-
« via (de Europa) dió á esto gran impulso.....
« y ya se expidió la órden para que las tropas de
« Buenos-aires pasen, sin más ceremonia, á la
« Banda-oriental ».

CCXLVI — El Congreso admite la reincorporacion de la Provincia-oriental

Los poderes de los diputados orientales y las actas de que eran portadores, habían pasado á informe de una comision especial del Congreso; esta comision había dado cuenta de sus trabajos; pero, no habiendo satisfecho á la **Sala**, ésta le devolvió los antecedentes para que informara de nuevo.

Con tal motivo, tuvo la comision varias sesiones secretas con los diputados, reconsideró su dictámen con sujecion á las explicaciones que éstos le dieron, y presentó al Congreso el 24 de Octubre un proyecto de ley en que se disponía : 1º que « de conformidad con el voto uniforme de las « provincias del estado y con el que deliberada- « mente ha reproducido la Provincia-oriental por « el órgano legítimo de sus representantes en la « ley de 25 de Agosto del presente año, el Con- « greso general constituyente, á nombre de los « pueblos que representa, la reconoce de hecho « reincorporada á la república de las Provincias- « unidas del Río de la Plata, á que por derecho « ha pertenecido y quiere pertenecer; 2º que en « consecuencia el Gobierno encargado del Poder « Ejecutivo Nacional, proveerá á su defensa y se- « guridad ».

Otros proyectos declaraban incorporados los diputados orientales al Congreso. Todos esos proyectos fueron aprobados en la sesion del 25 sin modificacion, quedando, por consecuencia, incorporada la Provincia-oriental á la República-argentina, y representada en el Congreso constituyente.

CCXLVII — Se comunica el decreto del Congreso al Gobierno brasileño

El ministro García se dirijió el 4 de Noviembré por intermedio del Baron de la laguna á la Corte de Rio Janeiro, haciéndole saber:— « Que habien- « do los habitantes de la Provincia-oriental recu- « perado por sus propios esfuerzos la libertad de « su territorio, ocupado por las armas de S. M. I., « y despues de instalar un gobierno regular para el « régimen de su pro n a, han declarado solem- « nemente la nulidadvdedos actos por los cuales se « pretendió agregar aquel país al Imperio del Bra- « sil y en su consecuencia han expresado 'que su « 'voto general, constante y decidido era por la « 'unidad con las demas provincias argentinas, á « ' que siempre perteneció por los vínculos más sa- « ' grados que el mundo conoce. ' » Trascribió en seguida el decreto del Congreso, y continuó expo- niendo que « por esta solemne declaracion, el go- « bierno general está comprometido á proveer á « la defensa y seguridad de la Provincia-oriental; « y él llenará su compromiso por cuantos medios « estén á su alcance, y por los mismos acele- « rará la evacuacion de los dos únicos puntos « militares que guarnecen aún las tropas de S. « M. I. »

CCXLVIII — Manifestaciones de la Provincia-oriental con motivo de su reincorporacion

En cuanto á los orientales, celebraron, se- gun las circunstancias lo permitían, el hecho, desde tanto tiempo deseado, de la incorporacion, y la Asamblea general procedió á constituir el gobierno definitivo, confiando á Lavalleja las fun- ciones del poder ejecutivo. En tal ocasion di- rijió éste una proclama al pueblo (17 de Noviembre), en que, despues de asegurar que ha recibido el poder contrariando sus propósitos, dice estos bien inspirados conceptos : « Yo os « juro ante el cielo y la patria que ántes que es- « pire el término de la ley, y tan luego como las « circunstancias lo permitan, conservaré y pondré « en manos de vuestros representantes la autori- « dad que se me ha confiado. Juro tambien ser el « más sumiso y obediente á las leyes y decretos « del soberano congreso y gobierno nacional de la « república. Os prometo tambien alejar de mí, en « cuanto me permita la condicion de hombre, las « personalidades, los odios, los cobardes recelos. « Conozco que no soy el árbitro, sino el garante « del poder que me habéis confiado. No quiera « Dios que yo abuse de la autoridad para oprimi- « ros, ó que os niegue la proteccion de las leyes : « pero tampoco permita que me vea en el duro ca- « so de ejercitar su rigor contra el culpado que la « despreciare.— ¡ Pueblos ! Ya están cumplidos « vuestros más ardientes deseos; ya estamos in- « corporados á la nacion Argentina por medio de « nuestros representantes; ya estamos arreglados « y armados. Ya tenemos en la mano la salvacion « de la patria. Pronto veremos en nuestra glorio- « sa lid las banderas de las provincias hermanas, « unidas á la nuestra. Ya podemos decir que rei- « na la dulce fraternidad, la sincera amistad, la « misma confianza !......»

En esos días dirijió otra proclama « á los conti- « nentales pobladores en los territorios de su ju- « risdiccion.»..... « ¡ ACCION DEL SARANDÍ !.... ¡ 12 « DE OCTUBRE ! ..... les decía. ¡ Ved ahí que acaba « de esparcirse un torrente de sangre americana « solo por complacer la sacrílega sed del cruel Pe- « dro, y de los mandones europeos ! ¿ Qué os inte- « resa á vosotros que pese tambiem su férreo yugo

« sobre vuestros hermanos los Orientales ? ¿ Qué
« gloria, qué honor, qué interes noble os conduce
« á mataros con nosotros ?.... No halagueis, pues,
« por mas tiempo á esos verdugos y opresores sa-
« crificándoos sin mas objeto que satisfacer su
« orgullo y codicia en la dominacion de esta pro-
« vincia. Abandonadlos á la ira del cielo y de los
« hombres en la carrera de sus negros crímenes.
« Abandonadlos ántes que el fuerte ejército de las
« Provincias Unidas que corre á asegurar la inte-
« gridad y sistema del país, encuentre, en vez de
« tranquilos y útiles moradores, enemigos obsti-
« nados de nuestra justa LIBERTAD.....»

CAPÍTULO III

EL LITIGIO INTERNACIONAL

CCXLIX—El Brasil declara la guerra á las Provincias-unidas

Por su parte el Ministro de relaciones exteriores
del Brasil manifestó el 6 de Diciembre á Raguet,
agente de Estados-Unidos, que el Emperador había dado órdenes para que se equipara una escuadra destinada á bloquear los puertos de las Provincias-unidas, y al día siguiente se dió aviso de
que dichos puertos iban á ser inmediatamente
bloqueados por los buques estacionados en las
aguas del Plata, cuyo número sería aumentado
sin demora con los que estaban prontos á levar
anclas.

El 10 decretó el Emperador la guerra, ordenando que se hicieran por mar y tierra al gobierno de
las Provincias-unidas todas las hostilidades posibles y autorizando el corso y el armamento que
quisieran emprender sus súbditos contra aquella
nacion. El mismo día dió un extenso manifiesto

en que historiaba bajo el punto de vista de sus intereses los sucesos ocurridos en la Provincia-uruguaya y las relaciones mantenidas con Buenos-aires desde 1816, y concluía expresando que recurría á la guerra cansado de sufrir y agotadas las esperanzas de llegar por otros medios á un avenimiento.

CCL — Al terminar el año veinticinco

Al llegar el año veinticinco á su fin, importantes disposiciones militares empezaban á preparar los memorables sucesos que habían de desarrollarse ántes de mucho. Ocho días despues de la comunicacion del ministro García á la Corte de Río Janeiro, se anunciaba en Buenos-aires que el oficial inglés Roberto Ramsay, puesto al servicio de la República-argentina, se embarcaba encargado de comprar buques de guerra y armas en los Estados de Europa. Algunos contingentes llegaron poco despues de las provincias interiores con destino al ejército de observacion situado sobre el Uruguay, y el Gobierno tomaba providencias activas, ántes de conocer la actitud del Emperador, en prevision de la campaña que ya podía reputarse abierta.

El Brasil tenía en movimiento sus fuerzas. El 23 de Noviembre había invadido Isas (á) Calderon por el lado de Yaguaron con doscientos y tantos hombres. El 28 pasaron la línea del Cuareim Abreu y Barreto con una division de 1200 á 1500, á la vez que la escuadra imperial tomaba posesion de la isla de Martin-García, que se hallaba desocupada entónces completamente. A mediados de Diciembre, 500 hombres amenazaban internarse por el lado del Chuy en la Provincia, y el 21 el vice-almirante Lobo declaraba bloqueados los puertos de Buenos-aires y demas poblaciones fluviales de ámbos lados del Plata en que dominasen las autoridades de las Provincias-unidas.

Por su parte Lavalleja había llegado al Cerrito el 21 de Noviembre con una division de 900 combatientes; había mandado al coronel Laguna hacia la jurisdiccion del Salto, en los primeros días de Diciembre, para que observara á las fuerzas brasileñas que amenazaban por aquel lado, y quedaba á fines de ese mes reconcentrando las divisiones de Mercedes, Maldonado y otros puntos del Sud del río Negro, á fin de engrosar la de Rivera, que estaba pronta en el Durazno para emprender operaciones. Una proclama dada al pueblo el día 19 llamándolo á las armas, hizo sentir á todos la proximidad de acontecimientos decisivos, y la necesidad de concurrir á ellos con todos los elementos de que pudiera disponer la Provincia.

CCLI — Preliminares de la guerra

El Congreso argentino inauguró el año 1826 autorizando por unanimidad de votos al Poder ejecutivo para que resistiese á la guerra que traía el Brasil á las Provincias-unidas, y decretando el mismo día el corso marítimo contra los buques y propiedades del Emperador y de sus súbditos. (1. ° de Enero). El día siguiente acordó que quedaban á disposicion del gobernador todas las tropas·de línea y todas las milicias del territorio de la República, y autorizó al Poder ejecutivo para expedir despachos de brigadier á D. Juan Antonio Lavalleja y á D. Fructuoso Rivera « en atencion á « los distinguidos servicios que han prestado en « favor de la Provincia Oriental ».

Las-Heras dirijió una circular á los gobernadores de provincia exhortándolos á que avivaran el sentimiento público y á que tomaran medidas capaces de precaverlos contra toda contingencia

opuesta á los intereses de la guerra, y expidió
una proclama á los argentinos en general llamándolos á las armas en nombre de la libertad y otra
particular á los orientales, en que les decía : ....
« Ocupais el puesto que se os debe de justicia :
« formais la primera division del ejército nacional:
« llevais la vanguardia en esta guerra sagrada; que
« los oprimidos empiecen á esperar y que los viles
« opresores sientan luego el peso de vuestras ar-
« mas. Esa vuestra patria, tan bella como herói-
« ca, solo produce valientes: acordaos que sois
« Orientales, y este nombre y esta idea os asegu-
« rarán el triunfo . » (1.° de Enero). Poco más
tarde decretaba el Congreso una renta vitalicia á
cada uno de los Treintaitres héroes del 19 de
Abril.

CCLII—Elecciones y trabajos legislativos de la Provincia

Como nada había constituído ni organizado en
la Provincia-oriental de modo que correspondiese
á su nueva posicion, la Junta de representantes se
dedicó á promulgar algunas leyes que suplirían
la falta de una constitucion, miéntras no fuera
ésta sancionada, é hizo tambien cuanto pudo por
regularizar las relaciones de la Provincia con el
Estado, con la cooperacion bien intencionada del
Poder ejecutivo.

Habiendo dejado de ser uno de los diputados y
decretado el Congreso á fin del año anterior que
las provincias duplicaran el número de sus representantes, á fin de satisfacer con más acierto y
autoridad las necesidades de la guerra, se eligió á
los señores Mateo Vidal y Medina, Manuel Moreno y Juan Francisco Giró para completar el número de la representacion. El señor Giró no pudo
aceptar el nombramiento, y se le sustituyó quince días despues (3 de Febrero) con don Bernar-

dino Rivadavia, quien tampoco pudo servir en el Congreso los intereses de la Provincia-uruguaya, porque se lo impedían las obligaciones de otros puestos públicos á que había sido llamado.

Estos nombramientos, que, como se habrá notado, recayeron los más en conspícuos personajes de Buenos-aires, demuestran, si nó que se hubiesen consultado todas las conveniencias políticas del momento, la sinceridad con que los uruguayos propendían á consolidar la union sobre la base de sentimientos cordiales y de mutua confianza.

Tan plausibles disposiciones fueron confirmadas por la Junta de representantes el 2 de Febrero con la declaratoria de que «la Provincia-«oriental del Uruguay reconocía en el Congreso «instalado el 16 de Diciembre de 1824 la repre-«sentacion legítima de la Nacion y la Suprema «Autoridad del Estado».

Con relacion al órden interno, decretó la Junta que se compondría de cuarenta diputados, que elejirían indirectamente los nueve departamentos en que se dividía el territorio (1); declaró incompatible la funcion de representante con cualquiera otro empleo civil ó militar (19 de Enero); prohibió á todas las autoridades el establecer impuestos, el crear penas, y el designar sueldos ó pensiones, obligando al Poder ejecutivo á que presentase el último mes de cada año el presupuesto de gastos y recursos, y el primero la cuenta de inversiones hechas en el año anterior; hizo responsables á los ministros por los actos que llevaran á cabo en el desempeño de sus carteras, y les prescribió que asistieran á las sesiones de la Junta, ya fuera á dar explicaciones, ó á ilus-

---

(1) Eran los de Montevideo, Canelones, Maldonado, Cerro-largo, San-José, Colonia, Entre-Yí-y-río-Negro, Santo-Domingo-Soriano y Pay-sandú.

trarse en los negocios de interes público (3 de Febrero); ordenó que viniera á la tesorería general todo el producto de los impuestos, y organizó las oficinas que debían administrar las rentas generales (10 y 13 de Febrero); declaró que ningun indivíduo podría ser arrestado ni detenido, sino para ser juzgado por la autoridad respectiva en el más breve plazo; que la propiedad estaba al abrigo de toda violacion y de toda extorsion arbitraria; que la industria sería libre de todas las trabas que se opusieran á su engrandecimiento, y que toda opinion manifestada de viva voz ó por escrito ó por la prensa sería libre de toda censura y de toda direccion administrativa, sin perjuicio de ser castigados como delitos ó crímenes la injuria, la calumnia y la sedicion (8 de Julio).

CCLIII—Ambiciones de Lavalleja

Simultáneamente con estas leyes, que sentaban los fundamentos de la organizacion provincial, se operaban en el Poder-ejecutivo cambios no siempre bien aconsejados.

Cediendo á la preocupacion funesta de que se han de premiar con la más alta funcion ejecutiva los servicios hechos en la carrera de las armas, se designó al general Lavalleja para el empleo de gobernador, facultándolo para nombrar delegado cuando no pudiera atender el empleo por sí mismo, cuya imposibilidad había de manifestarse desde luego, puesto que no era conciliable la estabilidad que requiere el ejercicio del gobierno con la continua movilidad que imponen las necesidades de la guerra.

Por otra parte, Lavalleja, que carecía de dotes militares, era ménos apto aún para desempeñar el Poder-ejecutivo, pues que era mediocre su inteligencia y no había recibido preparacion alguna para las funciones de gobierno. No obstante, su amor propio, que ya empezaba á dejenerar en vanidad, le indujo á ejercer personalmente el poder hasta el 22 de Septiembre de 1825, día en que lo delegó á un triunvirato, y á hacerse cargo de él nuevamente el 7 de Abril, cuando más necesarios iban á hacerse sus servicios en la campaña. Muchas reflexiones le hicieron sus amigos, y aún el Gobierno nacional, por disuadirlo, entre las cuales no eran las ménos poderosas las que se referían á la rivalidad del general Rivera, que se pretendía á su vez con mayores méritos y capacidad que su compadre, y más merecedor, por consecuencia, de las distinciones de que éste era objeto. Pero fué todo inútil.

Los inconvenientes de tal situacion se hicieron sentir al poco tiempo tan vivamente, que la Junta de representantes tuvo que recurrir á su autoridad legislativa para remediar el mal, decretando el 5 de Julio que el gobernador delegara el gobierno de la Provincia en la persona de D. Joaquin Suarez, quedando éste investido con las mismas facultades y sujeto á todas las responsabilidades del gobernador propietario. La delegacion duraría todo el tiempo que el general Lavalleja estuviese afecto al servicio nacional.

CCLIV — La presidencia argentina. La capitalizacion de Buenos-aires

Tambien la República trabajaba por constituirse definitivamente. Se ha dicho ya que desde que se disolvieron las autoridades nacionales y quedó sin efecto la constitucion de 1819 (año de 1820), las provincias permanecieron aisladas, sin poderes comunes, hasta que el Congreso reunido en 1824 renovó el pacto de union y promulgó una ley constitucional en 1825. Disponía esta ley que las provincias se regirían interiormente por sus propias instituciones miéntras no se promulgase la constitucion, y que el gobierno de Buenos-aires quedaba encargado del Poder-ejecutivo nacional hasta que se nombrase el que debiera ejercerlo definitivamente.

Habíanse iniciado trabajos preparatorios de la constitucion desde mediados de ese año, consultando individualmente á cada provincia acerca de los principios fundamentales que habían de adoptarse; pero la redaccion y discusion del proyecto que con arreglo á esos principios se dictase, tenía que ser tarea muy larga, y se creyó que la guerra exijía salir cuanto ántes de la situacion anormal que resultaba de estar confundidos en una sola persona los poderes ejecutivos de la nacion y de la provincia de Buenos-aires. Era razonable que habiendo un poder general, distinto de los provinciales, fuera ejercido por una persona tambien distinta de los gobernadores; y era perfectamente compatible con las más sanas intenciones que en una época en que habría que imponer cargas y obligaciones extraordinarias á todas las provincias, no partieran las exijencias del gobernante de Buenos-aires, mirado siempre con desconfianza por los otros gobernadores.

Aunque mezclando con estas consideraciones móviles no tan inocentes, pues que realmente no se buscaba otra cosa que sustituir el régimen federal por el unitario, se propuso al Congreso el nombramiento de un presidente, y fué aprobado el proyecto por mayoría el 6 de Febrero. El 7 recayó el nombramiento en D. Bernardino Rivadavia, uno de los funcionarios más ilustres que ha tenido la República-argentina, y el 8 se le dió posesion del cargo. Si el Presidente hubiese sido federalista, este hecho no hubiera producido tal vez consecuencias graves, á lo ménos por el momento, pues léjos de perjudicar la presidencia al régimen federal, le, es indispensable. Pero era Rivadavia uno de esos hombres progresistas, honrados é inflexibles, que creían al pueblo incapaz de grandes empresas, y que no contaban para iniciarlas y llevarlas á cabo sino con la inteligencia y la voluntad de indivíduos que tuvieran en sus manos todo el poder y la autoridad suprema de la Nacion. El sistema unitario era en su concepto el único que pudiera hacer concurrir á la guerra todas las fuerzas del país, y dar grande impulso al progreso de las instituciones nacionales, porque era el único que permitía al Presidente y al Congreso reglamentar hasta en sus detalles la administracion interior de las. provincias, compeler á los funcionarios al cumplimiento de las obligaciones que desde arriba se les impusieran, remover los obstáculos, y dar unidad á la marcha que se operase á la vez en todos los puntos de la República, bajo la direccion de la inteligencia excepcional del único centro de gobierno. Como la mayoría del Congreso era constituída de personas que en el fondo pensaban como él, se decidió á aprovechar la oportunidad para imponer al país, con la organizacion unitaria de los poderes, todos los grandes proyectos administrativos que ocupaban su mente.

De ahí que el mismo día 8 se apoderara de las tropas de línea y de las milicias de Buenos-aires, poniéndolas bajo el mando de los generales Cruz y Soler, y que el 9 presentara al Congreso un proyecto por el cual se hacía á Buenos-aires capital de la República, sustrayéndola á la autoridad de la lejislatura, magistrados y gobernador provinciales, á fin de que los poderes nacionales pudieran desenvolver su accion libres de los conflictos que podrían resultar de la co-existencia de dos gobiernos en una ciudad misma.

Profunda emocion produjeron estos actos, particularmente en Buenos-aires, cuya organizacion política y administrativa había llegado á un alto grado de perfeccionamiento. Se levantaron protestas en el seno del cuerpo legislador, el gobernador Las-Heras se quejó del despojo que se hacía á la Provincia, y partían del pueblo acriminaciones apasionadas porque se destruían en una hora las instituciones provinciales radicadas en seis años de órden y de trabajo.

Gran ruido hizo la discusion del proyecto en el Congreso; las pasiones se excitaron extraordinariamente en pro y en contra; nada se dejó de alegar; pero el proyecto se convirtió en ley el 3 de Marzo; se comunicó el 7 á Las-Heras que la ciudad y el territorio de Buenos-aires quedaban bajo la inmediata y exclusiva direccion del Congreso y del Presidente de la República, y en seguida se le declaró cesante por un decreto.

CCLV — Triunfo del unitarismo

El resultado de todo esto fué que desapareció la autonomía de la provincia de Buenos-aires, así como la preponderancia que en ella ejercían los federalistas, sin que se hubiese realizado la separacion de las autoridades nacional y provincial, que fué el objeto aparente y razonable de la ley de presidencia. Desde este momento fué seriamente combatida la administracion de Rivadavia dentro y fuera del Congreso. La actitud de los vencidos halló un nuevo motivo en el proyecto de ley que la Comision de negocios constitucionales propuso el 4 de Junio acerca de si redactaría el proyecto de constitucion « sobre la base

« de un gobierno representativo republicano, con-
« solidado en unidad de régimen ».

El Congreso empezó la discusion el 14 de Julio;
federales y unitarios apuraron en la tribuna y en
la prensa los medios de persuasion; el 19 se votó
y decidieron cuarentaitres votos contra once que
la forma de gobierno fuera unitaria. Los diputados orientales no estuvieron de acuerdo: dos
(Campana y Sienra) votaron por la afirmativa;
uno (Mateo Vidal) votó por la negativa; y el
cuarto (Manuel Moreno) no votó por estar ausente.

La solucion dada á este problema, que tantas
agitaciones había ocasionado en la República-argentina, era legal, sin duda; pero no es ménos
cierto que iba contra el sentimiento de la mayoría del país. Esta oposicion entre el sentimiento
popular y las ideas de los que representaban al
pueblo, que tan mal sienta en países regidos por
instituciones democráticas, resultó fatalmente de
la misma imperfeccion de las doctrinas que se tenían acerca de la representacion. Las provincias
habían nombrado sus diputados atendiendo más
á la ilustracion, espectabilidad y cualidades morales de los electos, que à las opiniones que sostenían en materia constitucional. De ahí resultó
que nó todos los representantes de provincias federales fuesen federalistas. La oriental tenía cuatro diputados; y de ésos, eran unitarios dos y dos
nó. Cuando llegó el momento de decidir, cada
miembro del Congreso votó en favor de sus opiniones individuales; y como los más eran unitarios, se resolvió contra la federacion, á que indudablemente adhería el mayor número de las
provincias. Resultó de ahí una verdadera revolucion llevada á efecto por los poderes públicos contra el pueblo, pero ocasionada, es lo cierto, por

la irregularidad con que éste procedió al elejir los que habían de llevar su voto al Congreso.

En la lucha de los constituyentes con el pueblo, tenían que ser vencidos aquéllos tarde ó temprano: era cuestion de tiempo. Y es sabido que los gobernantes que empiezan su carrera en pugna con la voluntad popular, están condenados á vivir penosamente miéntras no llega el momento de su caída.

El error de Rivadavia y los que le apoyaban consistió en no haber conocido esta ley de las democracias, sino despues de producido el mal. La oposicion de los federales de Buenos-aires continuó enérgica, implacable; y se difundió en las provincias occidentales, trabajó activamente algunos ánimos de la Banda-oriental, é hizo cuanto pu o por desacreditar al gobierno y hasta por reducrlo á la impotencia en la guerra contra el Brasil! Tales son los excesos de que es capaz el hombre extraviado por las pasiones.

CCLVI — Sucesos militares. Infidencia del general Rivera

Los sucesos militares seguían entretanto su curso lento. El general Rodriguez pasó el Uruguay el 28 de Enero con 1500 hombres de las tres armas y se situó sobre ese río cerca del arroyuelo de San-José, entre Guaviyú y Queguay, desde donde expidió una proclama al ejército nacional y dictó providencias tendentes á organizar la defensa y á preparar la futura campaña. D. Manuel Oribe batió el 9 de Febrero en el Pantanoso una partida de 300 brasileños que salieron del Cerro, matándoles 4 oficiales y 46 soldados. Lavalleja llegó el 11 de Marzo al sitio de la Colonia (ya sostenido por 600 combatientes) con 300 hombres de infantería, 400 de caballería y 4 cañones, dispuesto á emprender operaciones decisivas sobre la plaza en combinacion con la escuadra bonaerense.

Como Bento Manuel estaba cerca del Cuareim, dispuesto á pasar al Sud, donde había más de doscientas mil cabezas de ganado entre aquel río y el de Arapey, se dirijió contra él Rivera por haberle ordenado el general Rodriguez que lo sorprendiera. El caudillo, de cuya buena voluntad no se estaba seguro desde la accion del Sarandí, tanto porque sus rivalidades con Lavalleja y el hecho de ser éste el más distinguido por.las autoridades argentinas lo tenían irritado, cuanto porque había influído en su ánimo la oposicion federal, aparentó cumplir la órden del General en jefe; pero hizo su marcha con deliberada lentitud contra la opinion de los jefes y oficiales que lo acompañaban, y cometió el acto imperdonable de poner en libertad á un portugués que había sido tomado por las avanzadas, dando lugar á que avisase á Bento Manuel la marcha de los republicanos, á tiempo para evitar la sorpresa.

Así sucedió que cuando llegó Rivera al Cuareim el 19 de Mayo, ya el coronel brasileño había emprendido la retirada, si bien no con tanta holgura que le permitiera llevar una parte de los bagajes. El 20 dió cuenta de su frustrada operacion y se ocupó despues en robar grandes cantidades de ganado que hizo pasar á Entre-rios para disponer allá de ellos como de cosa suya, y en mantener relaciones con entidades imperiales á fin de arreglar los negocios pendientes de tal manera que desapareciesen de la Banda-oriental Lavalleja y la intervencion argentina y volvieran las cosas al estado que tenían ántes del 19 de Abril de 1825.

Estos proyectos no se descubrieron hasta más tarde; pero la conducta observada por Rivera en el Cuareim fué de tal gravedad, que el general Rodriguez se dispuso primeramente á someterlo á un consejo de guerra y prefirió despues, por consideraciones políticas que le imponían las circunstancias, mandarlo á Buenos-aires; con cuya medida consiguió, á sabiendas en parte y en parte sin saberlo, librarse de un elemento doblemente peligroso.

CCLVII — Las provincias y la guerra. Alvear sustituye á Rodriguez

Las provincias no correspondieron á las esperanzas que se tuvieron al principiar el año en su decidido concurso. La-Madrid se hizo revolucionario en una de ellas, y tras él se pronunciaron otros en otras provincias, por manera que emplearon en guerras civiles las fuerzas que habían de mandar contra el Brasil. Las que no se retrajeron por este motivo, se vieron comprometidas en la lucha que el partido federal sostenía con los poderes nacionales, y hallaron que era combatirlos lícitamente el abstenerse de concurrir con eficacia al triunfo de las armas argentinas en la guerra con la potencia extranjera.

De ahí resultó que el Gobierno nacional buscara en Buenos-aires los recursos que en vano pedía á las provincias, echando mano á las rentas que la capital producía, recurriendo á usos extraordinarios del crédito bancario, promoviendo empréstitos, creando cuerpos de enganchados por crecidos precios y promesas sumas, todo lo cual importaba sacrificios inmensos.

Formadas de este modo, salieron del puerto de Buenos-aires en los meses de Abril, Mayo, Junio y Julio expediciones de tropas, armas, municiones, vestuario, etc., que iban á desembarcar en el puerto de las Conchillas y en el de las Vacas, despues de pasar felizmente por entre los numerosos buques de la escuadra bloqueadora.

Reforzado ya con parte de estos contingentes, el general Rodriguez abandonó su campamento de San-José del Uruguay el 4 de Julio y llegó el 13 del mismo mes al Durazno, en donde estableció su cuartel general. El 14 de Agosto fué nombrado para sustituirle el general D. Cárlos de Alvear, quien llegó á la Provincia-oriental á los pocos días y se recibió del mando del ejército el 31.

CCLVIII — Combates marítimos de Enero y Febrero

La escuadra imperial del Río de la Plata constaba, á mediados de Enero, de treinta y tantos buques, entre fragatas, corbetas y bergantines. El 14 se presentaron ante Buenos-aires 13 de esos buques, á los cuales no hubo que oponer más que los bergantines Balcarce y Belgrano armados en guerra, bajo las órdenes del intrépido Brown. Ambos se acercaron á una corbeta y un bergantin enemigos en presencia de un inmenso pueblo que cubría la ribera; pero éstos no aceptaron el combate, á pesar de venir en su proteccion otros dos buques de igual clase.

El suceso motivó grande entusiasmo; se hicieron suscripciones populares para comprar más buques y los marineros mercantes extranjeros se ofrecieron á servir como si se tratara de una causa de su patria. El 27 contaba el Gobierno argentino, ademas de los nombrados, la fragata 25 de Mayo, los bergantines República-argentina y Congreso-constituyente, la goleta Sarandí y trece cañoneras pequeñas.

El 5 de Febrero provocó esta escuadrilla á combate á los 17 buques brasileños, pero sin conseguir su objeto. El 9 se hizo á la vela, alcanzó á la escuadra enemiga en la punta de Lara y se trabó el primer combate habido en esta guerra, del que resultaron bastantes muertos y heridos, contándose entre los primeros el comandante del 29 de Agosto, y entre los segundos el del Caboclo (ambos brasileños). La corbeta Liberal y el bergantin Caboclo sufrieron considerablemente en su casco y arboladura, por cuyo motivo tuvieron que arribar á Montevideo para ser reparados. El 22 hizo Brown una salida sin importancia. El 24 hizo otra, se fué contra nueve buques, incluso la fragata Emperatriz, de 44 cañones, que estaban situados al S. E. de la punta del Indio y los persiguió hasta obligarlos á entrar en el puerto de Montevideo.

CCLIX — Bloqueo y ataque de la Colonia

Se dirigió del frente de Montevideo á la Colonia, con el intento de atacarla en combinacion con fuerzas de tierra. El 25 batió las trincheras de esta plaza, destruyó el fuerte de Santa-Rita y obligó á embicar al bergantin Real-Pedro, aunque á precio del Belgrano, que varó, y de la vida de Cerreti, comandante del Balcarce. El 2 de Marzo lanzó á las diez y media de la noche seis pequeñas cañoneras con el fin de que incendiaran los buques de guerra enemigos que permanecían bajo las defensas del puerto; dos de ellas incendiaron un buque; las otras cuatro vararon, salvándose la única de ellas que pudo ponerse á flote, con la tripulacion de las demas. Tomó á la vez el repuesto de víveres que los sitiados tenían en la isla de San-Gabriel, creando de este modo una situacion apurada á la guarnicion, cuyas comunicaciones terrestres estaban cortadas por los 600 hombres que mantenían el sitio bajo las órdenes de Arenas.

Brown esperaba con impaciencia la llegada de

Lavalleja al sitio, cuyo hecho habíase anunciado desde el 3 de Marzo, para emprender simultáneamente por mar y tierra operaciones decisivas que habían de dar por resultado la toma de la Plaza. Pero el general Lavalleja no pudo llegar ántes del 11, segun se ha visto, y la escuadrilla de Brown no estaba ya en aptitud de poner en práctica el plan concebido. El vice-almirante Lobo había zarpado de Montevideo el 28 de Febrero, ignorando el rumbo que tres días ántes habían tomado las embarcaciones argentinas; al llegar al Banco-chico, camino á las costas de Buenos-aires, había recibido parte del Gobernador de la Colonia en que se le daba noticia de los sucesos ocurridos y se le e an auxilios urgentes. Lobo tomó entónces la direccion al punto amenazado, á cuya vista llegó el 6 de Marzo. Tenía allí 19 buques poderosos, pero no se atrevió á atacar: fondeó á gran distancia y ordenó que se le incorporasen las fuerzas de Martin-García y la escuadrilla del Uruguay, juzgando que de este modo haría imposible la evasion de las naves republicanas. Se equivocó. El 13 por la noche hizo Brown levar anclas, pasó inesperadamente por entre las islas situadas al frente de la Colonia, y el 14 á las ocho de la mañana entraba con sus catorce naves en el puerto de Buenos-aires.

CCLX — Brown sorprende las fragatas Nicteroy y Emperatriz

Algunos días más tarde volvió á salir Brown de Buenos-aires con intencion de hacer un reconocimiento, cruzó el Río de la Plata sin apercibirse de que Lobo estaba situado al Sudeste del Banco-chico-de-Ortiz, llegó hasta el puerto de Montevideo, y se encontró en él con la hermosa fragata Nicteroy, con la cual sostuvo un lijero combate. Regresó llevando consigo dos buques de guerra menores que apresó en el camino.

Reconocida la posicion de la fragata, se propuso Brown apresarla en su fondeadero. Salió de Buenos-aires al amanecer del 26, con seis buques, se dirijió á la punta del Indio, y como no halló enemigos, tomó el camino de Montevideo, creído de que aquéllos andarían por Maldonado, encargando particularmente la empresa del abordaje á la 25 de Mayo que montaba, y al Independencia. A las 11 de la noche del 27 se acercaron á la escuadra imperial, que hallaron fondeada en línea en el puerto de Montevideo; la 25 de Mayo pasó por el lado de una gran fragata que no era la Nicteroy, ni pudo distinguir Brown si era brasileña ó de otra nacionalidad. Momentos despues salió el almirante argentino de sus dudas: era la Emperatriz; pero ya ésta se había apercibido de la presencia de su enemigo y descargado sus cañones; había pasado la oportunidad de la sorpresa y todo quedó reducido á un combate en que pereció el comandante de la nave imperial y recibió ésta daño considerable. El vice-almirante Rodrigo Lobo fué destituído con ocasion de este hecho, acusado por su conducta en toda la campaña y sustituído por James Norton.

CCLXI—Combates del 11 de Junio y 30 de Julio

El nuevo almirante se presentó en el puerto de Buenos-aires el 23 de Mayo, en cuyo día tuvo un encuentro con la escuadra argentina, sin consecuencias. El 25 hubo otro cañoneo de poca importancia. El 11 de Junio estaban anclados en los Pozos 4 buques de cruz argentinos y 7 cañoneras, esperando el regreso de otros 6 que habían ido á las Conchillas con tropas y materiales de guerra, cuando fueron atacados de improviso por toda la escuadra imperial, compuesta de 31 buques. Brown la recibió sin levar anclas con una descarga general. El fuego se sostuvo de parte á parte con vigor durante una hora, á medio tiro de cañon, despues de cuyo tiempo se retiró el almirante Norton sin causar daño. Esa misma tarde volvieron las 6 embarcaciones expedicionarias; los imperiales intentaron impedir que se incorporaran al resto de la escuadra, pero sin éxito.

El 29 de Julio hubo otro combate á las 7 de la noche, durante el cual se hundió una goleta enemiga. El 30, nuevo combate y sangriento, que duró más de siete horas, tomando parte 23 buques imperiales. Estos tuvieron que llevar á remolque una fragata, una corbeta y un bergantin. Los argentinos perdieron la 25 de Mayo, completamente destrozada por los cuatro buques que la atacaron. Hubo en ella 14 muertos y 23 heridos, entre éstos Brown, levemente, y el bravo capitan Espora. Esta accion fué la última de importancia que tuvo lugar en el año que trascurre.

CCLXII—Se organiza la administracion provincial

Tales fueron los acontecimientos habidos en el Río de la Plata hasta el fin de Agosto. Otros de no ménos trascendencia se verificaron ó se iniciaron en los cuatro meses siguientes. La Junta de representantes y el Gobernador de la Provincia-oriental hacían esfuerzos patrióticos por llevar adelante la organizacion de la administracion pública y por ejecutar las leyes y decretos de los poderes nacionales; pero sus esfuerzos se malograban con frecuencia por falta de hombres aptos y de recursos pecuniarios. Las primeras inteligencias del país servían al Brasil ó estaban excluidas por haberle servido; por manera que el Gobierno se vió en la necesidad de solicitar la

cooperacion de numerosas personas de Buenos-
aires y la obtuvo para diversos servicios. Carecía asimismo de rentas por estar el enemigo en
posesion de Montevideo, Colonia y Maldonadó,
que eran los puntos por donde el país las recibía
principalmente; lo que hizo menester que el Gobierno de Buenos-aires supliese con el tesoro nacional las deficiencias de los recursos propios
de la Provincia. Ya había proporcionado crecidas sumas en varias ocasiones; pero, como las
necesidades eran constantes y regulares, asignó
á principios de Septiembre una suma mensual
de 5000 pesos.

Se pensó que este auxilio permitiría hacer algunas mejoras, y no tardó el gobernador Suarez
en proponerlas á la legislatura, quien las aprobó
con lijeras modificaciones por su ley del 6 de
Octubre, que vino á reformar una buena parte
del régimen administrativo. Se abolieron los tra-
dicionales cabildos que tenían la direccion de la
policía, y las alcaldías ordinarias que administra-
ban la justicia. Como el territorio estaba dividido en departamentos, se subdividieron éstos en
cuarteles, y se organizó el servicio policial de
modo que el Poder-ejecutivo tuviera la suprema
direccion en toda la provincia, hubiera por lo
ménos un comisario en cada departamento bajo
la dependencia de aquél, y fuera atendido cada
cuartel por un alcalde, cuyo jefe inmediato sería
el comisario del departamento respectivo. La justicia debería ser administrada por jueces de paz,
por tres jueces letrados que deberían cambiar de
domicilio cada tres años, y por un tribunal. Los
jueces de paz conocerían en asuntos de poco valor, los letrados fallarían los recursos deducidos
contra las sentencias de aquéllos y ademas las
cuestiones de mayor valor que se suscitasen; el

tribunal conocería los recursos ópuestos á los fallos de los jueces letrados. Se instituyó ademas la defensuría de los pobres y de los menores de edad, cuya funcion debería ejercer un letrado. A los pocos días se solicitó el servicio de cinco abogados de Buenos-aires para desempeñar algunas de las magistraturas creadas.

CCLXIII—La constitucion unitaria y los federales

Al lado de estos trabajos laudables, que fueron el orígen y el fundamento de la organizacion actual, otros, ménos bien inspirados, se ocupaban en contrariar las aspiraciones lejítimas de la Provincia.

El 1º de Septiembre fué presentado al Congreso por la Comision de negocios constitucionales el proyecto del contrato político por que habían de regirse las Provincias-unidas. El 11 empezó la discusion, que continuó sin cesar, ya solemne, ya acalorada, pero siempre imponente, interviniendo los miembros más distinguidos de los dos partidos federal y unitario, hasta fines del mes de Noviembre. Fué sancionado el 24 de Diciembre y remitido con un manifiesto á las provincias, para que lo examinaran y declarasen si lo aceptaban ó nó. Aún cuando interesaban á todos los partidos los puntos que afectaban á la libertad individual, lo que más les preocupaba era el sistema de organizacion de los poderes, porque segun se adoptase el unitario ó federativo, carecerían ó tendrían las provincias autonomía propia, personalidad distinta, dentro de la personalidad del Estado. Pero esta cuestion había sido resuelta por el Congreso el 19 de Julio, prévia consulta á las provincias, contra los federales; y no era de presumirse que, por mucho que éstos hicieran durante los debates del proyecto de constitucion, se modificara en términos decisivos la opinion del Cuerpo constituyente.

Perdidas, pues, las esperanzas de triunfo en este terreno, se propusieron conseguirlo cuando llegara el momento en que las provincias manifestaran directamente su voto definitivo en pró ó en contra, y se dieron con ardor desde temprano á intrigar de todos modos y á difundir versiones alarmantes acerca de la opinion pública, de las miras del gobierno, del curso que llevaban los sucesos de la guerra, etc., etc. Calumnias, mentiras, promesas, de todo se echó mano con profusion; de tal manera, que, á juzgar por esos hechos solos, nadie hubiera creído que la República estaba empeñada en una tremenda guerra internacional.

CCLXIV — Insurreccion riverista

Naturalmente, esos trabajos se extendieron á la Provincia-oriental. Varios miembros de la Junta de representantes, D. Manuel Oribe y otras personas más ó ménos influyentes recibieron proposiciones subversivas una y otras veces, sin acogerlas. Rivera, cuyo natural revoltoso se prestaba con facilidad á toda empresa anárquica, importándole poco las doctrinas políticas á que su conducta pudiera servir, entró pronto en relaciones con los federales y se hizo su connivente, á pesar de las relaciones de otro género que mantenía con los brasileños, atrayendo á su partido á varios jefes, funcionarios civiles y particulares.

Fué sorprendido en estos trabajos por la órden de que se trasladara á Buenos-aires, en virtud de la cual se embarcó en el puerto de las Vacas el 24 de Julio, desembarcó en las Conchas y llegó el mismo día á la Capital, en donde el Presidente le auxilió inmediatamente con 2000 pesos. Con esa facilidad proverbial que tenía para mentir y engañar, persuadió á Rivadavia de que todos sus afanes se habían contraído á servir los intereses del gobierno, y de que las acusaciones que se le hacían eran obra de sus enemigos personales. Tal maña se dió, que el Presidente llegó hasta manifestarle que pensaba confiarle el puesto de inspector general de armas.

Pero nó por eso renunció á seguir su mal camino. Asistió á los banquetes con que lo halagaban los opositores; preparó una sublevacion en la Banda-oriental, encargando de los trabajos de propaganda á hombres como Jorge Pacheco, residente en San-José, á quien tuvo que desterrar el gobernador Suarez, « porque sembraba la des- « confianza en los miembros de la Junta de re- « presentantes con sus discursos y escritos », y de las operaciones militares á su hermano Bernabé Rivera, á Caballero, Raña y otros, á quienes prometió que vendría oportunamente á ponerse á la cabeza del movimiento. La insurreccion estalló en distintos puntos á fines de Agosto, por manera que la primera tarea con que se encontró Alvear al tomar el mando del ejército, fué la de sofocar la rebelion ántes que tomara cuerpo.

CCLXV — Pacificacion de la Provincia

Antes de quince días había aprehendido á los jefes Bernabé Rivera y Caballero, y el coronel Laguna se encargó de perseguir y dispersar las partidas sueltas, á algunos de cuyos oficiales fusiló. Raña y otros oficiales se incorporaron al ejército, en el que prestaron importantes servicios. El hecho de la pacificacion fué celebrado en todo el país, y Alvear recibió felicitaciones por ello. El cabildo de Pay-sandú le escribió con tal motivo ofreciéndole auxilios, convencido de que

« la union nos libra de las garras del tirano, nos
« constituye en nacion y nos hará respetables de
«todos » y expresando que había festejado la noticia dada por el coronel Laguna, « de quedar en
« tranquilidad y sosiego los disturbios que algu-
« nos mal aconsejados dirijían ». (Septiembre 14).

El gobernador Suarez dirijió un mensaje á la
legislatura (30 de Septiembre), en que se daba
cuenta de la insurreccion riverista y de su término, agregando que « de este modo la provincia .
« ha recuperado su tranquilidad y se ha afianzado
« en el convencimiento de que no puede haber
« libertad sin órden, ni órden sin el respeto y obe-
« diencia á las autoridades. El gobierno felicita
« de nuevo á la Provincia por la terminacion de
« este paso que ha puesto en claro los ocultos
« designios de estos falsos apóstoles de la patria,
« y no duda asegurar que él vá á ser el precur-
« sor de los brillantes triunfos que nos esperan
« « contra nuestros enemigos y que afianzarán pa-
« ra siempre nuestra libertad é independencia ».
El mismo día el General en jefe del ejército instruía á las tropas, situadas en el paso de Quinteros del río Negro, de que « las intrigas del·
« enemigo habían hallado en nuestros mismos
« compatriotas espíritus bastante débiles ó incau-
« tos para dejarse seducir por sus pérfidos hala-
« gos; de que su primer objeto fué hacer revivir
« el monstruo de la anarquía, precursor fatal de
« la esclavitud en que esta provincia gimió diez
« años » ; de que los perturbadores hostilizaron el
ejército cuando las fuerzas que lo constituyen
estaban diseminadas en una inmensa extension;
y de que las fuerzas anárquicas habían sido ya
disueltas, presos sus caudillos y concentrado el
ejército.

CCLXVI — Trabajos de los riveristas en favor de la causa imperial

La prision de Bernabé Rivera dió lugar á que se descubriesen los proyectos ocultos que él y su hermano Fructuoso trataban de realizar, y las influencias extrañas que obraron en el ánimo de los insurrectos, pues se hallaron en su equipaje correspondencias en que no se hablaba sino de este negocio.

Una de las cartas, dirijida el 23 de Junio desde Río-Janeiro al general Rivera por el coronel D. Enrique Xavier Ferrara, portugués, edecan distinguido del Vizconde de la laguna, decía que ya el Emperador tenía noticia de su prision y que había ordenado á Lecor que le diera 25000 pesos á Rivera y otras sumas á los oficiales que le acompañaban. Agregaba que la prensa de Río-Janeiro lo atacaría fuertemente, pero que no hiciera caso, pues era necesario proceder así «para el mejor éxito del negocio». En otra carta escrita en Montevideo el 25 de Agosto decía el mismo á Bernabé Rivera: .... « La dificultad está en la errónea « alianza de la Banda Oriental con Buenos-Aires, « que precisamente impide á la Banda Oriental « entrar en arreglos con el Brasil»...... Y personalizando las cuestiones, agregaba: «Lavalleja y Oribe trabajan contra su hermano; sus proyectos « son malos; la política exije la seguridad general « del país y en particular la de mi compadre »......

Otro personaje, D. Juan Florencio Perea, escribía al mismo Bernabé Rivera el 21 de Agosto desde Montevideo: ...... «Sé, y me han asegurado que « Felipe Caballero, V. Oroño y otros decididos « orientales más se hallan mandando una reunion « considerable. Amigo, no abandonar la empresa: « ó Fructuoso regresa á la Provincia, de donde le

« ha arrancado la intriga, ó no pertenezcamos ja-
« más sino á nuestra sola provincia. Yo marcho
« mañana para el Río-Grande, en donde debo es-
« tar, segun acordamos con Fructuoso, para en-
« tendernos oportunamente en lo relativo á las
« operaciones de ambos ejércitos. »

Ante estas pruebas inequívocas del proceder
desleal de Rivera, no pudo el Presidente conservar las impresiones favorables que había recibido
de él, y decretó su prision. Pero como el decreto
llegó á oídos del caudillo ántes que se ejecutara,
emprendió la fuga favorecido por los enemigos de
la situacion y se refugió en el Rosario, ciudad de
Santa-fé, cuyo gobernador era de los opositores
de la autoridad nacional. Se le emplazó entónces
para que compareciera ante los tribunales á defenderse de los cargos de alta traicion que contra
él resultaban; pero ni compareció, ni el Presidente
logró que el Gobernador de Santa-fé remitiera el
acusado á disposicion de la justicia.

Pocos días despues (10 de Octubre) publicaron
los diarios una carta en que Rivera pretendía probar que era inocente; pero no era posible tomar
en este sentido las cartas interceptadas, ni negar
las sublevaciones habidas en la Provincia-oriental; y su propia carta lo desmentía, puesto que
ademas de enunciar «que el gobierno regía ilegal-
« mente la presente administracion», se pregunta-
ba con una apariencia de candidez inaudita : « ¿ Se
« me ha de considerar como traidor porque he se-
« guido una correspondencia con mi hermano Ber-
« nabé, aconsejándole que no reconozca ninguna
« otra autoridad, sino la que es lejítimamente na-
« tural del país? »

Despues de estos hechos, la Legislatura de la
Provincia juzgó necesario tomar una resolucion
severa con el fin de condenarlos y de prevenir

otros análogos, la que comunicó al Gobernador
(4 de Octubre) diciéndole entre otras cosas que ...
« al haber sido informada oficialmente de los pro-
« cedimientos anárquicos del mayor D. Bernabé
« Rivera, que con algunos individuos armados ha
« querido constituirse en órgano.de la voluntad de
« los habitantes de la Provincia y entablar preten-
« siones que han alterado y comprometido el so-
« siego público; y al haberlo sido al mismo tiempo
« de la precipitada fuga que ha hecho de la Capital
« el brigadier D. Fructuoso Rivera al averse decre-
« tado su arresto en virtud de datos relativos al
« crímen de alta traicion é infidelidad, y no haber
« comparecido al llamado que se le ha hecho se-
« gun la ley para que respondiese en juicio públi-
« co á los cargos que contra él resultasen; la Jun-
« ta debe á su propia dignidad y al interes del ór-
« den social la presente declaracion:—La Junta es
« el único órgano de la voluntad de la Provincia,
« pues está compuesta de diputados elejidos libre-
« mente por los pueblos. — Cualquier individuo ó
« individuos que quisieran considerarse autoriza-
« dos para reclamar derechos de la Provincia, ó
« entablar pretensiones que puedan de algun modo
« alterar el órden público, se consideran sediciosos
« y anárquicos, y en consecuencia ellos mismos se
« han puesto fuera de las relaciones oficiales; y co-
« mo enemigos y perturbadores del reposo públi-
« co, están de hecho entregados á la vindicta pú-
« blica ».......

CCLXVII — Operaciones de Brown en el Atlántico

La guerra marítima estaba poco ménos que
paralizada. La escuadra argentina, aunque había dado pruebas de arrojo y obtenido algunas
ventajas parciales, era impotente para vencer la
enemiga, muy superior por el número y el poder

de sus buques. El Gobierno sentía la necesidad de aumentarla, y no siéndole posible conseguir esto en el puerto de Buenos-aires, había encargado que se compraran y armaran buques en los puertos del Pacífico.

Grandes obstáculos se opusieron á que este pensamiento se realizara; pero á pesar de ellos se tuvo noticia en Agosto de que estaba á punto de partir de Chile una escuadra, comprada al contado por un millon y doscientos mil pesos. Se ordenó á Brown que saliera á recibirla, y éste dejó el puerto despues del combate del 30 de Julio, y salió á cruzar el Atlántico entre el Janeiro y las costas del Sud. Pero los cuatro buques que venían, viejos y mal tripulados, se perdieron al pasar de un océano al otro, y no pudo hacer Brown otra cosa que alarmar los puertos y el comercio del Brasil, y dedicarse á empresas de corso, en las que deplegó grande audacia.

El 30 de Octubre se reunieron la Sarandí, en que él iba, y la Chacabuco, en el cabo de Corrientes, de donde tomaron rumbo hácia las costas del Brasil. El 20 de Noviembre estaban frente á Río-Janeiro. En los tres días que permanecieron en aquellos parajes, apresaron seis buques. Los dos argentinos se separaron conviniendo en que se reunirían en Santa-Catalina, y confiaron las presas á un oficial, que se dirijió con ellas á los puertos de la República.

El 26 llegó la Chacabuco á Santa-Catalina, se encontró allí, sin poder evitarlo, con una escuadra enemiga, de la cual salió primeramente el navío Pedro I á perseguirla y despues la fragata María-Isabel, pero sin resultado. Brown fué por otra parte á bloquear el Río-Grande, estuvo allí algunos días, durante los cuales apresó diez buques, y regresó á Buenos-aires, pasando por entre la escuadra bloqueadora, el 25 de Diciembre.

Al día siguiente emprendió operaciones contra la tercera división de aquella, (que se había internado poco ántes en el Uruguay, con el objeto de cortar las comunicaciones del ejército con las provincias occidentales), llevando consigo al coronel Espora, al capital Rosales y á los oficiales Mason y Granville, y el bergantin Balcarce, las goletas Sarandí, Union, Guamaco, Uruguay, Pepa y Maldonado, y 8 cañoneras.

El 28 la tercera división enemiga, que estaba frente á Higueritas, subió las aguas del Uruguay; Brown la siguió de cerca hasta cierta altura, y se detuvo con miras de fortificar la isla de Martin-García para asegurar el éxito de la operacion comenzada, que tanta gloria había de dar á su nombre y á la República.

CCLXVIII — Organizacion del ejército en el Arroyo-Grande

Vencida la insurreccion riverista y concentradas en Quinteros las fuerzas del ejército, Alvear se dedicó activamente á organizarlo y á disciplinarlo, con el pensamiento de iniciar pronto la campaña del Brasil que meditaba. Tan profunda mudanza introdujo en las costumbres libres y licenciosas de la milicia, que habiéndose presentado en el ejército, segun costumbre adquirida en los campamentos de Artigas, dos oficiales de la division de San-José del Uruguáy, llevando en su compañía dos jóvenes damas, hizo circular una órden del día severísima en la que se disponía, invocando la moralidad del ejército, que las mujeres fueran confiadas por uno de los capellanes al cuidado de buenas familias, y reducidos á prision los oficiales.

Desesperanzado de recibir más contingentes despues del último que le llegó de Buenos-aires á fines de Septiembre, mudó su campamento hácia el Durazno, pensando esperar allí la division de Mansilla, situada á la sazon en la Calera de las huérfanas. El general Soler, jefe del ejército de Buenos-aires, se despidió de sus tropas el 17 de Octubre, anunciándoles que iba á cumplir sus deberes en otra parte, y se puso en camino á la Provincia-oriental, nombrado por el Gobierno para tomar parte en la próxima campaña.

Como el tiempo avanzaba y no venían las divisiones con que debían concurrir Santa-fé y Entrerios, se trasladó el general Lavalleja á la primera de esas provincias y de ahí al Uruguay (5 de Noviembre), acompañado por Don Ricardo Lopez Jordan, en cuya poblacion deberían conferenciar los Comandantes de milicias y fijar el número de fuerzas que mandaran. Un mes más tarde volvió á Entre-rios á tomar el mando de los contingentes que le habían prometido, de donde regresó en seguida con sus esperanzas mal satisfechas, cuando ya estaba terminada la organizacion del ejército en el paraje llamado del Arroyo-Grande, debido en mucha parte á la contraccion y las dotes del general Soler.

CCLXIX — El Emperador viene al teatro de la guerra

Este momento fué de grandes agitaciones para el corazon de los beligerantes. Los brasileños tenían 5000 hombres en Montevideo, 1000 en la Colonia, 1000 en la isla de Gorriti, 500 en la de Lobos y 12000 en Santa-Ana y otros puntos de la frontera de Río-Grande, los cuales obedecían al mando del Vizconde de la laguna. Descontento el Emperador por la inaccion en que estaban sus fuerzas, decide venirse personalmente á poner término á la guerra del Río de la Plata, anuncia su intencion el 12 de Noviembre con una proclama, se embarca en Río-Janeiro el 24 á bordo del navío D. Pedro I, que se puso en camino escoltado por otros buques, llega á Santa-Catalina y de allí se traslada al lugar de las operaciones, á donde llegó el 2 de Diciembre, y el 20 nombró para el mando en jefe del ejército el marqués de Barbacena.

CCLXX — Se anuncia la marcha del ejército republicano

Los argentinos no tenían en accion más que ocho ó 9000 hombres. Esperar á que el enemigo reconcentrase sus fuerzas y trajera el ataque con ellas, equivalía á esperar la derrota y á hacer pesar sobre la Provincia-oriental todos los desastrosos efectos de la guerra. Invadir el Brasil, era, por lo contrario, llevar el gravámen á las propiedades enemigas, y tener la libertad de librar batalla con solo una parte de los 20000 combatientes que el Imperio había puesto en campaña. Alvear optó, pues, por la invasion, á pesar de los peligros que llevaría consigo el hecho de penetrar en un país enemigo para batirse con cuerpos de ejército bastante más fuertes que el suyo. La venida del Emperador á Río-Grande fué señal de que sus tropas ibàn á precipitar los sucesos, é indujo á los republicanos á no dejarse sorprender por ellos.

El Presidente anunció á los pueblos (16 de Diciembre) que el Emperador se dirijía al Plata con cuantas fuerzas había podido acumular; hizo ver los peligros que se aproximaban, y, aludiendo á la division interna que debilitaba el poder real de la República, concluyó diciéndoles que « el « destino los había colocado en una tan terrible « como gloriosa alternativa como la de vencer ó

« ser vencidos; que la salvacion de la patria y to-
« dos los medios de vencer estaban ciertamente
« en su union y en su energía; que los valientes
« del ejército marchaban al encuentro del enemigo
« y que los bravos orientales habían clavado ya
« su divisa de libertad ó muerte».....

A esta proclama siguió dos días despues una
circular del ministro Agüero á todos los gobernadores de provincia, en la cual se daban á la actitud, á los aprestos y á la intencion del enemigo proporciones mayores que la que en verdad
tenían, esperando, sin duda, que la magnitud y
la inminencia del peligro obligaría á las autoridades provinciales á dar una tregua á las disensiones internas para dedicar á la cuestion internacional las fuerzas de que tan desgraciadamente abusaban.

El 21 dió el Congreso otra proclama tendente
á los mismos fines. « Pueblos argentinos»: (decía al empezar). « Ha llegado el momento de
« comprobar á la faz del mundo con cuánta jus-
« ticia ocupáis un lugar en la nomenclatura de
« las naciones ». Seguía la relacion de los últimos hechos del Emperador, y concluía con expresiones tan patéticas como llenas de energía,
entre las cuales se hallan éstas: « Si hay honor
« nacional, si hay virtud patriótica, si hay digni-
« dad republicana, es llegado el caso de acredi-
« tarlo : mostrad al mundo entero que sois los
« mismos que en tiempos desgraciados, á fuerza
« de coraje, habéis fundado este Estado ».

Aún en esos días en que peligraban los derechos de la Provincia y el honor de la República, se empeñaba Rivera en intrigar con la intencion de que se desconfiara de la lealtad del general Lavalleja y en persuadir á los jefes orientales
de que debían revolucionarse contra su general

y apartarse de la campaña que en esos momentos se iba á emprender.

Tuvo Lavalleja que publicar un manifiesto para neutralizar esos trabajos subversivos (21 de Diciembre), un día despues que el Gobierno provincial proclamaba al pueblo anunciándole la marcha del ejército al territorio enemigo y exhortando á los que no iban en él para que se prepararan á secundar sus esfuerzos. « El éxito depen-« de en gran parte de vuestra cooperacion, les « decía, y ésta debe ser digna de vosotros y de « los solemnes compromisos que hemos contraído « en la larga carrera de la independencia. Ante-« poned á todo interes el de la salvacion pública; « prescindid de todo lo que no diga relacion con « el odio á nuestros enemigos, persecucion á sus « agentes, exterminio á la anarquía y gratitud « eterna á los guerreros de la República. Sus vir-« tudes, su ardor marcial, la conciencia de la « justicia de la causa, todo, en fin, lo que consti-« tuye un ejército fuerte, casi invencible, presagia « el triunfo. El día está cercano; y entónces « ¿ quién no se avergonzará de haber sido frío es-« pectador de los sucesos ? »

CCLXXI — Organizacion del ejército argentino

El 25 de Diciembre ya estaba todo pronto para la marcha. El ejército había sido dividido en tres cuerpos. El primero, compuesto de caballerías milicianas y una division de caballería de línea, que se puso bajo las órdenes de Servando Gomez, era mandado por el general Lavalleja y estaba destinado á ser la vanguardia. Figuraban en él las divisiones de Ignacio Oribe, de Olivera y de Laguna. El segundo cuerpo se componía de los regimientos de caballería números 1, 4, 8, 9 y 16, el escuadron de coraceros y el de milicias de la Colonia. Era mandado personalmente por el general Alvear. El tercer cuerpo, bajo las órdenes del general Soler, constaba del regimiento de artillería lijera, los números 2 y 3 de caballería, los batallones números 1, 2, 3 y 5 de tropa lijera y las milicias de Mercedes. Llevaba el parque y las maestranzas del ejército.

CCLXXII — El ejercito emprende su marcha al Brasil

El mencionado día 25 proclamó. Alvear á los orientales del primer cuerpo con ese laconismo y elocuencia penetrante que distinguían su literatura marcial, y puso en movimiento sus várias divisiones, mandando la de Gomez al paso de Bustos en el río Negro; la de Olivera hácia Santa-Lucía; la de Laguna al paso de los Sauces en el Queguay; la de Oribe al Cordobés, y otras partidas avanzadas hasta el arroyo Malo, que desagua en el río Negro, por el Norte, más arriba de San-Gregorio.

El 26 hizo formar de gran parada los cuerpos segundo y tercero en el Arroyo-Grande, les pasó revista seguido de su brillante estado mayor, los proclamó, y marchó con el segundo á las cinco y media de la tarde con direccion á Porongos, cuyo trayecto hizo soportando una recia tormenta de viento y agua. Salió el tercer cuerpo en la misma direccion el día 28, cuando ya el segundo se disponía á vadear el Yí, para seguir despues el curso del río Negro, tomado por Alvear para base de sus operaciones, contando con que lo desierto de aquellos parajes, lo numeroso de las corrientes que habría que cruzar, y el hecho de no haber pisado nunca en esa direccion ejército alguno, permitirían entrar en el Brasil sin que el enemigo lo sospechara, y por un punto que, por estar fuera de sus previsiones, obligaría al general de Barbacena á desbaratar sus planes.

CCLXXIII — Accion del Juncal

Se vé, por lo que queda dicho, que al comenzar el año veintisiete estaban en vías de importantes operaciones la escuadra y el ejército de la República. Las dos escuadrillas enemigas permanecieron en el Uruguay, casi á la vista, sin inquietarse, miéntras Brown fortificó la isla de Martin-García. Estos trabajos estuvieron bastante adelantados para el 18 de Enero, en cuyo día se dispuso el Almirante argentino á llevar á las 3 y 1ǀ2 de la mañana un ataque á la enemiga. El cañoneo duró hasta las 10 de la mañana, sin resultados de importancia. El 24 apresó, á dos leguas más abajo de Martin-García, una goleta brasileña con 300 arrobas de pólvora, 796 patacones, un cañon y algunas otras armas, que se dirijía de Montevideo á la escuadra imperial. El 8 de Febrero, concluídas ya las fortificaciones de la isla, emprendió Brown operaciones decisivas sóbre la division enemiga. El 9 la atacó frente á la isla del Juncal, al Sud de Nueva-Palmira, y la venció completamente, obligando á rendirse á su bravo comandante D. Jacinto Roque de Sena Pereira, al bergantin Januario, y á las goletas Oriental, Veteova y otra. El resto de la tercera division huyó hacia el Norte. El 10 tomó Brown dos goletas cañoneras y una mercante en que los vencidos tenían su hospital. El 12 dejó en Martin-García los buques más poderosos y siguió con los demas la persecucion de los fugitivos.

Estos habían incendiado frente á San-Salvador tres de sus naves, por haber encallado; habían llegado al Gualeguaychú con otras cinco y se habían rendido, con 500 hombres de tripulacion, á las autoridades militares de aquel punto; las dos restantes, de las diecisiete que componían la tercera division, habían penetrado, sin ser vistas, por el Paraná-Gutierrez, uno de los desaguaderos del delta, y habían salido por otro, llamado de los Caracoles, más abajo de Martin-García, dirijiéndose á la escuadra que bloqueaba á Buenos-aires. Brown tomó los cinco buques rendidos en Gualeguaychú y mandó al valiente teniente-coronel Espora en persecucion de los que penetraron en el delta, pero sin éxito, porque era ya tarde.

Esta magnífica accion fué celebrada en Buenos-aires con repiques, músicas y manifestaciones populares y oficiales las más entusiastas. Se levantaron arcos y pirámides en las calles, adornados con los retratos del vencedor, de Alvear, de Lavalleja y de Belgrano; pero los trasportes de alegría no impidieron que se recibiera con dignidad al Comandante prisionero, quien fué tratado durante su prision con las consideraciones debidas á su valor y á su desgracia, y compatibles con las necesidades de su seguridad.

CCLXXIV — El ejército republicano invade el Brasil

Duraban aún las impresiones cuando se recibieron noticias no ménos gratas del ejército. Se habían reunido los tres cuerpos el 4 de Enero y habían pasado al Norte del río Negro. El 6 llegó el primer cuerpo hasta el arroyo Malo y camparon los otros dos en el Tigre, al Oeste de aquél. Excesivo había sido el calor desde el día de la partida, extensos los incendios de campos y extremada la seca.

Para mediados de este mes se había acercado el comandante Servando Gomez con sus 300 dragones de línea al campo del ejército imperial, situado en Santa-Ana, donde adquirió la certeza de que se ignoraba la direccion que llevaba Alvear. El 14 había llegado éste al arroyo Tacuarembó, y proclamado á los que le seguían. « ¡ Soldados ! (les dijo). Antes que el astro que « brilla en vuestras armas concluya hoy su carre-« ra, habreis pisado ya el territorio enemigo. Que « vuestra antigua disciplina no se desmienta con « una conducta indigna de vuestra gloria y del « honor de la República »........ « La rapidez de « vuestra marcha ha sido para el enemigo un rayo « que le hirió por donde ménos lo esperaba: vues-« tro destino es pelear y vencer: que el órden y « la disciplina os anuncien entre los pueblos del « Brasil, y el valor y la constancia entre las filas « del enemigo ».

Y, en efecto, ese día pisó el ejército el territorio del Brasil. El 19 llegó el núcleo del ejército á la laguna Paracayá, frente á la cañada de Aceguá, vió la primera casa desde que salió del Arroyo-Grande, y se encontró con la primera · guardia avanzada del enemigo.

CCLXXV — Movimiento precipitado del ejercito imperial

El Marqués de Barbacena había tomado el mando del ejército imperial el 1.º de Enero en Santa-Ana do Livramento, la Emperatriz había muerto repentinamente y el Emperador había abandonado el teatro de la guerra y anunciádose en Río-Janeiro por actos violentos y desordenados que mucho dieron que decir. El ejército no se había movido hasta el 13, por creer que sería atacado en sus posiciones; ni se había organizado sériamente, debido hasta cierto·punto á la rivalidad de los generales que en él había, quienes se turnaban cada veinticuatro horas en el mando de los dos cuerpos, como medio de satisfacer con igualdad su amor propio.

Al anuncio de que Alvear había pisado la frontera, el Marqués, completamente sorprendido, se puso en marcha precipitada hacia el Sudeste con miras de reunirse al mariscal Brown, que se había adelantado hacia el Yaguaron con su cuerpo de soldados alemanes, y de impedir que los republicanos se apoderaran de Bagé, centro de las comunicaciones con las tres ciudades principales de la Provincia (Río-Grande, Porto-alegre y Río-Pardo) y depósito de comestibles destinados á la alimentacion de las tropas. El 20 llegó á las alturas del Hospital, á la derecha del Pirahy-grande, pensando interceptar el paso; pero le fué imposible, porque ya Alvear se había movido de modo que impedía aquella operacion.

CCLXXVI— Toma de Bage por los republicanos

Desde este momento el esfuerzo de cada uno de los dos ejércitos se contrajo á llegar á Bagé, por dintintos caminos, ántes que el otro. Lavalleja entró el 23 en el pueblo con 100 hombres y permaneció dos horas. El 24 reconoció Alvear sus inmediaciones, teniendo ya alguna caballería enemiga á la vista. El 25 marchó el ejército en tres columnas. El 26 cayeron el primero y segundo cuerpos sobre Bagé, pasando por su izquierda. Lavalleja entró en el pueblo, que había sido abandonado por sus habitantes con más de 300 mil pesos de artículos de comercio y los almacenes de víveres pertenecientes al ejército imperial, consistentes en fariña, aguardiente, vino, yerba, tabaco, etc., y se apoderó de los efectos que contenían las casas particulares de negocio, despues de haber forzado sus puertas, y repartió la mayor parte entre dos ó tres de los jefes que le acompañaban. Este hecho, que daba la peor idea de la moralidad del ejército y contrariaba los intereses políticos de la invasion, fué el orígen de las desinteligencias que se manifestaron entre el General en jefe y el de la vanguardia. Miéntras el primer cuerpo y el segundo operaban su movimiento, los batallones números 2, 3 y 5 del tercero penetraron en la montaña y ocuparon la poblacion.

CCLXXVII—Reorganizacion del ejército brasileño

Quedaba así frustrado uno de los propósitos del Marqués de Barbacena, que era apoderarse del centro de las comunicaciones. Le faltaba reunirse con el cuerpo de Brown, que había marchado por la derecha á encontrarse con aquel más allá de Bagé. Queriendo evitar el General argentino esta juncion, decidió seguir su marcha el 27; pero se lo impidió un temporal que duró tres días. Recien pudo moverse el 31 hasta Santa-Tecla, cuando ya el Marqués había adelantado camino, y no pudo impedirse que cruzara el Camacuá y penetrara en un terreno escabroso, inaccesible á la caballería, que era el principal elemento del ejército republicano.

Asegurada la situacion de los imperiales, el Marqués se dedicó á reorganizar sus fuerzas, siguiendo los consejos del brigadier Juan Crisóstomo Callado, que acababa de llegar procedente de la Cisplatina. Hizo de todas las fuerzas dos divisiones; dió el mando de la primera al brigadier Sebastian Barreto Pereira Pinto y el de la segunda al mencionado brigadier Callado, destinando al mariscal Brown á la jefatura del estado mayor, cuyo puesto debería ocupar desde que se incorporase.

CCLXXVIII—Acciones del Vacacahy y del Ombú

Alvear había tomado la direccion de San-Gabriel, hacia el Norte, tratando de ocultar sus movimientos al cuerpo de caballería enemiga que le seguía observando de cerca. El 7 campó en las puntas del Yaguarí y desprendió grupos de caballería en diversas direcciones. Uno de ellos, mandado por Zufriategui, entró el 8 en San-Gabriel y tomó siete carretas cargadas con fusiles, tercerolas, municiones y pertrechos de guerra, y ademas el equipaje de la oficialidad del ejército brasileño. Otros, entre los cuales se distinguió el que obedecía á Servando Gomez, tomaron para el 9 armas, municiones, bagajes y unos 6000 caballos, que sirvieron para sustituir á los que llevaba el ejército, enflaquecidos y cansados por las penosas marchas que habían hecho en terrenos escabrosos. Alvear continuó su marcha hacia el Norte, en direccion al arroyo Casikcy, que desemboca en el Santa-María, afluente del Ibicuy, en cuyo trayecto hizo retirar dos veces la caballería de Bento Gonzalvez por Lavalle en Vacacahy y dispersar por Mansilla en el Ombú la poderosa columna de Bento Manuel Ribeiro (13 y 16 de Febrero).

CCLXXIX—El Marqués de Barbacena sigue á Alvear

La incorporacion de Brown se efectuó el día 5. El Marqués siguió desde entónces continuamente á Alvear, persuadido de que éste huía. En los días 11 y 13 se le reunieron otras divisiones, y el 17 de mañana llegó á San-Gabriel, de donde había salido Lavalleja algunas horas ántes. Alvear con el núcleo del ejército llevaba una ventaja de cuatro jornadas. El Marqués proclamó allí á sus tropas, cansadas «de perseguir». Les manifestó que si bien quisiera darles algun reposo, no le era posible, porque un instante de demora les privaría de recoger los frutos de tantos trabajos y de terminar para siempre la guerra. « Redoblemos los «esfuerzos, agregaba, y en pocos días alcanza- « remos al enemigo: la victoria es cierta y venga- « remos en la ciudad de Buenos-aires las hostili- « dades llevadas á cabo en las pequeñas pobla- « ciones de Bagé y San-Gabriel. »

Continuó el Marqués sus marchas tras del ejército argentino, más seguro cada momento de que éste eludía la batalla, por los carros y objetos del bagaje que Alvear había hecho abandonar exprofeso con documentos en que el número de sus fuerzas aparecía falsamente-reducido á cuatro mil y tantos hombres, por cuyos medios pensó decidir al de Barbacena á. aceptar la accion donde el general de la República lo juzgara más conveniente.

CCLXXX— Batalla de Ituzaíngo

Cuando los republicanos llegaron cerca del Cacikey, sólo separaban á los beligerantes dos leguas de camino. Desde aquel punto retrocedió Alvear, por la derecha del Santa-María, con la intencion de dominar el paso del Rosario y tener libre el pasaje al lado occidental. Quiso el Marqués impedir tal operacion, adelantándose á su enemigo; pero éste ganó rápidamente el 18 por la noche con el segundo cuerpo los caminos por donde aquél había de pasar, y se dirijieron el primero y tercer cuerpo al mencionado paso del Santa-María el 19, á la vista de los imperiales, cruzando los llanos de Ituzaíngo, cuyo nombre reciben de un arroyo que desagua en aquel río.

Persistiendo Alvear en su propósito de aparecer huyendo, y decidido á dar batalla en los campos que acababa de andar, hizo vadear el río por algunas caballerías y bagajes en la tarde del 19 y dejó escapar algunos prisioneros con el intento de que dieran noticia de ese hecho al general enemigo. En la noche siguiente se movieron los dos ejércitos: el imperial hacia el paso del Rosario, continuando su ficticia persecucion; y el republicano hacia atrás, buscando el encuentro de los brasileños en Ituzaíngo, cuyo hecho se verificó al amanecer, con sorpresa del general de Barbacena.

Se ordenaron el 20 los dos ejércitos para la batalla. El argentino se componía de 7000 hombres próximamente y de 9000, poco más ó ménos, el brasileño. Aquél era más numeroso que éste en el arma de caballería; pero éste le superaba con mucho en la de infantería: La batalla duró más de seis horas; los dos ejércitos pelearon con valor, no obstante la flojedad que mostraron algunas fuerzas imperiales. Triunfó el republicano, quedando en posesion del campo de batalla y causando al enemigo pérdidas sensibles, tales como la del general Abreu, la de varios otros jefes de menor graduacion y la de 1200 hombres de tropa, todos muertos; la de diez piezas de artillería, dos banderas, la imprenta, el parque y los bagajes; y la de numerosos prisioneros.

El general vencido confesó á su gobierno la derrota que había sufrido, con estas palabras con que termina su parte : «..... En otro oficio daré cuenta « á V. E. de los oficiales que más se distinguieron, « porque, bien que tuviésemos que abandonar el « campo de batalla, los héroes que tanto se ilus- « traron en once horas de combate, veinticuatro « de marcha sin descanso, y cuarenta y ocho sin « comer, son en mi opinion tan dignos de las bue- « nas gracias de S. M. I. como si á sus esfuerzos « hubiese acompañado la victoria».

Los vencedores tuvieron entre los muertos al coronel Brandzen y al comandante Bisary, ambos muy estimados.

CCLXXXI — Entra Brown al puerto de Buenos-aires. Festejos

Las impresiones se sucedían en el Río de la Plata sin dar descanso á los espíritus. Se celebraba todavía el combate del Juncal cuando su héroe cruzó el gran río desde las Conchillas hasta el frente de Quílmes (24 de Febrero), se encontró con la escuadra bloqueadora á las 4 1/2 de la tarde, peleó hasta ponerse el sol, hizo volar una goleta enemiga (de cuyos 120 hombres sólo pudo salvar 3 la Sarandí), y entró luego en el puerto, desembarcando á horas avanzadas de la noche. El pueblo le esperó en inmenso número, le recibió con músicas y aclamaciones, y algunos de sus miembros se disputaron el placer de tirar el carruaje á que subió poco despues el Almirante.

La noticia de Ituzaíngo llegó á Buenos-aires el 4 de Marzo, pasando por Canelones, y produciendo estallidos de entusiasmo, superiores aún, si podían ser, á los motivados por los sucesos anteriormente conocidos. Al contrario, tal descorazonamiento se apoderó de los imperialistas de Montevideo, que el general Magesse se vió obligado á ordenar el arresto de varios oficiales.

CCLXXXII — Accion de Patagones

Nuevos triunfos se anunciaron á los pocos días. El 27 de Febrero había aparecido frente á la boca del río Negro en la Patagonia, una escuadrilla imperial compuesta de las corbetas Duquesa de Goya é Itaparica, el bergantin Escudero y la goleta Constancia, á bordo de los cuales iban cerca de 700 hombres bajo el mando de James Shepherd.

El 28 entraron en el río, bajo los fuegos de las baterías que había en la costa, ménos la Duquesa de Goya, que encalló. El 7 de Marzo desembarcaron las tropas, las cuales llevaron un ataque vigoroso á la guarnicion de Patagones; pero, habiendo muerto su Jefe en la primera descarga, y habiendo caído durante la accion los buques en poder de la escuadrilla argentina que allá había, los agresores se rindieron.

Este triunfo, debido principalmente á los esfuerzos de Santiago Jorge Bysson, dió á la República la corbeta Itaparica, de veintidos cañones; el bergantin Escudero, de veintiocho; la goleta Constancia, de tres; 650 prisioneros, de los cuales eran 250 ingleses y norte-americanos; y considerable cantidad de armas y municiones.

El pueblo siguió la série de festejos y el Gobierno dispuso que en conmemoracion de los triunfos conseguidos el 9 y 20 de Febrero y el 7 de Marzo, se diera á los tres buques rendidos en el río Negro los nombres de Ituzaíngo, Patagones y Juncal.

CCLXXXIII — Combate de la Punta de Santiago

Pasó tranquilamente la escuadra todo el mes de Marzo. El 6 de Abril de noche salió Brown con solo cuatro buques (la barca Congreso, los bergantines Independencia y República y la goleta Sarandí) con el propósito de realizar operaciones de que no se tenía noticia. Por desgracia vararon á las 2 1/2 de la mañana en la punta de Santiago los dos bergantines, y siendo inútiles los esfuerzos que se hicieron por ponerlos á flote, la Congreso y Sarandí tuvieron que ponerse á su costado para defenderlos. El enemigo, fuerte con veintidos buques, cayó al amanacer sobre los argentinos y empezó á hacerles un fuego terrible. Mandó Brown la Congreso con órdenes á Buenos-aires;

pero no pudo este buque romper la línea y tuvo
que entrar en el puerto de la Ensenada, donde an-
cló. La escuadra imperial continuó todo el día sus
fuegos contra los dos buques varados y la Sarandí. El ocho se acercaron nuevamente dieciocho
buques; á las 7 1/2 de la mañana rompieron un
fuego que duró todo el día. Al llegar la noche, el
República estaba destruido y su tripulacion había
pasado á la Sarandí despues de clavar los cañones y prenderle fuego. El Independencia había
disparado 2000 tiros; quedaba hecho pedazos y
presos los 69 tripulantes que sobrevivieron. Su
comandante Drummond había muerto; y Granville había perdido el brazo izquierdo. Brown, con-
tuso, se retiraba el 9 á Buenos-aires, rompiendo la
línea enemiga con la Sarandí y la Congreso.

Este desastre glorioso, en que tres buques, dos
de ellos varados, se sostuvieron dos días contra el
fuego de 18 á 22 buques, costó á los imperialistas
pérdidas de consideracion. Condujeron al puerto
de Montevideo 6 ó 7 buques desarbolados, algunos
de ellos en mal estado, y dos inservibles. Habían
muerto el comandante de uno, y ciento y tantos
tripulantes más. Se dijo que uno de los bergantines sufrió tanto, que Brown apartó de él con ho-
rror la mirada, al apercibirse de que no había un
solo hombre de pié sobre cubierta.

CCLXXXIV—Hechos posteriores de la escuadra

Desde esta fecha se debilitó la accion de las
dos escuadras beligerantes. Brown apresó el 15
de Junio con la 8 de Febrero la goleta enemiga
María-Teresa, de 7 cañones, al Este de la Colonia, despues de un combate enérgico; y hubo
algunos otros incidentes en los meses posteriores
del año veintisiete, pero de escasa importancia.
Los sucesos marítimos que merecen mencionarse

pertenecen á los corsarios, que seguían persiguiendo con buen éxito el comercio brasileño, tan perjudicado desde el principio de la guerra.

CCLXXXV—El ejercito republicano persigue al enemigo, y se retira luego á los Corrales

El ejército brasileño se retiró del campo de batalla formado en cuadro, buscando un lugar seguro en el río Jacuy, paso de San-Lorenzo. Se dirijió al Casikey; desde allí se trasladó el 25 de Febrero al Vacacahy y continuó luego su camino hacia el Norte, pasando por San-Sepé.

El ejército argentino emprendió su persecucion, pero con poca actividad, porque era escasísima su infantería para deshacer por sí sola los restos de la enemiga; y su caballería, extenuada despues de 400 leguas de marcha activa y los esfuerzos de la batalla, no estaba en estado de obrar con éxito sobre los cuadros imperiales. Algunas columnas los hostilizaron hasta media noche del día de la batalla; y el 21 marchó el ejército al Casikey, siguiendo los pasos del vencido, miéntras el coronel Paz iba sobre él con su division.

Estaba ya el Marqués en el Vacacahy cuando entró Alvear en San-Gabriel y se situó sobre aquel río, tomando á los fugitivos una gran cantidad de mochilas que habían abandonado, muchos equipajes y un repuesto completo de municiones y pertrechos, cuyo valor se calculó en 350000 pesos. (26 de Febrero). De allí tomó el ejército argentino la direccion del arroyo de los Corrales con el propósito de descansar, proveerse de los elementos que le hacían falta y emprender una segunda campaña que había de dar por resultado la dominacion de todo el Río-Grande. Llegó á aquel arroyo el 19 de Marzo y campó, permaneciendo sobre él durante un mes.

CCLXXXVI — Situacion del Río-Grande despues de Ituzaíngo

El triunfo de Ituzaíngo redujo al Río-Grande á una situacion penosa. El comercio se paralizó completamente; los tenderos de las poblaciones de segundo y tercer órden encajonaban sus efectos; los comerciantes todos trataban de liquidar sus negocios; las familias corrían á las ciudades que consideraban más fuertes; todos esperaban que los argentinos se apoderaran del territorio del Sud, incluso el puerto de Río-Grande, miéntras el ejército imperial se refujiaba en lugares lejanos del Norte.

Un coronel francés que servía al Imperio (Henaud) decía á su cónsul: « .... Segun las rela- « ciones más ciertas, la division del general « Brown, que mandaba la infantería brasileña, « comenzó el ataque sostenida por toda la caba- « llería. Al llegar á la primera línea de los espa- « ñoles, éstos hicieron atacar los flancos del « ejército brasileño, que bien pronto se retiró en « desórden perdiendo su artillería, todos sus ba- « gajes y gran número de tropa. Se asegura en « este momento que los restos del ejército brasi- « leño se retiraron á Porto-Alegre, lo que dejará « en poder de los españoles una gran parte de « esta provincia y ellos acabarán por hacerse « dueños del puerto de Río-Grande. La provincia « está en gran peligro».....

CCLXXXVII — Esfuerzos inútiles de Alvear por aumentar la infantería y las caballadas

El pensamiento de Alvear era efectivamente apoderarse de esa provincia por el momento y no permitir descanso al ejército enemigo, tan pronto como aumentase su infantería y estuviera provista de caballos la caballería. No cesó de instar al Gobierno argentino, miéntras estuvo en los Corrales, porque le mandara siquiera' fueran 500 infantes, é hizo esfuerzos de todo género por que la Provincia-oriental le proporcionara las caballadas que le hacían falta.

Pero Buenos-aires no tenía ya hombres disponibles; las otras provincias occidentales estaban demasiado anarquizadas para obedecer las órdenes del Presidente; y la oriental, que ya había contribuido con 3000 hombres, y que carecía de homogeneidad de sentimientos, por la oposicion que hacían los riveristas al régimen político actual y.á los hombres que gobernaban, y, por una consecuencia de la· lógica singular de aquellos tiempos, tambien á la guerra que se sostenía en el extranjero, no pudo tampoco reforzar el ejército. Habría sido más fácil el abasto de caballos; pero no se reconoció la importancia de este elemento, y el ejército tuvo que seguir careciendo de él.

CCLXXXVIII — Se inicia la segunda campaña. Accion del Camacuá

A pesar de estas contrariedades, se decidió Alvear á emprender la segunda campaña, esperando que le llegarían en el camino los auxilios y recursos que le hacían falta. Proclamó al ejército y partió de los Corrales el 13 de Abril. El 14 había llegado al Yaguarí; el 18 entró la infantería en Bagé con fuertes lluvias y se situó la caballería á su rededor, con frente á Santa-Tecla.

Supo Alvear que el general Barreto y los coroneles Bento Manuel y Bento Gonzalvez estaban situados sobre el Camacuá, á diez leguas de Bagé, con un cuerpo de 1600 caballos. Tomó el 22 bajo sus órdenes 300 hombres del primer cuerpo, mandados por Lavalleja y las divisiones de Lavalle, Zufriategui y Pacheco, y marchó durante la noche sobre el enemigo con ánimo de sorprenderlo. No pudo realizarse la sorpresa; pero la caballería enemiga fué atacada el 23, vencida y dispersada á tal punto, que no salieron del campo 400 hombres reunidos. Lavalleja, Oribe, Pacheco y otros merecieron ser vivamente elogiados en el Boletin del ejército republicano.

CCLXXXIX — El ejercito republicano se retira á Cerrolargo. Los brasileños ocupan á Maldonado

Se esperaba que esta expedicion serviría· para recoger caballos en las inmediaciones del trayecto recorrido; pero la columna vencedora regresó sin hallar otros que los tomados á los imperiales dispersos. Trascurrían un día y otro día sin que se vieran llegar tropas ni caballadas. Alvear llegó á ofrecer por cada caballo dos cabezas de ganado vacuno, sin conseguir ni aún así montar regularmente su caballería.

La Junta de representantes correspondió á las instancias de Alvear recomendando al Gobernador el exacto cumplimiento de la ley de milicias y autorizándole para que tomara todas las medidas que creyera conducentes á la salvacion de la provincia, « convencida de la justicia con que el « pueblo que representa debe oponer toda su fuer- « za á los medios de opresion de que se sirve el « Imperio y corresponde dignamente á los inmen- « sos sacrificios que la nacion hace por la libertad « oriental ». (Abril 18).

El general Soler, nombrado general de armas de la Provincia-oriental, ofreció en una proclama desde Canelones (28 de Abril) cien pesos á cada soldado del país que abandonase la guarnicion de Montevideo, y ademas el precio del armamento con que se presentara. El gobernador Suarez proclamó tambien al pueblo anunciándole que el ejército brasileño, «engrosado con esclavos, «se preparaba á medir de nuevo sus armas» é invitándolo á que «corriera en masa á robuste- «cer las columnas de nuestros guerreros», y salió personalmente á campaña, delegando las funciones gubernativas en el ministro D. Juan Francisco Giró. Todo fué en vano: parece que estaban agotadas las fuentes de todo recurso.

Dada esta situacion, y el comienzo de la época en que abundan las lluvias, el ejército, que había llegado para el 16 de Mayo á las vertientes del arroyo Yaguaron, siguiendo el camino que conduce á la ciudad de Río-Grande, y que había derrotado el 26 la caballería de Calderon y Yucas Teodoro, se vió obligado á retroceder el 27, cuando el enemigo, léjos de él, más le temía. Llegó á Cerro-largo à mediados de Junio, hizo allí cuarteles de invierno, y permaneció inactivo todo el resto del año.

El Marqués de Barbacena había sido miéntras tanto reemplazado por el Vizconde de la laguna en el mando del ejército imperial (1º de Mayo), y el Vizconde á su vez en la presidencia de la Cisplatina por el Baron de Vila-bella. Este señaló el comienzo de sus funciones mandando una expedicion á Maldonado, en cuya ciudad entró por sorpresa el 17 de Mayo. Tomó prisionero al juez de primera instancia, Dr. José Manuel Pacheco, y lo remitió á Montevideo, en donde fué tratado con ménos consideraciones que las que se le debían. Su Jefe se situó despues en la punta del Este, del cual era Comandante, y proclamó al pueblo del departamento, anunciándole que iba á defenderlo contra los *rebeldes*.

CCXC — Estado interior de la República

El estado interior de la República seguía empeorando por momentos, é imponiendo á los hombres del gobierno determinaciones difíciles en los negocios exteriores. La constitucion había sido aceptada por algunas provincias; pero las más la habían rechazado, manifestando que preferían el régimen federal. Divididas en partidarias y adversarias de la presidencia unitaria, habían continuado la guerra civil iniciada el año anterior y la habían extendido y hecho más sangrienta; de lo que resultó que por satisfacer las necesidades de sus propias contiendas desatendían completamente las de la guerra internacional, comprometiendo, como se ha visto, la posicion del ejército.

CCXCI—Rivadavia se decide á negociar la paz con el Brasil

Viéndose Rivadavia en la imposibilidad de vencer simultáneamente al Brasil y á los caudillos que se le oponían, pensó en hacer las paces con el Emperador para emplear despues el ejército en la pacificacion de las provincias, ya que no veía la posibilidad de pacificar primero las provincias para llevarlas á tiempo al teatro de la guerra. No ocultándosele, empero, la gravedad de la resolucion, llamó á su despacho varias de las personas que gozaban de autoridad y les consultó el punto. La mayoría apoyó al Presidente, juzgando que el Brasil, agobiado bajo el peso de los inmensos gastos que le ocasionaban la escuadra y el ejército, y debilitado ademas por los quebrantos que causaba el corso á su comercio, no tenía ménos interés que las Provincias-unidas en tratar una paz honrosa para ambos beligerantes.

Se dice que Pueyrredon se opuso manifestando que el Emperador no cedería de sus pretensiones, conociendo, como debía conocer, que no estaba la República en situacion de llevar adelante sus victorias; y que, precisamente porque la escuadra y el ejército causaban su ruina, debería esperarse á que esa ruina obrara en el ánimo del Monarca lo bastante para obligarle á entrar en vías razonables. El Presidente no halló fuerza en este razonamiento ó pensó que era imposible esperar á que se produjeran los efectos previstos miéntras ardía la guerra civil en la mayor parte de la República.

El hecho es que nombró á don Manuel José García con el carácter de enviado extraordinario y ministro plenipotenciario cerca de S. M. I. (19 de Abril), diciéndole en las instrucciones que «en « caso que el gobierno del Brasil consienta en tra- « tar sobre el objeto de la paz, quedaba plenamen- « te autorizado para ajustar y concluir cualquie- « ra convencion preliminar que haga cesar la gue- « rra, y que restablezca la paz entre la república y « el imperio del Brasil, en términos honrosos y con « garantías recíprocas para ambas partes, y que « han de tener por base la restitucion de la Pro- « vincia Oriental ó la ereccion y reconocimiento « del dicho territorio en un Estado separado, li- « bre é independiente, bajo las formas y reglas « que sus propios habitantes elijieren y sanciona- « ran: no debiendo exijirse en este último caso por « ninguna de las partes beligerantes compensa- « cion alguna » (art. 2º).

CCXCII—Convencion García

No podía ir el Plenipotenciario en peor momento á Río-Janeiro. El 3 de Mayo se abrieron las sesiones legislativas, que habían estado suspensas desde el 6 de Septiembre. El emperador compareció personalmente al acto y expresó, despues de lamentar la muerte de su esposa, que desgraciadamente la guerra entre el Brasil y Buenos-aires «continuaba y debía continuar hasta que la « provincia Cisplatina fuese desocupada por sus « invasores y reconociese Buenos-aires la inde- « pendencia de la nacion brasileña y la integridad « de su territorio con la incorporacion de la Cis- « platina, que libre y espontáneamente había que- « rido ser parte del Imperio ».

Tres días despues de esta declaracion solemne llegaba García á su destino; y, aunque contaba con la influencia del Ministro de S. M. B., no era dudoso que, dado el hecho, ó había de entrar en negociaciones dispuesto á reconocer al Emperador el derecho de soberanía en la Provincia-Cisplatina, contra el tenor de sus instrucciones, ó tendría que volver á Buenos-aires desde el puerto de Río-Janeiro. García resolvió esta delicada posicion en el primer sentido, pensando que, como su Gobierno consentía en la independencia de los orientales, no perjudicaría las pretensiones esenciales de la República aún cuando la Provincia se separase de ella para seguir incorporada al Brasil. Lo esencial era la paz, porque, no consiguiéndola, se corría el peligro inminente de que la nacion se disolviera.

Es verdad que sujetándose á esta línea de conducta infringía los términos incondicionales de las instrucciones que llevaba; pero no sería la primera vez que tal infraccion se hubiese realizado con aplauso de los que tenían el derecho de quejarse. En todo caso, quedaba al Gobierno la facultad de no ratificar lo que estipulase. Así, pues, desembarcó, inició las negociaciones y firmó el 24 de Mayo una Convencion preliminar en que se acordaba:—que la República reconocía la independencia é integridad del Brasil, renunciando « todos los derechos que podría pretender al te- « rritorio de la Provincia de Montevideo, llama- « da Cisplatina », y que el Emperador reconocía igualmente la independencia é integridad de la República (art. 1º);—que S. M. I. prometía cuidar, de acuerdo con la Asamblea legislativa del Imperio, el arreglo de la Provincia-Cisplatina con sumo esmero, del mismo modo, ó mejor aún, que las otras provincias del Imperio, dándoles un régimen apropiado á sus costumbres y necesidades (art. 2º);—que la República-argentina retiraría sus tropas del territorio Cisplatino, y las pondría en pié de paz, haciendo otro tanto S. M. en la misma Provincia (art. 3º);—que el Gobierno argentino pondría la isla de Martin-García *in statu quo ante bellum*, retirando de ella las baterías y pertrechos (art. 4º);—que la República-argentina pagaría el valor de las presas que hubieren hecho los corsarios cometiendo acto de piratería (art. 5º);—que ambos gobiernos solicitarían del Rey de la Gran-Bretaña la garantía de la libre navegacion del río de la Plata durante quince años (art. 8º); etc.

CCXCIII—La convencion es universalmente rechazada

Recien á mediados de Junio corrieron en Buenos-aires algunos rumores de que la paz estaba convenida, segun cartas que vinieron de Río-Janeiro. El 20 llegó el negociador y fué introducido al día siguiente á la audiencia del Presidente y sus ministros. Se conservaron secretas las conferencias durante cuatro días; pero al quinto ya se difundió la voz de que García había traicionado á la República, y vino á confirmarla la publicacion del decreto en que el Poder-ejecutivo desaprobaba severamente la convencion preliminar,

fundándose en que « el Enviado no sólo había
« traspasado sus instrucciones, sino contravenido
« á la letra y espíritu de ellas », y en que « las
« estipulaciones que contiene dicha convencion
« destruían el honor nacional y atacaban la in-
« dependencia y todos los derechos esenciales de
« la República ». La indignacion que la convencion produjo en el pueblo, sin distincion de partidos, fué inmensa. Intentó García explicar su conducta públicamente, pero no le oyeron, ni los diarios gubernistas.

CCXCIV — Renuncia Rivadavia el poder ejecutivo

Los opositores se aprovecharon del estado general de los ánimos para inculpar al Gobierno y
aumentar las dificultades con que hasta entónces
había luchado heróicamente. Había llegado una
hora solemne para Rivadavia. El rechazo del tratado implicaba la continuacion de la guerra, y,
por lo mismo, la necesidad de dar nuevas fuerzas
al ejército y de activar las operaciones que le habían sido encomendadas. Buenos-aires había ago-
tado sus recursos; era de todo punto indispensable que las provincias contribuyeran con los suyos; y para llegar á este resultado había que
empezar por pacificarlas entre sí y por reconci-
liarlas con el Gobierno nacional, sobre la base de
la confianza y de satisfacciones recíprocas. Ni
estas satisfacciones, ni aquella confianza serían
reales si no se sustituía el régimen unitario por el
federal, y si no venían á ocupar el poder hombres
que por sus antecedentes políticos y morales va-
liesen una fianza de lealtad para la mayoría federalista del país.

Rivadavia comprendió que era necesaria la desaparicion de todo lo que pudiese trabar esta evolucion política, y renunció la presidencia ante el

Congreso (27 de Junio), pensando, dice su mensaje, que no se haría quizas entónces justicia á la
sinceridad de sus propósitos, pero que se la haría
más tarde la historia. Al día siguiente proclamó á
los pueblos de la República exhortándolos á que
consagraran enteramente sus esfuerzos á la patria, ahogando ante sus aras la voz de los intereses locales, de la diferencia de partidos y sobre
todo la de los afectos y odios personales, tan
opuestos al bien de los Estados como á la consolidacion de la moral pública.

CCXCV — El Congreso restablece el régimen federal de 1825

El Congreso aceptó la renuncia el 30, suplican-
do, empero, al renunciante que continuara ejerciendo el poder miéntras no se nombrase el sustituto. Persuadida á su vez la mayoría unitaria de
que no debe gobernarse á los pueblos bajo un régimen y por hombres que ellos no quieren, so pena
de causar males más serios que los que se quisieran evitar, entró en arreglos con la minoría, conviniendo inmediatamente en derogar las leyes que
habían instituído la presidencia permanente y hecho de Buenos-aires la capital de la República, y
en restablecer la autonomía de la Provincia y el
régimen federal.

Los prohombres de ambos partidos (Gomez,
Gorriti, Dorrego, Arenales y Castro) presentaron
el 3 de Julio un proyecto de ley por el que se disponía : el nombramiento de un presidente provisional, encargado del poder ejecutivo de la Nacion
y del gobierno de la ciudad y territorio de Buenos-
aires, hasta que se reunieran los diputados de la
antigua provincia de este nombre; la reunion de
una convencion nacional, compuesta de un diputado por cada provincia, la cual nombraría el presidente de la República, recibiría los votos de las

provincias relativos á la constitucion aprobada ó diferiría este asunto hasta mejor oportunidad; la disolucion del Congreso en cuanto recibiese noticia oficial de que la convencion se hubiera instalado; y que el nuevo Presidente emplease todos sus esfuerzos para hacer cesar la guerra civil y para que todos los pueblos concurrieran al grande objeto de la guerra nacional, del modo que tan imperiosamente demanda el honor de la República.

El 5 fué nombrado el Dr. D. Vicente Lopez para que desempeñara interinamente la presidencia, cuyo puesto ocupó el 7. El 13 del mismo expidió un decreto relevando á Alvear del mando del ejército y nombrando en su lugar á Lavalleja, que se hallaba á la sazon en Buenos-aires. El 3 de Agosto se instaló la legislatura provincial de Buenos-aires; el 12 se eligió al coronel Dorrego para gobernador y capitan general; desde el 13 entró éste en el ejercicio del poder ejecutivo de la provincia; el 18 se disolvió el Congreso; y el 27 encargó la legislatura provincial al gobernador Dorrego del poder ejecutivo de la Nacion, confiándole la direccion superior de la guerra hasta la resolucion de las otras provincias.

Desde aquel día quedó restablecido el órden de cosas que un año y medio ántes había echado abajo la administracion de Rivadavia, inducida por nobles y grandes propósitos, es verdad, pero contrariando la opinion de la mayoría del país, que es la autoridad soberana en las democracias, y dando prueba de no haber sabido prever las consecuencias funestas que habían de seguirse necesariamente á la oposicion entre el gobierno y las fuerzas populares.

CCXCVI — La Provincia-oriental aprueba la constitucion unitaria

La Provincia-oriental siguió el flujo y reflujo de la política que había tenido su centro de accion en Buenos-aires y su manifestacion sintética en el movimiento de los poderes generales del Estado. Cuando el Presidente de la Junta de representantes recibió la constitucion aprobada por el Congreso, había suspendido ya sus sesiones aquel cuerpo legislador por no considerarse seguro en Canelones desde que el ejército marchó al Brasil, y no haber otro pueblo situado de tal manera que los actos de la legislatura tuvieran toda la publicidad necesaria.

Fueron, sin embargo, convocados los representantes para el primer día de Febrero. Se pasó á informe la constitucion, y se votó el 19 de Marzo ante una barra numerosa. De los veinte diputados que asistieron á la sesion, dieron diecisiete su voto aprobatorio y los tres restantes votaron « por que se librase el pronunciamiento de la Pro- « vincia en el Soberano Congreso »; lo que importaba tambien aceptar la constitucion, aunque en una forma ménos propia de una asamblea que ejercía con solemnidad excepcional la autonomía de la Provincia. Figuraban en ella muchos de los hombres màs distinguidos del partido republicano (1). Sus miembros, el Gobernador, los funcionarios civiles y el pueblo que componía la barra, prorumpieron en seguida de la votacion en manifestaciones de entusiasmo, cantaron el himno na-

---

[1] No carece de interes el conocimiento de sus nombres: D. Gabriel A. Pereira, Santiago Sayago, Francisco Martinez Nieto, Juan Susviela, Lorenzo Justiniano Perez, Antonio Mancebo, Pedro Francisco de Berro, Francisco Joaquin Muñoz, Francisco Antonio Vidal, Juan Tomás Nuñez, Pedro Pablo de la Sierra, Pedro Nolasco Fernandez, José Alvarez, Ignacio de Zufriategui, Mauricio Perez, José Francisco Nuñez, Manuel del Balle, Alejandro Chucarro, Cárlos Vidal y Daniel Vidal.

cional y recorrieron las calles dando vivas á la
constitucion y á la República. Duraron tres días
los festejos públicos, y se sucedieron los de carácter privado hasta el 3 de Abril, día en que una de
las sociedades de Canelones celebró el suceso
con una gran fiesta que fué sumamente concu-
rrida.

El 9 dió á luz la Junta de representantes un
manifiesto al pueblo, en que se contenían estas
palabras : « Ya era tiempo de que nos presentá-
« semos ante el mundo de un modo digno, y así
« como desgraciadamente fuimos el escándalo de
« los pueblos, ahora sirviésemos de ejemplo para
« aquéllos que hoy son tan desgraciados como
« fuimos nosotros. Si la anarquía nos hizo gemir
« bajo el yugo de la tiranía doméstica, si ella
« despobló nuestra tierra, y sirvió de pretexto á
« un extranjero astuto que nos hizo arrastrar sus
« cadenas por diez años, los principios de órden
« que hoy practicamos contribuirán sin duda á
« constituir el país y cerrar para siempre la revo-
« lucion. Esta esperanza consoladora debe esti-
« mularnos más á practicarlos, y CONSTITUCION de-
« be ser en adelante nuestra divisa....»

CCXCVII — Doctrina de la constitucion de 1826

En verdad, si se prescinde de que la constitucion consagraba el sistema unitario, antipático á
la mayoría de las provincias, y de que por esta
causa tenía en sí el gérmen de graves trastornos,
los legisladores orientales no carecían de razon
para felicitarse, porque aquella constitucion contenía principios y reglas que, bien observados,
habrían permitido á los pueblos prosperar sin
mengua de las libertades individuales, tanto como es posible dentro de un organismo semejante.

Eran ciudadanos los que nacían en el territorio de la República; sus hijos, donde quiera que naciesen; los extranjeros residentes desde ántes de 1816 y los naturalizados. Todos los hombres eran iguales ante la ley: se prohibían los títulos de nobleza y el tráfico é introduccion de esclavos. Nadie era responsable por las acciones privadas que no perjudicasen á un tercero ó al órden público. La libertad de la prensa era declarada esencial á la conservacion de la libertad civil y se mandaba que la garantiesen plenamente las leyes. El goce de la vida, de la reputacion, de la seguridad y de la libertad, debería ser protejido por las leyes de tal manera que nadie podría ser obligado á hacer lo que ellas no mandan, ni impedido de lo que no prohiben. Quedaba prohibida la pena de confiscacion. Nadie podría penetrar en el domicilio de una persona, contra la voluntad de ésta, sino el juez, ó en caso de impedimento, su delegado, con órden suya consignada por escrito. Nadie podría ser arrestado sin mandamiento judicial fundado en la declaracion de un testigo idóneo, salvo el caso de ser sorprendido infraganti, en el cual todos los individuos del pueblo podrían arrestarlo y conducirlo ante el magistrado. Nadie sería objeto de pena, ni confinacion, sino en virtud de juicio y sentencia legal.

La soberanía de la Nacion sería ejercida por tres poderes. El legislativo sería compuesto de dos cámaras: una de senadores elegidos indirectamente por cada provincia, y otra de representantes elegidos de un modo directo por el pueblo. El judicial se ejercería por una corte suprema de justicia, compuesta de letrados nombrados por el Presidente, que conocería en las cuestiones suscitadas entre várias provincias, ó entre provincias y particulares, ó entre provincias y los poderes de la Nacion, ó entre funcionarios públicos; así como en las causas de almirantazgo y de los embajadores, ministros y toda clase de agentes de potencias extranjeras, y en los recursos deducidos contra los fallos de los tribunales de provincia. El ejecutivo sería desempeñado por un presidente, electo indirectamente por el pueblo cada cinco años.

Cada provincia sería administrada por un consejo de administracion, por un tribunal superior de justicia, por jueces de primera instancia, y por un gobernador. El consejo, elejido directamente por el pueblo, tendría á su cargo todo lo que se relacionase con la policía, la educacion, las obras públicas, los establecimientos de beneficencia, y cuanto pudiera tender á la prosperidad interior de la provincia. Los jueces conocerían en primera instancia y el tribunal superior nombrado por el Presidente en los recursos que contra aquéllos se dedujesen. El gobernador sería designado por el Presidente, en una terna que propondría el consejo de administracion, duraría tres años en su empleo y estaría encargado de ejecutar las leyes, los decretos del poder ejecutivo, y las resoluciones del consejo de administracion, así como de nombrar los funcionarios cuya eleccion no estuviese especialmente encomendada á otras personas.

CCXCVIII — La Provincia-oriental se adhiere á la reaccion federalista

No obstante la voluntad decidida con que las autoridades orientales se habían adherido á la constitucion de 1826, aceptaron la reaccion operada en la capital de la República en los últimos meses de Julio y Agosto, como si tuvieran el propósito de sacrificar todas las convicciones en obsequio á la armonía con los poderes nacionales, que entónces más que nunca requerían los compromisos contraídos en la guerra con el Imperio. El 20 de Septiembre autorizó al Poder-ejecutivo de Buenos-aires, en conformidad con la ley nacional del 18 de Agosto, para que administrara en lo relativo á la guerra, á la paz y á las relaciones exteriores, reservándose la legislatura la facultad de aprobar los tratados de paz, amistad y comercio, como condicion de su validez. Le autorizó tambien para que solicitara lá concurrencia de las otras provincias para el más pronto restablecimiento de una representacion nacional. El 22 facultó al mismo gobierno para que celebrara con las naciones del continente americano alianzas defensivas y ofensivas contra el Brasil, y el 24 lo autorizó para negociar un empréstito de cinco millones de pesos.

CCXCIX — Progresos de la administracion interior de la Provincia

Miéntras de esta manera difícil, pero necesaria por el momento, conservaba sus relaciones interprovinciales y contribuía á mantener una autoridad que servía provisionalmente de centro de union y de órgano á los pueblos del Río de la Plata, iba completando la Junta de representantes la obra legislativa de la Provincia, auxiliada por la buena voluntad del Gobernador, que mostraba su celo ya dentro del círculo trazado á sus facultades ejecutivas, ya invadiendo el campo reservado naturalmente á la lejislatura, por la falta de reglas constitutivas que precisaran los límites de la accion de ambos poderes.

El 10 de Enero dispuso el Poder-ejecutivo que ninguna autoridad civil ó militar podría detener á ninguna persona de la jurisdiccion ordinaria en los cuarteles de tropa, vivac, cuerpo de guardia ó cárcel militar, so pena de responder al Gobierno por la infraccion y á las partes por el daño; y prescribió que el tomar infraganti determinaba la obligacion de presentar al juez el arrestado en el tiempo más breve posible. El 13 reglamentó la ley que prohibía transitar de unos á otros departamentos sin licencia de las autoridades, y el 23 amplió esa reglamentacion en el sentido de facilitar al vecindario el cumplimiento de aquellas prescripciones aconsejadas por el estado de guerra. La Junta de representantes se ocupó tambien de los derechos individuales, dando reglas para asegurar la propiedad pecuaria (3 de Abril); propendiendo con el establecimiento de escribanías públicas en los pueblos á dar eficacia á los derechos creados por los contratos, legislando los abusos que se podían cometer por medio de la prensa, el modo de juzgarlos y las penas que merecían (9 de Abril).

Se cumplieron las leyes que establecían el poder judicial, nombrándose numerosos jueces de paz para los siete departamentos ocupados por las autoridades republicanas, un juez letrado de primera instancia para el de Maldonado (Dr. José Manuel Pacheco), otro para los de Santo-Domingo, Colonia y Pay-sandú (Dr. Juan José Alsina) y otro para los de Canelones y Entre-Yí-y-río-Negro (Dr. Gabriel Ocampo). Se confió la fiscalía al Dr. Juan Andres Ferrera. (16 de Enero).—El día siguiente cesaron los cabildos. El 25 se decretó que cada juez de primera instancia fuera asistido por un escribano público. El 26 se reglamentaron las funciones de los jueces de paz. El 3 de Abril se prescriben las solemnidades con que deben notificarse los fallos de los jueces. El 7 se constituye el tribunal de apelaciones y se determinan sus facultades, y el 24 se nombran los primeros tres letrados que lo compusieron. La policía y las cárceles fueron tambien objetos de reglamentos especiales, que revelan esmero y laboriosidad (24 y 25 de Enero y 5 de Febrero).

Se regularizó la administracion de la hacienda, instituyendo la oficina de contaduría (10 de Enero); se crearon cinco clases de patentes de diez á sesenta pesos, y un impuesto de cuatro reales por cada res que se matara (Abril 8) y se reglamentó su percepcion (15 de Mayo); se impuso el derecho de dos reales por cada guía territorial que se expidiera (10 de Abril); el mismo día se estableció la contribucion directa que habían de pagar los comerciantes, los fabricantes, los hacendados, los capitales á consignacion y los labradores, y se dictaron reglas acerca del tiempo y modo en que debería hacerse el pago. Ademas se fijó el presupuesto de gastos de modo que correspondían 3808,000 pesos á la gobernacion; 5300,000 pesos á la lejislatura; 6700,000 pesos al ministerio de gobierno; 29460,000 pesos á la magistratura; 62408,000 pesos á la policía y cárceles; 10800,000 pesos á la instruccion pública; 8400,000 pesos al ministerio de hacienda y contaduría; 2880,000 pesos á la imprenta de la Provincia; 1080,000 pesos á los gastos militares; 600,000 pesos á las pensiones y 6844,000 pesos à otros gastos, incluso los extraordinarios. Total de gastos en el año: ciento treinta y ocho mil trescientos pesos.

Como se habrá notado por la partida asignada en el presupuesto de este año, no se echó en olvido, á pesar de lo extraordinario de las circunstancias, la materia de la instruccion pública. El Gobernador decretó el 16 de Mayo que en cada una de las capitales departamentales y en los pueblos de San-Cárlos, Rocha, Soriano y Santa-Lucía se abriera una escuela de primeras letras, dirijida por un maestro que ganaría sesenta pesos mensuales. La enseñanza sería gratuita. Podrían concurrir niños de más de siete años. Se organizarían las clases segun el sistema lancasteriano, introducido en el Plata y puesto en boga por Rivadavia. Se instituyeron juntas inspectoras, compuestas del juez del lugar y dos vecinos, que tenían el encargo de vigilar las costumbres del maestro y su conducta en la escuela. Y comprendiendo la necesidad de formar buenos preceptores para que progresara la enseñanza, se decretó el mismo día el establecimiento de una escuela normal. Debería aplicarse en ella el sistema llamado de Lancaster. Serían sus alumnos los que aspirasen á ser maestros de instruccion primaria, y nadie podría ejercer en adelante esta profesion, si no hubiese sido alumno normal, salvo que anteriormente hubiese sido aprobado en exámen rendido ante el Director general de las escuelas de la Provincia.

Se echaron tambien los fundamentos de la estadística oficial, prescribiendo (26 de Marzo) que los curas de todas las parroquias de la Provincia remitieran el primer día de cada mes á la secretaría de gobierno un estado en que se consignaran las defunciones, los casamientos y los bautismos, con expresion del sexo, edad, estado, color y orígen (es decir, si eran libres ó esclavos los nacidos, casados ó muertos).

CCC — Lucha de los poderes civiles con el militarismo capitaneado por Lavalleja

Se vé cómo propendían la legislatura y el gobernador Suarez á mantener las buenas relaciones con las otras provincias, y á crear, poco á poco y segun la experiencia lo requería, el órden legal relativo á los derechos y obligaciones de los habitantes de la Provincia, y á las funciones administrativas que eran necesarias á la existencia política de la comunidad. No descollaba ningun talento singular, ni se hacía gala de incorporar á la legislacion grandes teorías; pero se hacían esfuerzos sinceros de buen sentido y de espíritu práctico, cuyos defectos se habrían correjido paulatinamente, segun los hechos ó el progreso de las ideas vinieran indicándolos.

Desgraciadamente, nó todos estaban animados por tan plausibles móviles. La elevacion del general Lavalleja al puesto que había ocupado Álvear en el ejército de la Nacion, dió lugar á sucesos lamentables. Pobre de inteligencia, de educacion y de carácter, no comprendió Lavalleja ni qué circunstancias extrañas lo habían favorecido, ni qué deberes le imponía el cargo que desempeñaba. Creyó que debía el encumbramiento á sus propios méritos y se tuvo desde entónces, con más firmeza que ántes, por el primer génio militar y político de su país. Este concepto de sí propio le indujo á desarrollar desmedidamente sus pretensiones de mandar en todo, á todos y sobre todos, por manera que se creyó con derecho á imponer su voluntad á legisladores, gobernador y jueces. Su odio á Rivera y á los riveristas se hizo más profundo ó más franco, y no olvidó entónces que los representantes de su provincia lo habían privado del poder ejecutivo contra su voluntad, y lo habían sustituído con don Joaquin Suarez. Todo este conjunto de ideas erróneas, de presuncion, de odios y de resentimientos lo arrastró al terreno de las violencias, en el que era auxiliado y quizás estimulado por jefes que le rodeaban y por hombres de Buenos-aires, inte-

resados en hacer desaparecer del escenario político á los que habían prestado su conformidad
á la constitucion y á las tendencias oficiales del
año XXVI.

El militarismo invadió las esferas civiles. Los
comandantes de los departamentos disponían de
las personas y de las cosas, en nombre de los
intereses de la guerra, como mejor cuadraba á
su ilimitado arbitrio. Várias de las leyes que se
promulgaron en el curso de este año y el anterior
estaban en pugna abierta con esa conducta y más
de una vez pretendieron el Gobernador y los magistrados hacerlas respetar; pero consiguieron solo avivar el antagonismo de las dos influencias y
aumentar de más en más la dificultad de las relaciones entre los funcionarios civiles y los militares.

Dado el conflicto del poder moral de las leyes
y de la magistratura con el poder material de los
soldados, no era dudoso el triunfo de éstos. Lavalleja venció la oposicion de los jueces haciendo
aprehender ruidosamente á dos de ellos, los doctores Ferrera y Ocampo, que habían pasado en
Abril de los juzgados de primera instancia al
Tribunal de apelaciones, los despojó de sus funciones y les intimó que salieran de la Provincia,
sin que hubiera precedido juicio ni sentencia, y
á pesar de carecer él de facultades para tomar
tales medidas respecto de los funcionarios civiles. El Gobernador reclamó enérgicamente contra ese abuso escandaloso de la fuerza y dió cuenta á la Junta de representantes, la cual á su vez
aprobó la conducta del Ejecutivo, declaró arbitrario el proceder del General en jefe y violatorio
del art. 1º de la ley de 8 de Julio de 1826, y
mandó que el Poder ejecutivo entablara queja
formal ante quien correspondiera, y que se tras-

cribiera al General en jefe todo lo resuelto (21 de Septiembre).

La excitacion era inmensa en todos los ánimos. Apénas la sorpresa permitía meditar en los hechos ocurridos y calcular la trascendencia que tendrían. Los comandantes militares se habían comprometido abiertamente en la revuelta contra las autoridades civiles, provocando en los departamentos manifestaciones populares, encabezando la rebelion de las milicias, y celebrando reuniones en que se pedía el derrocamiento de todos los poderes constituidos. (Días 20, 21, 22 y 23).

La Junta de representantes contestó esa actitud con otra no ménos extrema. Declaró que, habiéndose disuelto el Congreso general constituyente, reasumía la parte de soberanía que había delegado la Provincia en sus diputados; y que por tal razon, y miéntras no se estableciesen un cuerpo representativo y un poder ejecutivo nacionales, sería responsable ante el Gobernador y la Legislatura de la Provincia, por la infraccion de sus leyes, cualquiera autoridad militar, sea cual fuese su orígen, que se hallare en el territorio provincial; cuya declaracion mandó que se notificara al Gobernador de Buenos-aires, encargado de la guerra y de las relaciones exteriores, y al General en jefe del ejército. (21 de Septiembre). Por su parte creyó el gobernador Suarez que, como su nombramiento había ocasionado hasta cierto punto los resentimientos de Lavalleja, contribuiría tal vez á conjurar la tempestad renunciando el cargo; pero la Junta de representantes no aceptó la renuncia, juzgando, con razon, que la autoridad legal no debía ceder voluntariamente á la pretension de soldados amotinados (Septiembre 24).

CCCI — Derrocamiento de los poderes legales — Dictadura de Lavalleja

Llegó en medio de agitaciones profundas el 4 de Octubre. Este día vino el general Lavalleja al Durazno con algunas fuerzas, y concurrieron á la vez el general Julian Laguna, el coronel Leonardo Olivera, el coronel Pablo Perez, el graduado de igual clase Adrian Medina, los coroneles Andres Latorre y Juan Arenas y el teniente-coronel Miguel Gregorio Planes, comandantes respectivamente de los departamentos de Pay-sandú, Maldonado, San-José, Cerro-largo, Colonia y Soriano, y el coronel Manuel Oribe, comandante general de armas, por sí y por el comandante del departamento de Canelones el teniente-coronel Simon del Pino. Reunidos todos estos comandantes, declararon que los pueblos y las divisiones de sus departamentos respectivos habían acordado unánimemente que el Gobernador propietario y Capitan general de la Provincia reasumiese el mando y ordenase la cesacion inmediata de la legislatura y del Gobernador sustituto; que hiciera las reformas que el estado de guerra exijía; y que, delegando el poder en la persona ó personas que quisiera, se dedicara á las operaciones militares que se le habían encomendado.

Resolvióse en seguida llamar al general Lavalleja para que oyera la expresion de la voluntad popular; y una vez presente, tomó la palabra el general Laguna y le impuso del objeto de la reunion, diciendo entre otras cosas que á los pueblos y á las divisiones de su mando « habíales « mostrado la experiencia que la Provincia no « podrá arribar al verdadero goce de su libertad « y derechos, miéntras mantenga en su seno y á « la cabeza de sus negocios más importantes á

« hombres corrompidos y viciados que por más
« de una vez han comprometido la existencia de
« ella; hombres serviles y mercenarios que no
« há mucho tiempo fueron agentes activos de los
« portugueses, y que más recientemente, traicio-
« nando la voluntad de los pueblos, complotándo-
« se con los agentes del sistema de unidad, que
« ha concluído, han reconocido una constitucion
« en que, ni tuvieron parte los pueblos, ni tres
« mil ciudadanos más respetables que en aquella
« sazon se hallaban combatiendo por la libertad
« del país »........

Continuó hablando de los hombres peligrosos
á la libertad y á la unidad nacional, y concluyó
manifestándole en nombre de los pueblos, que
ponía en sus manos el poder de la Provincia para miéntras durase la guerra, con la condicion
de hacer cesar los que actualmente lo desempeñaban, de que convocara nueva legislatura despues de terminada la campaña, de que se ponga
en relacion con las demás provincias y mande
diputados á la convencion nacional, y de que
delegue el mando en personas de probidad. Lavalleja contestó conformándose con la voluntad
manifestada y prometiendo que al día siguiente
pondría en ejecucion las soberanas resoluciones.

La Junta de representantes y el Poder-ejecutivo
se disolvieron protestando que no cesaban voluntariamente en el ejercicio de sus funciones, y
sí obligados por la fuerza, de cuyo abuso hacían
responsables ante la Patria á los jefes y oficiales
que firmaron el acta del 4 de Octubre.

CCCII — Innovaciones desacertadas de la Dictadura

Nada hizo Lavalleja en los tres últimos meses
del año, capaz de atenuar tan incalificable aten-
tado. Las más importantes de las *reformas* que

había prometido hacer están consignadas en su decreto del 6 de Diciembre. Abolió las alcaldías de distrito, los juzgados de paz y de primera instancia y las comisarías de policía; é instituyó en su lugar consejos de administracion, alcaldías ordinarias y juzgados subalternos.

Tendría, segun este sistema, cada departamento tantos juecess ubalternos como distritos, un alcalde ordinario, un defensor de pobres y menores, un agente fiscal del crímen y un consejo de administracion.

Los jueces subalternos desempeñarían las funciones de los jueces de paz y tenientes alcaldes y serían nombrados por el Gobierno dentro de una terna propuesta por el alcalde ordinario, pero elejida por el pueblo.

Los alcaldes ordinarios tendrían las atribuciones de los jueces de primera instancia y de los comisarios de policía, y serían nombrados por el Gobierno con sujecion á una terna propuesta por el consejo de administracion del departamento respectivo. Así debería hacerse tambien el nombramiento de los defensores y agentes fiscales.

El consejo de administracion se compondría en cada departamento por el alcalde ordinario, el defensor de pobres y menores y el agente fiscal, y tendría por objeto el cuidado de los intereses departamentales y proponer al Gobierno las mejoras necesarias.

Todos esos funcionarios durarían un año en su puesto, y prestarían el servicio gratúitamente. El Poder-ejecutivo, asesorado por un letrado, conocería en los recursos deducidos ante los alcaldes ordinarios, miéntras no se reconstituyese el tribunal de apelaciones. ,

La conducta política había enajenado á Lavalleja muchas de las simpatías de que fué objeto por haber encabezado á los iniciadores de la revolucion de 1825; pero no había de serle ménos fatal la manera como procedía en el gobierno; pues si la una lo revelaba ambicioso y díscolo, le presentaba la otra como el más incapaz de los gobernantes. Su decreto de Diciembre era una prueba de ello. Abolió la separacion de las funciones que asegura al pueblo la inteligencia y la moderacion en el trabajo administrativo, é implantó el sistema de la acumulacion, fuente de desaciertos y de despotismo. Proscribió de la magistratura la idoneidad especial de los letrados, para sustituirla por la ignorancia de los legos. Condenó la remuneracion de los servicios que constituye una garantía de dedicacion y de independencia, y obligó á prestar gratúitamente servicios que absorberían todo su tiempo al hombre más laborioso, cuando tuviera la voluntad de dedicárselos. Y dispuso el cambio anual de los funcionarios, desconociendo los beneficios que reportaría la administracion de la experiencia y la tranquilidad que dá á los funcionarios, ya que nó la inamovilidad, por lo ménos la prudente duracion de los empleos. Hacer de un solo hombre el juez, el comisario y el miembro del consejo administrativo de todo un departamento, sin exijir de él ninguna clase de competencia especial y sin darle ninguna retribucion, era idear el sistema más perfecto para que ese hombre no quisiera ni pudiera hacer tales servicios al país.

Y, en efecto, la innovacion de Lavalleja fué una calamidad que no tardó en hacerse sentir en todas partes, con no poco perjuicio de su crédito, ya harto quebrantado.

CCCIII — Hechos de la escuadra en 1828

No estuvieron más activas las escuadras beligerantes en el curso del año de 1828 que lo habían estado en el último semestre del año anterior. La brasileña sostuvo el bloqueo desde su fondeadero ordinario entre la punta de la Atalaya y la del Indio, al Sud de Buenos-aires. La argentina mantuvo su núcleo en las proximidades de la punta de Lara, desde donde desprendía de cuando en cuando algunas naves para que prosiguiesen el corso, en que consistía la hostilidad marítima que se hacía al Brasil con algunas ventajas.

A algunos episodios dió márjen esta manera de hacer la guerra, entre los cuales despierta algun interes uno que tuvo por héroes al teniente-coronel Tomás Espora y al jefe del bloqueo Pintos Guedes. El primero de éstos había realizado valiosas presas en el Atlántico con el Ocho-de-Febrero. En una de las ocasiones en que entró en la ensenada de San-Borombon con el objeto de arribar al río Salado, como tenían por costumbre los corsarios argentinos, fué encerrado por ocho buques imperiales (29 de Mayo). Espora se acercó al banco del Tuyú, situado en la parte meridional de la ensenada, con la intencion de que los buques enemigos, de mayor calado que el suyo, no lo abordaran; pero varó y no pudo evitar que le dañasen durante todo el día los cañones imperiales. Estaba destrozado el Ocho-de-Febrero al llegar la noche. Inevitablemente perdidos, Espora hizo bajar toda la tripulacion á tierra y quedó á bordo acompañado sólo por su inmediato el sargento-mayor Antonio Toll. La escuadra continuó sus fuegos al día siguiente, hasta que se rindió el buque argentino.

Pintos Guedes recibió dignamente á los vencidos, les dijo que «oficiales que se habían portado « como los del Ocho-de-Febrero no merecían ser « prisioneros » y los hizo conducir á la línea de bloqueo para que volvieran al seno de sus familias. Brown correspondió á este acto de nobleza devolviendo en cange á la escuadra bloqueadora á dos de los prisioneros de guerra: el capitan de fragata Guillermo Eire y el teniente primero Antonio Cárlos Ferreira (14 de Junio).

CCCIV — Proyectos de Brown

Mortificado el genio activo de Brown por la inaccion á que estaba condenada la escuadrilla republicana por su impotencia, y habiendo concebido un plan que, segun él, había de dar por resultado el levantamiento del bloqueo siempre que se pudiera disponer de dos ó tres buques de fuerza, invitó públicamente á los pueblos para que se suscribieran con sumas de dinero destinadas á realizar aquel pensamiento (Julio 8). A los tres días se verificó en la Comandancia general de marina una reunion de personas distinguidas, se nombraron comisiones recaudadoras para todas las provincias y se suscribieron allí mismo cantidades que sumaron cerca de veintitres mil pesos. La prensa apoyó estos trabajos, se habló mucho de ellos en Buenos-aires; pero nada se hizo con entusiasmo, porque el cansancio y las esperanzas de una pacificacion inmediata, de que pronto hablaré, habían relajado, si así puede decirse, el nervio patriótico.

CCCV — Lavalleja y el ejército al entrar en el año XXVIII

El ejército había permanecido en sus cuarteles de Cerro-largo sin emprender operacion alguna á pesar de que los meses de Noviembre y Diciembre habían sido de los más aparentes para iniciar una nueva campaña. Debíase esto á que el General en jefe se ocupaba más de la política que de la guerra. Había trasladado la Capital al Durazno y

fijado en él su residencia. Algunos de los otros jefes caracterizados se habían ido á Buenos-aires
por no sufrir el hastío que se había apoderado del
ejército. Todos exijían que algo se hiciera en esos
tres ó cuatro meses de buena estacion, que ya corrían adelantados. Lavalleja contestaba que estaba reuniendo poderosos elementos, que pronto
invadirían el Brasil, que no descansarían hasta.
llegar á Río-Grande y á Porto-alegre, desde donde
mandaría naranjas á Buenos-aires, segun había
prometido á personas de esta ciudad desde Julio.
Al fin se presentó en el ejército, despues de delegar el gobierno en D. Luis Eduardo Perez, con escasas caballadas, unos 800 soldados de caballería
y un pequeño cuerpo de paisanos que tenían la
mision especial de pasar á la Provincia el ganado
vacuno que hallasen en el territorio vecino.

CCCVI — Campaña de 1828

Se sabe que el ejército imperial era fuerte especialmente en las armas de infantería y artillería, y
que el republicano no pudo continuar la primera
ni la segunda campañas por falta de la primera
de aquellas armas. No obstante, se decidió Lavalleja á emprender la tercera campaña con sola
la caballería, dejando en Cerro-largo los infantes
y los cañones y llevó á cabo su resolucion á pesar
de los consejos que le dieron el Jefe del estado
mayor (José María Paz) y otros generales.

Comenzó la marcha el 10 de Enero con rumbo
al Yaguaron. Se encontró á las veinte leguas con
el enemigo, situado tras de unas fragosidades que
los caballos no podían salvar. Resuelto el caute-
loso Vizconde de la laguna á no salir de la defensiva, se estuvo quieto en sus posiciones; y no ati-
nando el General republicano con lo que había de
hacer para obligar á su adversario indirectamente

á abandonar sus naturales defensas, se estuvieron el uno frente al otro largo tiempo. El ejército, acostumbrado á las marchas y á las maniobras de Alvear, se mostraba impaciente y descontento. Lavalleja trató de calmar estas disposiciones con una proclama que expidió el 20 de Febrero, aniversario de Ituzaíngo, en que decía á sus valientes guerreros:...... « El día que los enemigos abando- « nen esas escabrosidades, donde los tiene sepul- « tados el terror de nuestra justa venganza, ese « día será el que cubrireis de lustre las armas de « la República » .

Todavía á mediados de Marzo estaban los brasileños sobre el arroyo Grande de San Lorenzo, á doce leguas del Yaguaron, y los argentinos sobre el Sarandí, afluente de este arroyo; y tan pocas miras había de salir de tal situacion, que Lavalleja se vino á la Capital de Cerro-Largo, en donde, con motivo de referencias desfavorables que se hacían á su conducta militar en un manifiesto que el general Alvear publicó acerca de las campañas de 1827, dió un decreto declarando que la prensa « quedaba expedita para los señores jefes y oficia- « les que quieran hacer uso de ella en defensa de « los ultrajes que hayan recibido, con sólo la pre- « vencion de no valerse del anónimo». (21 de Marzo).

El trascurso de los meses trajo la estacion peor del año. El frío y las lluvias, ya que nó el poder del ejército republicano, obligó al imperial á moverse buscando abrigo, y retrocedió hacia la ciudad de San-Pedro-de-Río-Grande en Mayo. La caballería de Lavalleja se contentó con seguirle, fraccionarse en grupos, cometer toda clase de depredaciones (entre cuyos héroes se recuerda aún al índio Lorenzo, *baqueano* del General), y conducir á la Provincia-oriental los ganados que pudieron recoger en el territorio que el enemigo dejó tras de sí.

CCCVII — Sucesos militares de la Provincia

Entre tanto seguíase sitiando á Montevideo, el General en jefe hizo ir á su esposa y consejera al ejército, lo que era indicio seguro de que la quietud continuaría, y las fuerzas brasileñas, que habían estado encerradas en la Colonia, hacían libremente sus excursiones por el interior de la Provincia y sorprendían cerca del Durazno á oficiales del ejército republicano que iban en camino á Buenos-aires con la seguridad de que los imperialistas no salían fuera de los muros de las ciudades ribereñas. No se veía á fines de Julio por todas partes sino señales de descomposicion.

CCCVIII — El Gobernador de Santa-fé se prepara á invadir las Misiones

El gobierno de Dorrego había pensado, segun parece por insinuaciones del gobernador de Santafé, D. Estanislao Lopez, mandar bajo el mando de éste un cuerpo de ejército á las Misiones-orientales, para que obrara allá miéntras el dirijido por Lavalleja ocupaba por el Sud al grueso de las fuerzas enemigas. Lopez había acordado con su protejido Rivera llevar á éste como jefe de vanguardia, cuyo acontecimiento serviría para restablecer el prestigio del caudillo expatriado y probablemente para hacer tangibles las diferencias personales que lo distinguían de Lavalleja. Pero el Gobierno de Buenos-aires, conocedor del carácter falso é indisciplinado de Rivera, no ménos que de su profunda enemistad con Lavalleja, temió de su intervencion en los sucesos militares que se proyectaban, y negó á Lopez la autorizacion para que lo acompañara. El Gobernador de Santa-fé le escribió con tal motivo el 15 de Febrero manifestándole que se había determinado á encabezar la expedicion, para la cual estaba ya todo pronto y no se esperaba más que la llegada de los auxilios que venían de Buenos-aires; pero que como « se le previene terminantemente que en la « expedicion no haga lugar á Rivera por resistirlo « las circunstancias presentes, el interes de la « provincia, que está ligado á la buena armonía « con los vecinos, y el interes público que se ex- « pone como una razon de Estado, lo hacían ser « deferente á esa medida ».

CCCIX — Rivera se anticipa á Lopez y pasa á la Provincia-oriental

Sin embargo, fuera ó nó que posteriormente hubiese convenido algo reservado con Lopez, pasó Rivera el 25 de Febrero del Gualeguaychú á Soriano con su hermano el sargento-mayor don Bernabé, los capitanes ayudantes José A. Posolo y Manuel Iglesias, los oficiales Caballero, Sejas, Salado, Dubroca, Mieres, Larrosa (argentino) y Seisas (español) y 60 hombres más entre sargen-tos, cabos y soldados, la mayor parte orientales y los restantes de las demas provincias argenti-nas y de otras nacionalidades. De Soriano se di-rijió á Mercedes, en dónde tomó todo el armamen-to y caballos que había y atrajo á algunos veci-nos; y desde allí pasó hasta el Durazno, hacien-do preceder su llegada por dos cartas datadas en el Yapeyú (26 de Febrero), una para el goberna-dor Perez y otra para el General en jefe del ejér-cito, en las que protestaba que al incorporarse á sus paisanos, protejido por grandes amigos, no traía otro pensamiento que el de atacar las Misio-nes como jefe subalterno del general Lavalleja. Le decía ademas al Gobernador que esperaba que él contribuiría « á que se concluyeran antiguos « disgustos entre dos jefes fuertes que pueden « bastar para aterrar al Brasil ».

CCCX — Alarmas que causa la presencia de Rivera en la Provincia. Medidas que se toman contra él

Supo el ministro de la guerra don Juan Ramon Balcarce la pasada del caudillo el día 29 por la noche; y tan viva alarma le causó, que en el acto escribió al comandante general de armas de la Provincia, don Manuel Oribe, ordenándole que « desplegara todo el celo y la actividad que estu- « viera á sus alcances para que, dejando el sitio « (de Montevideo) á las órdenes de otros, se pusie- « se á la cabeza de las fuerzas que le fuera dable», levantando otras que acababan de llegar al cerco de la Colonia; que persiguiese á Rivera « en todas « direcciones hasta conseguir destruir y aniquilar « á él y á los que le acompañan; y en caso que se « tuviese la fortuna de tomarlo, hacer con él un « castigo ejemplar »........... « El Gobierno crée, « agregaba, que la destruccion de ese caudillo « que, segun todas las noticias, está vendido á los « enemigos, le hará tanto honor al señor Coman- « dante general de armas como el batir cualquie- « ra division enemiga; puesto que la permanen- « cia de aquél en esa provincia la envolvería en « la anarquía y tendría los más fatales resul- « tados ».

No había sido menor la impresion con que el gobernador Perez recibió sucesivamente las car- tas y la persona de Rivera; pero tranquilizado por las seguridades que éste le daba de que no venía á convulsionar el país y sí á servirlo yendo con- tra el enemigo de todos, lo trató de un modo cordial y le hizo ofrecimientos, dando cuenta al gobierno de Dorrego (3 de Marzo), à la vez que enviaba al general Lavalleja la carta que le estaba destinada.

El General en jefe mandó á Rivera (día 6) la órden de que se incorporase al ejército; pero Rivera le contestó al sexto día desde el arroyo Grande negándole obediencia, porque juzgaba que su persona no estaría garantida. Con todo, le manifestaba el deseo de servir bajo sus órdenes para llevar la guerra « á los portugueses », pero desde las Misiones. « De allí, agregaba, tendré la sa- « tisfaccion de coronar la patria de triunfos y lle- « nar á V. E. de glorias ».

Por su parte el Ministro de la guerra había recibido con desagrado la noticia de las relaciones entabladas por el Gobernador de la Provincia-oriental, porque entendía que mal probaba tener intenciones patrióticas quien había marchado desobedeciendo órdenes expresas del Gobierno y llevándose una fuerza armada, compuesta de criminales y desertores. Esto no obstó, empero, á que ocho días despues de contestar en este sentido al Sr. Perez, es decir, el 15 de Marzo, comisionara á D. Julian Gregorio de Espinosa con el fin de que decidiese á Rivera á que pasara á Buenos-aires ó al ejército con su fuerza, bajo la promesa de que « serían inviolables su persona y la de sus oficiales » y de que se les conservaría en sus empleos. Escribiendo al mismo Rivera en esa ocasion, le decía que esto era necesario, porque de otro modo no se tranquilizaría el General en jefe y estaría dispuesto á llevar sus medidas al extremo, lo que sería funesto á la libertad de la Provincia, desde que el enemigo se apercibiese de que la discordia los dividía.

Al mismo tiempo que se hacían estas tentativas de conciliacion, el coronel Oribe proclamaba á sus comprovincianos desde el Durazno (7

de Marzo) anunciándoles que « un hombre des-
« naturalizado y aspirante se había introducido
« en la Provincia con el perverso designio de tur-
« bar su reposo y cruzar la marcha de nuestras
« armas, que tan ventajosamente habían abierto
« una nueva campaña contra el enemigo común »;
declarándoles que « toda persona que le siguiere ó
« le prestare auxilios de cualquiera clase, sería
« condenada á la última pena á las dos horas de
« justificada su delincuencia », é invitándoles á
que se alistasen « bajo la enseña del órden y de
« la decencia » y no perdieran de vista los sacrificios que costaba la libertad.

CCCXI — Rivera marcha hacia las Misiones

Rivera aprovechó estos momentos de confusion
y desconcierto, en que el Ministro de la guerra,
el gobernador Perez, Lavalleja y Oribe obraban
sin regla fija, segun sus inspiraciones individuales del momento, cambiando de parecer de un día
para otro, y contradiciéndose entre sí, para dirijirse al Norte, resuelto á llegar á las Misiones ántes que el Gobernador de Santa-fé y á arrebatarle
los fáciles triunfos que allá le esperaban. Le alcanzó en el camino el comisionado de Balcarce,
amigo íntimo de Rivera. ¿Qué acordaron, es cosa
que no trascendió, por más que la prensa de
Buenos-aires se interesó en saber cuál era la posicion en que el Caudillo quedaba respecto de las
autoridades nacionales; pero los hechos posteriores demuestran que se establecieron, si nó relaciones enteramente amistosas, pacíficas por lo
ménos, entre él y el Poder-ejecutivo de Buenos-
aires.

CCCXII — Rivera se posesiona de las Misiones

Rivera entró en el territorio de las Misiones co-

mo general de la vanguardia del Ejército del Norte, segun se había convenido ántes con el gobernador Lopez. El 21 de Abril llegó á orillas del Haun;
hizo derrotar por Felipe Caballero una guardia
brasileña que estaba en la márjen opuesta; pasó
el resto de sus fuerzas el 22, y el 23 las fraccionó
en tres divisiones. Mandó una sobre San-Fran-
cisco bajo las órdenes de Caballero; con otra fué
el mayor Rivera sobre San-Borja; y el General
penetró en las sierras con la tercera. El 16 de
Mayo pasaba Rivera al gobernador Dorrego el
parte de estos hechos y de sus resultados. Caballero había derrotado una pequeña partida;
Bernabé Rivera había deshecho otro grupo, tomándole cañones, municiones y caballos, y Fructuoso había hecho rendir otra division de 160
hombres, con armas y pertrechos, y había perseguido al Gobernador, sin conseguir alcanzarlo.
Es decir que se habían apoderado de las Misiones fácilmente, gracias al abandono en que las tenía el Emperador y á la sorpresa. El vencedor
agregaba despues de enumerar los detalles de su
empresa: « Esto es cuanto la República-argenti-
« na ha ganado; en adelante pondré en conoci-
« miento de V. E. cualquiera otra ocurrencia que
« tenga lugar por estos destinos.»
Se recibió en Buenos-aires la noticia de estos
sucesos, y se celebró con salvas de la escuadra
y de la fortaleza, y con repiques de todas las iglesias. El conductor de ella, que lo fué el ayudante Posolo, aseguraba que ademas había tomado
Rivera más de seis mil patacones, con los cuales
agració á sus compañeros de armas, y que esperaba ansioso la llegada del grueso del ejército
mandado por Lopez, para combinar nuevas operaciones.

CCCXIII — Oribe llega al Ibicuy en persecucion de Rivera

Oribe había reunido algunas fuerzas, en número de ciento y tantos hombres, y había seguido, aunque con notable retardo, la derrota de Rivera. Al llegar al paso del Higo, en el Uruguay, al Sud de la desembocadura del Cuareim, se encontró con los conductores del parte con que Rivera anunciaba la toma de Misiones á los gobernadores de Buenos-aires y Santa-fé, dos de los cuales hizo fusilar por ser desertores, y se apoderó de los oficios y cartas que traían. Siguió su marcha, durante la cual hizo fusilar algunos otros soldados riveristas, tambien por desertores, pasó el Ibicuy en la madrugada del 28 de Mayo, y campó en su márgen oriental, una legua más arriba del paso de Pintos. El 29 muy temprano batió un grupo de veintiun riveristas que venían à situarse en el mencionado vado y poco despues se le presentó Bernabé Rivera, comisionado por el General, con proposiciones de avenimiento. .

CCCXIV — Bases de concordia   ,

Se acordó por ambos jefes una suspension de hostilidades, y se consignaron en una acta las cláusulas de una especie de tratado de amistad, que había de conducir á Lavalleja el teniente-coronel Freire, firmada por el general Rivera y por Oribe, con una exposicion del primero (Junio 2).

Oribe mandó esa acta, ya firmada por él, al vencedor de Misiones, para que tambien la firmara. Le mandó igualmente, para que se enterara de su contenido y como prenda de lealtad, una carta que escribía á Lavalleja dándole cuenta de lo acaecido y exhortándole á que aceptara las bases estipuladas. «Resta ahora, le decía, que pen-« sando S. E. la gravedad del asunto con la ma-

« durez y prudencia que le distinguen, y oyendo
« la exposicion que dirije el Sr. Brigadier Rivera
« por uno de sus oficiales, tenga en considera-
« cion S. E. las utilidades efectivas de un ex-
« travío que presenta un término feliz, y que el
« Sr. Rivera es acreedor á que se le releve de la
« ominosa nota de traidor con que, por equivoca-
« cion, lo clasificó problemáticamente el Sr. Mi-
« nistro de la guerra.»

CCCXV — Solucion que da Rivera á las negociaciones

No aprobó Rivera el pacto de su hermano: re-
tuvo el acta y la carta que le había llevado el coronel Lopez, agregado á las fuerzas perseguidoras
por órden del Gobernador de Corrientes; indujo á
ese jefe á que desertara con sus ginetes de la columna de Oribe, persuadiéndolo de que había sido
instrumento de un engaño, y contestó el mismo
día 2, desde el puerto de Santa–Rosa, al comandante general de armas: que no había mandado á
Bernabé para tratar y sí sólo para hacerle notar
que peligraba la patria con el programa de asesinato que llevaba; que se internara en la Provincia
á media legua del Cuareim en cuanto transcurrie-
ran veinticuatro horas, so pena de hacerlo responsable ante la patria « del descrédito que iba á
« dar á ella y de gloria al enemigo comun ». Le
pedía, por vía de compensacion sin duda, que mandara una persona para recibir «los miles de cabezas
« de ganado vacuno que gustara para el vecinda-
« rio que le acompañaba, porque había suficiente
« hacienda del Estado y de los enemigos que ha-
« bían abandonado la Provincia ». Le ofrecía ademas un mes de sueldo en metálico para los oficiales y soldados.

CCCXVI — Se retira Oribe. Cómo gobierna Rivera las Misiones

Oribe se sintió débil despues de la defeccion de José Lopez para acometer á Rivera, cuyas columnas se habían engrosado considerablemente con vecinos de las Misiones. Por esto, y porque había recibido órdenes de suspender la persecucion, se retiró á Pay-sandú, dejando á Rivera en el goce pacífico de sus conquistas. Desde entónces no se ocupó éste de otra cosa que de afirmar su poder, expedir decretos de hacienda relativos al percibo de derechos y al movimiento de animales vacunos, y hacerse dueño absoluto de las rentas y de los ganados, de los cuales dispuso en grandes cantidades para sí y para sus amigos sin el menor escrúpulo.

LIBRO SEXTO

LA INDEPENDENCIA

CAPÍTULO I

LA CONVENCION DE 1828

CCCXVII — Situacion de las Potencias beligerantes al comenzar el año XXVIII

Al llegar los principios del año xxviii había ya realizado Dorrego sérios trabajos preparatorios para continuar la guerra con el Brasil, en términos que mostraban la resolucion de sostenerla con vigor, á la vez que lo enorme de los sacrificios que esto había de costar á la República. Por otro lado, la situacion del Imperio era tanto ó más apurada, porque lo extraordinario de los gastos había consumido sus recursos, al extremo de estar imposibilitado su ejército para sostener la campaña, y la mala fortuna de sus fuerzas de mar y tierra había concluido por hacer comprender al pueblo de Río-Janeiro que todos los esfuerzos habían sido estériles, y por desprestigiar al Monarca é introducir la anarquía en los elementos del poder. Contribuian á pronunciar este estado de los ánimos la intranquilidad en que permanentemente habían tenido al comercio brasileño los corsarios argentinos desde que comenzó la guerra, y los considerables perjuicios que le habían ocasionado. Es así que los dos pueblos deseaban la paz, y bien lo mostraron cuando se negociaba la convencion de García. Ademas, no poseían más los imperiales en la Provincia-oriental que las ciudades de Montevideo y la Colonia: todo el resto del territorio estaba dominado por los republicanos de tal modo, que habían funcionado tranquilamente los poderes provinciales en Canelones, à nueve leguas del centro de las autoridades brasileñas, lo que revelaba ·que no tenía el Emperador poder bastante para recuperar el terreno perdido.

CCCXVIII — Mediacion del Ministro residente de S. M. B.

En vista de esta situacion, que perjudicaba los intereses comerciales de la Gran-Bretaña, se resolvió su ministro residente en Río-Janeiro á influir en el ánimo del Monarca con el fin de que éste aceptara las bases capitales contenidas en las instrucciones que había dado Rivadavia al ministro García en Ábril del año anterior; es decir, las que establecían el tratado de la paz, declarando la independencia de la Provincia disputada y la renuncia por ambos beligerantes á las indemnizaciones de guerra. El Emperador concluyó por ceder en términos más ó ménos explícitos á la presion del diplomático de la Gran-Bretaña y éste comunicó por medio de lord Ponsomby al gobierno de Dorrego esa conformidad en los primeros dias de Marzo. El 17 se dirijió el ministro Rojas al Gobierno delegado de los orientales, anunciándole que había recibido aquellas proposiciones.

CCCXIX — Parten al Janeiro los Plenipotenciarios argentinos

Dorrego no se opuso á reanudar las negociaciones, y áun accedió al deseo del mediador, de que fueran plenipotenciarios argentinos á Río-Janeiro; pero no pudo verificarse esto hasta el mes de Julio, porque, entre otras dificultades que aparecieron, se cuenta, segun parece, la de que la Corte del Brasil pretendía que, si bien independiente del reino brasileño, la Provincia fuera erijida en ducado, bajo la soberanía personal del Emperador. La impaciencia popular aumentaba de día en día al ver que se pasaban meses y más meses en negociaciones y que no llegaba el momento de mandar ó de recibir los encargados de autorizarlas. Por fin el 12 de Julio se embarcaron el ministro de la guerra Don Juan Ramon Balcarce y D. Tomás Guido, y partieron el día siguiente de madrugada con direccion á Río-Janeiro, llevando plenos poderes para concluir el tratado, cuyas bases principales podían considerarse ya acordadas.

CCCXX — Un proyecto de tratado. Se recibe en Buenos-aires la convencion del 27 de Agosto

Un mes más tarde llegaban cartas de la Corte en que se aseguraba que la paz era un hecho y se hablaba de «condiciones honrosas», pero sin precisar cuáles eran. Hubo un momento de dudas y de descontento. Las autoridades de Montevideo inundaron toda la campaña oriental á mediados de Agosto con hojas impresas, en que se contenía un proyecto de tratado que se decía propuesto por la Corona al Gobierno de Buenos-aires. La Provincia-oriental sería, segun esc documento, un Estado independiente; se establecían todas las reglas fundamentales que regirían su organizacion política; serían ciudadanos todos los orientales y los brasileños que quisieran jurar la constitucion; habría un poder legislativo, otro judicial y otro ejecutivo, pero éste sería desempeñado por una Regencia, cuyo funcionario sería nombrado por el Emperador, como Jefe supremo del Estado que sería, y que como tal se reservaría el derecho de concluir tratados de paz, de guerra, de amistad, de comercio y de alianza con cualquiera otro Estado. Pero las impresiones que este papel produjo se desvanecieron á la llegada del secretario de los plenipotenciarios argentinos, D. Feliciano Cavia, que desembarcó del paquete inglés Nocton, el 16 de Septiembre á las dos de la tarde, en el puerto de Buenos-aires, conduciendo los tratados firmados en Río-Janeiro el 27 de Agosto. Fué recibido por un pueblo numerosísimo, con salvas de la fortaleza y de la escuadra.

CCCXXI —Se aprueba y se ratifica la convencion. Sus efectos inmediatos

Se había convocado para Santa-fé la Convencion Nacional en conformidad con la ley del 3 de Julio de 1826. Algunos diputados habían concurrido, celebraban sesiones preparatorias desde mediados de Mayo, y habían hecho gestiones por que mandaran sus representantes las provincias que aún no estuviesen representadas. Faltaban todavía bastantes cuando llegó el señor Cavia; pero Dorrego mandó órdenes inmediatamente para que se instalara con el fin de aprobar la convencion de paz. El 23 de Septiembre llegaron á Santa-fé Moreno y Cavia, conduciendo el tratado preliminar; el 24 se instaló la Convencion, figurando en ella los representantes de la Provincia-oriental; el 26 quedaron aprobadas las estipulaciones de Río-Janeiro y se autorizó al Gobernador de Buenos-aires para que las ratificara; se ratificaron el 29 y á las 4 de la tarde del mismo día se embarcaron el almirante Brown y el brigadier D. Miguel Azcuénaga en la fragata Nuevo 25 de Mayo y la goleta Sarandí, y el ministro inglés Parish en la corbeta Heron, con destino á Montevideo, llevando el encargo de cambiar en esta plaza la ratificacion de Dorrego por la del Emperador, que databa del 30 de Agosto.

El 30 notificó el almirante Norton al Capitan del puerto de Buenos-aires que quedaba levantado desde ese día el bloqueo. El 4 de Octubre se hizo el cange de las ratificaciones. Inmediatamente se mandó un oficial á ambas líneas enemigas para que notificase el cese de las hostilidades, y á los pocos días se dió comienzo á grandes festejos en todas las ciudades del Río de la Plata, excepto la de Montevideo, en que no tuvo la solucion de la contienda internacional tan entusiasta acogida.

CCCXXII — La convencion declara la independencia de la Provincia-oriental. Disposiciones accesorias

.El tratado á que se ha hecho referencia establece que Su Magestad el Emperador del Brasil y el Gobierno de la República de las Provincias-unidas declaraban la provincia de Montevideo, entónces Cisplatina, libre é independiente de toda y cualquiera Nacion, bajo la forma de gobierno que juzgase conveniente á sus intereses, necesidades y recursos (artículos 1º y 2º); que inmediatamente de ratificada la convencion, convocarían los Gobiernos de la Banda-oriental y de Montevideo los representantes del territorio que respectivamente les estaba sujeto, los cuales nombrarían un gobierno provisional que gobernaría la Provincia hasta la instalacion del gobierno permanente, y se ocuparían de formar una constitucion, que debería ser examinada por Comisarios de ambos gobiernos contratantes, para el solo efecto de ver si en ella se contenían artículos que se opusieran á la seguridad de sus respectivos Estados (artículos 4º, 6º y 7º); que los dos Gobiernos, argentino y brasileño, se obligaban á defender la independencia é integridad de la Provincia de Montevideo por el tiempo y el modo que se estipulase en el tratado definitivo de paz, y á protejer al Gobierno legal, si ántes de jurada la constitucion y cinco. años despues, fuese perturbada la tranquilidad y seguridad por la guerra civil, limitándose esa proteccion á hacer restablecer el órden (artículos 3º, 10 y 11). Se estipuló ademas que las tropas de los dos beligerantes desocuparían el territorio de la Provincia en el plazo de dos meses, pudiendo, empero, mantener el Brasil 1500 hombres en la plaza de Montevideo hasta cuatro meses despues de nombrado el gobierno provisional, y otros 1500 la República de las Provincias-unidas, donde mejor le pareciese, hasta que las fuerzas imperiales desalojasen completamente todo el territorio oriental (artículos 12 y 13). Se comprometieron tambien los contratantes á emplear los medios que estuviesen á su alcance para conseguir que el río de la Plata y todos sus afluentes fueran libres por el término de quince años para la navegacion de los súbditos de una y otra Nacion.

CCCXXIII — Algunas impresiones que motiva el hecho de la independencia oriental

Tan pronto como Dorrego conoció la convencion, remitió una copia al general Lavalleja. Al acusarle éste el recibo el 1º de Octubre desde el Cerro-largo, le decía: « Si la guerra no ha podido « terminarse sino desligando la Provincia-orien- « tal de la República Argentina, constituyéndola « en un Estado independiente, ella sabrá dirijirse « al destino que se la prepara sin olvidar los sa- « gra o lazos con que la naturaleza la ha identi- « ficados á las provincias hermanas; y ni pódrá « desconocer jamas los nobles y grandes sacrifi-

« cios que han prodigado para libertarla de la do-
« minacion extranjera hasta constituirla en un
« Estado independiente».

El 12 de Octubre anunció el mismo General al
ejército en una proclama, que acababa de recibir la noticia oficial de que había sido ratificada
la convencion, por la cual quedaba terminada la
guerra.

A los cuatro días escribió el general Laguna al
gobernador Dorrego desde el Durazno una carta
de agradecimiento, en que vertió conceptos que
merecen transcribirse. «Este convencimiento (decía despues de mostrarse reconocido por los
esfuerzos que se habían hecho hasta conseguir
una paz honrosa) y la necesidad de hacer|cesar
« una guerra que gravitaba solamente sobre esa
« heroica Provincia, que ha prodigado sus rique-
« zas y la sangre de sus hijos por la libertad de
« ésta, hacen conformar al general que firma á
« verla desligar para siempre de la asociacion de
« sus hermanas, quedando reconocida como un
« Estado independiente. Nuestra poblacion y re-
« cursos no serán lo bastante á colocarnos en el
« grado de respetabilidad necesario; pero confío
« en que la generosidad de V. E. y de la benemé-
« rita provincia de Buenos-aires, no abandonarán
« á los orientales en su nuevo estado ».

CCCXXIV—Generacion de la independencia oriental

Sintetizando los movimientos de opinion que se
verificaron en la Provincia desde que fué poblada,
aparece el hecho de su independencia resultan-
do de circunstancias las más excepcionales, pues
son pocos los ejemplos que contiene la historia
de pueblos que se han emancipado sin que influyera su voluntad en ese hecho de un modo más
ó ménos eficiente.

Colonizado su territorio por los españoles, nadie pensó en librarse de su poder miéntras no se produjeron en Buenos-aires los sucesos del año x; y, una vez producidos, la poblacion de Montevideo se levantó para oponerse al movimiento revolucionario que entónces se iniciaba. Penetra la revolucion al año siguiente en la campaña; vence tres años despues las resistencias de Montevideo; la anarquía y el despotismo artiguista sustituyen al gobierno colonial, y ya nadie piensa en reproducir lo pasado, pero tampoco en vivir como entidad independiente: los orientales se consideran parte de la nacion argentina, quieren seguir confederados con las otras provincias y no desisten de esta aspiracion, ni aún cuando el Gobierno general les propone la independencia como medio extremo de librarse de la bárbara guerra que le hacía su turbulento Caudillo.

Llega así el año XVII. Los portugueses dominan la Provincia, sin hallar otra oposicion que la de Artigas, entrando en las principales ciudades sin resistencia y siendo recibidos en ellas como un protector que viene á defenderlas de las arbitrariedades espantosas del caudillaje. El primer paso de los montevideanos es pedir la anexion al Reino-unido. La Provincia entera, representada por un Congreso, la vota en 1821 sin oposicion y sin protestas, como una necesidad, sin duda, pero sin que le ocurriera otro término de opcion que el difícil de seguir en la comunidad argentina.

La separacion del Brasil y el Portugal divide al poco tiempo á los orientales. Pueden éstos elejir entre ser portugueses, brasileños, argentinos ó independientes: los unos se declaran por la incorporacion al Brasil; los otros prefieren apoyar á los portugueses á condicion de ser en seguida argentinos; nadie piensa en emanciparse. Triunfan los imperialistas; la Provincia oriental se hace brasileña y los republicanos emigran á Buenos-aires y á Entre-ríos.

¿Qué hacen allá? ¿Qué piensan? Obran y piensan como argentinos, invaden en el año xxv como argentinos; ántes de seis meses consiguen que la República los admita en su seno; unen sus armas á las argentinas *por consolidar la reincorporacion,* y las dificultades de la lucha hacen surgir por segunda vez el pensamiento de la independencia oriental. ¿Entre quiénes? ¿Entre los orientales? Nó. Entre los argentinos, así como ántes en Alvarez Thomas, ahora en Rivadavia.

El Emperador resiste al Gobierno argentino en el primer momento; pero luego se le adhiere, apurado por la fuerza de los hechos. Las dos potencias se ponen de acuerdo para dar fin á la guerra que las arruina, bajo la condicion de que la Provincia-oriental no será parte de la una ni de la otra, sino que constituirá un Estado independiente. Los poderes públicos del Brasil ratifican ese arreglo, le presta su consentimiento la Convencion nacional de Santa-fé; nadie lo pide al pueblo oriental, ni á su gobierno. Sólo vota el representante que este pueblo tenía en la Convencion, como uno de tantos diputados. El tratado habría obtenido la ratificacion y se habría ejecutado sin ese voto y contra ese voto.

Por manera que la independencia se produjo sin que tuviera una causa determinante en los precedentes históricos, ni en el sentimiento popular, ni aún en la voluntad accidental de la Provincia. Fué un hecho impuesto á los orientales por la conveniencia de dos naciones, ninguna de las cuales era la Provincia misma. Es así que se descubre en la palabra de los generales Lavalleja y Laguna un sentimiento de contrariedad, de desconfianza en el porvenir y de resignacion, á pesar del prestigio que han dado á todo acto de independencia territorial los errores políticos y las preocupaciones sociales. Nunca se justifica la independencia por la independencia misma. Puede ser muy meritoria ó muy deplorable, segun sea conveniente ó inconveniente á los progresos morales y materiales la série de hechos á que dá orígen. Con conciencia de lo que importaría para el porvenir de su patria, ó sin ella, los orientales no la desearon nunca y la desecharon alguna vez. La aceptaban ahora como se acepta un hecho necesario. ¿Tenían por qué felicitarse de la nueva situacion á que fueron reducidos por las Potencias limítrofes?

CAPÍTULO II

LA CONSTITUCION DEL ESTADO—ORIENTAL

CCCXXV—El Dictador resuelve que se restablezca el órden constitucional

Cuando ya estaban adelantadas las negociaciones de paz y resuelto el envío de plenipotenciarios á Río-Janeiro, se dirijió el general Lavalleja desde el cuartel general del Cerro-largo á su Gobernador delegado, manifestándole que, como era probable la paz, « había creído oportuno la realizacion « y nueva creacion de la Representacion Provin- « cial; tanto para que nombrara al que debiese « sustituir al firmante, como para entender en los « intereses que correspondieran á la Provincia « luego que se realizase la paz »; por cuya razon le mandaba que impartiese las órdenes necesarias á la más pronta reunion de los representan- tes, y que hiciese entrega de su puesto en cuanto la Legislatura nombrase sustituto (7 de Julio). El Gobernador cumplió esta disposicion expidiendo el 26 del mismo mes un decreto por el cual ordenaba que se hicieran las elecciones y que los electos concurrieran al Durazno, capital de la Provincia entónces.

CCCXXVI—Las libertades populares y el militarismo

No estaban los ánimos preparados del mejor modo para verificar libremente la eleccion, ni en las personas que más se indicaban para desempeñar el empleo de representante. El militarismo no había cesado de oprimir y alarmar á la parte de pueblo que no favorecía al general Lavalleja con sus simpatías, que era la parte más considerable, si se atiende al concepto de que los hombres gozaban. No hacía mucho que esa hostilidad había tomado formas ruidosas: el coronel Olivera, comandante del departamento de Maldonado, había arrancado violentamente de sus domicilios á los señores don Francisco Antonio Vidal y don Antonio Mancebo, los había llevado á su division y mortificado con toda clase de vejaciones y molestias. En Pay-sandú se habían producido hechos análogos con lujo de notoriedad. Se corrían voces de que en Mercedes se había hecho otro tanto, y no se atribuía otra causa á estas arbitrariedades que el haber sido algúnos miembros de la legislatura disuelta en Octubre del año anterior, y el ser ótros adversos á la conducta que había observado el General en jefe y á la que seguían observando sus secuaces. Las autoridades civiles habían desaprobado públicamente aquellos atentados; pero éstos habían quedado impunes. Nadie veía una autoridad que uniese á la voluntad la fuerza necesaria para reprimirlos, y todos se sentían ame-

nazados por poco que se mostraran descontentos de la situacion.

CCCXXVII — La omnipotencia de dos caudillos

Claro era que, llegada la época de las elecciones, había de acentuarse más el despotismo militar, por lo que se avivaba el interes de asegurar
el triunfo á los candidatos de Lavalleja. Ese interes tenía un estimulante poderoso en la competencia que á este general hacía Rivera. Su campaña de las Misiones, aunque empresa fácil, había
sido grandemente ponderada por la conveniencia
de que aquel hecho pesara cuanto fuera posible en
las negociaciones de paz. Las muchedumbres se
dejaron entusiasmar por los repiques de las campanas y por el estruendo de las salvas, y, tan ol-
vidadizas de lo pasado como crédulas y lijeras,
restituyeron á Rivera todo el prestigio de otros
tiempos. De esta manera, había ganado tanto en
el concepto público el vencedor de las Misiones,
como había perdido el jefe de los Treintaitres. Si
hubiera existido una tercera entidad igualmente
poderosa, pero sin los graves defectos y vicios que
en aquéllas abundaban, es de presumirse que
todos los bien intencionados se hubiesen inclinado á ella; pero no era posible ya prescindir de los
dos caudillos: ellos se dividían las fuerzas del país
y se disputaban el poder; por ellos era indispensable sostener la lucha, cualesquiera que fuesen
las contingencias.

CCCXXVIII — Violencias y fraudes electorales. Profecía

Muchos de los hombres que preveían lo funesto que había de ser para el país el triunfo de cualquiera de los dos rivales, se abstuvieron de tomar
parte en las elecciones. Los más audaces y los
más obligados concurrieron á las mesas electo-

rales y contribuyeron con su voto, con su fraude ó con su fuerza á asegurar el triunfo á los candidatos que lo disputaban. No faltaron escenas violentas. En una de las más ruidosas figuraron el comandante general D. Manuel Oribe y el teniente coronel Soria. Este se presentó al Consejo de administracion que presidía las elecciones de Canelones, llevando el voto de su regimiento. El defensor de pobres y menores, D. Daniel Vidal, miembro del Consejo, le objetó que presentaba los votos de toda la division, cuando una parte estaba ausente y votaría donde estuviese, de lo que había de resultar que sus votos serían dobles.

Soria tomó esta observacion como insulto al honor militar, amenazó al señor Vidal dando grandes voces con hacerle purgar la afrenta, dió parte al coronel Oribe, y éste dirijió inmediatamente una nota al Poder-ejecutivo, en que acusaba con términos los más procaces al Defensor de menores y exijía que se pusiera remedio « á la « trascendencia de este escandaloso insulto», obligando á su autor á probar la calumnia ó á dar una satisfaccion pública, sin perjuicio de correjir su audacia de modo que quedara satisfecho el honor del querellante. Terminaba la comunicacion advirtiendo al Gobierno que « con la misma fecha « (23 de Agosto) y en prevencion de los resulta- « dos, mandaba una copia al General en jefe ».

Se vé en todo esto la intencion de intimidar á los que componían las mesas electorales, y de imponerse aún al mismo Gobernador con la prevencion insolente de que instruía al general Lavalleja de lo acaecido. Esta conducta era tanto más injustificada, cuanto mostraron las informaciones á que inmediatamente procedió el alcalde ordinario D. Alejandro Chucarro, que no había habido de parte del señor Vidal otra cosa que una observacion hecha con formas circunspectas.

Si así procedían los secuaces de Lavalleja, no ménos reprensible era el proceder de los amigos de Rivera. Se hizo tan general y tan notoria la arbitrariedad de los dos bandos, que algunos diarios de Buenos-aires creyeron deber exhortarlos á que moralizaran su conducta en obsequio al país. *El Tiempo* dijo con este motivo palabras cuya veracidad se confirma tanto más cuanto es mayor el tiempo que pasa. Todo había sido, segun él, hasta entónces, violencia é intriga, intriga y violencia; y era seguro que « si los orienta- « les no mostraran en aquellos momentos un pa- « triotismo, decision y energía á toda prueba, « serían en adelante lo que habían sido siempre: « víctimas alternativamente del despotismo ó de « la anarquía.»

CCCXXIX — Los electos rehusan desempeñar la representacion

Habían terminado las elecciones en la campaña para fines de Agosto, pero no por eso habían desaparecido las dificultades. Algunos de los electos se excusaron de desempeñar el empleo, porque, como D. Gabriel A. Pereira, habían pertenecido á la Junta legisladora derrocada en Octubre. O había decretado la disolucion un poder legítimo, decían, ó nó: en el primer caso, ese poder tenía en sus manos el ejercicio de la soberanía; en el segundo, debía volver á su puesto la Junta disuelta; en ambos era ilegal la nueva eleccion. El dilema era falso, pero producía los mismos efectos que si fuera verdadero: los que argüían con él, no aceptaban el nuevo nombramiento. Otros, testigos de las influencias que habían obrado en las elecciones, se excusaron manifestando que temian servir intereses personales y nó los de la patria. Otros no renunciaban, pero tampoco se mostraban decididos á concurrir al lugar en que había de instalarse la legislatura. Había trascurrido el plazo señalado en las convocatorias y sólo alguno que otro representante habíase presentado en el Durazno. Esta inasistencia obligó al Gobernador á dirijir una circular á las mesas electorales (10 de Septiembre), en que les manifestaba que no se explicaba por qué no habían comparecido oportunamente los diputados, y les ordenaba que hicieran concurrir á los que se habían mostrado remisos y que se procediera á la eleccion inmediata de los destinados á reemplazar á los renunciantes.

CCCXXX — Elecciones en Montevideo

Cuando sobrevino la ratificacion de la convencion preliminar de paz, hubo que proceder á elejir diputados en las plazas ocupadas por las autoridades imperiales, para constituir el gobierno de que habla el artículo 6º; pero como la convencion dispone que esas elecciones se harían « por « el reglamento adoptado para la de sus repre- « sentantes en la última legislatura », surgió la duda de si ese reglamento era el aprobado por la legislatura oriental, ó el sancionado por la legislatura del Imperio. García Zúñiga (baron de Vila-bella) que ejercía la presidencia, pretendía que las elecciones habían de regirse por las leyes del Brasil; el Gobierno oriental sostenía que la convencion del 25 de Agosto alude á la legislacion de la Provincia, y que no puede suponerse otra cosa, puesto que sería contraria á todas las reglas de derecho reconocidas y acatadas por las naciones la interpretacion en el sentido de que viniesen á tener fuerza en el Estado-oriental, declarado ya independiente, leyes de una potencia ex-

tranjera, como lo era para entónces el Brasil.
No obstante estas razones, resolvió García Zúñiga proceder segun la ley del Imperio y ordenó
al Cabildo que hiciera asistir el viérnes 24 de Octubre, á las ocho de la mañana, á todos los vecinos que no tuvieran algun impedimento con el
objeto de « oír en la iglesia Matriz la misa del
« Espíritu-Santo, llevando una lista firmada con
« el nombre de 31 individuos, que es el número
« de electores que corresponde á la feligresía ».

Las autoridades orientales se quejaron al Gobierno argentino del proceder del Presidente, contrario á la convencion, no sólo porque se aplicaba
una ley extranjera, sino tambien porque se mandaba hacer la eleccion dentro de la ciudad de Montevideo, á pesar de que el artículo 5.º dispone que
se harían « precisamente extra-muros, en lugar
« que quede fuera del alcance de la artillería de
« la misma Plaza, sin ninguna concurrencia de
« fuerza armada ». Dorrego envió á don Francisco
Magariños con instrucciones y poderes para que
arreglase las diferencias, en armonía con el espíritu de la convencion (25 de Octubre), y las gestiones tuvieron tan satisfactorio resultado, no obstante el interes que se suponía en el baron de
Vila-bella de influir por que fuera á la legislatura
una mayoría de partidarios de don Nicolás Herrera, su candidato para la próxima gobernacion,
que el 31 de Octubre se efectuó la eleccion de los
ocho representantes que correspondían á la poblacion nacional de Montevideo con sujecion á las
leyes provinciales.

CCCXXXI — Instalacion de la Asamblea general constituyente. Primer gobierno nacional

Habiendo quedado frustrada la primera convocatoria por la inasistencia de los electos, el Poder-

ejecutivo los llamó nuevamente para el día 8 de Noviembre, señalándoles San-José como punto to de reunion y residencia de la legislatura. Aún esta vez se tocaron sérias dificultades. A las resistencias que nacían de los intereses políticos se unió la que tuvo su orígen en la gratuidad con que los diputados desempeñaban sus funciones. Aunque algunos eran pudientes, los más vivían con el fruto de su trabajo, en el centro de sus relaciones. Si habían de abandonar ese centro y sus tareas sin la esperanza de hallar alguna compensacion á las ganancias de que se vieran privados, importaría condenarse á soportar necesidades y á comprometer su buen crédito. Este sacrificio era demasiado grave para muchos, y parecía serlo más por la injusticia que se comete cuando una colectividad exije que ciertos individuos le consagren su inteligencia, negándoles la retribucion que merece todo trabajo. Fué, pues, menester que el Gobernador se arrogara facultades impropias de su empleo, y que asignara dietas á los representantes del pueblo, asumiendo la responsabilidad de esta infraccion de las leyes y doctrinas constitucionales que regían. De esta manera y por los empeños de personas influyentes se consiguió que los diputados se reunieran, no ya para el 8, pero sí para el 23 de Noviembre, en número bastante para celebrar una sesion preparatoria, en que se examinaron recíprocamente los poderes que llevaban, y acordaron instalar al día siguiente la tercera legislatura.

El 24 se instaló efectivamente el Poder legislador y declaró abiertas sus sesiones ordinarias. Se discutió en seguida con qué carácter debería funcionar, y se acordó « que el carácter que in- « vestía y debía servir de distintivo á su represen- « tacion era el de Asamblea general constituyente

27

« y legislativa de este Estado ». Con este motivo pronunció su Presidente Don Silvestre Blanco un discurso en que abundan conceptos patrióticos. Se muestra satisfecho del tratado que vino á declararlos independientes; hace protestas de gratitud á la República-argentina, y especialmente á Buenos-aires; pondera la solemnidad de los momentos, y señala los dos objetos primordiales de la Asamblea, que eran el nombramiento de gobernador provisional y la promulgacion de la constitucion política del nuevo Estado.

La primera cuestion que preocupó á la Asamblea fué la de gobernador, ya porque procedía nombrarlo ante todo en cumplimiento del tratado de paz, ya por las causas que trababan la libertad de la eleccion. En los comicios se habían disputado el triunfo los partidarios de Lavalleja y de Rivera, por manera que aparecían estos personajes como candidatos inexcluibles. Don Luis E. Perez no había hecho competencia á los dos caudillos, pero el solo hecho de estar ocupando el poder ejecutivo bastaba para que no se le echase en olvido. Afortunadamente figuraban en la Asamblea los hombres mejor intencionados que tenía el país.' No se les ocultaba cuán gravísimos inconvenientes tenía el nombrar á cualquiera de los que pretendían ocupar el alto puesto de la gobernacion, y se venían preocupando del asunto desde mucho ántes de ser electos diputados. Excluir á Rivera y á Lavalleja, era una necesidad, porque la exaltacion de cualquiera de ellos al poder traería consigo la guerra civil. ¿ Y quién podría imponerse á esos caudillos desde su puesto oficial con la sola fuerza de su autoridad civil ? Las miradas se habían dirijido inútilmente á todos los individuos de la reciente comunion: no se halló uno solo con el prestigio y las cualidades necesarias para desempeñar el poder ejecutivo en tales condiciones. Se pensó entónces en buscar la persona fuera del país, y desde este momento no fué difícil la eleccion: ya en Agosto era generalmente aceptada la candidatura del general Rondeau, y se habían hecho despues trabajos importantes para decidirlo á aceptar el nombramiento.

Así, pues, instalada la Asamblea, resultó que su candidatura era la que contaba con adhesiones más numerosas á pesar de los intereses distintos que se habían puesto en juego durante la eleccion de representantes. Pero había surgido una nueva dificultad. Cuando se pensó en Rondeau era la Banda-oriental una provincia argentina y no importaba un obstáculo la nacionalidad del candidato. Los diputados, en su mayoría, habían sido elejidos tambien para componer una legislatura *provincial*. Aprobada la convencion preliminar de paz miéntras el pueblo se ocupaba en sus tareas electorales, resultó que la provincia se había transformado repentinamente en Estado, y que, por efecto de este hecho de la política internacional, venía á ser Rondeau extranjero en el país en que era ciudadano cuando algunos minutos ántes se le designaba para desempeñar uno de los altos poderes. ¿Qué hacer ante este hecho poco previsto? La Asamblea no cambió por eso de propósito, sinó que allanó la dificultad por medio de una ley que tiene pocos precedentes en la historia constitucional de los Estados republicanos. Declaró en su sesion del 30 de Noviembre que la persona del estado civil ó militar en quien recayese el nombramiento de gobernador y capitan general provisionales, debería ser cuando do ménos:—1º nacido dentro del territorio llamado hasta entónces Provincias unidas del Río de la Plata; 2º de edad de 35 años cumplidos; 3º arraigado en dicho territorio con propiedad ó capital que no bajara de diez mil pesos, ó empleo cuya renta equivaliera al producto de aquel valor; 4º conocido amigo de la independencia y la libertad del país; y 5º de buen concepto público por servicios « remarcables » en favor de la una y de la otra.

No podía negarse que concurrían en el general Rondeau todas estas condiciones, entre las cuales es de notarse que no se incluyó ni la de ser previamente naturalizado. Poco le costó, pues, á la Asamblea reunirse al día siguiente y elegir gobernador. La gran mayoría votó por Rondeau; algunos, muy pocos, votaron por Rivera, por Lavalleja ó por Perez. Como el electo residía en Buenos-aires, se resolvió en la misma sesion que miéntras durase su ausencia fuera sustituido Don Luis E. Perez por el ciudadano D. Joaquin Suarez, y este tomó posesion del empleo el 2 de Diciembre, despues de haber jurado desempeñarlo con probidad.

CCCXXXII — Se declaran caducas las autoridades extranjeras. Pabellon y escarapela nacional. Movimiento de fuerzas argentinas y brasileñas

Las funciones de la Asamblea y del Gobernador estuvieron suspendidas desde el 3, durante ocho ó diez dias, con motivo de la traslacion de esas autoridades á Canelones, decretada por la primera. El señor Suarez se mantuvo durante el interinato en una actitud reservada, sin atreverse á tomar ninguna resolucion importante, salvo su decreto del 13 de Diciembre, expedido desde Montevideo, en que declaró: que habiendo entrado el Estado de Montevideo en el pleno ejercicio de su independencia, habían cesado ya de hecho y de

derecho en sus funciones todas las autoridades
extranjeras y la proteccion de las personas, de las
propiedades y de todos los derechos individuales
de los ciudadanos y habitantes del país estaban
bajo la garantía y salvaguardia del Gobierno supremo del Estado; y, por consecuencia, que no
había en el Estado de Montevideo más jurisdiccion que la del Gobierno nombrado por la representacion nacional y de las autoridades constitui-
das en ejercicio, por decreto de esta superioridad;
que quedaba prohibido á los tribunales, magistrados, cuerpos municipales, oficinas públicas y
en general á todos los ciudadanos y vecinos cumplir ni obedecer órdenes, providencias, ó decretos
de toda autoridad extranjera; que los tribunales,
magistrados, jefes y jueces del Estado protejerían
abiertamente á los ciudadanos y vecinos que re-
clamasen el poder de sus respectivas autoridades
contra cualesquiera violencias ó atentados, expidiendo prontas providencias, implorando en caso
necesario el auxilio de la fuerza armada y dando
cuenta al gobierno cuando las violencias ó atentados emanasen de un poder extraño; y que el Gobierno prometía del modo más solemne que respetaría y haría respetar las personas, las propiedades, la independencia de las opiniones y la libertad de la imprenta.

Revela este decreto los excelentes deseos de su
autor; pero era más propio de un dictador que tiene en sus manos todos los poderes del Estado,
que de un jefe del poder ejecutivo, sometido por la
naturaleza de sus funciones á la autoridad de las
leyes y de las decisiones judiciales. El hecho de
haberse arrogado el Gobernador facultades que
correspondían al Cuerpo–legislativo, y de haber
asumido una actitud ante la cual aparecía el poder
judicial como una entidad subordinada al ejecuti-

vo, no produjo por el momento conflicto alguno entre los poderes nacientes del Estado, debido á que las personas influyentes estaban inspiradas en aquellos momentos por propósitos de tolerancia, y á que no todos tenían nociones claras de los límites que separan el campo de accion de las diversas autoridades; pero, precisamente por esto y porque ya la clase militar había mostrado sus tendencias absorbentes, heredadas del despotismo omnimodo de Artigas, venía ese decreto á ejercer en los sentimientos é ideas de la gran mayoría del país una influencia funesta, puesto que inculcaba la nocion de que el Poder-ejecutivo es un poder supremo, encargado de dirijir y correjir á los otros poderes. Esta era la doctrina del militarismo, que venía ahora á ser consagrada por su clase antagónica, la clase civil, representada por uno de sus miembros más respetados. Pueblo que tal educacion recibe, es pueblo que se prepara á vivir bajo la presion de gobernadores y presidentes dispuestos por la tradicion y por la fuerza actual de sentimientos, ideas y hábitos heredados, á ejercer la tiranía como forma regular de gobierno.

Instalada la legislatura en Canelones, procedió inmediatamente á ocuparse del pabellon y de la escarapela nacional. El 15 creó el primero, mandando que se compusiera de nueve listas azulcelestes (1) sobre fondo blanco, con un sol colocado en un cuadrado blanco que debería dejarse en el ángulo superior del lado del asta. El 19 se creó la escarapela, decretándose que fuera tambien de color azul-celeste.

Todos estos actos que importaban el cumplimiento por parte de las autoridades orientales del

_____

[1] El número de las listas azul-celestes correspondía al de los departamentos.

tratado de Agosto, fueron precedidos y seguidos por otros de igual significacion que emanaron de las potencias pacificadas. Lavalleja había renunciado al mando del ejército de Buenos-aires al saber que se había ratificado la convencion preliminar (2 de Octubre) y había sido sustituido por el general Paz (26 del mismo). El ejército argentino había marchado por tierra á fines de Octubre con direccion á Buenos-aires, quedando en Cerro-largo mil y tantos hombres, que á su vez se embarcaron por el Buceo el 30 de Diciembre. Había sido desocupada la Colonia por los brasileños para los primeros dias de este mes. El 18 se retiraron de Montevideo otras fuerzas de la misma nacionalidad, dejando en la Plaza algunos batallones, de acuerdo con lo pactado.

CCCXXXIII — Rondeau ocupa el Poder. Primeros nombramientos

Rondeau, á quien se había comunicado su nombramiento en cuanto tuvo lugar, partió de Buenos-aires el 15 de Diciembre, acompañado por el general Laguna y por el canónigo Vidal, en el buque de guerra argentino que llevaba su nombre; llegó á la Colonia y de allí tomó la direccion de Canelones, último asiento del gobierno. El 22 se presentó ante la Asamblea á prestar el juramento que la ley prescribía; el mismo día tomó posesion del empleo y nombró en el acto á D. Juan Francisco Giró para que desempeñara los ministerios de gobierno y relaciones exteriores, y provisionalmente los de hacienda y guerra. Designó tambien á D. Manuel Oribe para el mando del cuerpo número 9 de caballería y al general Laguna, su acompañante, para comandante en jefe de las milicias que se hallaban situadas en los departamentos fronterizos.

CCCXXXIV — Actitud aparente de Rivera para con las autoridades orientales

La posicion de Rondeau era de las más delicadas y difíciles. Se le había traído al poder por evitar la guerra civil que habría sobrevenido inmediatamente si hubiera ocupado su lugar cualquiera de los dos caudillos rivales; y era obvio que para satisfacer tales propósitos debería cuidar el Gobernador de no despertar los celos, ni provocar la malquerencia de Rivera ó Lavalleja, tratando de equilibrar la influencia de estos, y de sobreponer su autoridad propia á la de ambos pretendientes. No tardó Rondeau en comprender cuánta imparcialidad y cuánto tino se necesitaba para conjurar ó precaver los peligros de un conflicto.

Dorrego se había apresurado á comunicar al general Rivera la conclusion de la paz y sus condiciones y á manifestarle que debería procederse á la desocupacion de las Misiones, que continuarían siendo parte del territorio del Brasil. No le costó mucho al Caudillo hacerse cargo de la situacion en que quedaba su país, del papel que en él podría desempeñar, y de los medios por los cuales llegaría á insinuarse en el ánimo de sus compatriotas. La campaña de las Misiones le permitía presentarse como un patriota; lo mucho que se había elogiado su afortunado suceso era más que lo necesario para poder pasar por un génio ante las muchedumbres crédulas; y ambos conceptos valían tanto como la prueba más irrecusable de que había sido víctima de la calumnia y de injustas persecuciones, que reclamaban, ya que nó una expiacion, por lo ménos una confesion pública y solemne. Si á esto se agregara algun hecho extraordinario, como el de hacerse seguir por algunos millares de familias, con todos los objetos de valor que tuviesen las iglesias y los edificios públicos, y por la gran cantidad de animales vacunos que cubrían el territorio invadido, todo por exceso de admiracion, de cariño y de adhesion á su eminente persona, ¡oh! entónces podría entrar como un héroe en la Capital de su patria.

Concebido y hecho. Escribió el 18 de Noviembre una extensa nota, desde el cuartel general en Itú, al «Gobierno provisorio del Estado soberano oriental», en que le decía que el Ejército del Norte penetró hasta el centro de las Misiones orientales logrando hacer tremolar la bandera argentina y obligando al enemigo á dividir su ejército por impedir que las armas de la patria se extendieran triunfantes hasta las ricas provincias de San Pablo, talvez de Minas y probablemente de Santa Catalina; que en este estado se negoció la paz que desliga la Provincia-oriental de la federacion argentina y le asegura su independencia absoluta; que la soberanía de la Provincia-oriental era « el « único objeto de la invasion de Misiones en su « orígen, y la del continente cuando se concibió « que no era difícil »; que la guerra ha cesado para el Ejército del Norte, y que sus jefes, oficiales y tropa á nada más aspiran que á volar hacia sus padres, esposas é hijos, «mostrarles sus he- « ridas, llorar con ellos de gozo y poner sus espa- « das á los piés de la Patria, para que disponga « de ellas como un tributo, que á ella sola le per- « tenece, desde que ella sola es el árbitrio del « destino de sus hijos » .

CCCXXXV — Verdadera actitud de Rivera. Cónducta del Gobierno

Rivera, como de costumbre, no era sincero en sus protestas de amor á la paz y de falta de aspiraciones. Apénas hacía algunos días que había manifestado à los jefes predilectos que le secundaban en su campaña *económica* la intencion de venirse á la Banda-oriental y de echar abajo sus autoridades para suplantarlas. En un párrafo de carta encabezado con la advertencia de « Reservadísino », había dicho al comandante Caballero: « La paz está echa, y yo tengo horden para no « moverme pero yo ede entranpar del modo que « me sea pocible y emos de llegar asta Sta. Ma. « por todo esto es preciso que Vd. tire ya á sacar « toda la ventaja que pueda pa. dejarnos vien « conlos que estamos comprometidos y ver si « algo podems. mandar para nuestras familias.— « Nuestra Vanda Oriental espera que nosotros la « saquemos de la esclavitud en que la tiene la al- « vitrariedad de algunos de sus ijos y aeste fin « travajamos con enpeño ».

Sin embargo, el gobernador Suarez convino, de acuerdo con la mayoría de la Asamblea, en que no era prudente cerrar al revoltoso las puertas de la patria, ya que intenciones tan pacíficas mostraba, y le contestó en el sentido de que regresara, sin esperar á que viniera Rondeau á tomar una determinacion que no carecía en aquellos momentos de gravedad.

CCCXXXVI — Desocupacion y despojo de las Misiones

Rivera se había anticipado á la respuesta. Desde ántes de recibirla, y aún de resuelta por el Gobierno, había ordenado á todos sus oficiales que concentrasen en un lugar dado todo el ganado que hallaran en el territorio de las Misiones. Uno de esos oficiales, el mismo Felipe Caballero á quien fueron dirigidas las palabras anteriores, había recibido estas instrucciones: « Le escribo en este « momento para decirle que es preciso que Vd. « aga cuanto pueda aser seguir todo el ganado

« que le sea pocible de esos rincones que le dice,
« Chico Garrocho; desentendiendose por ahora
« de los puntos donde devía Vd. ir.....—Ya digo
« á Vd. no es pocible aga Vd. cuanto pueda y trai-
« ga..... (1) 40 mil reses.—ordene al comte. de
« Sn. Franco. para que le dé vaquiano causa y
« los honvres que nesecite el franses y digale que
« aga la angada y traiga cuanta madera pueda....
« —Despache á Sejas con la primera tropa la cual
« que no vaje de 3000 ress. y prevengale que me
« avise ala llegada ala invernada para mandarla
« recivir ».

Reunidas unas doscientas mil cabezas de ganado, hizo sacar de las iglesias y de todos los edificios públicos y particulares cuantos objetos de
valor tenían, sin excluir las campanas de las primeras (2); dispuso que las tropas que había formado con la poblacion indíjena marcharan hacia
el Sud con sus mujeres, hijos y demás parientes,
y, pronto ya todo ese inmenso tropel de soldados,
familias, animales y carretas cargadas de botin,
empezó á desocupar el territorio de las Misiones. (3)

CCCXXXVII -· Conflicto con las autoridades brasileñas

Al saber el Jefe de una division del ejército brasileño que en esa sazon se dirijía á las Misiones,
que trataba Rivera de realizar una segunda edicion de la vandálica proeza consumada por Artigas en 1811, con la circunstancia particular de
que aquel arrastraba familias y despojaba pueblos
que pertenecían á una nacion extranjera con la

(1) Faltan aquí una ó dos palabras, por haberse roto el ángulo del original
que las contenía.
(2) Algunas de esas campanas fueron colocadas en las torres de la Iglesia
matriz de Montevideo.
(3) Se ha dicho que las familias arrancadas de sus domicilios no eran
ménos que 5000, ni se componían de ménos que diez ó doce mil personas.

cual se estaba ya en paz, intentó oponerse á que
tal acto de barbarie se llevara á cabo, recurriendo
á la persuacion. Rivera alegó que los soldados
misioneros le seguían voluntariamente y que las
familias, ganados y objetos que se veían eran los
objetos, ganados y familias de los emigrantes. A
la vez que pretendía resolver de esta sencilla manera la cuestion de derecho, y aplazar su solucion
remitiéndola al gobierno, escribió á éste dándole
cuenta de que estaba en camino, de lo que traía
y de las dificultades suscitadas.

CCCXXXVIII — Política de equilibrio

La llegada de esta comunicacion coincidió con
la de Rondeau; por manera que, cuando se impuso de ella, se encontró con que estaba cercana la
venida de Rivera al territorio nacional, y con que
era tanto más temible el peligro de la aproximacion de los dos caudillos rivales, cuanto el general
Laguna, aunque nó tan partidario de Lavalleja como del otro, había de querer hacer sentir á este su
autoridad de comandante en jefe de las fronteras,
por poco que se dispusiera á abusar de las numerosas é indisciplinadas fuerzas, que le obedecían. A la dificultad que en sí tenía esta cuestion se agregaba la de satisfacer las necesidades de tan numerosas familias como eran las
que venían, y la de definir la posicion en que habían de quedar las divisiones del llamado Ejército del Norte, cuya mayoría era de misioneros,
súbditos del Brasil.

Se acordó solicitar la decision de la Asamblea
en lo relativo á las tropas que venían de Misiones, y se resolvió contestar á Rivera ordenándole que, no obstante la autorizacion para venir
que le había dado el gobernador Suarez, suspen-
diese sus marchas y se mantuviese en observa-

cion de las divisiones imperiales, ocupando la posicion que juzgara más conveniente á fin de evitar cualquiera desórden en las tropas, familias y ganados que traía. De este modo se conseguía tener léjos el único peligro que por entónces inspiraba temores, con una causa aparentemente fundada, porque el mísmo Rivera había sido el primero en mostrarse receloso en vista de las fuerzas del Vizconde de la laguna. Se le ordenó, ademas, respecto de las familias, que las alojara y les diese ocupacion en los pueblos situados sobre el Uruguay. Y como tan necesario era, para mantener la paz, que el general Laguna no se acercara á Rivera, como que Rivera no se acercara al general Laguna, se le advirtió á éste que habiendo el Gobierno reservádose el entenderse directamente con aquel, no debería preocuparse para nada del movimiento de las fuerzas con que penetrara en el territorio nacional.

No terminaban aquí las dificultades. Había que nombrar á alguien para ministro de la guerra; y como las afinidades del Gobernador y los antecedentes de Laguna habían inclinado la balanza al lado favorable á Rivera, se hacía menester tomar alguna medida que neutralizase esa causa de desequilibrio. Rondeau, deseoso de proceder con imparcialidad, se había fijado en el coronel D. Nicolás de Vedia, por parecerle aparente para el ministerio en circunstancias como las que le preocupaban, y no se le mostró desafecto Giró; pero habiendo observado D. Francisco Magariños que tal vez no tendría el candidato á su favor las simpatías populares, se pensó en D. Ignacio Oribe, se prescindió luégo de él por consejo de su hermano D. Manuel, y por fin despues de algunas vacilaciones se optó por el coronel D. Eugenio Garzon, militar perfectamente reputado.

CCCXXXIX — Crísis ministerial

Se trató en seguida de la comandancia general de armas y de las comandancias militares de los departamentos, desempeñadas casi todas por secuaces de Lavalleja. El Sr. Magariños, á quien el Gobernador atendía mucho, insinuó la conveniencia de suprimirlos, talvez con la intencion de favorecer la causa de Rivera, de que era partidario, pero limitándose á alegar que como correspondían á las instituciones argentinas, habían perdido su razon de ser desde que se independizó la Provincia. Habiendo ocurrido, ademas de esta reflexion, que pareció persuasiva, la de que se ahorrarían al Estado sumas de dinero importantes, se conformó el Gobernador con decretar la supresion, en momentos en que el ministro Giró faltaba de su despacho por enfermedad.

La noticia de este hecho produjo mucho descontento. Los primeros que desaprobaron la medida proyectada fueron naturalmente los que se vieron amenazados con la privacion del empleo, por lo que afectaba á su interés personal. En seguida se pronunciaron los parciales de Lavalleja, cuya causa política perdía sus sostenedores más decisivos. Y, por fin, muchos de los que atendían al bien del país con prescindencia del interés de los individuos y de los bandos políticos, juzgaron que la resolucion de Rondeau no podía ser más inoportuna ni más impolítica, puesto que suprimía el apoyo de la fuerza precisamente en los momentos en que la paz corría el peligro de ser alterada por la fuerza de un caudillo acostumbrado al desórden. El disgusto fué tanto, que el Sr. Giró renunció el dia 28 las carteras de gobierno y relaciones exteriores, y poco despues el Sr. Garzon la de guerra, si bien manifestando ambos que los pocos días de experiencia que habían tenido les había hecho comprender que carecían de las aptitudes necesarias para satisfacer las aspiraciones generales.

CCCXL — Consigue Rivera que sus tropas de indios sean incorporadas al Ejercito nacional

La Asamblea, por su parte, respondió á la consulta del Poder-ejecutivo declarando (30 de Diciembre) que dada la voluntad manifestada en la nota del 18 de Noviembre por los jefes, oficiales y tropa que componían el hasta entónces llamado Ejército del Norte, se considerarían en adelante pertenecientes al ejército del Estado de Montevideo. Esta resolucion, impuesta indudablemente por la necesidad de no resentir al general Rivera, que había pedido esta declaracion, entrañaba más de una inconveniencia. En primer lugar se incorporaban al ejército nacional muchos centenares de misioneros, que eran súbditos del Brasil, y que podían provocar reclamaciones de carácter temible. En segundo lugar se recibía á Rivera al frente de tropas relativamente numerosas, y prestigiado por el calificativo de «digno y benemérito general» que la tímida Asamblea le había prodigado, ya por tender á la conciliacion ante la exijencia que el Caudillo había hecho de que se levantara la tacha de traidor que aún pesaba sobre su nombre, ya por el interés que tenían sus parciales en rehabilitarlo para que les sirviese de centro y de apoyo en los trabajos que pronto habían de tener su desenlace final.

CCCXLI — Cómo se resuelve la crisis ministerial

Entró, pues, el Gobernador en el año de 1829 con las dificultades propias de una crisis minis-

« mismo tiempo que para tomar su consejo y
« saber si para la eleccion de Ministros causará
« perjuicio echar mano de alguno ó algunos de
« los Honorables Representantes.....»

La Asamblea contestó cuatro días despues en
términos muy satisfactorios para el general Rondeau y agregando : « Que un ejemplo tan ilustre
« dá derecho al Exmo. Sr. Gobernador Provisorio
« de encontrar en todas las clases ciudadanos ce-
« losos que le auxilien en el desempeño de sus
« árduas tareas, y que á la voz de tan digno jefe se
« harán ellos superiores á las inspiraciones de su
« modestia, no reconociendo otro juez de sus apti-
« tudes que el encargado por su alto destino de
« apreciarlas; y cuando el Exmo. Sr. Gobernador
« Provisorio juzgare oportuno destinar alguno ó
« algunos de los honorables miembros de la Re-
« presentacion Nacional á ejercer empleos en que
« considere necesarios sus talentos, la Asamblea
« General se prestará á privarse de sus servicios
« defiriendo á los conceptos prudentes del Exmo.
« Sr. Gobernador..... »

Nuevos esfuerzos se hicieron con motivo de estas comunicaciones para traer las voluntades á la
tranquiliquidad y la buena armonía y se consiguió
que se retirara el decreto relativo á las comandancias, despues de redactado, y que continuaran en
sus funciones los Sres. Giró y Garzon, ocupando
el ministerio de hacienda D. Francisco Joaquin
Muñoz (8 de Enero), con cuyo nombramiento se
quiso nó solo traer al gobierno el concurso de un
hombre inteligente, sino tambien tranquilizar el
ánimo de los que componían el círculo de Lavalleja.

CCCXLII — Trabajos constitutivos del Estado

Aunque los trabajos políticos de los partidos

continuaron alarmando hoy á unos, mañana á otros, segun el giro irregular que las circunstancias de cada momento les determinaban, la Asamblea y el Poder-ejecutivo se dedicaron activamente á constituir y organizar el Estado desde mediados de Enero.

Entre las decisiones que más ó ménos directamente se relacionan con la constitucion, se cuenta la creacion (el 13 de Marzo) del escudo de armas, que deberá consistir en un ovalo coronado por un sol, adornado por el exterior con trofeos militares y de marina y con símbolos de comercio, y dividido el interior en cuatro partes, por una línea vertical y otra horizontal, en cuyas partes se figuraran: en la superior derecha, una balanza, símbolo de la igualdad y de la justicia, sobre esmalte azul; en la superior izquierda, el cerro de Montevideo, símbolo de fuerza, sobre campo de plata; en la inferior derecha, un caballo suelto, símbolo de libertad, en campo tambien de plata; y en la inferior izquierda, un buey, símbolo de abundancia, sobre esmalte azul.

La Comision de constitucion presentó el 6 de Mayo el proyecto de carta fundamental que se le había encomendado; la Asamblea lo discutió hasta el 4 de Septiembre, sin detenerse á examinar en la mayor parte de los casos el valor de las doctrinas adoptadas por los autores; y el 10 del mismo mes se reunió, oyó la lectura de todo el proyecto discutido, lo aprobó por unanimidad de votos, y el Presidente proclamó solemnemente « aprobada y sancionada la Constitucion del Estado ». (1) En conformidad con lo estipulado en el art. 7. ° de la Convencion de 1828, la Asamblea

(1) Votaron los siguientes disputados: Silvestre Blanco [presidente], Gabriel A. Pereira [Primer-vice], Cristóbal Echevarriarza [Segundo-vice], Cipriano Payan, Juan P. Laguna, Pedro F. de Berro, Julian Álvarez, Juan B. Blanco, Pedro P. de la Sierra, Manuel Haedo, Juan M. Perez, Jaime de Zu-

resolvió (19 de Septiembre) que se pasase un ejemplar auténtico á las Potencias signatarias, recomendando al Poder-ejecutivo que hiciera gestiones porque se expidieran los comisarios de aquellas en el plazo más breve que fuera posible.

El 14 de ese mes redujo á dos el número de los ministros del Gobernador, dispuso que todas las órdenes de éste deberían llevar la firma de uno de aquellos, hizo responsables á los ministros, y los sujetó á residencia en el país durante los seis meses que siguieran á la renuncia del cargo.

CCCXLIII — Se legislan algunos derechos individuales

Los derechos de los indivíduos fueron objeto de leyes y decretos importantes. La Asamblea aprobó el 3 de Junio una ley de imprenta en que se establece que todo ciudadano puede publicar sus ideas sin previa censura, pero respondiendo de los abusos de la libertad el autor y, en su defecto, el impresor del escrito. Los abusos consistían en atacar los dogmas de la religion católica y la moral pública; en provocar á la rebelion ó á la anarquía; en publicar los vicios ó defectos privados de las personas que no son objeto de las leyes penales; y en imputarles falsos crímenes. Esos abusos eran castigados con multas, ó prision, ó suspension del derecho de publicar ideas por la prensa; y se encomendaba á juris de ciudadanos el juzgar en cada caso si había ó no abuso y qué pena merecía el autor del abuso, previo juicio que seguían ante ellos verbalmente el acusador y el acusado.

El Gobernador decretó el 18 de Mayo el rescate de todos los esclavos, llamados libertos, que estu-

dañez, José Vazquez Ledesma, José F. Zuvillaga. José Ellauri, Joaquin A. Nuñez. José B. Pereira de la Luz, Francisco A. Vidal, Alejandro Chucarro, Miguel Barreiro, Ramon Masini, Lorenzo J. Perez, Santiago Vazquez, Antonio D. Costa, Manuel V. Pagola, Solano García, Lázaro Gadea, Francisco García Cortina, Luis Lamas.

viesen en servicio militar desde tres años ántes y que hubiesen tenido parte en algunas de las batallas dadas durante la guerra contra el Brasil, considerando, con mucha razon, que bien merecían ser libres los que habían contribuido con su sangre á libertar un pueblo. El 14 de Agosto dió arbitrariamente otro decreto en contra de los vagos, por juzgar que los hombres errantes, habituados á un ocio siempre funesto á la sociedad, es la principal causa de los abigeatos que á menudo se consuman y de los desórdenes que obstan al bienestar de las clases laboriosas. Obligaba á todos los peones y capataces á servir bajo un contrato escrito y autorizado por el juez de paz ó teniente-alcalde, y reputaba vagos á todos los que fueran hallados sin ese contrato, con excepcion de los que tuviesen un capital mayor que 500 pesos, los oficiales licenciados ó retirados, los hijos menores de padres que tuviesen cómo mantenerlos, los que conocidamente viviesen con el fruto de industria permitida, los que estuviesen físicamente impedidos para trabajar y los que tuviesen edad mayor de 50 años. Toda persona calificada de vago debería ser penada con tres meses de trabajos públicos la primera vez y con seis meses la segunda y ulteriores.

CCCXLIV — Administracion de Justicia. Hacienda

Atendió la Asamblea á las necesidades de la justicia instituyendo nuevamente el tribunal de apelaciones, (2 de Julio) cuyos miembros nombró á mediados de Agosto; reglamentando extensamente esta rama importantísima de la administracion (10 de Agosto); y dando á la policía de todo el país una organizacion más completa que la que hasta entónces había tenido.

La hacienda pública fué objeto de medidas importantes. Ya el Gobernador había decretado el 15 de Enero que pagasen el quince por ciento de derechos de importacion todos los artículos extranjeros que se despachasen por la aduana de Montevideo y las receptorías de Maldonado, Colonia, Soriano y Pay-sandú. La Asamblea consintió tácitamente esa invasion de sus atribuciones; suprimió el 11 de Abril los derechos de alcabala, de reventa, de compostura, aranceles y policía, conservando el de patentes en las bajas proporciones de 10, 15, 25, 35, 45 y 60 pesos; estableció el impuesto del papel sellado desde medio real hasta nueve pesos (3 de Junio); modificó el decreto del 15 de Enero declarando libres de derecho las máquinas, instrumentos de agricultura, ciencias y artes, los libros, las imprentas y los mapas geográficos que se introdujeran, sometiendo los demas artículos á un derecho de cinco á veinticinco por ciento, en cuya graduacion no se tuvo por regla el favorecer los objetos de consumo universal y recargar los objetos de lujo, y gravando escasamente ó nada los productos nacionales destinados á la exportacion (11 de Junio); suprimió el derecho de tránsito personal de uno á otro departamento que regía desde Enero de 1827 (21 de Julio) y estableció un derecho de puerto de 4 á 54 reales para las embarcaciones del cabotaje, y de 3 reales ó 2 por tonelada para los buques de ultramar, segun fuesen extranjeros ó nacionales, (6 y 15 de Julio).

CCCXLV — Instruccion pública

La instruccion pública llamó desde luego la atencion del Poder-ejecutivo. El decreto del 16 de Mayo de 1827 que mandó crear una escuela primaria en cada capital de departamento, en San-Cárlos, Rocha, Santa-Lucía y Soriano, no se había cumplido, ya por falta de recursos, ya porque la guerra era el objeto de la preocupacion dominante. Al empezar el año xxix no había en todo el país, fuera de Montevideo, más que cuatro escuelas de primeras letras, distribuidas en Maldonado, Canelones, Mercedes y Durazno. Tampoco se había fundado la escuela normal, razon por la cual no se formaron maestros, ni había, por consecuencia, cómo satisfacer una de las primeras necesidades de la instruccion, sobre todo cuando se aspiraba á adoptar reformas, que lo era entónces la organizacion lancasteriana de las escuelas.

Asegurada la paz exterior, se creyó oportuno emprender de nuevo la difusion de los conocimientos en las condiciones decretadas en 1827, y se dirijió el ministro Giró por su circular del 23 de Febrero á todos los Consejos departamentales ordenándoles que propendieran á fundar las escuelas ya decretadas, que integrasen las comisiones inspectoras, que alquilaran casas miéntras no se construían especiales segun los planos que ya habían sido aprobados por el Gobierno; y que remitiesen á Montevideo, para ser examinadas por el Director, las personas que considerasen aptas para enseñar, si las hubiese, en cuyo defecto se encargaría el Gobierno de buscar maestros en Montevideo y de mandarlos á donde hiciesen falta.

Como condicion para que estos propósitos se cumplieran, se nombró el mismo día al presbítero D. Ignacio Zufriategui «director de las escuelas del Estado, segun el método lancasteriano», asignándosele un sueldo de cien pesos mensuales.

Al día siguiente se decretó el establecimiento de dos escuelas públicas (una de niñas y otra de varones) en la ciudad de Montevideo, y se encargó al Director de escuelas que propusiese los medios para llevar á cabo la resolucion, y presentase el presupuesto de los gastos que habría que hacer.

El 10 y 12 de Junio se constituyó la Junta inspectora de la Capital, con los Sres. Bianqui, Bustamante, Masini y Luna. Por decreto del 22 de Octubre se hizo obligatoria la vacuna para todos los alumnos de las escuelas públicas, en los pueblos en que su administracion estuviese establecida. El 28 se ordenó por segunda vez la apertura de la escuela de niñas, que había sido postergada por causas difíciles de superar, y se dispuso que la Junta inspectora fuese integrada con tres señoras nombradas por ella misma, á quienes se encomendaría lo concerniente á la nueva escuela.

El 3 de Noviembre se decretó que los directores de las escuelas del Estado dieran cada tres meses á la Junta inspectora noticia de los niños que se distinguieran por su moralidad, por su aplicacion y constancia, ó por algun talento ó disposicion particular para las ciencias ó las artes. Se proponía con esto el Poder-ejecutivo estimular á la juventud estudiosa publicando sus notas del modo más solemne, y á sus padres prometiéndoles que esos informes servirían para obtener la proteccion especial de las autoridades á favor de los alumnos distinguidos, en los casos en que se solicitase para ellos alguna gracia.

CCCXLVI — Ejército, industrias, higiene, estadística, relaciones exteriores

Al mismo tiempo que se atendía à las necesidades primordiales del Estado, se reglamentaron los uniformes del ejército, (20 y 22 de Febrero); se creó una Junta de agricultura é industria para que promoviese el adelanto del comercio y de las industrias, especialmente la pecuaria y la agrícola (20 de Febrero); se instituyó una Comision de higiene, á la cual se encomendó la conservacion de la salubridad pública (10 de Octubre); y se abrió un Registro estadístico, servido por una comision central y ocho auxiliares, entre cuyos cometidos se incluyenron los de formar un censo general de la poblacion, explorar y clasificar los terrenos del Estado segun su aptitud productiva, fijar el monto de los capitales fijos y circulantes, formar un cuadro de las importaciones y exportaciones habidas de 1800 á 1810, de 1810 á 1820 y de 1820 á 1830, y reconocer el caudal de los ríos y de los lagos, á fin de establecer cuáles podrían servir como vías de comunicacion. (30 de Septiembre).

En el curso de este año fueron sucesivamente reconocidos los cónsules de S. M. B. (31 de Enero); del Imperio del Brasil (1.º de Abril); y de la república de Bremen (13 de Julio). A su vez el Estado-oriental nombró à los Sres. D. Santiago Vazquez y D. Nicolás Herrera para que desempeñasen el empleo de agentes diplomáticos respectivamente en la República argentina y en el Imperio del Brasil (Setiembre 29), encargándoles especialmente que aceleraran la revision ó exámen de la constitucion sancionada pocos dias antes, los comisarios de las Potencias signatarias de la convencion de 1828.

CCCXLVII — Las familias y ganados del Cuareim. Rivera se dirije al Durazno

Pensó la Asamblea general haber satisfecho por de pronto las exijencias de Rivera con incorporar al ejército su tropas, y el Poder-ejecutivo se hizo la ilusion de que, habiendo ordenado á aquel caudillo que permaneciese sobre la frontera del Norte, quedaban por lo ménos alejados los peligros. Sin embargo, Rivera estaba distante de

corresponder á tales esperanzas. Había llegado al
Cuareim para principios de Enero, había nombrado comandantes militares por su cuenta y riesgo,
destinado algunos destacamentos á cuidar el ganado y mantener el órden en el numeroso pueblo
que traía, y se había puesto en viaje para el Durazno dejando todo aquello bajo el mando superior
é interino de su hermano D. Bernabé.

El día 11 estaba en el Arapey, mal impresiona-
do por la falta de buenos caballos, que le impedía
acelerar su marcha, y por la noticia de que las familias se le desbandaban y de que sus oficiales se
ocupaban en pasar gruesas cantidades de ganados
al Entre-ríos y Corrientes para venderlos por
cuenta propia, y de que numerosos particulares se
dirijían de todas partes con miras de entrar en
negocios con los indios; de todo lo cual infería que
su gran botin había de quedar reducido á la nada
dentro de poco. Por evitar que de esta manera se
malvaratasen tantos millares, de ganado y que se
dispersaran las familias, mandó á Bernabé que
hiciera recorrer por partidas de soldados los pasos
del Arapey con la órden de que no dejasen pasar
ninguna tropa sin pasaporte del Jefe superior; que
mandase otros destacamentos á los pasos del
Uruguay con igual órden; que prohibiese á las
familias el pasar sin permiso competente al occidente del Uruguay ó al Sud del Arapey; y que
destinase una partida á recoger los ganados dispersos que hubiesen quedado entre el Yuquerí y
el Catalan.

El día 12 estaba en el Itapebí grande. Dispuso
desde allí que el coronel Gaspar Tacuavé hiciera
campar las tropas y las familias en la barra del
Guabiyú hasta que se le ordenase otra cosa. El
13, ya en el Dayman, tuvo nuevos motivos de quejas. Calderon, que había quedado de jefe militar

de Belen, se había dado á hacer pasar miles de
reses al otro lado del Uruguay con miras de formarse una estancia, lo que quiere decir que no
solo se habían constituido en ladrones de lo robado los oficiales de segundo y tercer órden, sino tambien los encargados de impedir esos robos.

Si algo podía disculpar esto, dada la moral
sui generis de aquellas gentes, es que Calderon
no era exclusivo, sino que, al satisfacerse á sí propio, protejía tambien eficazmente á cuantos querían imitarle.

CCCXLVIII — Rivera protesta fidelidad á las autoridades

Pocòs días despues llegaba Rivera al Durazno
con sorpresa de todos los que le creían en el
Cuareim. La Asamblea, que no había querido
ocuparse de la mocion hecha el 5 de Enero por
Lapido para que se declarase al héroe de las Misiones «libre de las imputaciones de traidor y en
« pleno goce de los privilegios y prerogativas
« anexas á un buen ciudadano», se apresuró á
ratificar, aunque simulando no hacerlo, su declaracion del 30 de Diciembre en que se le reputaba
digno y benemérito general, á cuyo acto contestó
el que lo motivaba (1.° de Febrero) protestando
que se veía «colmado de la satisfaccion que por
« algun tiempo se vió privado» y que prestaba su
« obediencia y respeto» á las autoridades consti-
tuidas.

CCCXLIX — Los partidos en la Asamblea y el Poder-ejecutivo

Desde este momento la lucha de los bandos políticos se hizo más activa y se dirijió principalmente á colocar en el poder á los caudillos rivales. La
tenacidad de esa lucha y las alternativas que expe-
rimentó en su curso, no pueden explicarse razo-

nablemente sino por la composicion de los centros
oficiales en que las fuerzas antagónicas se desarrollaban.

El Gobernador se había distinguido siempre por
su moderacion y deseo de ser imparcial; pero sus
simpatías lo inclinaban más á favor de Rivera que
de Lavalleja, probablemente porque, reconociendo
los grandes defectos de uno y otro, veía en el primero condiciones de inteligencia superiores á las
del segundo, y, quizás, tambien le supuso inclinaciones instintivas más liberales, que no eran sino
una faz engañosa de la misma relajacion moral de
sus sentimientos y de sus hábitos, pues el que
practica y consiente la licencia más ilimitada, deja
hacer muchas veces por falta de austeridad moral
lo que otros permitirían por respeto á la libertad
ajena. De ahí que, no obstante el cuidado que
tuviera Rondeau en no parecer desfavorable al
círculo de Lavalleja, buscara siempre el medio
de no comprometer la posicion del otro círculo,
cuyo triunfo definitivo era el que más había de
satisfacerle.

La Asamblea general, por otro lado, no contaba en su seno una mayoría capaz de asegurar
ventajas permanentes á ninguno de los dos caudillos. Estaban representados en ella los intereses de Lavalleja y de Rivera; es posible que éste
tuviera más partidarios que aquel; pero además
de esos dos círculos había otros que se llamaban
unitario, federal, neutral, cuyo interes no estaba
encarnado en Lavalleja, ni en Rivera, y cuyo voto
podía venir á favorecer accidentalmente tan pronto al uno como al otro, segun fueran las conexio-
nes que surgieran de los giros variados é impre-
vistos de la lucha de los dos bandos personales. El
triunfo de estos en la Asamblea dependía de la comunidad de intereses que consiguieran estable-

cer con la mayoría de los elementos que les eran extraños.

CCCL — Rivera asciende á los primeros puestos de la administracion

La posicion personal del Gobernador favoreció sin duda que á los pocos días de haberse trasladado el Gobierno á la Aguada, viniese Rivera á ocupar la jefatura del estado mayor general (21 de Febrero), hecho que no podía parecer indiferente á los «lavallejistas» y que influyó en la falta de franqueza con que el pueblo tomó parte en los festejos con que se celebró la traslacion de las primeras autoridades á Montevideo (1.° de Mayo) á los pocos días de ver desocupada esta plaza por las últimas fuerzas brasileñas, y en la renuncia que simultáneamente elevaron más tarde (26 y 27 de Agosto) los ministros del Gobernador. Este llamó en seguida al E. M. G. á Lavalleja, (dia 28); pero para confiar á Rivera pocos días despues (16 de Septiembre) los ministerios de gobierno, guerra y relaciones exteriores.

CCCLI — Lavalleja reemplaza á Rivera en el ministerio, y cae á su vez

No era menester que influyera en estos hechos como causa eficiente única la voluntad del Gobernador. Dada la venida de Rivera y las fuerzas y los elementos de opinion que tenía á su servicio, era inevitable la série de sus exijencias y muy difícil resistirlas con éxito. Pero si la fatalidad tenía su participacion en estos sucesos, tambien la tenía en los efectos que producían en el ánimo de los adversarios. Lavalleja y los suyos no se conformaban con ser pospuestos; á cada paso que diese Rivera hacia la cumbre del poder, recibiría nuevas excitaciones su pasion, y había de llegar forzosa-

mente el momento en que los dos bandos trataran
de asegurar su prepotencia exclusiva por medio
de las armas. Así fué que, si bien ocupó Lavalleja
el puesto de Rivera desde el 18 de Enero de 1830,
tuvo que resignarse con que éste saliera á campaña con el empleo de comandante general, con que
organizara en ella sus fuerzas y vigorizara el poder que más tarde había de servirle de apoyo,
y con que su política sufriera en el seno mismo
del gabinete la oposicion inteligente de Lucas
Obes (ministro de hacienda). Pensóse que se
daría un rudo golpe suprimiendo las comandancias militares (9 de Febrero), y esta medida hizo
difícil su permanencia en el gobierno y le obligó
á renunciar las carteras que servía, para ser reemplazado por ministros riveristas como Ellauri,
Laguna y Pereira, (4, 9 y 12 de Marzo) cuya elevacion acabó de exasperar á su partido y de in-
disponerlo con Rondeau.

CCCLII — La Asamblea se revoluciona contra el Poder-ejecuti-vo y eleva á Lavalleja á la gobernacion

Como la fraccion de la Asamblea con que tenía más afinidades era la llamada *unitaria*, se
unió con ella en el propósito de librar una campaña parlamentaria contra Rondeau y contra
Rivera. No se hizo esperar la ocasion. El Gobierno resolvió á mediados de Abril que saliera
á campaña la mitad de uno de los batallones que
estaban acuartelados en la Capital. Las fracciones
coligadas, que componían la mayoría de la Asamblea, se opusieron á la ejecucion de la órden,
temerosas de que esa fuerza de línea saliera á
servir las miras visiblemente revolucionarias de
Rivera; reclamó el Gobernador contra esta arro-
gacion de facultades ejecutivas, renunciando á la
vez él y sus ministros condicionalmente para el

caso en que la Asamblea no rectificase su conducta; pero la Asamblea aceptó de plano en sesion extraordinaria la renuncia, como si fuera incondicional é indeclinable, y nombró en el acto al general Lavalleja para que *inmediatamente* se hiciera cargo del poder con carácter interino (17 de Abril). Sorprendidos por tal proceder Rondeau y sus ministros, que no se habían apercibido de los designios de la mayoría parlamentaria, quisieron reaccionar alegando que no podía aceptarse una renuncia condicional antes que la condicion se hubiese cumplido, y protestando por la violencia con que se les arrancaba un poder que entendían deber conservar hasta la constitucion definitiva del Gobierno; pero la Asamblea declaró sediciosa y anárquica esa protesta y le opuso la confirmacion de Lavalleja en el poder ejecutivo (18 y 25 de Abril).

CCCLIII — Guerra civil

El nuevo gobernador compuso el ministerio con personas adictas á su persona (Giró, Ignacio Oribe, Roman de Acha). Rondeau se retiró á Buenos-aires. Rivera asumió una actitud francamente rebelde á la Asamblea y el Poder-ejecutivo, tomando por pretexto la caida inopinada de Rondeau, promovió en los pueblos de campaña manifestaciones públicas contra la Asamblea y contra la Capital; destituyó funcionarios y los reemplazó por otros; se apoderó de los dineros que halló en las cajas departamentales, proclamó ante sus soldados la desobediencia á los Poderes residentes en Montevideo, y dió principio á la guerra civil hostilizando algunas fuerzas fieles al gobierno.

La Asamblea se preparó á la resistencia acordando facultades extraordinarias á Lavalleja (30 de Abril) y éste, en su virtud, decretó la creacion de nuevas fuerzas, prohibió que se obedeciesen órdenes de Rivera, suspendió la libertad de imprenta, destituyó al rebelde de todos los empleos que ejercía, disolvió los cuerpos militares que no le inspiraban confianza y por fin salió á campaña delegando sus facultades en los ministros (5 de Junio).

CCCLIV — Los caudillos transijen

Estos sucesos verdaderamente escandalosos, constituían ya el caso previsto en el artículo 10 de la Convencion de 1828, y obligaban á la República-argentina y al Brasil á intervenir para restablecer la tranquilidad, aunque la disposicion de sus gobiernos fuera la de apurar ántes los medios persuasivos. Se hicieron gestiones pacíficas por hombres de Buenos-aires y de Montevideo ante los caudillos rivales, y tuvieron tan buen resultado, que se pactó la paz el 16 de Junio, obligándose Rivera á acatar las autoridades existentes hasta la definitiva constitucion de los poderes, y el Gobierno á mantener á Rivera en la comandancia general de armas, á no ejercer contra él acto ninguno de hostilidad y á proponer á la Asamblea que conservase al general Rondeau el sueldo de gobernador y capitan general miéntras no se nombrara el presidente de la República, y á permitirle que volviera al país con el grado de brigadier general que ántes se le había reconocido.

CCCLV — Se jura la Constitucion

Entre tanto, los Comisarios del Brasil y de la República-argentina habían examinado en Río Janeiro la constitucion aprobada por la Asamblea y declarado que no contenía artículo ninguno opuesto á la seguridad de los Estados que ellos representaban, y que podía ser jurada inmediatamente y ejecutada en la forma prescripta en la misma constitucion (26 de Mayo).

En consecuencia, mandó la Asamblea que las autoridades y pueblos la juraran el 18 de Julio, decretó su propia disolucion para el día siguiente al señalado para el juramento, y estos actos solemnes tuvieron lugar en los días indicados con fiestas á que concurrieron todas las clases del pueblo, aunque limitando sus expansiones patrióticas por la dolorosa impresion que habían dejado en su ánimo los sucesos que acababan de pasar, y por las ambiciones ardientes ó los temores que hacían augurar nuevos y cercanos desórdenes, dolores y vergüenzas.

FIN

ADVERTENCIA

Al leer algunos de los pliegos despues de impresos, se han notado estos errores :

Se dice en la nota de la página 123 que..... «un ciudadano oriental que llegó « á presidir la Asamblea en su país,» debiendo decir: « un ciudadano oriental. *hermano de otro* que llegó » etc.

En la página 271, continuacion de la nota que empieza en la página anterior, se dice que la cañada de los Ruices está situada «en el extremo superior « de una entrada que hace el Uruguay, entre la punta de Chaparro y el arro-« yo Sauce », debiendo decir que está situada «algunas cuadras más al Norte « que la punta de Chaparro » .

INDICE

CAPÍTULO III

LAS CONQUISTAS INGLESAS

LIBRO SEGUNDO

LA REVOLUCION

CAPÍTULO I

LUCHA CON EL MOVIMIENTO REVOLUCIONARIO DE BUENOS-AIRES

CAPÍTULO II

TRIUNFO LOCAL DE LA REVOLUCION

LIBRO TERCERO

LA ANARQUIA

CAPÍTULO I

LA AUTOCRACIA DE ARTIGAS EN LA PROVINCIA-ORIENTAL

CAPÍTULO II

LA AUTOCRACIA DE ARTIGAS EN LAS PROVINCIAS LITORALES

LIBRO CUARTO

LA DOMINACION EXTRANJERA

CAPÍTULO I

LA INVASION PORTUGUESA

CAPÍTULO II

ARTIGAS

CAPÍTULO III

LA ANEXION AL REINO-UNIDO

CAPÍTULO IV

LA ANEXION AL BRASIL

LIBRO QUINTO

LA REINCORPORACION A LAS PROVINCIAS-UNIDAS

CAPÍTULO I

LA REVOLUCION PROVINCIAL

LIBRO SEXTO

LA INDEPENDENCIA

CAPÍTULO I

LA CONVENCION DE 1828

CAPÍTULO II

LA CONSTITUCION DEL ESTADO-ORIENTAL

Lightning Source UK Ltd.
Milton Keynes UK
UKHW02n0937120218
317657UK00002B/171/P